Helgard Cochois

Nostoi

HELGARD COCHOIS

# NOSTOI

REISEN
NACH NIEDERSCHLESIEN
INS GRASLAND VON KAMERUN
NACH GRIECHENLAND
NACH HAUSE

**Bibliographische Information**
der Deutschen Bibliothek


Die Deutsche Bibliothek verzeichnet diese Publikation in der
Deutschen Nationalbibliographie; detaillierte bibliographische
Daten sind im Internet über http:// dnb.ddb.de abrufbar.

Herstellung und Verlag: Books on Demand GmbH, Norderstedt
ISBN 978-3-8391-9275-7
Umschlag Titelbilder (Vorderseite von unten nach oben: Feldweg
in Niederschlesien; Graslandberge in Kamerun; Blick nach Delphi
und zum Parnaß; Rückseite: Kastaliaschlucht) und Innentitelbil-
der nach Aufnahmen der Autorin.

# Sand, Harmattan, antike Trümmer

## Einstimmung

### Bilder

Quer durch Zuckerrüben- und Kartoffeläcker führt frühmorgendlich ein Feldweg  grausandig auf einen flachen Horizont zu. Dort – weit ist der Weg zurück – ragt hinter Baumkronen ein Schornstein. Am Wegrand Kamille, krautig geduckt, duftend nach Sommer und Kindheit. Es kräuselt herauf wie dünner Rauch. Rauch – ?! Dreißig Jahre rollen rückwärts wie auf einen Abgrund zu. Der Sand gibt nach. Es sinkt und sinkt...

Hinter dem Pistengeholper eines Landrovers legt sich der rotaufwölkende Staub auf dürftiges Gestrüpp am Wegrand. Zu beiden Seiten steht, übermannshoch mit seltenem Durchblick auf ein breites Flußtal und das Jenseits bewaldeter Berge, das Elefantengras der Savanne. In seinem Dickicht blüht purpurviolett eine unbekannte Malvenart, ein betörender Farbklang. Das Dasein, wohlig umfangen von Harmattan und Tagträumen, stülpt sich ein zu reiner Gegenwart. Hoher Mittag.

Über steinige Wiesen an steilem Hang flimmert das Silber der Olivenhaine. Neben dem verwitterten Kalkweiß eines dorischen Kapitells verzweigt sich dunkelgrünglänzend ein Lorbeerstrauch, durchrankt von einer mythischen Metamorphose. Am efeuumsponnenen Stein der Sibylle sitzt Melancholia, das graue Haupt aufgestützt, reglos, den Blick ins Überzeitliche gerichtet. In das schwirrende Lied der Zikaden fallen die goldenen Tropfen maßvoll verhaltener Tonfolgen – einer Kithara? Die Zeit, die eben noch innehielt und stillstand, neigt sich.

Bilder wie diese ziehen bisweilen in halbwachem Zustande vorüber. Sie lösen müde Verwunderung aus. Wie fand ich damals,
allein und in Sandalen, zwischen den Kamillen des Schriemwegs
zurück ins Dorf der Kindheit? Was habe ich kürzlich, in späten
Jahren, noch einmal in den Bergen von Mbe gesucht? Und Griechenland, zweimal, vor nahendem Tod und Ostafrika!

*Griechenland 1997/98.* Ein sechzigster Geburtstag war Anlaß, endlich, statt nur in Bildbänden oder im Pergamon-Museum berühmte Antiken zu betrachten, mit eigenen Augen des Parthenon
ansichtig zu werden, des Löwentors von Mykene. Eigenfüßig am
Eurotas zu stehen, durch die Schluchten des Taygetos zu fahren,
in Olympia einen Marmorgott und in Delphi die Phädriaden an-
zustaunen und sich zu vergewissern, daß die Kastalia noch rinnt.
Und das alles, obwohl – oder weil? – noch einmal  fünf Jahre Afrika bevorstanden und die Mutter  neunzig  wurde.

*Afrika,* zehn Jahre nachmissionarischer Dienste im Regenwald
Westafrikas: es war im Jahre 2006 schon dreißig Jahre her. Ein
Campus, ein Lehrauftrag, und eines Tages der Lockruf hinauf ins
Grasland. Der Harmattan wehte, der Zauber eines abgelegenen
Bergdorfes umgarnte, die Muse war um den Weg. Als 1995 Meß-
schnüre ausgespannt wurden für ein langerträumtes Häuschen,
deuteten ein siebenter Besuch und Aufstieg nach Mbe sich an.

*Schlesien* – noch weiter fort. Niederschlesien zwischen Liegnitz
und Leuthen: ein Stück Kindheit. Die Mutter war es, die zurückwollte, ‚sehen, wie's da jetzt aussieht'. Die Tochter, auf Heimaturlaub von Afrika, 1975, reiste begleitend mit. Stieg, siebzehn Jahre
später, noch einmal vom Riesengebirge hinab, nahm den Ehemann mit, ‚damit du mal siehst, wo ich im Sandkasten gespielt
habe'. Beide Male sank Boden unter den Füßen hinweg; das erste
Mal der Mutter, das zweite Mal der Tochter. Die Gegenwart sank
ein in den Treibsand der Geschichte.

8

# Sinnbilder

Sand – Harmattan – antike Trümmer. In diesen dreien, Erdiges, Windströmung und Überreste von Menschenwerk, verdichtet sich Wesentliches der jeweiligen Reisen ins anschaulich Sinnbildliche, daraus es sich wiederum entfalten läßt.

*Sand* kann etwas Schönes sein. Für Kinder etwas zum Spielen. Der feste Boden unter den Füßen kann sandig sein, vermischt mit anderen Erden gut für Kartoffeln, Rüben, Getreide; Akazien und Kamillen wachsen in solchem Sand. Nesseln auch. Sand soll Symbol für heimatliches Erdreich sein, für eine altertümliche ‚Mutter Erde‘, die ernährt, das Material für Hausbau hergibt und am Ende ein Grab bereithält.

Eine Sandgrube in einem ‚Püschl‘ gab es hinter dem Schloß des Rittergutes im Dorf der Kindheit. An einem Tag im Frühling, vermutlich vierundvierzig, ging die Tante junge Brennesseln holen; die Kinder durften mit. Über dem Herumspielen im grobgrauen Sand zwitscherte das Sonnenlicht hellgrün gefiedert durchs Akazienlaub – ein erster Anhauch von Naturglück. Im Garten der Großeltern gab es einen Sandkasten, dicht neben den niederen Drähten, an welchen Wicken weiß und rosa rankten und dufteten. Sand lag sonnendurchringelt in der Fliederlaube, in einer anderen Ecke des Gartens. Es hing da eine Hängematte, und darin lag ein Kindheitstraum, siebenjährig und ahnungslos, im Sommer vierundvierzig.

Sand kann auch etwas Unheimliches sein. Treibsand. Vollgesogen mit den Chaoswassern politischer Geschichte gibt er unter den Füßen nach und es zieht hinab ins Bodenlose. Solches muß beim ersten Besuch in der alten Heimat der Mutter geschehen sein. Die Tochter begriff erst, als sich im Nachlaß ein Briefbericht über die Reise von 1975 fand. Diese Reise, für die Tochter ein flüchtiges Zurück in glückhafte Kindheitserinnerungen, muß für die Mutter gram- und qualvoll gewesen sein – ein Versinken in den bodenlosen Folgen eines verlorenen Krieges.

Sand kann letztendlich vollgesogen sein mit verwestem Ahnendasein. Während der zweiten Reise war *es* plötzlich da. Nur einen Augenblick lang, aber geheimnisvoll-unheimlich heraufrieselnd aus vergangenen Tagen – da, an der Treppe hinauf ins Giebelgeschoß des Großelternhauses, sackte es ab, stieg es auf, als stiegen der Mutter Ahnen aus dem Sand, um sich an die Enkelin zu klammern: Hier sind wir – deine Wurzeln! Kleine-Leute-Gewurzel. Sandkörnchen im Treibsand der Geschichte.

Es sackte der Treibsand hinweg großflächig auf der Reise zurück über Breslau und beim Besuch Dresdens. Ins Bewußtsein drang die dunkle Wolke, unter der im Februar 1945 ein Flüchtlingstreck an Dresden vorbei der heranrollenden Front entkam…

Die erste Reise nach Schlesien, im August 1975, war die Reise der Mutter gewesen, *ihre* Suche nach dem Verbleib von Heimat. Die begleitende Tochter, sie war damals im Geiste ganz woanders. Sie war in Afrika.

*

*Harmattan* heißt der Staubwind aus der Sahara, der Passat über Westafrika, der da weht zum Golf von Guinea hin, wenn in Europa Winter ist. Während der Jahre im Regenwald Kameruns zeitigte sein Wehen nicht selten eine merkwürdige Gereiztheit; im Grasland hingegen fühlte sich unter seinem Einfluß das Dasein wundersam erhoben und geradezu inspiriert an. Es war, als ob die lange vergeblich umworbene Muse sich endlich herbeilassen und huldvoll erweisen wollte. Der Harmattan und die Graslandmuse – ein Vexierbild, verwirrend und überaus reizvoll.

10

Der warme Wind umwehte die Aufstiege ins Abseits und besonders rosenrot die ersten drei. Mbe, das Dorf hinter den sieben Bergen, heimatlich anmutend auf uneindeutige Weise. Das Umherspazieren zwischen Lehmhütten und erwartungsvoller Gastfreundlichkeit trieb Luftwurzeln; durchs Geäst der Krüppelakazien hangelten die Tagträume mit kurzsichtigen, rosabebrillten Blauaugen. Der Wunsch nach einem Häuschen erwachte, nach Dasein und Bleiben. Unter dem Nachwehen des Harmattan, zurück in Europa, trieb das Luftgewurzel Blätter, tausendsiebenhundert: lyrische Reisebeschreibungen, einen Kurzroman, Stimmungsskizzen, frühe und späte Miniaturen. Der siebente Aufstieg nach Mbe im Jahre 2006 kam, weil spät, zu spät, nur mühsam zustande. Aber das Häuschen stand da.

Der westafrikanische Passatwind, der warme, staubrosenrote: über erloschene Illusionen hinweg ist er Sinnbild des langanhaltenden Anhauchs der Graslandmuse geblieben.

*

*Antike Trümmer* sprechen für sich selbst. Dem Touristen, der mit einem Rucksack voller Bildungswissen nachdenklich dasteht, sagt ihr stummes Herumliegen, ihr resthaftes Emporragen von vergangener hellenischer Größe, deren Licht- und Schattenspiele noch immer über Europa und den westlich beeinflußten Rest der Welt hinflackern. Griechenland – geistige Trümmerheimat.

Wie bei keiner anderen der großen Kulturen sind die Trümmer der klassischen Stätten Griechenlands Sinnbild für weiterwirkenden Einfluß im Strom der Vergänglichkeit. Das Wenige der Überreste reißt, im Verein mit schriftlicher Überlieferung, Schichten der Geschichte auf, darin die Spuren von menschlicher Größe und Gemeinheit beispielhaft verzeichnet sind bis hinab ins Dunkel und Dickicht, wo die *lacrimae rerum* rinnen.

11

## Nostoi

Als Bilder und Sinnbilder sind Sand, Harmattan und antike Trümmer das Geländer, an welchem Texte aus mehr als dreißig Jahren sich entlangtasten unter dem Leitgedanken der ‚Heimkehr' in unterschiedlichen Abarten.

*Nostoi* ist der Name eines verlorenen Epos, das die Heimkehr der überlebenden Helden nach der Zerstörung Trojas erzählt. Am bekanntesten ist die *Odyssee* des Odysseus. – *Nostoi* sind Erfahrungen von Rückkehr in die Heimat, an einen Ort, nach dem man sich sehnt – daher die Nostalgie, das Heimweh. Nostos ist Rückwärtssuche nach heimatlich Vertrautem. Beides kann sich verbinden im Hinblick auf mancherlei – den Garten einer Kindheit; ein afrikanisches Dorf mit verlockend inspirativer Atmosphäre; ein wiederzugewinnendes geistiges Erbe.

Um letzteres ging es bei den Studienreisen nach Griechenland. Um Wiedergewinnung geistigen Erbes geht es vor allem bei dem Versuch einer Nachlese über hastig hingeworfene Reisenotizen hinaus. Eine Spätlese ist es, weil noch einmal Afrika dazwischenkam. Fünf schwierige Jahre, die das Bestreben, über den Anblick antiker Trümmer hinaus einer *Theoria* ansichtig zu werden vom Sinn der Geschichte und ihrer Katastrophen, von menschlicher Daseinsmühsal, evolutionärer Größe und Bösartigkeit; das Streben nach Glück, das Verfallensein an Trieb und Tod zu bedenken, das Wesen der Wahrheit, des Schönen, der Schuld und wie es sich zusammenfügt mit Religion und Frömmigkeit – solches Bestreben lähmten. Seit langem schon versucht das teils anstudierte, teils lebendig erfahrene religiöse Erbe sich umzupolen – weg vom Alten Orient zurück in die Gedankenwelt der Griechen und des Hellenismus auf der Suche nach dem, was vom Wesen des Christentums darin vorwegbegriffen sein mag im Hinblick auf Gott, Tod und den Sinn des Lebens.

*Nostos* im Hinblick auf Afrika und die letzte Reise ins Grasland von Kamerun war als vorübergehende Rückkehr bar aller Nostalgie. Der Traum vom Einwurzeln und Bleiben, selig verschollen unter harmattanverhangenem Himmel und wildfremden, tief in eigene Heimat und Herkunft verwurzelten schwarzen Menschen, war verweht. Eine staubrosenrot von Atmosphärischem umhauchte große Liebe und tiefe Verzauberung hatte sich als Selbsttäuschung erwiesen. Was einer von solchen Täuschungen *Genesenen* blieb, war ein Hauch literarischer Inspiration.

Von *Nostos* im Hinblick auf Dorf und Garten der Kindheit in Niederschlesien ließe sich im Zusammenhang der zweiten Reise in einem besonderen Sinne reden. Die Afrika-Euphorie war 1992 abgeklungen; der Mutter und des eigenen Lebens Wurzelgründe schoben sich in die Mitte des Nachdenkens und Schreibens. Sie enthüllten nicht nur die Lebensmühsal kleiner Leute in beengten Verhältnissen, verdüstert von allerlei privaten Schicksalsschlägen; es brach von neuem ins Bewußtsein lange Verdrängtes – das Überrolltwerden des Gartenlaubenidylls der Kindheit von der zermalmenden Gewalt eines Weltkrieges. Der Besuch im Dorf der Kindheit war eine Rückkehr in die Erinnerung an ein knappes *Davongekommensein*.

*Davongekommen. Genesen.* Das Wort *nostos* wird merkwürdiger Sprachverwandtschaften verdächtigt. Wenn die Wortwurzel *neomai* neben ‚zurückkommen‘, ‚heimkehren‘ nicht nur ‚sich davonmachen, davonkommen‘ bedeutet, sondern auch mit dem deutschen ‚genesen‘ urverwandt wäre, dann ließe sich am Leitseil der Etymologie ein Zusammenhang der drei Reiseziele aufzeigen. Begleitete die beiden Griechenlandreisen ein Gefühl der *Heimkehr* in geistige Heimat, so lagen den Reisen nach Niederschlesien Flucht und *Davongekommensein* zugrunde; dem siebenten Aufstieg nach Mbe aber ging voraus ein *Genesen* von Tagträumen und schönen Illusionen.

## *Moira* und *Paideia*

Ein innerer Zusammenhang der Reiseziele Niederschlesien, Grasland von Kamerun und Griechenland ergibt sich am Schicksalsfaden der Stadien auf dem Lebenswege, verknüpft mit Formkräften, die zur allmählichen, bald lust-, bald leidvollen Heraus- und Heranbildung dessen führen, was sich als Ich wahrnimmt im Umgang mit Außenwelt, Leibhaftigkeit und allem übrigen an Daseinswiderfahrnissen: *Moira* und *Paideia*.

Schicksal. *Davongekommen* zum einen. – Den *Nostoi* nach Niederschlesien ging vorauf eine Kindheit im Hause der Großeltern mütterlicherseits, und dann, sehr plötzlich, die Flucht vor der heranrückenden russischen Front im Januar 1945. Die Pferde vor dem Planwagen zogen an. Der Schnee knirschte. Zwanzig Grad Kälte. Nach Westen. Vor Dresden und dem 13. Februar abbiegend südwestlich am Erzgebirge entlang Richtung Eger; am 8. Mai weiter, über die tschechische Grenze ins Bayerische, ins Vogtland, in den Thüringer Wald und schließlich ins süddeutsche Rebenland. Eine Flüchtlingsodyssee inmitten von unzähligen anderen, ähnlichen und schlimmeren. Entwurzelung der Kindheit im Davongekommensein. Es ist aufgeschrieben und eingemauert in einem papierenen *Kenotaph*.

Die Bildungsodyssee beginnt. Ein Kind blickt nicht zurück. Es gibt so viel zu lernen. Das Schicksal, ‚nur' ein Mädchen zu sein, hat mit dem Krieg an Einfluß verloren. Die Schule, die Bücher, das Sammeln von Schätzen beginnt, welche weder Motten noch Rost fressen. Es häufen sich frühe hinzu die schönsten Sagen des klassischen Altertums; die deutsche Klassik und der Geschichtsunterricht taten ein übriges und des Guten bisweilen zu viel. Die erste Liebe zu den alten Griechen war mythen- und zitatenfreudig; sie dokumentierte sich in Malereien und in Briefen an die Freundin – ästhetisch, ironisch, freundschaftsgläubig.

Die schöne Welt der Götter und Heroen ging unter, als im November 1958 das Medusenhaupt eines dritten Weltkrieges zum ersten Male den eigenen Bewußtseinshorizont verfinsterte, ohne einen Lichtspalt der Hoffnung neuerlichen Davonkommens offenzulassen. Die Vergangenheit stieg auf aus Illustrierten, die graubraun verfärbt wiedergaben, was einst die Kameras festgehalten hatten: alles, wessen der Mensch als reißende Bestie fähig ist und als Mitgerissener zu erdulden hat. Überrollte Flüchtlingstrecks, Erfrorene, Verhungerte, Zerfetzte, Vergaste, Erhängte, Erschossene, Verkohlte. Auch Dresden. Die Drohung einer Wiederholung scheuchte, schattenhaft begleitet vom Glauben einer Großmutter, notdürftig erhellt von der Existenzdialektik Kierkegaards, zurück ins Wesentliche ererbter Religion als letzter Sinnbarriere vor dem Chaos der Geschichte. Die erwartete Katastrophe blieb aus; eine schwierige Schulfreundschaft klärte und vertiefte sich zur Lebensgemeinschaft. Wohin mit dem neugeschenkten Dasein und der Dankbarkeit? Als erstes in ein Theologiestudium. Um zu begreifen, was ergriffen hatte. Zum anderen dahin, wo es den hinzugeschenkten Daseinssinn, ehelich angetraut, hinzog: nach Afrika. Hinweg von den Verworrenheiten Europas, einer hypertrophen Wohlstandsgesellschaft, ihren Widersprüchen und Sinndefiziten, ihrer Lust am langsamen Über- oder Untergang in die Folgen maßloser Bereicherungen.

Afrika – am Anfang Idealismus, am Ende ein *Genesen* von Illusionen. Im Regenwald war das Leben genügsam, übersichtlich, sinnvoll; der Beruf verknüpfte Pflicht mit Neigung. Das Zweitstudium kam an sein Ziel; abendländisch-christliche Bildungsschätze und Glaubenssätze wurden lehrend überliefert. Von Afrika lernen? Auch wer nicht Feldforschung zu Wissenschaftszwecken trieb, konnte feststellen, daß afrikanische Daseinswerte mit Grundüberzeugungen des Alten, nicht des Neuen Bundes, übereinstimmten: mit Höchstwerten einer Segensreligion (Land, Nachkommen, Reichtum). Sie führten weg vom Kreuz.

15

Der Verzicht auf solche Segensgaben ließ das Dasein im Regenwald zunehmend fragwürdig erscheinen; eines Tages schoß Sinnsuche in irrationaler Streuung hinauf ins Grasland und schlug Wurzeln im warmen Sand. Hätte nicht eine Mutter gelebt, deren Altern zur Rückkehr verpflichtete, das Grasland vom Kamerun wäre zur Wahlheimat ausersehen gewesen – ‚In Afrika möchte ich sterben und in Mbe begraben sein'. So steht es eines Tages im Tagebuch. Daß solche Verwurzelungswünsche sich nach und nach als Illusion enthüllten – war es verwunderlich?

*Nostos* im Hinblick auf Mbe war lange Jahre hindurch *Nostalgie* gewesen. Heimweh nach etwas, das dem Ideal des einfachen Lebens als *bios theoretikos* hätte nahekommen können. Daher seit dem dritten Besuch 1985 der Wunsch nach einer Eremitage. Schon der fünfte Besuch 1990 war desillusionierter Rückblick. Mit einem müden ‚Zuspät' angesichts der Anstalten, die gemacht wurden, das erträumte Häuschen doch noch zu bauen, nahm der sechste Besuch 1995 Abschied. Eine Eremitage? Allenfalls ein *Kenotaph*. Daher Gelder überwiesen wurden. Denn wer weiß…?

Die siebente Reise nach Mbe erfolgte trotz *Nostos* im Sinne von *Genesung*. Genesung von einer jener Krankheiten, die einem still in sich selbst versponnenen Irresein gleichen, den Geist jedoch nicht verdumpfen oder verwirren, sondern anzuregen und aufzuschaukeln vermögen zu hohen Bögen der Erlebnisfähigkeit und damit freilich auch möglicher Selbsttäuschung. Das Bild von der Verwurzelung verzerrt sich dabei ins Groteske: das Dasein im Grasland glich einem Dahinstelzen auf Luftwurzeln. Das abgelegene Dorf, dessen Sand ein Lied aus Kindheitstagen zu singen schien; dessen Gastlichkeit von eingeborenem Realismus dampfte, kräftig gedüngt mit Geldmitteln für Entwicklungsprojekte, es gab vor allem und für lange Jahre der Muse Gestalt. Sie stand in gemessenem Abstande, abwartend, umhüllt von Geheimnis und Schweigen, inspirierend durch Uneindeutigkeit.

16

Die Erfahrung Afrika: Mitte des Lebens. Der flackernde Tagtraum Mbe, erlöschend unter grobsandigem Realismus, lange Jahre überlebend als literarische Inspiration. Was aber nun und aufs Ende des Lebens zu, nachdem Afrika literarisch verarbeitet ist? Wohin geht es *heimwärts* abseits von Illusionen?

Der Weg führt über Herkunft als Schicksal. Es geht heimwärts zum einen durch Besinnung auf Muttererbe als Zugeteiltes. Als *Moira*. Der Mutter Erinnerungen an ein glückloses Leben und eine *Kleine Nekyia* harren einer letzten Überarbeitung. Zum anderen geht es um Einkehr in eine Gedankenwelt, die heimatlich anmutet. Es zieht heim in das Flimmern einer mythischen Welt, aus der sich streng der Logos sondert. *Paideia*, selbstgewählt.

Die beiden Griechenlandreisen stehen am Ende. Die Jahre in Afrika erscheinen, von Harmattan und Muse abgesehen, als Monolith von dumpfer Diesseitigkeit ohne idealistische Ausstrahlung. Hinzu kommen allzu lange Jahre der Beschäftigung mit kanonisierten Geschichtsmythen und Propheten des Alten Orients, bis hin zu wissenschaftlichen Bemühungen – es schnappte schließlich zurück. Wohl ergab sich noch eine Studie über die Große Göttin Sumers; damit aber war's genug. Was aus des Alten Bundes Schriften des christlichen Kanons von bleibendem Wert erscheint, manche Perle persönlicher Frömmigkeit aus Psalmen und Propheten, Theophanien, Theodizeen; allerlei tröstlicher Zuspruch an den Menschen als Geschöpf und Einzelnen; eschatologische Visionen von poetischer Erhabenheit jenseits ethnozentrischer Macht- und Besonderheitsansprüche – es mag seinen Wert haben und behalten. Hier geht es darum, die Wendung aus dem Alten Orient und einem neuzeitlichen Schwarzafrika zurück nach Hellas, zu Homer bis zum Hellenismus, andeutungsweise begreiflich zu machen als Stadium auf dem Lebenswege, nicht vom Schicksal, sondern von eigenen Erkenntnisinteressen bestimmt. In einer späten Nachlese zu den Griechen-

17

landreisen soll es unter anderem darum gehen, den Hellenismus, weltoffen, pluralistisch, synkretistisch, durchsäuert von griechischer Popularphilosophie, zu verstehen als die Kultur- und Geistesmacht, die den christlichen Kultverein assimilierte und ihm den Weg zur Reichs- und Weltreligion bereitete. Es soll aber auch darum gehen, als Graie noch das alternde Europa zu begreifen.

## Sinnbilder als Seinsweisen

Die *Nostoi* werden aufgefädelt am Faden von Realien als Sinnbildern. Wer gerne konstruiert, mag aus *Sand, Harmattan* und *antiken Trümmern* eine Art Ontologie menschlichen Daseins basteln nach dem alten Schema Leib, Seele, Geist.

*Antike Trümmer* und *Geist.* Trümmer, weil mehr nicht vorhanden ist. Aus den Überresten behauener Steine, aus bemalten Scherben oder dem Bruchstück einer Metope sprechen der Geist und das Allgemeine. Eine wiederaufgerichtete dorische Säule ist wie ein aufgeschlagenes Buch – für den, der zuvor Bücher gelesen und verstanden hat; Bücher, deren Gedanken aus dem gleichen Geiste stammen, aus dem einst die alten Griechen ihre Kultur schufen.

*Geist* ist ein merkwürdiges Wort und eine noch viel merkwürdigere Gedanklichkeit. Als Gehirnfunktion physiologisch schon recht gut, aber noch nicht völlig erforscht, treibt der Geist sein Wesen nicht nur in mir, sondern auch im Überindividuellen, als Geist einer Zeit oder einer Kultur, als ‚objektiver Geist' – in Gesellschafts- und Staatsformen, Kunst und Wissenschaft und Religion: über allem kann der Geist als Logos brüten, über alles befinden. Die Sonne einer ersten Ausstrahlung dieses Logos ging an der ionischen Küste Anatoliens auf. Die Sonne Homers zwar ist fast untergegangen im Abendland. Die Sonne Demokrits hingegen leuchtet noch immer: bis hinein in die Quantenphysik.

18

Die antiken Trümmer, die eine Studienreise besichtigt und exegesiert, sind als Reliquien *pars pro toto* griechisch-hellenistischer Geistes-, Denk- und Werktätigkeit. Hier gibt es nur zu lesen und zu lernen und sich zu wundern, daß so wenige der Zeitgenossen merken, wie fest der Geist des Späthellenismus, der Spätantike, das postmoderne Europa beim Wickel hat.

*Harmattan* und *Seele*. Warum der westafrikanische Passat? Nicht nur, weil er zu Afrika gehört und als bewegte Luft eine schöne Metapher für poetische Inspiration darbietet. Als Atemluft sich vermischend mit einem Etwas, gemeinhin *Seele* genannt, brauen sich im Zusammenspiel von Nervensystem und Hormonen Affekte, trügerische Gefühle und wechselnde Stimmungen, ergibt sich ein Seins- und Erfahrungsbereich menschlichen Daseins, der, aller Analyse zum Trotz, im Guten wie im Bösen, letztlich unaufgeklärt bleibt bis in den Tod.

Der Harmattan ist als erfahrene Realie Sinnbild für die Inspiration eines einzigen Jahres im Grasland und der ersten drei Besuche in Mbe. Fast alles, was bislang über die Jahre in Afrika geschrieben und veröffentlich wurde, verdankt sich dieser schöpferischen Seelenbewegung – und den damit verbundenen Illusionen. Der Harmattan und wie er die Seele bewegte wiegt am Ende und weil es sich zu Literatur verdichtete, alle Enttäuschungen auf. Es bedeutet, alles in allem genommen, mehr als ein Häuschen auf dem Urhügel über dem Palazzo von Mbe.

*Sand* und *Leiblichkeit*. Warum Sand? Weil er zum Erdreich gehört wie des Menschen hochorganisierter Organismus: Erde von Erde zu Erde. Er, der Mensch, seine Leiblichkeit, die der oder den Geist erschuf, wäre nicht ohne das Wasser, die Kartoffeln und das Getreide, welche die Erde hervorbringt; er wäre nicht ohne die lange Kette der Ahnen, nicht ohne Evolution oder

Schöpfung. Sand, als pars pro toto des Erdreichs liegt allem Leben ‚zu Grunde'. Wo er als Treibsand metaphorisch wird, soll er den Einbruch des von Menschen gemachten Chaos' der Geschichte versinnbildlichen.

Sand, als ‚Mutter Erde', fand sich 1975 noch immer in einer niederschlesischen Sandgrube hinter dem Schloß des Rittergutes. Sandige Erde, moderne Muttererde. Was läge näher, als hier eines Nachts den literarischen Ort eines Abstiegs zu den Urgroßmüttern zu suchen?

Näher als Urgroßmütter ist dem Menschen gemeinhin, ob zwiespältig bewußt oder erfolgreich verdrängt, die eigene Mutter. Solche Nähe und solches Bewußtsein können sich dem Bestreben, das eigene Leben nach eigenen Bedürfnissen zu leben, widersetzen. Daher ‚Nostoi bei Nacht' – häufige Heimflüge aus Ostafrika in den Jahren 2000 bis 2002, heim zu einer langsam sterbenden Mutter. Nostoi, welche die Beschäftigung mit dem Erlebnis Griechenland für lange Jahre lähmten.

\*

Am Leitfaden der drei Realien und Sinnbilder, Seinsschichten und Erfahrungen Sand-Leiblichkeit-Mutterbindung, Harmattan-Seelenbewegung-Muse und Trümmern der griechischen Antike als sinnenfälligem Ausdruck eines Geistesstrebens, das nachwirkt bis in die Gegenwart, verbinden die *Nostoi* Texte und Betrachtungen aus drei Jahrzehnten.

Sie beginnen mit den beiden Reisen nach Niederschlesien, in die ‚alte Heimat', in das Dorf der Mutter und der eigenen Kindheit.

\*

# Sand und der Sog hinab

## Zwei Reisen ins Dorf der Kindheit

Prolog zu einer *Nekyia*

# Überblick

## Einstimmung – worauf?
Dorf und Elternhaus der Mutter
Garten der Kindheit. Flucht und Treibsand
Verstörung der Mutter. Suche der Tochter

## Die erste Reise 1975. Mutter-Nostos, Mutter-Trauma
Ein Fragment aus dem Mutter-Roman
‚Polenfahrt‘. Tagebuchnotizen
**Der Briefbericht der Mutter**

## Die zweite Reise 1992 – eine Silberhochzeitsreise
Die kleine Welt seit der Rückkehr aus Kamerun
**Eine Reise ins Riesengebirge** und ins Dorf der Kindheit
Der Zufall
Erzählen – ?
Rauch. Treibsand. Impressionen
Landschafts- und Stimmungsbilder
Der Regenguß
Am Blaubeerhügel
Die Kammwanderung
Hinab ins Dorf der Kindheit
Die Irrfahrt
Die unbetretbare Treppe
Landkartenlesen
Ein Silberrahmen
Das Riesengebirge: Nostalgie und Nostoi

## Der Sog hinab. Prolog zu einer Nekyia
Hinab in den Garten der Kindheit
Hinab zu den Lebenswunden der Mutter
Treibsand der Geschichte
Hinab zu den Urgroßmüttern
Kleine-Leute-*Nekyia*

# Einstimmung – worauf?

Auf Schlesien? Schloßdorf? Was sollte ich da, im Jahre 1975? Ich komme aus Afrika und gehe dahin zurück, nach Kamerun, in den Regenwald, wo der Tulpenbaum blüht und Sinnvolleres als verworrene europäische Vergangenheit und Wohlstandssorgen die Tage ausfüllt mit Pflichten und Neigungen mancherlei, auch mit Tagträumen, aufdämmernd im Wortlosen, *A few words only, but exquisite, choice...*, im Grunde unsagbar wie das archaische Lächeln auf antiken Metopen. Nur daß unter der Äquatorsonne der Marmor eben schwarz ist. Gewiß, es gibt auch noch andersfarbige Träume aus den Tagen von *Bethabara*, feinziseliert aus Rilke-Silber und Hofmannsthal-Elfenbein, und darüber lastend das Hartholz der Wissenschaft, an dem seit Jahren herumgeschnitzt wird, und das alles wiederum ehern gegründet auf – nun, es soll hier nur gesagt werden, daß keinerlei Heimweh nach etwas so Entlegenem wie Niederschlesien und das Dorf der Kindheit vorlag. Aber die Mutter –

Außerdem, wo sollte die Zeit für eine solche Reise hergenommen werden? Sicher, es standen drei Monate Heimaturlaub zur Verfügung, der Terminkalender jedoch war dick gespickt mit Verpflichtungen. Verwandte, Bekannte, Verwaltende und Beratende, Arzt, Ärztin und ein Zahnarzt zu vielen Malen; eine Predigt, ein Missionsfest mit Podiumsdiskussion, eine schwarz-weiße Hochzeit, ein Frauenkonvent; eine lebenslustige Bekannte, schuldlos geschieden, gesprächs- und wanderfreudig; die Jugendfreundin mit Eigenheim, viertem Kind und einer halben Stunde Zeit; eine befreundete Privatdozentin mit Ehemann und eleganter Wohnung: ein Hin und Her zwischen Tübingen, Stuttgart, Basel, Heidelberg, Rebtal, Entheim, Fildern; der Kollege Ehemann fliegt noch eben nach London, Bücher zu kaufen – zwischen all das hineingeklemmt noch Schlesien und Schloßdorf?!

Aber die Mutter! Die Mutter wollte die alte Heimat noch einmal sehen. Die erste Reise nach Schlesien war eine Reise der Mutter zuliebe. Für die Tochter war die Zeit noch nicht reif. Die wenigen Tage Anfang August 1975, die wenigen Stunden in Schloßdorf – sie waren abgelenkt im voraus und wurden im nachhinein zugeschüttet von so vielen anderen Geschäftigkeiten und Stimmungen. Dazwischen freilich öffneten sich ein paar Ritzen und Risse. Doppelspalte. Erinnerungen interferierten. Die Kamille am Feldweg, die Sandgrube, der schnapsblaue Kobold vor dem Großelternhaus und im Garten das Unkraut...

Die zweite Reise im August 1992 fügte sich in eine weniger hektische Lebenswelt ein. Kamerun lag fast zehn Jahre zurück; nach Afrika flog man nur noch gastspielweise. Der Kollege Ehemann hatte sich nach Berlin berufen, eine den Tagtraum Mbe weiter Träumende sich beurlauben lassen, um aus Tagebüchern Literatur zu machen, sich um die Mutter zu kümmern (daher Besuchsehe) und sich nach und nach zu den alten Griechen zurückzulesen. Da also ergab es sich, fast zufällig, und das eigentliche Ziel war das Riesengebirge. Diese Reise zog nach sich eine Reisebeschreibung, um die dunkle Wolke zu zerschreiben, die aus der Vergangenheit aufgestiegen war und über der schlesischen Tiefebene hing, über Breslau und Dresden.

Die *Reise ins Riesengebirge* war innerlich schon abgelöst von Afrika. Im Oktober 1991, nach einem fünften Besuch in Mbe, als der Tagtraum ausgeträumt war, wurde der Weg frei zurück in die eigene Vergangenheit. Da der Bau eines Kenotaph aus Backstein in einem Bergdorf am Äquator nicht möglich schien, wurde ein autobiographisches *Kenotaph* geplant und begonnen mit der Niederschrift von Kindheitserinnerungen. (Die Lebenserinnerungen der Mutter, vorliegend in zahlreichen Tagebuchnotaten zu jahrelang sich wiederholenden Monologen, wurden drei Jahre später in einem ersten Entwurf bearbeitet.)

24

## Dorf und Elternhaus der Mutter

Die beiden Reisen zu erinnern ist schwierig und zwiespältig. Die Wendung zurück sieht Bilder hell und dunkel, versinkt in Stimmungen von verwirrender Gegensätzlichkeit. Da ist zum einen das Heimatdorf der Mutter, ihr Elternhaus und der eigenen Kindheit Garten. Da ist zum anderen die Furie des herannahenden Krieges und das knappe Davonkommen mitten im kalten Winter und einer kollektiven Katastrophe. Da ist schließlich und für den Rest ihres Lebens der Mutter Klage um verlorene Heimat, Hab und Gut und die Verbitterung angesichts einseitiger politischer Schuldzuweisungen. Da ist das eigene Schwanken zwischen den Sichtweisen, die das Vexierbild Geschichte darbietet.

Vielleicht müßte hier als erstes, vorüberschwimmend wie ein losgerissenes Rasenstück, das Achthunderseelendorf von einst ans Ufer gezogen und mit wenigen Strichen skizziert werden – die einfachen Häuser und Häuschen entlang einer breiten Dorfstraße; das große ummauerte Viereck des ‚Dominiums' mit Schloß, Schloßpark und Lindenallee, Gutshof, Ställen, Scheunen, Misthaufen in der Mitten und einem Inspektorhaus zur Straße hin gegenüber einem breitgiebeligen alten Hause, in dem Brennereiverwalter und Schloßgärtner ihre Dienstwohnungen hatten. Der Schornstein der Spiritusbrennerei ragte über die Akazienkronen des Schloßparks. Sie wölbten sich über den kleinen Entenschnatterteich bei der Pumpe neben der großen Toreinfahrt, wo man das Trinkwasser holte. Elektrizität gab es erst seit den zwanziger Jahren. Man hatte einen großen Garten, buk Brot und schlachtete Schwein, und der Großvater bekam sein ‚Deputat' an Kohlen, Kartoffeln, Getreide, Butter, Milch und Zuckerrüben. Die dörfliche Gesellschaft war geschichtet: deutsche ‚Hofe'- und polnische Brennereiarbeiter; Stellenbesitzer mit Kuh und Ziege; Angestellte: Lehrer, Brennereimeister, Inspektor, Assistenten; und ganz oben die Schloß‚herrschaften' des Rittergutes.

So sah das Heimatdorf in der Erinnerung der Mutter aus. In ihrem Eltern- und Geburtshaus gab es eine große Gaststube, bewirtschaftet von der Großmutter; es gab neben tiefem Kellergewölbe und halbdunkler Küche eine ‚gute Stube' mit rotsamtenem Sofa, Schreibtisch, Kredenz und Klavier (aber ohne Bücherschrank); daneben eine schmale Schlafkammer für die Großeltern und eine Schlafkammer für die Kinder und später die Enkel oben im Giebelgeschoß. Es gab schließlich zur Gartenseite hin jene ‚kleine Stube', wo man täglich aß, selten auch gesellig beisammen saß und die häufigen Verwandtschaftsbesuche unterbrachte.

Die Geschichte des Dorfes war in der Mutter Erinnerung weitgehend Schloßgeschichte, splitter- und schattenhaft, ohne inneren Zusammenhang. Während des Ersten Weltkrieges gab es da eine alte ‚Gnädige' in schwarzen Witwengewändern. Wenn sie ihren Abendspaziergang machte und die kleine Tochter des Brennereimeisters um den Weg war, mußte das Kind einen Hofknicks machen und der Dame die Hand küssen. Ihre Söhne starben beide, ehe sie Vierzig waren, der Rittmeister am Biß einer Raupe, der andere hinterließ einen Sohn, den Erben. Eine Tochter hatte sie auch, die heiratete einen Major, der wirtschaftete nach dem Tod der alten Gnädigen eine Zeitlang auf dem Gut mit Hilfe eines tüchtigen Inspektor S., der, unverheiratet, mit einer intriganten Haushälterin wirtschaftete. Es kamen auch und vor allem regelmäßig landwirtschaftliche Lehrlinge, Eleven, junge Männer, auf das Gut und in die Gaststube. Diese Gutsassistenten waren so gut wie die einzige Auswahl an möglichen Ehepartnern. Hätte es sie nicht gegeben, wie hätten zwei Töchter aus einem Hause mit Klavier standesgemäß unter die Haube kommen sollen? Es gab zwar von Zeit zu Zeit Geselligkeiten in der Kreisstadt mit Musik und Tanz, an welchen auch der Brennereiverwalter von Schloßdorf mit seinen heiratsfähigen Töchtern teilnahm. Gleichwohl – das Rittergut spielte die Hauptrolle im Hinblick auf die Ermöglichung des eigenen Daseins.

26

## Garten der Kindheit

In Anbetracht solcher Zusammenhänge soll das Heimatdorf der Mutter und der eigenen Kindheit weder mit seinem alten deutschen, noch gar mit dem neuen polnischen Namen benannt werden. Es soll *Schloß*dorf heißen.

Schloßdorf und eigene Kindheitserinnerungen: nur ein kurzes Kettlein von Eindrücken sei hier aufgereiht – Sandkasten und Sandgrube, Fliederlaube, Erdbeeren, Gänsefedern, ein lieber Opa und Streuselkuchen, am Weihnachtsbaume die Lichter brennen, die Tante am Klavier  und in den Getreidefeldern Kornblumen auf dem Schulweg ins Nachbardorf im Sommer vierundvierzig. Es gab auch ein Stück Kindheit im einem Anderswo, in einem großen einsamen Haus mit Mutter, Vater, Dogcartfahrten durch die Wälder, Rehleintotschießen und Streit um Spielzeug mit dem kleinen Bruder. Das war nicht ‚Zuhause‘. Zuhause war, wo Oma, Opa, Tante, schließlich auch ein Onkel und ein kleiner Vetter die Kuhle der kleinen Welt bildeten, in der es sich wohlsein ließ – so wohl wie in der Sandgrube an jenem Frühlingstag oder in der Fliederlaube  im gleichen Jahre vierundvierzig.

Gewiß, es gab gegen Ende jenes Jahres auch schon erste Ahnungen von Unglück und Unheimlichkeiten – der Abschiedsbesuch des Vaters in feldgrauer Uniform; die Gasmaske, die man Kindern über den Kopf zog und das schwelende Feuer in einem dunklen Raum, in dem die Froschmasken ausprobiert wurden. Aber die schönen Erinnerungen überwiegen doch bei weitem, der Sommer und das grüne Gras, das Kuchenbacken im Sandkasten, die Bilderbücher und die Schule, der freundliche Opa, die immer fröhliche Tante – im Gegensatz zu einer  seltsam abweisenden Großmutter und einer kaum vorhandenen Mutter. Was konnte ein Kind wissen von unverheilten Lebenswunden der kleinen Welt und den Katastrophen der großen.

27

# Flucht und Treibsand

Die eigene Erfahrung von Geschichte begann mit der Flucht Ende Januar 1945. Jauer – Lauban – eine Lücke – Tetschen-Bodenbach – Dux – Brüx – Eger: wenige Namen prägten sich ein. Ein Kind mag manches nur verdeckt und als nicht besonders schrecklich erleben. Hunger und erfrorene Zehen etwa; und daß der Vater nicht wiederkam. Das Schlimmste war das Betteln-müssen um ein Stück Brot. Aber sonst? Man durfte, nach einigem Umherziehen, barfuß neben dem Treck her durch den Sommer, wieder zur Schule gehen. Es gab Bücher, ,Mutter Erde' etwa, geschenkt, ,Peterchens Mondfahrt', ausgeliehen. Es gab sogar Buntstifte zum Malen. Die Erwachsenen erzählten sich bisweilen mit halber Stimme schlimme Dinge, aufgefangen mit halbem Kinderohr (,den Krügel haben die Polen totgeschlagen, den Gärtner Fischer auch; den Baroke aus dem Fenster geschmissen; die Mike ist in Dresden umgekommen, die Erna haben die Russen' – was?)

Gewiß, der Großvater starb als Flüchtling im Thüringer Wald, ganz grau und ausgemergelt, vielleicht verhungert. Es beschwerte das aufstrebende junge Leben nicht. Die Krise kam zehn bis dreizehn Jahre später. Kindheitserinnerungen an Flucht und Flüchtlingsjahre kamen an die Oberfläche erst, als die zerbombten Städte wieder aufgebaut, der Überlebenskampf vergessen, die Toten und alle übrigen Verluste und Leiden der Unterscheidung anheimfielen. Auf der einen Seite Kriegsverbrechen, Schuld und Schuldbekenntnisse; auf der anderen – ? Das Schicksal? Die Notwendigkeit? Vielleicht sogar höhere Gerechtigkeit? Der Triumph des Guten, zumindest des Besseren? Die Weltgeschichte das Weltgericht? Es begann das Versinken im Treibsand erinnerter Geschichte, aufgehalten durch die Bereitschaft, hochfliegende Lebenspläne aufzugeben, um mit dem Freund und Ehemann nach Afrika zu gehen. Die eigenen Erinnerungen an Flucht, Hunger und Armut verblaßten. Die der Mutter nicht.

## Verstörung der Mutter

Ein Davonkommen mit dem Leben bei Verlust von Habe und Heimat mag einem tiefen Einsinken in Treibsand gleichen. Es ist nicht der abwärtssaugende Trichter in Tod und völliges Verderben. Daß auch das Einsinken bis zu den Knien eine lebenslange Verstörung hinterlassen kann, wird nachempfinden wohl nur, wer ähnliches erlebt hat und neue Ufer nicht mehr erreichen kann. Die Tochter, am neuen Ufer Afrika angelangt, konnte sich damals nicht einfühlen. Sie ahnte nicht einmal, daß der Besuch in der alten Heimat für die Mutter zum Schockerlebnis werden mußte. Eine Lebenswunde, notdürftig vernarbt, brach auf.

Die erste Schlesienreise 1975, so dicht von der schützenden Schale Afrika umhüllt, nahm nur Weniges wahr – Kamille am Wegrand etwa und eine Sandgrube. Das stumme Entsetzen, das innerliche Zusammensinken der Mutter drang nicht ins Bewußtsein. Die Verstörung. Die Verbitterung. Die stumme, tiefe Verwundung; so tief, daß sich erst Monate später Worte fanden in einem langen Briefbericht, dessen Abschrift sich im Nachlaß fand und der hier Zeugnis geben soll von jenseits des Grabes.

Was die Mutter damals so traumatisch als ‚Heimat' wahrnahm, ist für die Tochter erst spätem Nachempfinden zugänglich. Der Anblick dessen, was ‚polnische Wirtschaft' angerichtet hatte mit dem, was einst deutsch und ordentlich erschien: er mußte neue Wunden schlagen in die Narben der alten bei der Erinnerung an mehr als dreißig Lebensjahre, verbracht, wenn schon nicht glücklich, so doch nach außen hin in kleinbürgerlich gediegenen Verhältnissen mit Lindenduft und Rosengarten. In die ‚alte Heimat' hat es als Besucher und Suchende viele derer gezogen, die 1945 mit dem Leben davongekommen waren. Selten wird es Wiedersehensfreude gegeben haben; wenige dürften so verstört und empört zurückgekommen sein wie die Mutter.

## Suche der Tochter

Anders erging es der Tochter während der zweiten Reise herab vom Riesengebirge. Was wurde da gesucht? Der Weg, 1975 noch vorhanden, der Kamillenweg quer durch die Felder auf das Dorf zu, war 1992 nicht mehr zu finden. Vermutlich war er nicht mehr vorhanden. Macht nichts. Nach der Sandgrube wurde gar nicht mehr gesucht. Warum nicht? Die alte Treppe im Großelternhaus, hinauf ins Giebelgeschoß, war es, die unversehens anmutete, packte und hinabzog in Urmütter-Unter- und Vorwelten. Damit war ein anderer Weg Richtung Sandgrube gewiesen, der erst Jahre später die Umrisse einer *Nekyia* annahm...

Die Silberhochzeitsreise war, wenngleich in mancher Hinsicht zerstreut, eine Suche weniger nach Kindheitserinnerungen als nach abstrakter Landschaft, wie eine große, kleinste Einzelheiten verzeichnende Landkarte sie darbot. Die nähere Umgebung von Schloßdorf zog kartographisch so sehr in ihren Bann, daß die Vorstellung einer dritten Reise zum Zwecke der Erforschung von Feldwegen, Bächen und Wäldchen vorübergehend zwanghafte Züge annahm.

Im übrigen wurde gesucht – im Grunde nichts. Am besten nichts. Denn es schleiften zu jener Zeit schon gespenstisch nach der Mutter Schicksalsmonologe, vermischt mit eigenem, gelegentlich und widerstrebend angelesenem Geschichtswissen. Es schuf Hohlräume; es schaufelte den Treibsand herbei, in dem das Nachdenken über die politische Vergangenheit der Gegend, der Heimat oder was immer es inzwischen sein mochte, zu versinken drohte.

Spätem Nachdenken bleibt anheimgestellt das eine wie das andere: der chaoswassergetränkte Treibsand der Geschichte zum einen; zum anderen der Treppen- und Sandgrubensog hinab zu den Urgroßmüttern mütterlicherseits.

30

# Die erste Reise 1975
## Mutter-Nostos, Mutter-Trauma

Romanfragment, Tagebuchnotizen
**Briefbericht**

Vorbemerkungen

Das Fragment aus dem ‚Mutterroman' ist einer noch unabgeschlossenen Verarbeitung der Lebenserinnerungen der Mutter entnommen.

Die Tagebuchnotizen zur ‚Polenfahrt' sind eingefügt der unterschiedlichen Wahrnehmungsweisen wegen. Was die Mutter sah und beschrieb, hat dokumentarischen Wert. Von dem, was die Tochter ins Tagbuch kritzelte, wären in nachträglichem Voraufblick auf die *Nostoi bei Nacht* von Gewicht die Reflexionen zur Mutterbeziehung.

Der **Briefbericht** der Mutter, geschrieben während eines Kur- oder Erholungsaufenthaltes, ist gerichtet an einen der Söhne des Schloßgärtners von Schloßdorf. Es sind zwölf Seiten A4 in einer anfangs klaren, ebenmäßig fließenden, nach rechts geneigten lateinischen Handschrift, nicht klein und nicht groß – ein beherrschtes, ordentliches Schriftbild. Gegen Ende erst beginnt die Schrift ungeduldig auszufasern. Es handelt sich um eine Abschrift.

Die Mutter hatte politisch ausgeprägte Meinungen. Es waren die Meinungen derer, die von einer geschichtlichen Katastrophe auf diejenige Seite geschaufelt worden waren, die den größeren Teil der Kollektivkosten eines verlorenen Krieges zu tragen hatten und nicht einsehen wollen, daß sie dazu hin auch noch an allem selber schuld sein sollten. Daraus, daß die Mutter ihre Meinung hinsichtlich der Heimat und des Verhältnisses zu Polen gelegentlich in Leserbriefen kundtat, läßt sich ableiten, daß sie nichts gegen die posthume Veröffentlichung ihres Berichtes gehabt hätte. Wozu sonst die Abschrift, die offenbar auch schon in andere Hände kam, denn einige schwer leserliche Worte sind mit Bleistift von anderer, unbekannter Hand, leserlich darübergeschrieben.

Um den Charakter des Berichtes als Zeitdokument zu wahren, sind die Familiennamen aus ‚Schloßdorf' unverändert wiedergegeben. Nur die Namen des Heimat- und des Nachbardorfes, sowie der Kreisstadt, sind verändert, bzw. abgekürzt worden.

32

## Vor- und Nachspiel im Riesengebirge
### Ein Fragment aus dem Mutterroman

Die Tochter kommt aus Afrika, aus Kamerun, wo sie seit zwei Jahren und zusammen mit dem Ehemann einen Beruf ausübt, der Pflicht und Neigung aufs schöne verbindet. Die Mutter erzählt aus ihrem Leben. Sie erzählt aus der ‚alten Heimat'.

Das Riesengebirge. ‚Blaue Berge, grüne Täler – herrlich ist dies Stückchen Erde'. Ein Lied. Ein deutsches Gebirge. Einst. Der Rübezahl mit seinen Zwergen trieb sich da herum, und die Erinnerungen der Mutter sind da festgemacht: hier bin ich endlich gesund geworden, als ich zwanzig war. Wo genau? In Oberschreiberhau. Im Haus am Rabenstein erst, dann im Stillen Winkel. Da möchte ich noch mal hin. Sehen, wie's da jetzt aussieht. Und nach Schloßdorf möchte ich eigentlich auch noch einmal.

Es läßt sich machen. Die Tochter bucht eine Gruppenreise. Die Reisegesellschaft hat zum Ziel Hirschberg. Von hier aus kann man mit dem Bus nach Oberschreiberhau, dem nunmehr polnischen Sklarska Poreba fahren. Es ist umständlich, aber man kommt an. Die Mutter sucht und findet das ‚Haus am Rabenstein' – wo einst nur ein schmaler Weg war, führt nun eine breite Straße hinauf, Richtung Josephinenhütte. Ein einzelnes Haus steht da, umgewandelt in ein Krankenhaus. Ganz in der Nähe, auf einer Anhöhe im Wald, steht ein Felsen mit einem Kreuz: der Rabenstein. Der ‚Stille Winkel' ist auf der anderen Seite; auch ihn findet die Mutter wieder. Etwa hundert Meter hinter dem Haus wurde seitdem ein Krankenhaus gebaut. Vor der breiten Einfahrt soll ein Stein gestanden haben. Ein Stein, ein Stein – ein Stein ist leichter aus dem Wege zu räumen als ein Haus. Die Tochter ist nicht ganz bei der Sache. Sie träumt. Sie träumt von blühenden Tulpenbäumen im Regenwald Westafrikas.

Am selben Tage noch faßte die Mutter auf Zureden der Tochter Mut und überwand ihre Höhenangst (die sie schon einmal überwunden hatte, als sie an der Hand der Tochter in Paris auf den Arc de Triomphe stieg) – man fuhr mit dem Sessellift zum Reifträger hoch, wanderte von dort bis zu den Schneegruben und zurück und schwebte wieder hinunter mit dem Lift. Noch Erstaunlicheres vollbrachte die Mutter mit ihren siebenundsechzig Jahren zwei Tage später – nach dem Schock, den ein Besuch in Schloßdorf ausgelöst hatte. Man fuhr nach Krummhübel und wanderte von dort aus durch den Melzergrund bis zum Gipfel der Schneekoppe hinauf. Die Luft des Riesengebirges muß zum zweiten Male ein Wunder gewirkt haben. Eine alte Frau, die als junges Mädchen nur liegen und kuren durfte, wanderte bergauf. Sie war wieder und noch einmal im Riesengebirge. Die ‚polnische Wirtschaft', die allgemeine Verlotterung in dem einstmals gepflegten Kurort Oberschreiberhau, hatten sie bitter gestimmt. Geradezu empört. Nun wanderte sie hinauf zur Schneekoppe und es war schön. Schön wie die Erinnerung: in dieser Luft bin ich einst gesund geworden.

So wurde Oberschreiberhau zu einem Mutterort, aber erst sehr spät zu einem Ort, an dem die Tochter der Mutter Spuren suchte. Siebzehn Jahre später, als die Tochter noch einmal und immer noch eher nebenbei nach dem ‚Haus am Rabenstein' und dem ‚Stillen Winkel' sucht, ist beides nicht mehr zu finden. Warum? Sind die Häuser inzwischen verfallen, abgerissen, verbaut? Gewiß war die Aufmerksamkeit während der ersten Reise vernebelt gewesen. Aber warum wurde damals nicht fotografiert? Der polonisierte Kurort hatte vermutlich nichts Fotogenes an sich. Während dieser ersten Schlesienreise wollte die Tochter nichts weiter als der Mutter Erinnerungen ermöglichen, an welchen die Versponnenheit ins eigene Lebensabenteuer kein Interesse hatte. Das Verständnis für der Mutter Heimatschmerz kam später.

34

# Polenfahrt
## Tagebuchnotizen 1975

Sa, 2.8. 75. Morgen also nach Schloßdorf. Es muß wohl sein. Um für Isi ein bißchen zu fotografieren, habe ich mir den Fotoapparat der Schwiegermutter ausgeliehen.

So, 3.8. 0.50 bei Hof, in einem feudalen Grenzübergangsrasthaus. Kaum müde, werde Isi nicht anrufen, wozu ihn aus dem Schlaf reißen. Die Reisegesellschaft und ihre Schrecken, das Rauchen im Bus, ohne Rücksicht auf Nichtraucher. Mu halb schlafend in unbequemer Querlage. Das Dahinbrummen unter dem Sternenhimmel, das Stundenzubringen. Isi fand, ich hätte so viel vom Beten gepredigt, letzten Sonntag. Vielleicht, weil ich es selber nicht mehr kann. Unverminderte Reiseängste – woher?

Görlitz, Grenzübergang. Es geht wieder los mit der Raucherei, und die Weibsleute treiben es am ärgsten. Die Nacht über hatten sie sich zusammengenommen, nachdem ich meine unmittelbare Nachbarschaft gebeten hatte, es doch freundlicherweise zu unterlassen. Muß ich mich hier alt und krank dünsten lassen, wo sowieso schon (‚fuchbaa' würde Mu sagen, alles ist für sie ‚furchtbar') ein halbes Dutzend linsengroßer Eiterherde, hervorgelockt von der neuen scharfen Lotion, in stummer Ergebung zu ertragen sind? Ist es am Ende eine psychische Allergie? Die Fahrt war ebenmäßig-ruhig. Mu hat gedöst.

Bad Warmbrunn, mittags. Schöner Park, ein bißchen verlottert. Die Landschaft hier herum wie ein großer englischer Park, lieblich dahingewellt. Aber was will ich in Schlesien?

Hirschberg, abends. Isi hatte mich gewarnt: es wird anstrengend werden. Man möchte eine Satire schreiben auf diese Heimatlandfahrer, die an allem herumzumäkeln haben. Es ist so flach ringsum, man sieht nicht, wo man ist. Mu war recht munter, schlief dann aber auch erst einmal, als wir in unserem Zimmer waren. Es ist heut nichts mehr zu unternehmen. Mu hat jemanden zum Quatschen gefunden. Als der Mann zu rauchen anfing, ging ich. – Das eigentliche Problem dieser Reise ist meine Mutter. Ich kann mit ihr nichts Vernünftiges mehr reden. So stirbt man von einander weg. Die geistige Trennung beginnt lange vor dem Tod. Die Welten sind so verschieden. Da kann es auf der einen Seite zu einer lächerlich pathetischen Geste kommen, die sich selber peinlich ist; auf der anderen Seite gibt es die übertrieben falsche Freundlichkeit fremden Leuten gegenüber, die man hintenherum mit den Fladen unfeiner Lästerung bewirft. Gott, hinter dem Wolkenvorhang der Geschichte und der Alltagstragödien, du siehst das alles und durchschaust es. Ich fürchte mich vor meiner Mutter. Sie kann so böse und bitter werden und so eigensinnig sein. Bald werde ich sie nicht mehr bemitleiden können. Wie sie mit dem Sohn im Dauerkleinkrieg liegt, sich demütigen läßt und jammert und flucht und schimpft und dann doch genau das tut, was der Sohn, die Familie, ‚die Kinder‘ wollen – ist das die ‚slawische Seele‘? Oder Sklaverei? Die Abhängigkeit der Mütter von den Kindern? Wie sie während der Fahrt dalag und ich über mein Leben nachdachte und darüber, daß ich *diese* Abhängigkeit nicht will. Die Nabelschnur, an der ich hänge. Noch immer. Die Abhängigkeit des Geistes von der Natur; das labile Gleichgewicht, das sich so schwer herstellen läßt. Wo bin ich eigentlich. Was will ich hier.

Montag, 4.8.75, zwischen Schneegruben und Reifträger. Rast in einer langhaarigen Grasinsel zwischen Krüppelkiefern, mit Sonne zwischen zwei Wolken, einem Stück Papier und einem Bleistiftstummel. Ein Augenblick, ganz idiotisch schön, umwerfend wunderbar; aber nur, so lange die Sonne scheint. Es würde nur zu einem primitiven Seufzer reichen, wenn dieser Bleistiftstummel nicht wär: ‚Ogottogott ist das schön!‘

Dienstag, 5.8., abends Hirschberg, jetzt Jelena Gora, Hotel Tokaj. Zurück von Schloßdorf. Was soll ich schreiben? Es ist ja noch manches vorhanden, dreißig Jahre danach.

Die kleinen Veilchen freilich blühn nicht mehr. Nicht nur, weil es August ist, sondern weil sie da auch im Märzen nicht mehr blühen könnten, in Schutt und Schotter hinter dem Haus, wo ich auch keinen ‚Pampsgraben' mehr sah. Immerhin, ich bin von N. aus den Schriemweg gelaufen, allein und nicht ganz bei mir selbst. Zwischen sandigen Rübenäckern und Weißdornhecken – es muß der alte Schriemweg gewesen sein. Ein schöner vergammelter Feldweg mit Beifuß und Kamille und Kamillenduft und einem weiß-blauen Erntehimmel darüber. In den Feldern – les blés étant blonds à moissonner – arbeiteten Leute. Ich lief da lang in meinen alten Sandalen und dachte: jetzt – jetzt – gleich – da ist schon der Brennereischornstein hinter den hohen Bäumen, da ist das Marderpüschl, da sind die ‚copses', das Gebüschte, und dann war da die Mauer vom Schloßpark, mit großen Löchern – so viel für den Anfang, dachte ich. Und dann, als ich um die Ecke bog – da hockte etwas – etwas wie ein schnapsblauer Alp, ein tückischer Kobold, etwas aus der Wurzelzwergwelt. Dacht ich. Aber es war das alte Großelternhaus, so zusammengeschrumpft und hellblau angemalt. Hellblau auch der seitlich vor das Haus verrückte Maischebehälter. Alles puppenstubenhaft, das Schiersehäusl weg, zerfallen, interessant für Archäologen: ein paar Fundamente. Die Dorfstraße, die August- und Erntewagenstraße war da, breit, warm, heimatlich, aber es lagen da keine Strohhalme, keine Schicksalsrunen im Staub wie erinnert oder geträumt. Am Schloßpark entlang statt des Lattenzaunes eine durchbrochene Betonmauer. Die Schloßallee, die alten Linden, abgeholzt; das Schloß steht ganz nackt da. Es ist da nichts mehr von erinnertem Geheimnis unter Lindenschatten hinter einem schmiedeeisernen Tor mit vergoldeten Spitzen. Alles übrige, und vor allem die Sandgrube – zu müde. Vielleicht morgen oder später einmal.

Do 7.8.75 Rückfahrt. ‚Polenfahrt' – ein Feuilleton? Unterwegs zur Schneekoppe, am Mittwoch, die suggestive Macht der Volkslieder und wie sie Gefühle hochspülen. Blaue Berge, grüne Täler... Die Landschaft, die Städte, die Vergangenheit und diese Reisegesellschaft. – Mittags gegen 13h an der Grenze zur DDR, wo es lange dauert. Soll nichts bleiben außer dem Ärger über den vollgerauchten Bus? Ich fürchte mich vor der Schärfe und Strenge meiner Stimme, deshalb schweige ich. Es ist heiß, es stinkt und ich habe Hunger. Wenn ich hier und jetzt nicht schreibe, wird nur bleiben, was das Zelluloid festgehalten hat .

Wieder schweben mir Skizzen vor, wie übereinanderfotografierte Bilder. Vexierbilder, die sich nicht mit Worten greifen lassen. Muß ich sie festhalten, diese drei Tage? Gestern eine Fahrt nach Krummhübel und der Aufstieg zur Schneekoppe durch den Melzergrund, den Mu spielend schaffte; ich habe Blaubeeren am Wegrand gezupft. Eigentlich mag ich nicht. Das Wetter und wie Mu im Treibnebel, in den Wolken, den Zickzackweg zur Kuppe hochkletterte auf den groben, mühsamen Steinen. Oben war's auch neblig, dann kam doch noch die Sonne und beschien die Landschaft, die Täler weit, die Höhen. Ich hab fotografiert ohne Lust und Verstand. So viel Volk wie in Oberschreiberhau und auf der Schneekoppe hätte ich nicht erwartet. Polen, familienweise, durchmischt mit diesen meist älteren Deutschen, die etwas suchen – was denn? Mit dem Lift fuhren wir wieder runter, an die sieben Meter über dem Boden, und Angst hab ich auch wieder gehabt zwischendurch. Wie beim Fliegen über Gebirge, Meer, Wüsten, Savanne und Urwald... Nach Schloßdorf hatte uns am Dienstag ein schmächtiger blonder Polenknabe gefahren in einem cognacfarbenen Fiat. Er sprach ein wenig Deutsch, war indes recht wortkarg und auch nicht sonderlich hübsch. Ich werde nichts zustande bringen. Wo war ich? Es geht schon weiter.

\*

# Der Briefbericht der Mutter

## Wie er zu lesen wäre

Ein Dokument – was soll es lehren? Eine Urkunde – wovon gibt sie Kunde? Behutsamer Umgang ist angeraten. Vieles müßte berücksichtigt werden auf dem Weg von den *bruta facta* der politischen Geschichte zu Verstehen und Verständnis, vielleicht sogar Einverständnis mit den Urteilen der Mutter.

Kindheit und Jugend der Klara Marie B. waren nicht schön gewesen. Ein jähzorniger Vater, eine fromm duldende Mutter, die schwere Arbeit in Haus und Garten, die langen Jahre der Krankheit Leibes und der Seele – Zuflucht war bei der Schönheit der stummen Dinge, bei den Rosen im Garten, den kleinen Veilchen hinter dem Haus, dem Blühen der Akazien, dem Duft der uralten Linden vor dem Schloß. Bei der Schönheit schöner Möbel, selbstgenähter Kleider und bei Handarbeiten, abends zur Erholung.

Und nun Schloßdorf im Jahre 1975, als mit dem Schlimmen auch das Schöne versunken und übriggeblieben war das zerfaserte Gefühl ,verlorene Heimat' – ein Elternhaus, ein Blumengarten, ein Gut in gutem Zustande, ein Dorf, in dem jedes Haus und seine Bewohner Bekannte waren. Vorbei. Dahin. Zur Besichtigung der Gegenwart kam eine Davongekommene, begleitet von einer Tochter, die das Vergangene nur in Auswahl und am Rande interessierte. Wer hätte die Gefühle der Enttäuschung und Empörung teilen sollen? Wem konnte mitgeteilt werden, wie es in der Heimat nach dreißig Jahren aussah? Am ehesten jemandem, dem die einstige Wirklichkeit vertraut war, die sich hinter den Schilderungen der Gegenwart verbarg. Was die Mutter ihrer Schwester und dem Schwager gleich nach der Rückkehr erzählte, entzieht sich der Kenntnis. Vielleicht waren es empörte Satzfetzen.

39

Daher es bedeutungsvoll anmutet, daß der Brief knappe neun Monate nach der Reise zustande kam. Als habe es eben dieser Zeitspanne bedurft, um den diffusen Schock der Eindrücke ins Gestalthafte von Sagbarem, von Sprache wachsen zu lassen.

Eine Sprache von erstaunlicher Genauigkeit der Beobachtung, der Einzelheiten, ein Storchennest etwa. Anschaulich die Beschreibung von Form und Größe der Parkmauerdurchbrüche. Der Stil bisweilen und begreiflicherweise emotional; die Umgangssprache streifend in Enttäuschung und Empörung – wie auch nicht. Hier und da Telegramm-, beinahe Tacitus-Stil. Bisweilen ein Sarkasmus. Die Beurteilung der Verwahrlosung als typisch polnisch – ist es politisch bedenklich? Es wirft Licht auf Kulturunterschiede und der Mutter ererbte Wertvorstellungen. Sauberkeit und Ordnung als Ergebnis von harter Arbeit und peinlicher Sorgfalt sind Kategorien der Ästhetik. Vielleicht sind sie bisweilen auch Ausdruck eines Bedürfnisses nach Gleichgewicht und Ausgleich. Wenn die kleine Welt in Unordnung ist, die familiäre Atmosphäre gespannt oder gedrückt, dann soll sie wenigstens nach außen hin ordentlich aufgeräumt sein und das Auge erfreuen. Wenn etwas kaum mehr zu ertragen ist in den häuslichen vier Wänden, dann lassen sich doch immer noch und wenigstens am Feierabend weiße Rosen in weißes Leinen sticken; im Garten blühen wie zum Troste Montbretien und Gladiolen, vor dem Schloß duften unsterblich die Linden und am Bächlein hinter dem Haus blühen Veilchen und Vergißmeinnicht.

Die Tochter legt es sich so zurecht und beschließt, den Brief der Mutter an den Nachbarssohn einer Nachwelt zu überliefern, die in einem Nebel verschwimmt, der von dem Dunkel, in dem die Vergangenheit versinkt, bisweilen kaum zu unterscheiden ist.

*

8981 Obermaiselstein, bei Oberstdorf,
den 23.5.76

Lieber Gerhard,

Heute muß ich den versprochenen Brief schreiben, morgen fahre ich wieder nach Hause. Es fällt mir schwer, von (Schloßdorf) zu berichten. Hg, die ihren Heimaturlaub bei mir verbrachte (sie ist mit ihrem Mann seit 1973 in Kamerun/Westafrika als theologische Lehrerin tätig) und ich fuhren mit einer Reisegesellschaft nach Hirschberg/Riesengebirge, das jetzt ‚Jelena Gora‘ heißt. Da wir die ganze Nacht von abends 8 bis vormittags 11 unterwegs waren und in das bestellte Hotel noch nicht hinein konnten, fuhren wir nach Bad Warmbrunn. Der Kurpark hatte ein poln. Aussehen und die Menschen alle nur Polen. Zurück nach Hirschberg, Mittag gegessen in einem schönen Hotel, früher ‚Postschenke‘, heut ‚Tokayer‘. Nur die Gardinen waren liederlich aufgemacht. Das Essen war gut. Die Reise war anstrengend, wir haben an diesem Tage, einem Sonntag, nichts mehr unternommen.

Montag wollten wir nach Oberschreiberhau, wo ich so lange zur Kur war. Aber bis wir im richtigen Bus saßen! Ich fragte immer alte Leute, weil ich dachte, die müßten mich doch verstehen. Nichts. Der eine Alte war sogar aus Lemberg. Oberschreiberhau sieht polnisch aus. Nichts mehr von dem schönen Kurort übriggeblieben. Die erste Enttäuschung. Die beiden Häuser, in denen ich in dem Jahre gewohnt habe, standen noch, nur 48 Jahre älter geworden. So lange ist es her, daß ich dort war. Wir gingen weiter und kamen an einen Lift. Der ging auf den Riesengebirgskamm zur Reifträgerbaude. Die Fahrt nach oben kostete nur wenige Sloty. Und oben eine vollkommen zerfallene Baude. 30 Jahre gehen auch an einer Baude nicht spurlos vorüber, wenn nichts daran gemacht wird. Wir sind den Kamm weitergewandert bei schönstem Wetter und kamen zur Schneegrubenbaude. Dasselbe Bild vollkommen verfallen. Nur die Schneegruben waren noch die alten! Abends zurück nach Jelena Gora.

Dienstag. Die Taxe war bestellt, ein neuer Fiat. Richtung (N.) Ehe wir einstiegen, fragten wir nochmal nach dem Preis. Er war zunächst durch unseren netten poln.

Reiseführer vereinbart worden. Der junge Taxifahrer, der deutsch in der Schule gelernt hatte, fragte, ob wir DM oder Sloty hätten. Wir hatten Sloty, also 900 – 1000 Sloty. Wir fuhren wohl zwei Stunden, dann sah ich die drei Türme von (N.), Ev. Kirche, Rathausturm, kath. Glockenturm. Wo ich nach 30 Jahren die Türme wiedersah, war mir so eigen. Ich war zu Hause, glücklich, alles noch mal zu sehen. Wir kamen aus Richtung (W.) die Liegnitzer Straße hoch. Die alte deutsche Stadt war in den letzten 30 Jahren uralt geworden. Alles grau in grau. Nur die Häuser, die durch Bomben zerstört wurden, waren nach poln. Geschmack wieder aufgebaut worden und deshalb hatten sie noch eine etwas hellere Farbe. Ich fand mich mit den Geschäften nicht mehr zurecht. Nur die Tür zum Geschäft Kanus stand auf, und ich sah in einen kleinen Laden, der mir früher viel größer erschien. (Ich werde mich wohl noch öfter verschreiben, denn ich bin mit den Gedanken zu Hause.) Die Apotheke ist in einem anderen Haus untergebracht. Am ‚Hohen Haus' stiegen wir aus. Es muß das Hohe Haus gewesen sein, allerdings standen vor dem Eingang der Tür rechts und links je eine bunte Säule aus Steinchen. Wir tranken etwas. Es war sehr heiß.

Hg. wollte nach (Schloßdorf) laufen. (N.) interessierte sie nicht. Dem Fahrer sagte ich, daß ich 1 Std. in dieser Stadt bleiben werde. Durch Zeichensprache erwarb ich einige Ansichtskarten. Der Roland steht noch an seinem Platz. Wenigstens was. Durchs Rathaus konnte man früher auf die andere Seite durch einen Torbogen gehen. Jetzt nicht mehr. Der Torbogen ist mit Brettern vernagelt, aber wie; eins lang, das andere kürzer, das dritte schräg-quer über die kurzen und langen Bretter. Na ja: polnisch. Langsam mußte ich mich daran gewöhnen und ahnte nicht, was mir bevorstand. Ich ging weiter. Die alte ev. Kirche, wo ich konfirmiert worden bin, ist weg. Auch alle Gebäude um die ev. Kirche sind weg. Das Landratsamt steht. Das Schießhaus gegenüber ist fast vollkommen verfallen. Die Promenade am Schießhaus ist gepflegt. Und staune: auf dem Ring, wo nicht der Roland steht, ist eine große Blumenrabatte angelegt. Und ein Bushalteplatz ist da auch.
1 Stunde war vorbei,

Ich stieg ins Auto und nun war die bange Frage: wie wird (Schloßdorf) aussehen. Bald sah ich den Brennereischornstein und endlich, nach 30 ½ Jahren, wieder zu Hause! Der Marderbusch war noch da. Wir fuhren die Schaussee, der Schriemweg war recht vergrast. Hg ist ihn gelaufen. Jetzt kam die Feldscheune, da wo es nach Kamendorf geht, ein Teil stand noch, der andere zusammengefallen. Den Weg zum Gut fuhr er nicht hinein. Da war ihm wohl die Straße zu schlecht für sein Auto. Also weiter. Oben am Kreuz, das noch steht, mußte er nun rein. Er fuhr langsam durch die löchrige Straße. Jetzt kam unser Haus. Gerhard, ich glaubte zu versinken, als ich es sah. Brennerei und Haus blau angestrichen, wie sonst kein Haus im Dorf. Die Gaststubenfenster und die vom kleinen Zimmer, wo wir immer gegessen haben, vergittert. Der Konsum ist drin. Für die Schlempe haben sie so'n Ding vors Fenster gebaut, wo es in den Vorbau zum Keller ging. Der Vorbau steht noch, ganz altersschwach. Das ist, wo Vater immer die Spiritusfässer hinunterrollen ließ. Von dem Schlempe-Ungetüm rüber zur Brennerei über die Straße ein hohes, kaputtes Tor. Es stand auf. Bis Kowalski fuhr er, da kam auch gerade Hg und wir verabredeten uns mit dem Fahrer auf 16 – 16½ Uhr. Es war kurz nach 12. Ein Blick im Vorbeifahren in den Gutshof. Die Linden rechts und links an der Auffahrt zum Schloß sind alle gefällt. Ein Bild, Gerhard – nichts als Zerstörung. Und ich sagte zu mir: das kann doch nicht sein. Das große Tor zum Schloß ist weg. Die große Linde, wo der Hundezwinger war, auch weg. Die Pumpe (links neben der Hofeinfahrt) ist nicht mehr. Hg wollte erst in die Sandgrube gehen. Ich ging zum Haus. Die Kellerfenster halb mit Dreck zu. Die Treppe von der Gartenseite weg. Dafür drei kleine Stufen und vor der Tür ein großes Vorhängeschloß. Der Vorbau vor dem Küchenfenster auch weg. Die Hausseite vom Garten aus ist eine glatte Front. Hühnerställe, Klo, Schweinestall – weg. Dafür standen Bretter an die Malztenne angelehnt. Den Schutt von dem abgerissenen Vorbau müssen sie liegengelassen, d.h. vor dem Schlaf- und den Wohnzimmerfenstern aufgeschüttet haben, kaum 1/2 mtr ist es noch bis zu den Fenstern. Buckeliger Platz. Eine alte Bank unter den Fenstern, darauf saß ein Mann.

Doch erst noch was anderes: der schöne Garten ist weg. Alles Kartoffelacker mit paar Kohlköpfen, Unkraut bis hin zum Haus von Karl Klose. Alle Bäume weg. Kein grüner Rasen mehr. Ich wollte in den Garten, es ging nicht, ein Zaun davor und dahinter Gestrüpp, alles durcheinander, wie es seit 30 Jahren wachsen wollte. Das Klo steht da, wo der Birnbaum am Mist stand, schön von der Straße aus zu sehen. Vor dem Kartoffel-acker ein kleiner, aus Brettern zusammengezimmerter Hühnerstall. Du mußt Dir die beigelegten Fotos anse-hen: zwischen Toreinfahrt und Haus kann man ihn erkennen. – Ich ging zu dem Mann und redete deutsch, natürlich verstand er mich nicht. Da sah ich auf der Straße einen Jungen mit Fahrrad. Die Straße hat kei-ne Vertiefung zum Gehweg mehr. Nirgends. Der Mann zeigte auf den Jungen und gab mir zu verstehen: ich solle mit dem Jungen gehen. Ich ging bis Kowalski. Da stand ich vor Ursula mit ihrem Jungen. Sie hat zwei. Sie freute sich sehr, Deutsche zu sehen. Wir gingen ins Haus, sie bot uns Limonade an. Wir wollten nach (K.) und hielten uns nicht lange auf. Wie's im Dorf aus-sieht, schreibe ich Dir, wenn wir von (K.) zurück sind.

Die alte, mit Kirschbäumen bepflanzte Straße ist einer breiten Asphaltstraße gewichen. Dafür sind Pappeln gepflanzt. An Frau Winklers Haus ist oben ein Balkon. Die Hitlereiche steht noch auf dem Platz vor dem Gast-haus. Sie ist ein schöner Baum geworden! Die ev.

Schule ist weg, nur grüner Rasen. Wir gingen durch Opitz' Gut. Nur wenige Leute arbeiteten da. Gasthaus Obst steht, schön weiß angestrichen, Rasen davor. Ob es wieder Gasthaus ist, weiß ich nicht. Bin dann noch um die kath. Schule gegangen. Ich habe kein kaputtes Haus gesehen. Bei Haberland sah ich ein Storchennest. Wird wohl ein polnischer Storch gewesen sein.

Also wieder nach (Schloßdorf) Das Haus von Mummert und Heller steht. Es stehen alle bis auf Jakob, Henke, Lohngärtnerhaus und Schierse. Wüst ist sehr sauber und ordentlich; das schönste Haus im Dorf. Die Sandgrube [eine andere als die hinter dem Schloß] verwachsen, da könnten wir nicht mehr Schlittenfahren. Bei Werner sah ich Leute. Bei Großmann stand eine ältere Frau in der Tür. Bei Wittwer sah ich niemand. Nulle und Petersilie müssen auch bewohnt sein. Die Fliedersträucher bei Nulle hängen halb über die Straße. Wurst hat an seinem Haus die Jahreszahl 1969 eingestanzt. Das Haus angestrichen. Schellmann scheint unbewohnt, Krügel verfällt. Der Schmiedeteich ist kleiner geworden. An der Krügelseite sehr viele Steine im Wasser. Die Schmiede scheint auch leer zu stehen, hoher Bretterzaun davor. Glaubitz: könnten Leute drin wohnen. Der ‚Ochsenteich' ist sehr klein geworden. Sehr viele Steine im Wasser. Die Mauer von Glaubitz bis zum Schwarzen Tor ist weg. Man kann von der Straße zu den Arbeiterhäusern sehen. Und wo früher die Gärten von den Arbeitern waren, ist ein auszementierter, rechteckiger größerer Teich, wo Enten drin schwammen, die wir dann vielleicht essen, wenn wir poln. Enten kaufen. Das Haus von Klose zerfällt vollkommen Die Fenster halb auf. Niemand drin. Bei Beck habe ich Leute im Hof gesehen. Klose Karl auch erhalten. Vorbei an unserem Haus – Kowalski in Ordnung. Die alten Kowalskis im Westen bei Mine, Kow. gestorben im Westen. Persicke in Ordnung. Der große Kastanienbaum steht noch davor. Güttlers Hof ist vollkommen mit Zement ausgegossen, sieht komisch aus. Topitsch macht keinen verwahrlosten Eindruck. Bei Frau Keller sah ich mehrere Leute. Die Schule steht, auch der große Baum, wo man nach (N.) geht.

Dort traf ich wieder mit Hg zusammen und wir gingen Richtung Sandgrube. Die Stadtmauer [gemeint ist die Schloßparkmauer] oben an der Biegung, wo es Richtung

49

N. geht, ein großes Loch in der Mauer, daß ein Pferdewagen durchfahren kann. Das Loch ist, wie die Ziegel herausgerissen waren, an den Seiten keine glatte Seite. In der Gärtnerei stand ein Wasserbassin. Nichts mehr von Gärtnerei., nur festgetretener Boden. Hin und wieder ein alter Baum. Am Ende der Mauer, da, wo der Park zu Ende ist, das gleiche unmögliche Loch. Groß, daß zwei Menschen nebeneinander gut durchgehen können. Wir wollten ja in die Sandgrube. Vorbei an zwei stinkenden Teichen. Der eine stank mit Wasser, der andere war Morast, ohne Wasser. Links vom Ziegeleiteich das Gehölz war weg. Rechts den Eingang zur Sandgrube mußte man suchen. Der Weg sumpfig und voller überhängender Äste. Rechts und links mit Abfall aufgeschüttet. Man mußte sich bücken beim Durchgehen, und der Weg, der geblieben war, feucht. Als wir hindurch waren, gab es keinen Weg mehr zur Sandgrube. Rings um die Sandgrube Wiese mit einigen Kühen drauf. Hg. ging zur Sandgrube – ich wartete.

Zurück gingen wir durch das Loch am Ende der Schloßmauer in den vollkommen verwilderten Park. Gerhard, so was kannst Du Dir einfach nicht vorstellen.

Die Bäume und Sträucher um den Teich sind gewachsen, wie sie wollten. Der Teich ist kleiner geworden, der Teich wächst zu. Einige Enten schwammen drauf. Und das Schloß! Der Verfall ist schon weit fortgeschritten. Die Freitreppe steht noch. Die große Tür, durch die wir zur Einbescherung gingen, z.T. schon kaputt. Fensterscheiben kaputt. Eine einzige Familie soll drin wohnen und paar Freizeitstudenten. Weiter. Ich weiß nicht, ob das Treibhaus noch steht. Wir gingen links weiter Richtung Hof. Der Heckenrosenzaun am Schloßzaun ist weg. Wo Rasen war, rechts vor der Haupteinfahrt, harkten ‚Studenten' ein paar Gemüsestauden; da war Gemüsegarten angelegt.

Nun wieder zu Kowalski. Sie erwartete uns schon. Ich sagte zu Frau Kusidio, so heißt die Ursula jetzt: Der Nußbaum steht auch nicht mehr, und auf dem Brennereiboden werden wohl noch immer die Sperlinge nisten. Da sagte sie zu mir: ‚Woher Sie das alles wissen?' Da fiel mir ein, weil ich so beeindruckt war von dem Entsetzlichen, das ich gesehen hatte, daß ich noch nicht gesagt hatte, wer ich bin. Ich bin (Klara Bn.) Die Frau war sprachlos. Nun sagte auch Hg., wer sie war. Ich wollte noch einmal zu unserem Haus. Ein Blechdach hat es auch bekommen. Frau K. kam mit.

Ich sagte schon, das kaputte Tor stand offen. Die Haustür, durch die Ihr und wir gegangen sind, ist zugemauert. Die Treppe natürlich weg. Zwischen dem alten Vorbau und der ehem. Treppe ein großes Bassin, zu ¾ in die Erde eingelassen. Die Malztenne ist mit alten Ziegeln vergrößert, also wo Heuboden, Klo, euer Hühnerstall war, jetzt alles Malztenne. Fast bis zum Graben. Der Bach läuft noch gerade als kleines Rinnsal, alles zugewachsen. Und davor, von der Malztenne bis zu der Wiese, wo die Kartoffelmieten standen, ein alter Zaun, ohne Tür. Ich konnte suchen, wie ich wollte, kein Eingang. Ich konnte also auch von hinten nicht in den Garten. Trocknerei bewohnt. Vor der Tür wieder ein kleiner Stall mit Kleinvieh. Die Teiche hinter der Trocknerei sind nicht mehr. Zurück zur Gartenseite des Hauses. Irgendwo müssen ja die Leute ins Haus. Die Treppe hinten raus ist auch nicht mehr, nur drei kleine miese Treppchen führen in den Konsum, also in die Gaststube. Die Tür zur kleinen Stube, vom Flur aus, auch zugemauert. In der Gaststube rechts eine große gemauerte Wand, fast bis zum Fenster, wo man auf die Straße Richtung N. sehen konnte. Links dasselbe noch einmal. Den Kachelofen sah man nicht. Die kleine Stube kann man nicht erreichen, weil alles davor zugemauert ist, und trotzdem sind die Fenster von der kl. Stube von außen vergittert. In meinem Kopf drehte sich schon alles von dem Entsetzlichen, was ich immer wieder sah. Der Konsum hatte nichts Besonderes anzubieten. Also raus. Daß der Vorbau, da hinter den Fenstern der kleinen Stube, abgerissen ist, habe ich schon geschrieben. Jetzt kam die noch junge, schwangere Frau von dem Mann, der irgendwas in der Brennerei zu tun hat, aus der Tür. Da, wo unser Küchenfenster war, haben sie sich eine Tür einfallen lassen. Was Küche war, ist Flur oder Gang, kann man auch sagen. Wir gingen da hinein. Rechts wieder die Mauer, so daß man von der Küche nichts mehr sah. Jetzt unser ehemaliges Flur. Es ist, also die Tür, die nach der Straße führt, zugemauert. Und die Tür, die in die Gaststube ging – zugemauert. Da können nur Idioten gemauert und noch mal gemauert haben, die keine Türen leiden mögen. Es standen in dem Flur einige Schränke. Die Treppe – ich mochte nicht hinaufgehen aus Angst, wieder vor zugemauerten Türen zu stehen, und ich war langsam vor dem Umfallen. Rechts oben ist eine Biegung und links in der Biegung ein zerbrochenes Holzgestell in der Wand. Sollte wohl mal eine Lehne gewesen sein. Ich wollte in den Keller gucken. Frau K. sagte, da ist gar nichts drin. An der Schlafzimmertür der Eltern bin ich vorbeigegangen; ich wollte nicht auch noch sehen wie es jetzt da drin aussieht. Ich konnte einfach nicht mehr. Wahrscheinlich ist das eine Zimmer die Küche und das Wohnzimmer Schlafraum geworden. Ich wollte wenigstens diese beiden Zimmer so in Erinnerung behalten, wie ich sie kannte, mit Weihnachtsbaum und so. Raus aus diesem verschandelten Haus. Und draußen eben ein aufgehäufter, festgetretener Schutthaufen da, wo mal die Rosen blühten.

Nun in den Gutshof. – Im Inspektorgarten sind alle Akazien weg. Auch die Fliederlaube. Unter Sch. seinem Fenster wieder dieses Bassin, wie bei uns, das noch etwas aus der Erde rausragte. Das Haus mehr grau als rot. Kein Fensterrahmen gestrichen. Der Ententeich ist noch, davor sowas wie Geräteschuppen. Der große Mist ist nicht mehr. Die Arbeiterhäuser haben ihre Eingänge

54

von hinten, also da, wo die Gärten waren; vorn zugemauert die Türen. Also auch nicht mehr der Eingang,
wo der Nachtwächter Klose uns die Festkuchen gebacken
hat. Nur wenige Frauen habe ich im Hof in einer
Scheune arbeiten sehen. Wieder am Schloßzaun vorbei,
wo früher die Heckenrosen blühten. Der Teich an der
Pumpe ist größer geworden. Die Enten darauf vergrö-
ßern ihn. Ich hab nur immer ,Mein Gott, mein Gott'
gesagt. Die Stunden waren so entsetzlich. Als wir aus
dem Hoftor herauskamen, fuhr ein Zweispänner mit
Kutscher und zwei Männern im offenen Wagen von der
Straße in den Hof. Werden wohl die Herren Genossen
gewesen sein! Eure Wohnungsfenster im Kellergeschoß
des Schlosses standen offen, niemand wohnt darin.

Ich ging noch mal zum Haus, Gartenseite. Mir war, als
könnte das alles nicht wahr sein. Das Auto stand schon
da. Ich umfaßte das Haus noch mal mit meinen ganzen
Sinnen und stieg ins Auto, die aufkommenden Tränen
unterdrückend. Frau K. winkte uns nach. Ich sah das
blaue Haus, bis die letzte Ecke von ihm entschwunden
war. Das war der Abschied von (Schloßdorf). Noch heute

bin ich in den Träumen dort. Mal, wie es einstmals war, dann wieder die heutige Wirklichkeit.

Am anderen Tag fuhren wir nach Krummhübel und stiegen auf die Schneekoppe. Am Donnerstag früh wieder Richtung neue Heimat, vorbei an der Kirche Wang, die in gutem Zustand ist.

# Die zweite Reise 1992 –
# eine Silberhochzeitsreise

<▶

### Die kleine Welt seit der Rückkehr aus Kamerun

Sie war nach Hintergründen, Anlaß und Stimmung der Reise anders verfaßt als siebzehn Jahre zuvor. Daraus ließe sich annähernd erklären, wie es zu einem Hängenbleiben an der Treppe im Großelterhaus und zum Einsinken in den Treibsand vergangener Katastrophen kommen konnte.

1992 lag Afrika zwar nicht in weiter, aber doch in weiterer Ferne. Der Graslandtraum war so gut wie zu Ende geträumt. Die rosa Wolke aus warmem Harmattan, die schon 1985, beim dritten Besuch in Mbe, die ersten Sandkörnchen ins träumend offene Blauauge geweht hatte, war grauem Staubgewölk gewichen und der Einsicht, daß es an der Zeit war, sich der eigenen Vergangenheit zuzuwenden, unter anderem auch mit der Frage, was es mit dem Tagtraum vom seligen Verschollensein in einem Bergdorf der westafrikanischen Savanne letztlich auf sich haben mochte. Ob da etwa untergründig Vergangenheit nachwirkte.

Die eigene Vergangenheit reichte weit hinab in die Mutterwelt. Das war das eine. Zum anderen waren seit der Rückkehr aus Afrika, nach zehn Jahren in Kamerun, neun Jahre vergangen.

Seit dem dritten Besuch in Mbe und einer Berufung nach Berlin im Spätjahr 1985 bildeten Ehe, Schreibklause und Mutterwelt ein Dreieck. Im fernen Berlin fand in einer Grauen Villa mehrmals im Jahr Besuchsehe statt; im nahen Rebtal saß die Mutter auf einem roten Sofa, knüpfte Teppiche, strickte Tischdecken und Pullover, stickte Sofakissen und sorgte sich um das älteste der drei Enkelkinder. In einem komfortablen Vorstadt-Atelier in Babingen nebenan saß eine Beurlaubte und schrieb und schrieb – damals noch Schreibmaschine. Schrieb Afrikatagebücher aus, um auf großem Umwege dahin zu gelangen, von wo aus Sinnzusammenhänge sichtbar werden sollten.

1987/88 zeichnete sich ein Wendepunkt ab. Während im Sommer 87 Besuch aus Kamerun in Berlin weilte, stand zwar ein Gastspiel am unteren Kongo bevor; die erste Reise an den Geburtsort am nahen ‚Müthelsee' wies indes bereits den Weg in die eigene Vergangenheit. Vier Jahre später kam die Mutter mit. Sie trug seit dem Spätjahr 1988 ein Kleid aus schwarzem Georgette und Trauer um das älteste ihrer drei Sohneskinder. Das rote Sofa war zu einem Ort der Monologe geworden, zur Wiederholung aller der Schicksalsschläge, Enttäuschungen und Versagungen, die sich in einem langen Leben angehäuft hatten. Angesichts solch schwerblütig-schwermütiger Mutterwirklichkeit erschien Afrika leichtgewichtig, fast ein Luxus. Nur ein exotischer Flirt...

1989 erschien, Auftragsarbeit für einen Verlag, ein Buch, 400 Seiten, pseudonym. Das Schreiben an der ‚Komödie' zeitigte eine kleine Bewußtseinsstörung; an drei Afrikaminiaturen wurde herumverbessert. Am 9. November stand die Mutter, zu Besuch in Berlin, vor der Mauer am Brandenburger Tor und wunderte sich.

Anfang 1990 wurde ein Gastspiel in Tansania geplant und der Umgang mit einem Rechner zu Schreibzwecken zögernd erlernt. Die Mutter kam wieder zu Besuch nach Berlin; man fuhr nach Potsdam, des ,Alten Fritzen' wegen. Erste Verlagsabsagen (*Spur im Staub*); Verbesserungen an der *Inanna*. Die Mutter drängt auf Eigentumswohnung für die Tochter. Ende August nach Tansania. Kurz vor Weihnachten kam man, knappe drei Jahre nach dem Abenteuer am unteren Kongo, wohlbehalten und nach einem fünften, einem enttäuschenden Besuch in Mbe (mit denkwürdigem Eklat am Frühstückstisch) zurück.

Anfang 1991 entstand ein Rundbrief über das Trimester in Makumira/Tansania, und das Einlesen in griechische Religion (Nilsson) begann. Die *Inanna* wurde umgearbeitet und Zeit vertan mit einer Auftragsarbeit über ,Das Böse'; aus dem Drucker des Atari-PC kamen die Afrika-Miniaturen. Der Schatz an Familiensage, Dorf- und Schloßgeschichten mehrte sich. Die Nostos-Reise mit der Mutter an den Müthelsee fand im August statt. Im Oktober begann das Schreiben am *Kenotaph* mit dem ersten Kapitel ,Fliederlaube der Kindheit', und im Dezember starb die Patentante, die noch etwas über die Vorfahren väterlicherseits hätte erzählen können. Das Hin und Her zwischen Berlin und Babingen dauerte an, der Mutter Monologe ebenfalls, das Schreiben am *Kenotaph* machte Fortschritte, sprang von der Kindheit in die Dreiecks-Gegenwart und verweilte sich darin. Es war noch weit davon entfernt, sich um Vorfahren zu kümmern.

Das Jahr 1992 begann mit der literarischen Bearbeitung eines Traumes, der längst Verjährtes emporgespült hatte (*Vase, altägyptisch*). Eine Ende 1988 angelaufene Erbschaftssache von Vaterseite kam zum Abschluß. *Inanna* erschien. Eine weitere Tante (Emy S.) starb; die Schwiegermutter wurde zum Pflegefall. Auf Drängen der Mutter begann die Suche nach einer Eigentumswohnung in Rebtal. Die Mutter half, in der Grauen Villa ein Boudoir einzurichten. Die champagnerfarben erneuerten Bezüge eines alten Sofas, das seit der Rückkehr aus Tansania 2003 gelassen vor sich hin gammelt, sind das Werk ihrer Hände. Man fuhr auch wieder nach Sanssouci, eine zierliche alte Frau in schwarzem Georgette-kleid und weißer Perücke stand andachtsvoll vor dem Grabe des heimgekehrten Preußenkönigs. Man besuchte das Pergamonmu-seum. Familiengeschichte und Fluchterinnerungen wurden über-liefert, und die Mutter weinte, ‚weil so vieles schiefgegangen ist'. Sie bestimmte einen Vers von Eichendorff für ihre Todesanzeige. Das Kapitel ‚Mutterhöhle' des *Kenotaph* wurde begonnen.

Vom 18. – 26. August fand die Reise ins Riesengebirge statt, Kammwanderung, Ausflug nach Schloßdorf und Dresden. Bald danach entstand der Besinnungsaufsatz ‚Reise ins Riesengebirge'. Die Mutter schenkte der Tochter ihren Diamantring zur Silber-hochzeit. Sie litt unter einseitigem Kopfschmerz, unter den Aus-ländern, der Asylantenflut, Türken, die sich deutsche Freundin-nen suchten und dem irregulären Single-Leben junger Leute.

*

Damit wäre das Lebensgewebe, in das hinein die zweite Reise nach Schlesien verstrickt war, in lockerem Fadenschlag angedeu-tet. Der Ehemann oblag seinen Lehrverpflichtungen und war nebenher bemüht, die Ergebnisse seiner Feldforschungen zu Pa-pier und zu Ende zu bringen. Die Mutter erinnerte und beklagte ihr glückloses Leben. Die Enkelgeneration erfüllte nicht ihre Erwartungen. Die Tochter mochte es weiter gebracht haben; was nützte das im Blick auf die Zukunft? – Im Hintergrund der zwei-ten Reise nach Schlesien standen der Mutter Schatten und ihre Lebensklage. Der Reisebericht geht darüber hinweg, bemüht um einen leichten, einen Plauderton, gerät jedoch unversehens und bisweilen, wo nicht geradewegs in den Treibsand der Geschichte, so doch nahe an den Rand, wo es hinabgeht ins Bodenlose.

60

# Eine Reise ins Riesengebirge
## und ins Dorf der Kindheit

## Der Zufall

Immer wieder einmal erwogen; nicht dringlich und auch nicht so unumgänglich wie der letzte Ausflug nach Afrika, zwei Jahre zuvor, für ein Gastsemester in Tansania. Zu Ende des Sommers und der Plackerei am Schreibtisch (Kapitel V des *Kenotaph*, Die Mutterhöhle: zermürbende Erinnerungsarbeit) läßt sich die Reise, betupft mit einem silbernen Glanzlicht, einfädeln und durchziehen. Der Zufall spielt mit, winkt mit einem Zettelchen in der Getränkekarte: ‚Rübezahl läßt grüßen', beim spätnachmittäglichen, mit dem Fahrrad erradelten Bier, umsummt von sonnenseligen Wespen unterm Birnbaum in einem Gartenlokal am südlich-ländlichen Stadtrand von Berlin.

Der Berggeist grüßt herüber von Oberschreiberhau, wo er ein ‚Pensjonat' empfiehlt, das sich mit dem gleichen blaßlila Edelsteinnamen ziert wie der Biergarten in Teltow. ‚Wollen wir? Sollen wir es packen?' Das Angebot scheint annehmbar; eines Visums bedarf es nicht mehr; da zudem der Wirt deutsch spricht und sich durchs Telefon bereit erklärt, die Gäste in Görlitz mit dem Auto abzuholen; wenn es sich außerdem verbinden läßt mit einem Tagesausflug hinab in die niederschlesische Ebene, in ein Dorf  mit Schloß und dem Schornstein einer Schnapsbrennerei, und auf dem Rückweg könnte man Dresden – Dresden? Muß das sein? Warum nicht. Es läßt sich in acht Tagen machen, und das Ganze kann nicht mehr als sechs bis sieben Millionen Sloty kosten.

So ergab es sich fast nebenbei. Hintergründig freilich könnte Notwendigkeit mit im Spiele gewesen sein. Sicher nicht der Gedanke an
Silberjubel. Jedoch - auftauchen! Abtauchen - ?

Auftauchen aus einem memoirenverfilzten Sommer in Berlin, zu
zweien im wohnlichen Abseits mit großem Garten, Baumschatten,
Gebüsch und einer großen Rasenfläche, die schräg vor einer Terrasse voller Rosen auf den Fotos steht. Ein Garten einladend zu Gar-
tenarbeit für eine zu ungewöhnlich langem Besuch weilende Ehefrau;
für den Herrn der Grauen Villa indes zu eng und zu nah und daher:
weg und woanders hin. Wenn schon nicht nach Afrika, dann zu Rübezahl. Als ob ganz Berlin ein Schreibtisch wär' oder ein Peh-Zeh. (Das
Rohmaterial zehn Jahre zurückliegender Feldforschungen hat die
Elektronik gefressen und halbverdaut wieder ausgespuckt; der Blutdruck ist unter Kontrolle; ein altmodisches Schreibmaschinchen
nebenan, im neu, im Mai mit der Mutter eingerichteten Boudoir hat
zwischendurch das langjährige Nachbeben einer  Reise ins tropische
Land Orplid, vier Grad überm Äquator, in einem fünften Kapitel
durch die Tasten gehackt trotz Kartoffelnkochen und Moosauskrat-
zen). Die Fahrradausflüge ins Ländliche südlich der Nicht-mehr-
Mauer führen täglich zurück in die Vorkriegsvilla, zwischen Bücher
und Manuskripte. Auftauchen. Heraus aus dem Dunstkreis von Afrika und  Mutterhöhle. Nach Bad Füssing, wegen beginnender Arthro-
se in den Knien, vielleicht später im Jahr. Da es sich mit Rübezahl
via Teltow so bequem ergibt, soll sie endlich sein, die gemeinsame
Reise ins Riesengebirge und hinab in die Ebene.

Abtauchen? Nicht zu tief. Ins Dorf der Kindheit - ja. Damit du mal
siehst, wie's da aussieht. Anders als damals, als im Großelterngarten
rosa Wicken dufteten und es eine Fliederlaube gab mit Hängematte
darin und blättchen-, fleckchenweise blauem Himmel darüber. Im
Sommer vierundvierzig... Aber tiefer hinab lieber nicht. Nach Möglichkeit auf dem festen Boden der Gegenwart bleiben...

62

# Erzählen – ?

Wenn es auf dem festen Boden der Gegenwart jemanden gäbe, der wissen wollte, wie es war, würde das Erzählen der Reihe nach den äußeren Einzelheiten nachgehen – wo es mit Bahn und Auto, mit dem Sessellift und zu Fuß entlanggeht; wie einfach man in Görlitz über die Grenze kommt und wie bequem nach Oberschreiberhau mit einem freundlichen und tüchtigen Wirt, der aus Krakau stammt und sich seit sechzehn Jahren in Szklarska Poreba, so heißt Schreiberhau im Riesengebirge auf polnisch, um deutsche Gäste bemüht; wie das ‚Pensjonat' gelegen, gebaut und eingerichtet ist (recht hübsch, mit Blick zum Reifträger); wie das Essen war (gut und reichlich) und was alles gekostet hat und in welcher Währung (in D-Mark preisgünstig). Wie es in dem altberühmten Luftkurort aussieht (wie restauriert und wie verlottert und woran man die deutschen Touristen erkennt). Wie es sich wandert im Riesengebirge und daß nun eben alles anders heißt auf Karten und Wegweisern (daß es aber auch ein Wanderbüchlein auf deutsch gibt). Wie wir am Tag nach unserer Ankunft mit dem Sessellift zum Reifträger hochgefahren und von da bis zu den Schneegruben gewandert sind und am vierten von der Schneekoppe zum Reifträger; wie die Sehenswürdigkeiten nach einander aussehen da oben; welche Bauden noch stehen, welche verfallen sind oder ausgebessert werden; wie man ins Böhmische hinüber kommt, ganz einfach nämlich und daß man die Elbquelle besichtigen kann, Pramen Labe. Wie viel Jungvolk da oben auf dem breiten Grenzkamm entlangwandert, viele Familien mit kleinen Kindern, und wie am Spindlerpaß die Busse alte Leute anbringen, gut gekleidet, die ein Stückchen den Berg hinanschleichen, die grauen Baumskelette betrachten und stumm den Kopf schütteln... Was wir sonst noch besichtigt haben, den Zackelfall etwa, und daß die Josephinenhütte, die jetzt Julia heißt, nicht zu besichtigen war. Und wie ich am letzten Tag noch einmal und allein das ‚Haus am Rabenstein' suchte und den ‚Stillen Winkel' nicht mehr fand, die meine Mutter mir siebzehn Jahre zuvor, 1975, gezeigt hatte: Da bin ich zur Kur gewesen, als ich zweiundzwanzig war…

Der Mutter, der Tante, dem Onkel wurde bald nach der Rückkehr auch einiges erzählt, aber nicht sehr zusammenhängend. Es hätte ausführlicher die Rede sein müssen von den Irrfahrten und wie dieses Schloßdorf sich entzog. Wie es dann schließlich doch wieder dastand, das alte Haus, in dem die Großeltern einst wohnten und das jetzt graurosa angestrichen ist statt hellblau. Mit welchen Leuten wir geredet haben, deutsch oder mit Hilfe des geduldigen und sympathischen Polen, der uns mit seinem Auto und für D-Mark umherkutschierte. Der Reihe nach müßte das Erzählen Schritt für Schritt gehen, auch entlang der wenigen Fotos, die hastig, unter merkwürdigem Widerstreben, zustande kamen. Aber wie wäre zu erklären, daß *ich* im Grunde *nichts* gesehen habe, diesseits der intensiven Kindheitsbilder, Fliederlaube, Rosen und Wicken da, wo jetzt Brennesseln wuchern? Es wären mühsam Kleinigkeiten aneinanderzureihen, manche Frage bliebe unbeantwortet, aber am Ende stünde wirkungsvoll die Erwähnung von etwas, das entgangen wäre, wäre ich allein gewesen: ein älterer Mensch, auf den Stufen zum Garten des Großelternhauses sitzend, rief uns nach, in grimmigem Scherz vielleicht, aber in bestem Deutsch: ‚Wollen Sie das Dominium kaufen?'

Wie trostlos, kahl und fast menschenleer stand alles herum. Wohingegen doch die Fotos zeigen, daß es auch eine Reihe neuer Häuser und auch neu angestrichene gibt in diesem Schloßdorf, das nun auch anders heißt. Und daß es Bäume gibt, wo ich keine gesehen habe…

Von der Stadt N. müßte ich erzählen, wo ich auch nicht viel sah beim Hindurchfahren (Glockenturm, Rathaus und Kirche stehen unverrückt; die Häuser am Oberen und am Unteren Ring sehen ganz normal aus, und die Leute leben da wie selbstverständlich). Und Breslau, wo ich gar nicht hin wollte, müßte auch erwähnt werden (der berühmte Rathausgiebel für den Anspruch auf Berühmtheit viel zu niedrig; auf dem Jugendstilkaufhaus die Weltkugel nicht mehr, von der die Mutter erzählte; der Schweidnitzer Keller – sind wir da etwa hinabgestiegen?) Es war ein so heißer Tag, es waren da so viele Leute, so viele Autos; und in der Buchhandlung gab es ein Buch, in dem sich alles viel geruhsamer betrachten ließ. Die Jahrhunderthalle fiel mir ein, an deren Rundung ich als Kind entlanggelaufen bin. Auf Nachfrage gelangten wir zu einem Betonpavillon mit dem Panorama einer obskuren Schlacht bei Raclawice. Wir nahmen's höflich zur Kenntnis und fuhren zurück ins Gebirge.

Schriftlich erzählen - für wen? Das mündliche Berichten zog sich lustlos hin. Der Onkel fragte ein bißchen nach. Die Mutter, mürrisch, hatte offenbar von ihrem Besuch im Jahre 1975 noch genug. Für den Rest des Lebens genug an Enttäuschung und Bitterkeit. Die Tante konnte sich an Breslau nicht mehr erinnern. Von Dresden wollte niemand etwas wissen. (Man weiß vermutlich zuviel und es liegt wie ein schwerer Stein, der sich nicht wegrollen läßt, vor allem, was sagbar wäre.) Dresden. Von einigem könnte ich einem Kunstliebhaber erzählen; aber der war selber dort. Was allenfalls noch zu erwähnen wäre, drei Jahre nach dem Übergriff der DM: wie unverschämt teuer das Hochhaushotel ‚Lilienstein' an der Prager Straße war. Im achten Stock ein enges, schäbiges, graugekacheltes, licht- und lüftungsloses Badeloch; wie stickig es da oben war und wie laut die Türen knallten. Dresden wäre zu beschreiben als zweitägige Strapaze mit Gestank und Lärm der Autos an der Elbe entlang unterhalb der Brühlschen Terrasse, nachdem besichtigt war, was ein bildungsbeflissener Tourist gesehen haben muß (ja, auch die Ruine der Frauenkirche). Erzählen ließe sich, wie wir schließlich auf einem Schaufelraddampfer nach Pillnitz entwichen, einen Nachmittag lang. Aber wie ich die Berge am Horizont absuchte und später die Landkarte – das wäre schon nicht mehr erzählbar, wenn es ums Erzählen ginge.

## Rauch. Treibsand. Impressionen

Nun aber geht es nicht um ein Erzählen. Der Boden der Gegenwart ist stellenweise auch nicht so fest, daß es nur darum gehen könnte, zur Kurzweil ein paar Tage und Seiten anzufüllen mit Reiseimpressionen. Beim Umhergehen lauern hier und da dicht unter den Schuhsohlen Hohlräume, nicht ganz geheuere. Manches fühlt sich wie vernebelt an. Der Horizont ist nach einer Seite hin verdüstert wie von Rauch. Ja, Rauch. Grau bei Tage, rötlich bei Nacht. Bisweilen gibt der feste Boden nach, bricht ein wie in Hohlräume, oder er gibt langsam nach, wie Treibsand, und es sinkt und sinkt...

Möglich wäre immerhin ein vorläufiges Ausweichen ins Impressionistische. Es prägten sich ein die korallenroten Vorhänge im ‚Pensjonat' von Schreiberhau; das graugrüne Watteau-Zimmer im Bergpalais des Schlosses Pillnitz; das Sonnenlicht, das in die Klamm des Zackelfalls herunterfiel und das andere Mal ins lange, dunkelgrüne Gras auf dem Blaubeerhügel im Walde; die böhmischen Berge im Morgendunst, südöstlich der Schneekoppe; ein rotblaues Glasfenster in einer der Kirchen von Breslau; die große Pfütze bei der hinteren Toreinfahrt des Dominiums in Schloßdorf; der Zobten zwischen Striegau und Kostenblut, bläulich, und die barockgelb restaurierte Toreinfahrt vor dem Schloß im Nachbardorf. Dazwischen viel Verschwommenes, grau-rosa, mehr Gefühl als Bild, angesichts des nicht mehr vorhandenen Schriemweges und des Nicht-mehr-Gartens hinter dem Großelternhaus. Und drinnen, im halbdunklen Flur, das Zerbröckeln jeglicher Wirklichkeit. In Dresden gingen die berühmten Gemälde ersten Grades wie dünne Luft vorüber, die Tiziane, Veronesen, Rubens, Rembrandt; auch die ‚Sixtinische' – Flugasche. Von den Modernen hielten immerhin drei oder vier die Zeit an; auch die Preziosen im Grünen Gewölbe sind noch da, ihr kalter Glanz, mehr Glanz als Farbe, die Smaragde zumal. Der Saal mit den griechischen Vasen zieht noch einmal vorüber, das sichere Linienspiel der federdünnen Zeichnungen auf rotem Figurengrunde vor glänzendem Tiefschwarz. Nicht mehr Bild und auch nicht Eindruck, sondern Hohlraum, Schacht hinab in die Vergangenheit; Treibsand, bodenlos: der Anblick der Ruine, draußen in der Sommerhitze, und in Breslau Wuchtiges aus dunkelbraunem Backstein, trutzig, dunkel-dumpf erinnernd an die letzten Wochen einer Festung...

Fort und hinweg! Hin zu sommerlichen Gegenwartsgenüssen von der Art des Mandarineneises im Schatten der Anlagen vor dem Kügelgenhaus. Oder zu dem Roterübensalat abends im ,Pensjonat' und den lukullischen Butterkartoffeln mit Petersilie. Oder zu der Erinnerung daran, wie gut das Stück Käse mit trockenem Brot und süßen Matschbirnen geschmeckt hat auf der Rast bei den Mittagssteinen, am Tage der langen Riesengebirgswanderung. Das wäre schon fast alles an zusammenhanglosen Impressionismen. Hier finge die Landschaftsmalerei und das Suchen nach Adjektiven an, und besonders der Sinn für das Symbolische der Wanderung auf dem Lebenswege zu zweit würde sich aufdrängen: es war der 22. August. Am Abend zuvor, nach dem Tagesausflug hinab in die Ebene und in die Vergangenheit, ergab sich die Andeutung einer feierlichen Rückbesinnung und eines Rahmens rund um diese Reise...

Es soll bei Impressionen nicht bleiben. Das eine oder andere läßt sich in einen Zusammenhang bringen und durchformulieren: Stimmungsbilder aus dem Riesengebirge; die Irrfahrt am 21. August bis hin zu der Treppe im dunklen Hausflur im Großelternhaus; das Landkartenlesen danach und noch einmal, trotz der Hohlräume darunter und des Treibsandes hinab ins Bodenlose: Breslau und Dresden. Als Abschluß eine Besinnung darauf, wie die Reise sich einfügt ins unabgeschlossene Ganze zwischen Kindheit und Afrika. Und daß der eine Jakob Böhme las, während die andere Vergils Äneis zwar mitgenommen hatte, aber ungelesen liegen ließ.

# Landschafts- und Stimmungsbilder

## Der Regenguß

‚Rübezahl läßt grüßen' – der kühle Schauer am ersten Tage war wohl ein Begrüßungsguß. Der morgenblaue Himmel hatte sich, noch während die wenigen Ausflügler auf den Sessellift warteten, mit einer glattgrauen Wolkenschicht von Westen her überzogen. Kann das so bald herunterkommen? Kaum. Wir fahren erst mal rauf und sehen dann weiter. Und so schwebte man gemächlich hinan, dem Reifträger entgegen. Da geschah es, daß der unberechenbare Berggeist einen kühlen Schauer sandte, der freundlicherweise nur so lange dauerte, wie die luftigen Sessel durch die unteren Nadelwälder schwebten. Verschont blieb man vor dem kalten Wind, der den Schauer schräg an der Flanke des Berges entlangtrieb. Der nasse, eisgraue Bart Rübezahls hat uns nur gestreift. Unangenehmer das Schwebegefühl, fast wie beim Fliegen: man kann nichts machen, nicht anhalten, nicht aussteigen, nicht abspringen. Man muß es über sich ergehen lassen, notdürftig geschützt durch eine neue Windjacke, Haupt und Haar bedeckt mit einem alten Baumwollhütchen, nützlich auf allen Reisen, im Staub des Kameruner Graslandes, in der Sonnenglut am Kongo, im Rieselregen am Meru, dem Kilimandscharo gegenüber, und nun auch hier. (Den Gefährten verunzierte eine blaue Kimbanguisten-Kappe aus dem Abenteuer Zaire, vier Jahre zuvor.) Ein Stück graugrünes Popelinetuch ist ebenfalls zuhanden. Über die Knie gelegt, hält es die Beine einigermaßen trocken. Wir wollen uns hier doch keinen Schnupfen holen. (Auf der Schneekoppe ward das nützliche Textil aus landschaftsbedingter Zerstreutheit dann liegengelassen.) So kamen wir oben an und wanderten weiter. Da ist die Reifträgerbaude, die gar nicht mehr verfallen aussieht; da sind die imposanten Sausteine, grau und graniten, aus der Urzeit des Gebirges, und schließlich ein Blick in die Abgründe der Schneegruben. Bis hierher und bis auf weiteres von der anderen Seite her.

## Am Blaubeerhügel

Die Episode war besinnlich. Wir spazierten des Vormittags durch den Wald Richtung Zackelfall. (Den hatten wir schon besichtigt, am zweiten Tag, und waren auch, versehen mit gelben Schutzhelmen gegen Steinschlag, in die Klamm hinuntergestiegen, in die uns schmalgegürtet die Sonne nachstieg.) Jetzt krabbelten wir seitwärts einen Hügel hinan und fanden ein Plätzchen neben einer halbentwurzelten Tanne, die sich quer zwischen die anderen Stämme gelegt hatte. Es wuchs da langes, dichtes Gras, drahtig und dunkelgrün. Dahinein schüttete die Sonne hellgelb ausgefranste Lichtlachen; die Bäume knarrten; ein paar Vögel zirpten; ein ganz kleiner Wind war in den Wipfeln, und über das Gras balancierten hochbeinig bernsteingelbe Spinnen. Der eine saß und las Jakob Böhme. Die andere streunte durchs Unterholz auf der Suche nach Himbeeren, fand aber nur ein paar halb gedörrte Blaubeeren und mochte sich nicht allzu weit entfernen. Es war alles so friedlich ringsum. Als junges Mädchen war die Mutter hier zur Kur gewesen und vielleicht umhergewandert, wo ich jetzt wandere. Der Wald tat, als ob nichts geschehen wäre seit damals und nach dem Jahre fünfundvierzig.


## Die Kammwanderung

Von der Schneekoppe zum Reifträger. Was die Fotos nicht wiedergeben und was vielleicht bleiben wird: nicht die vielen Einzelheiten – die weite, wellige Hochfläche, die vorgeschriebenen Wanderwege mit tiefgrünen Knieholzinseln zur Rechten und zur Linken; das harte braune Gras und der blaue Enzian, büschelweise und naturgeschützt; nicht die schroffen Abgründe und die Seen darin; auch nicht die turmhohen, schräg gegen den Himmel ragenden Granitfelsen, daran das Adjektiv ‚bizarr' wie eine winterharte Flechte klebt; nicht die gespenstigen Baumskelette am Spindlerpaß und auch nicht die Mühsal an den Geröllhängen ums Hohe Rad herum auf einem Damm aus gelbgrauen Felsbrocken; nicht einmal das Panorama der breitgewölbten Berge und tief eingedrückten Täler südwestlich der Schneekoppe hielt länger auf als touristisch notwendig und obwohl da eine Erinnerung an ähnliche Bergrücken und Steilhänge im Grasland von Kamerun aufkam. Was unerwartet an- und aufhielt beim gemächlichen Bergabsteigen an der Flanke der Schneekoppe, das waren, im milden Morgendunst sanftgraublauviolett hintereinandergestuft, in flachen Bögen auf- und niederschwingend wie ein Adagio für Cello, untermalt von Caspar-David-Friedrich-Stimmung unter weitem, aufklarenden Spätsommerhimmel: die böhmischen Berge.

Ich blieb stehen und wollte nicht weiter.

Wir hatten die ganze lange Wanderung noch vor uns. – An diesem Tage, und das gehört vermutlich zum Unerzählbaren, ging mir den ganzen Kamm entlang (ich trottete die meiste Zeit, wie üblich, hinterher, und der, hinter welchem ich hertrottete, nahm mir an den steilen Steigungen sogar die leichte Basttasche mit ‚Greetings from Cameroon‘ ab und prägte, ‚Auf, mein altes Kalb!‘ ermunternde Sprüche) – es ging mir wie eine Langspielplatte, die eine einzige Melodie endlos und in belästigender Monotonie wiederholt und sich nicht abstellen läßt, mir ging das Riesengebirgslied (‚Blaue Berge, grüne Täler‘) im inneren Ohr herum wie ein unerlöster Geist. Ein Lied, von dem man doch wissen müßte, daß es ‚Heimatkitsch‘ ist. Es war vermutlich ein Stück Volksseele in mich hineingekrochen – die Herrlichkeit des Stückchens Erde samt dem sentimentalen Wunsch, dermaleinst daselbst begraben zu sein. Ein Atavismus, zweifelsohne, und zudem politisch unerwünscht. Ging es denn um das ‚liebe Riesengebirge‘? Der Zobten, unten in der Ebene, hätte mir genügt. Genügt hätte mir, tags zuvor, ein Blick aus dem Giebelfenster des Großelternhauses über die Wiese zum Wald nach Westen hin – ich hätte noch im nachhinein die böhmischen Berge dafür gegeben.

70

# Hinab ins Dorf der Kindheit

Der Tagesausflug am 21. August; die gemeinsame Reise, beinahe ein halbes Jahrhundert zurück in die Vergangenheit, sie fiel zufällig, aber sinnigerweise auf ein zivilrechtlich dokumentiertes Datum. Diese ‚Heimatsuche' fühlte sich zunächst fast wie eine Pflichtübung an. Sie schleifte nach als ambivalentes Stimmungsgemisch. Es war einerseits wie nicht gewesen. Und doch war ein Stück Seele verlorengegangen. Was Wirklichkeit zu sein beanspruchte, stand gespenstisch verschwommen herum; ein Tasten danach wäre auf eine dicke Wand aus Milchglas gestoßen, dahinter sich etwas befindet, das so tut, als sei es vorhanden. Es könnte ebensogut eine Traumsequenz gewesen sein, verbunden mit einem Gefühl nicht des Wunderbaren, sondern von etwas, das zerbröselt und nicht zu fassen ist. Wie feiner Sand, der durch die Finger rinnt. Eine merkwürdige Zerstreutheit und Resignation: was ich suche, ist nicht zu haben, nahmen überhand. Vielleicht wurde das Ziel des Suchens zu schnell verloren gegeben. Was geblieben ist, blieb an der Treppe im halbdunklen Flur des Großelternhauses hängen. So bleibt vorläufig nichts als der Gedanke: ich muß noch einmal hin und viel Zeit haben, um zu erkunden und zu sehen, was ich diesmal wieder nicht sah.

Diesmal. Wie war es vor siebzehn Jahren gewesen? 1975 – der erste Heimaturlaub von Kamerun her. Mit der Mutter und einer Reisegesellschaft nach Hirschberg. Von dort mit einem Taxi erst nach N., das mich nicht interessierte. Die Mutter fuhr nach Schloßdorf. Ich bin gelaufen, allein, den alten Schriemweg entlang durch die Felder. An die Kamille erinnere ich mich und an den Spätsommerhimmel. Das Großelternhaus hockte da als ‚schnapsblauer Alp', das Schloß stand nackt, der Linden entblößt; ich suchte und fand die Sandgrube. Ja, ich war in der geschrumpften Sandgrube, damals.

Und diesmal?

## Die Irrfahrt

Diesmal will ich erzählend nachfahren die Autofahrt ab Kostenblut anhand einer polnischen Straßenkarte. Die polnischen Namen sollen genannt werden, denn sie waren es, die in die Irre führten.

Der erste landschaftliche Eindruck und auch der einzige unten in der Ebene ab Striegau war der Zobten zur Rechten. Eine breite Zipfelmütze, eine bläuliche Silhouette, und die Erinnerung wußte: dieser Zipfel stand hinter der Wiese, hinter dem Haus, damals, und da hinten ging auch die Sonne unter, damals. Dann, nach der Autobahn, der Versuch, mit Hilfe der Karte, die bei Sroda ein Ciechow angab ungefähr da, wo ich hinwollte (der polnische Name von Schloßdorf, 1975 doch wohl zur Kenntnis genommen, war völlig entfallen) – der Versuch also, dem Fahrer zu sagen, wie er fahren sollte. Wir fuhren durch ein paar kleine Dörfer, die ich dann auf einer besseren Karte wiederfand (Zabloto, Piersno, Cesarsowice), und so kamen wir nach Ciechow mit  Brennerei  und Schornstein, und das war's nicht. Statt dessen  war da eine traumwandlerische Anwandlung: ich wußte die richtige Richtung und wäre, blind vor mich hinlaufend, querfeldein, über Wiesenbäche und durch ein Stück Wald; Wege, die ich nie gegangen bin und die auch nicht vorhanden sind – ich wäre geradewegs auf Schloßdorf gestoßen. Die genaueren Karten, die wir später in Görlitz bekamen, bestätigen es. Was mich unsicher machte, war, daß ich keinen Brennereischornstein sehen konnte da, wo ich ihn suchte.

So fuhren wir weiter Richtung N. Kurz davor bog rechter Hand eine Allee ab zu einem Orte Chwalimierz. Da suchten wir auch und fanden tatsächlich ein Schloß, ein gut erhaltenes oder restauriertes mit barockgelb angemalter Torbogeneinfahrt. Es war aber nicht Schloßdorf. Nun also nach N.  hinein und die Hauptstraße entlang bis nahe an den östlichen Stadtrand. Dort stieg ich aus und lief zurück in die

Richtung, wo siebzehn Jahre zuvor noch den Schriemweg zu finden gewesen war, den der Große Duden nicht kennt, und wo ich allein zwischen den Rübenfeldern entlanggelaufen war, damals um vieles erwartungsvoller als diesmal den Kindheitserinnerungen vertrauend. Da nun versperrt inzwischen eine Umgehungsstraße den Weg. Jenseits davon war der Schriemweg nicht mehr vorhanden, statt dessen steht da eine Fabrik, wo sie nicht hingehört. Es war auch kein Schornstein am Horizont zu sehen; nur Bäume. Das verwirrte mich. Ich ging zurück und man beschloß, in der Stadt nachzufragen nach einem Dorf mit Schloß und Brennerei. Zwei alte Männer meinten, es könnte ein Ogrodnica sein, ganz in der Nähe (an ein ‚Schloßdorf‘ erinnerte sich keiner). Wir fuhren also in südwestlicher Richtung und ich wußte: da geht's nicht lang.

In dem Dorf Ogrodnica war eine breite Straße; da fragte unser geduldige Fahrer einen älteren, halbnackten Mann, der auch nichts wußte und mürrisch reagierte. Als wir so eine Weile ratlos im Auto saßen - was habe ich mir da eingebrockt; ist das alles notwendig? – näherte sich die Lösung des Problems mit Schürze, grauen Locken und lebhaftem Interesse an Zuhörern. Zum Fenster herein erzählte sie, erst in holprigem, dann immer verständlicherem Deutsch ihre Lebensgeschichte – von der Krim, vom Krieg und von der unehelichen Tochter mit deutschem Vater, die in dem Dorf, in dem ich einst zur Schule gegangen war, Lehrerin gewesen sei. Und Schloßdorf, das war zwischendurch auch zu erfahren, das hieß jetzt – nun, auf deutsch wäre es ein ‚Südweiler‘. Sie gab uns die Adresse ihrer Freundin dort und auf meinen Wunsch (und weil ich die immer neu ansetzende Lebensgeschichte beenden wollte) auch ihre eigene. Nach einer guten halben Stunde ließ sie uns los, die Alexandra, und ich will ihr wahrlich schreiben, wie ich's versprochen habe. Vielleicht kann sie mir behilflich sein, das nächste Mal. Denn ich muß doch wohl noch einmal zurück; ich habe so vieles nicht gesehen, auch die Sandgrube nicht mehr, und ich weiß nicht, warum...

## Die unbetretbare Treppe

Es fand sich nun also, noch einmal durch N. hindurch, die Abzweigung von der Breslauer Straße Richtung K., wo rechter Hand alsbald
eine Reihe grauer Häuschen im Rohbau auftauchten und die langen
Mauern des Dominiums von hinten. Wieder zweigte ein befahrbarer
Weg ab, und durch das Tor, durch das die schweren Planwagen, von
Pferden gezogen, im Schnee hinausgefahren waren, damals, an einem
Sonntag, am 28. Januar 1945, da fuhr das Auto, um eine große Pfütze herum, hinein und quer über den großen Hof, seitlich am Schloß
vorbei zur anderen Toröffnung wieder hinaus auf die Dorfstraße
und vor die Giebelseite des Hauses schräg gegenüber.

Man stieg aus, und von da an habe ich ,im Grunde' nichts mehr gesehen. Im Seelengrunde lag Kindheit, der blumenbunte Gartensommer
vierundvierzig, die Fliederlaube, der grüne Billardtisch in der Gaststube, die ,gute Stube' mit Schreibtisch und Klavier, die ,kleine Stube' mit Sofa und Eßtisch, und oben, im Giebel, das Kinderzimmer mit
Blick über die Wiesen. Die Gegenwart, so trostlos verlottert, so
grau und kahl und abgewirtschaftet wie sie mir erschien, kam dagegen nicht an. Es schockierte oder enttäuschte ,im Grunde' nichts –
nicht das wuchernde Unkraut wo einst gepflegter Garten war; nicht
das Gestrüpp, wo die Laube gewesen sein könnte; nicht das umge-
baute Haus mit seinem schmutzig graurosa Anstrich; nicht einmal
die leeren Fensterhöhlen mit verrottenden Rahmen oben im breiten
Giebel. Auf den Fotos, die nicht ich machte, überraschte nachträglich der freundliche Anstrich des Nachbarhauses und ein schönes
neues Haus an der Dorfstraße weiter dorfeinwärts, vor allem aber
die vielen Bäume da, wo ich keine gesehen hatte.

Es war, wie gesagt, alles merkwürdig verschwommen und wie nicht
vorhanden. Es wollte sich nicht verfestigen zu bewußt wahrgenom-
mener Wirklichkeit. Das (sic!) Hausflur streifte mit einem Hauch

74

von Geheimnis und weckte eine gewisse Neugier. Es führte durch einen Teil der einstigen Küche (und war da nicht rechter Hand, wo der große eiserne Herd gestanden hatte, noch ein Teil des Gewölbes zu sehen, das einst die halbe Küche überwölbt hatte?) vorbei an einer Tür aus dicken Bohlen, hinter der die Erinnerung in ein sehr tiefes Kellergewölbe hinabstieg zu Kohlen, Kartoffeln und Fässern mit Sauerkraut, Gurken und Pökelfleisch. Genau gegenüber war der Eingang, mit Sacktuch verhängt, zur Schlafkammer der Großeltern, und dahinter wäre die ‚gute Stube' gewesen, mit zwei Fenstern zum Garten hin, wo einst Weihnachten gefeiert wurde und über dem Schreibtisch groß und blau der ‚Alte Fritz' hing. Zwischen Bohlentür und Sacktuch ging es ein paar Schritte weiter vorbei an nacktem Gemäuer zur Linken, das sich, ebenfalls graurosa angestrichen, merkwürdig hervorwölbte im Halbdunkel. War dahinter nicht der Spirituskeller gewesen? Der Haupteingang zum Haus war zugemauert; auch die Tür zur ‚Gaststube' gab es nicht mehr, rechter Hand, damals, von der Haustür her, linker.

Und dann war da die Treppe hinauf ins geräumige Giebelgeschoß. Ihr Vorhandensein fiel wie vom Himmel. Diese Treppe ist es, die mich noch einmal, zusammen mit einer alten Landkarte, zurückziehen könnte in das nunmehr trostlose Dorf einer unbeschwerten Kindheit. Ich stand im Halbdunkel und sah hinauf ins Ganzdunkle. Die Treppe erschien mir. Sie schien so kurz. Sie war einst so lang. Was hat mich gehindert, die wenigen Stufen hinaufzusteigen? Hinauf und bis in die Stube, in der ich einst geschlafen habe und von wo aus hinter Wiese und Wald vielleicht der Zobten zu sehen gewesen wäre. Da oben hätte, der Familienfama zufolge, mein Leben einst beinahe geendet. Aber die Großmutter unten hörte das merkwürdige Husten oben, kam, sah nach und klopfte dem Kleinkind die Wäscheklammerspirale aus dem Halse. Da oben war auch der doppelte Boden, in dem am Abend vor der Flucht die große Puppe verschwand, die ich zu Weihnachten bekommen hatte.

Die Treppe also war da und ich war auch da; aber ich wagte nicht hinaufzugehen. Warum nicht? Hatte der junge, schnurrbärtige Mensch, der, herausgeklopft von unserem Fahrer, verstört und ‚dostojewskihaft' den Kopf aus dem Sackvorhang der Schlafkammer streckte, zu Bewußtsein gebracht, daß hier nun fremde Menschen hausten? Oder war es, weil die Treppe so dinghaft hinaufführte ins Unfaßbare der Kindheit und vierzig Jahre Familiengeschichte? Es war als sickerte Raum durch die Mauern der Zeit, um vergangenem Leben Stufen unter die Füße zu bauen. Hier stiegen einst Großmutter und Urgroßmutter herab in langen Röcken. Stiegen sie nun etwa herauf – aus dem Boden, dem Sand, auf und abgleitend am Treppengeländer? Dasselbe ist nicht mehr dasselbe, aber die Erinnerung beißt sich fest und beharrt darauf: hier war es. Hier. Vergangenes Leben hat sich festgebissen ins Holz, beißt sich fest in die Seele einer Ur- und Enkelin. Hier stehe ich, entsagend. Ich wage es nicht, hinaufzugehen. Ich verzichte. Solcher Verzicht riß einen großen Fetzen Seele los. Es blieb da etwas am Geländer hängen...

## Landkartenlesen

Fast noch mehr Seele abgelöst und auf Papier geklebt haben mir die Landkarten. Was gibt es da zu erzählen? Das Phänomen bedürfte der Psychoanalyse oder eines Exorzismus. Worte machen ist ein Versuch, davon loszukommen oder wenigstens andeutungsweise zu verstehen. Ich schildere, um mich loszustrampeln.

Zunächst war es eine kleine farbige Panoramakarte, die im ‚Pensjonat' zu haben war: der Nachdruck einer alten deutsch beschrifteten Karte mit polnischen Namen in kräftigerem Paralleldruck. Links unten ist groß und wie aus winzigen Bauklötzchen zusammengewürfelt Breslau mit der Oder und ihren Armen am Kartenrand entlang eingezeichnet. Nahe am oberen Rande die Sudeten vom Altvater bis zum

Isergebirge. Landschaft schräg von oben und so plastisch hinmodelliert in Braun-, Gelb- und Blautönen: es erschien noch wunderbarer als die Kykladen rosenrot in blauer Ägäis senkrecht von oben oder der Mont Blanc seitlich vom Flugzeug aus – auf dem Papier entschwindet es nicht so schnell. An dieser Panoramakarte habe ich mir die Augen ausgeforscht. Ich entdeckte rechts unten, also im nahem Vordergrunde Leuthen /Lutynia und etwas weiter westlich das Dorf, in dem ich zur Schule gegangen bin, und der Schulweg, den ich im Sommer 44 entlanggelaufen bin, war hingemalt als heller Faden auf den rechten Kartenrand zu, wo die nahe Kreisstadt N. schon außer Sicht war. *Schloßdorf*, zu klein, um eingezeichnet zu sein, wäre zu erschließen gewesen, denn der deutsche Name für ein Zrodla an der Straße nach Breslau  konnte Borne sein. Weil jedoch in dieser Gegend so große Waldungen hingemalt waren und ich nur von zwei kleineren Wäldchen wußte, wagte ich nicht, mir das Dorf der Kindheit in die Karte hineinzudenken, drei Zentimeter vom rechten Kartenrande entfernt. Es irritierte die perspektivische Verschiebung der Entfernungen. Die Straße von K. nach dem nicht mehr eingezeichneten N. stieß genau am Kartenrande mit einer aus Richtung Buchwald/Bukowek zusammen. Dietzdorf war zwar hingemalt mit ein paar Häuschen, aber nicht bezeichnet. Ich kam mit der verzerrten Perspektive nicht zurecht und suchte trotzdem immer wieder und wie besessen zwischen den dunklen Flecken der Waldungen das nicht eingezeichnete *Schloßdorf*. War etwa der Fleck nahe K. der geheimnisvolle Wald, von dem ich als Kind wußte: da hinten, an der Brennerei vorbei und durch die Wiesen hindurch, wenn ich immer weiter laufe, da komme ich in einen Wald, da gibt es Blaubeeren und da ist die Welt zu Ende - ?

Zum Abenteuer, fast zur Zwangshandlung wurde das Landkartenlesen aber erst mit dem nachträglichen Erwerb einer großen Schlesienkarte, einem Neudruck aus alten Reichszeiten  und noch genauer in den Einzelheiten als die große Euro-Regionalkarte Polen. Wenn es

so etwas gibt wie den Zauber der Abstraktion, die Lust am Wieder-
erkennen von Erlebtem oder Gelerntem in der abgezogenen Form
kartographischer Zeichen – an dieser Karte bin ich solchem Zauber
erlegen. Eine dünne Linie auf dem Papier ist eine Straße, eine ganz
bestimmte: da bin ich entlanggegangen vor einem halben Jahrhundert, und in den Getreidefeldern blühte der rote Mohn. Es war
schattig unter den Bäumen, die damals die Straße säumten, und wir
erzählten uns Räubergeschichten, meine Freundin aus der Familie
eines ‚Hofearbeiters' und ich, damals, im Sommer vierundvierzig...
Das Vergleichen von deutschen und polnischen Namen war das eine
(Gräbendorf, Jenkwitz, Pirschen, Zieserwitz); zu entdecken, daß
Ciechow eigentlich Dietzdorf hieß und das erstaunliche Chwalimierz
das nahe Frankenthal war, von wo aus ich Schloßdorf in einer halben
Stunde zu Fuß erreicht hätte. Und daß das Ogrodnica der Alexandra
einst Schönau hieß und tatsächlich näher bei N. liegt als Schloßdorf.
Wichtiger war das Wiederfinden von Ortschaften wie Rackschütz,
Keulendorf, Polkendorf und Lampersdorf: Namen, die ich als Kind
gehört habe. Vor allem aber hat mich schier aus dem Häuschen gebracht, daß ein Nest, kleiner als Schloßdorf, Gossendorf nämlich,
gleich hinter K. zu finden war. Der Namen war bekannt aus der Fami-
liensaga; aber das Dorf selbst lag eigentlich auf dem Mond oder
zumindest auf der Krim oder hinter dem Zobten, bis ich es in dieser
Karte verzeichnet fand.

So war weit abenteuerlicher als die ungenau wahrgenommene zeit-
räumliche Wirklichkeit die Entdeckung, daß es Dörfer, die ich bislang nur dem Namen nach kannte, tatsächlich gibt. Die Tatsache war
ein Stück bedrucktes Papier. Es gab die Dörfer auf der Landkarte
mit der Wirklichkeitsintensität von platonischen Ideen. In dem akribischen Gewirr von hauchdünnen Linien und Pünktchen, von bläulichen
Kräuselfäden und hellgrünen Tupfen; auf diesen wenigen Quadrat-
zentimetern, in der genauen Mitte zwischen Breslau und Liegnitz;
zwischen N. an der Reichsstraße 5 von Beuthen nach Frank-

furt/Oder und Kostenblut an der Autobahn; wenn man großzügiger und natürlicher umgrenzt: zwischen Zobtenberg und Oderfluß, ehe er bei Leubus nach Norden biegt – da, wo gewöhnliche Landkarten nichts zeigen außer ein bißchen Blaßgrün, da entdeckte ich die Spreu der kleinen Dörfer zwischen den Zuckerrüben-, Kartoffel- und Getreidefeldern mit allem, was es sonst noch gibt: jeder Bach, jedes Wäldchen, jedes Gutshofschloß, jede Ziegelei und Windmühle, jedes Hügelchen und jeder Fußpfad – die Seele im Kinderkleidchen wühlte sich da hinein und absentierte sich so völlig wie der legendäre Chinese, der in ein gerahmtes Bild an der Wand hineinging und darin verschwand...

Immer wieder und auch während des Schreibens hier nimmt der Sog dieser Landkarte überhand. Alles ist verzeichnet, auch der geheimnisvolle Wald hinter der Wiese hinter dem Haus; und hinter dem Walde ein Hügel bei Keulendorf, 158 Meter über dem Meeresspiegel; auch die Fortsetzung der Dorfstraße nach Westen, links am Lehrerhaus vorbei, die sich auf freiem Feld alsbald gabelt, gen Süden nach Keulendorf führt, nordwestlich nach Frankenthal. Sogar der Schriemweg ist eingezeichnet, quer durch die Felder von N. nach Schloßdorf, der Fußweg, den ich diesmal nicht fand. Und warum habe ich nicht danach gesucht von Schloßdorf aus? Warum bin ich nicht die zwei Minuten an der Schloßparkmauer entlanggegangen bis zur Abzweigung und weiter zur Sandgrube? Es war da ein blinder Fleck oder etwas wie eine Lähmung.

Es war da noch etwas. Ich entdeckte, daß das Dorf der Kindheit an einer ‚Ring Road' liegt: N. – K. – Gossendorf – Rackschütz – Keulendorf – Zieserwitz – Dietzdorf – N. An dieser Ringstraße von knapp 25 km Länge liegt nur Frankenthal ein wenig nach innen zu abseits, und die Allee, die wir gefahren sind, zweigt ab. An Schloßdorf geht diese Straße knapp vorbei. Da innen, in diesem Ring, möchte ich streunen, in diesem Leben noch. In einer flachen, reizlosen, landwirtschaftlich weithin verkommenen Gegend möchte ich wandern wie ich wanderte und reiste im Grasland von Kamerun um den Magnetberg Mbe herum. Denn so wie jetzt an dieser Schlesienkarte bin ich vor zehn, zwölf Jahren hängengeblieben in einer ähnlich akribischen Karte von Westkamerun, rund um die Ring Road  Bafut – Bamenda – Kumbo – Ndu – Nkambe – Wum – Bafut herum. In Wum zweigt die Ringstraße ab nach Mbe.

Schloßdorf und Mbe: das Dorf der Kindheit und das Dorf der Lebensmitte und ihrer Krise – unterirdisch, labyrinthisch hängen beide vermutlich zusammen. Dem ist hier nicht nachzugehen. Nachgehen, zögernd, will ich dem Schatten unter einer Wolke, die seit bald einem halben Jahrhundert über der Gegend hängt. Unter der düsteren Wolke liegt Vergangenheit in Hohlräumen unter Treibsand.

## Treibsand

Die Wolke, die schwere, dunkle, liegt über der Oderebene und über den bläulichen Bergen im Südwesten, die ich vom Zugfenster aus absuchte, auf der Fahrt nach Görlitz: da irgendwo, da bin ich schon einmal gewesen, als Kind, verstaut in einem Pferdefuhrwerk und pelzverpackt, denn es war Winter, zwanzig Grad Kälte, sagt die Fama. Mutter und Tante sind alt geworden und haben selbst diejenigen Namen vergessen, an die ich mich noch erinnere: Jauer, Lauban, Tetschen-Bodenbach, Aussig, Dux, Brüx, Komotau und am Ende Eger. Was ich gesucht habe, auf der alten Schlesienkarte und früher gelegentlich schon auf anderen, ist der Fluchtweg. Genauer: die Lücke zwischen Lauban und Tetschen-Bodenbach habe ich abgesucht nach Straßen, auf welchen wir damals entkamen. Auf welcher war es? Wenn es stimmt, was Mutter und Tante sagen, daß der Rauch von Dresden tagelang am Horizont zu sehen war, dann muß der Flüchtlingstreck am 13./14. Februar irgendwo in der Nähe gewesen sein.

Aber was ist Nähe in dieser Gegend? Es ist die Oberlausitz. Ging es von Lauban in Richtung Görlitz – Löbau weiter, oder ist man abgebogen in Richtung Zittau, am berühmten Herrnhut vorbei? Mutter und Tante wissen nichts von Schwierigkeiten beim Überqueren eines winterlichen Gebirges. Folglich könnte es zwischen Iser- und Elbsandsteingebirge hindurch und westlich am Lausitzer Gebirge vorbei gegangen sein: so wäre Tetschen-Bodenbach ohne weiteres erreichbar gewesen. Wie nahe aber war man an Dresden herangekommen? Warum bog man ab statt hinein, auf den 13. Februar zu? Wahrscheinlich war der Treck zu Anfang der dritten Woche noch nicht nahe genug an die Stadt herangekommen. Und so wich man nach Südwesten aus, als der Rauch aufstieg.

In einem der wenigen Bücher, die sich die Mutter in ihrem Leben je gekauft hat; ein Buch mit graugrünem Umschlag und einer Kohlezeichnung, einem Flüchtlingstreck – ‚Der Kampf um Schlesien', den Namen des Verfassers habe ich mir nicht gemerkt, auch nur einmal flüchtig hineingeblättert – da findet sich eine Karte mit den Frontverläufen. Es genügte ein Blick, um zu sehen, daß die Front am 28. Januar bei Maltsch die Oder erreicht hatte und dort offenbar aufgehalten wurde: nur fünfzehn Kilometer von N. entfernt. An diesem 28. Januar, einem Sonntag, sind wir ‚weggemacht', und zwar über Rackschütz, sagt die Tante. Eine Woche zuvor, am 20. Januar, war meine Mutter (‚Frau, Sie sind noch da? Der Russe ist schon in Lietzmannstadt – ') – es war ihr in letzter Minute die Flucht (mit Rucksack und Gitarre) mit dem letzten Zug über Rawitsch und von da über Liegnitz geglückt, denn über die ‚Festung' Breslau ging es schon nicht mehr. Das alles, und alles übrige, in keinem Gedicht fugato beklagt, von keiner politischen Kultur mit Mahnmalen und Gedenktagen den Nachgeborenen eingeprägt, es lagert über der Gegend zwischen Breslau und Dresden als Schatten einer dunklen Wolke, darin damals ein ‚Gott der Geschichte' sich verbarg, der die einen entkommen ließ (verknüpft mit der Sage von einer letzten deutschen Division, die hoffnungslos kämpfend den Fluchtkorridor offenhielt) und die anderen umkommen ließ im Schnee, im Feuer, in Angst und Verzweiflung, wehrlos, gewaltsam und gewiß auch, auf Seiten der Kämpfenden, in heroischem Nihilismus. Diese Wolke über dem Treibsand der Geschichte, der Rauch von Dresden und der Geschützdonner von Breslau; die Gebete und die Flüche, die nach oben dunsteten, damals, es lagerte da noch immer, es läßt sich nicht sagen, wie. Und wenn ich zu sehr daran denke, dann tropft es nach unten und durch mich hindurch und ich sehe nicht mehr, was ich hier schreibe. Es geht mich jedenfalls sehr viel mehr an als anderweitige, mythische und moderne, Vernichtungs- und Errettungssagen, die andere angehen mögen. Es ging mir nach in Breslau und in Dresden und ließ sich nur mit Mühe beiseite schieben – Rauch, eine schwarze Wolke lastend, geradezu belästigend.

In Breslau – der Tag war noch nicht zu Ende und man mußte da noch hin – war es heiß und die Autos stanken. Als Kind bin ich wohl mit dem Zug über eine lange Oderbrücke gefahren, und der Blick tief hinab auf den Fluß muß unheimlich gewesen sein; es hat mich noch spät im Leben bisweilen im Traum heimgesucht. Was habe ich am 21. August 1992 gesehen? Breit hingelagerte Kirchen, dunkel, wuchtig, jede eine Festung und als wäre ihrer keine beschädigt worden. Die blaurote Glasfensterrosette, die war wohl im Dom. Und draußen, ums Rathaus herum (das laut Konversationslexikon unbeschädigt blieb) stand das penibel wieder Aufgebaute und mit Pastellfarben Bemalte, die Renaissance- und Barockgiebel der einstigen Patrizierhäuser und was von Spätgotischem noch zu sehen ist aus achthundert Jahren. Es mutete mich an wie Fassade, hinter der es weiterschwelt, innen, im Bewußtsein derer, die als Touristen nicht umhin können, sich zu erinnern, selbst wenn sie manches nur vom Hörensagen und aus flüchtig durchblätterten Büchern kennen. Denn Lesen und es sich vorstellen wäre dem Leben abträglich. Die Festung fiel erst im Mai, das läßt sich im Brockhaus nachlesen. Was zerstört wurde, wurde am

Boden zerstört, nicht aus der Luft. Mehr zu erfahren, täte nicht gut, selbst nach so vielen Jahren noch. Eine allzu lebhafte Vorstellungskraft kann schlimmer sein als eine abstumpfende Wirklichkeit. Die Frage nach Recht und Unrecht aber erübrigt sich, so lange ,Gott' in einer dunklen Wolke verborgen bleibt.

In Dresden erinnerten die leeren Flächen mitten in der Stadt daran. Da parkt nun die Unmenge der Autos, die kein Teufel holt. Und westliche Konzerne fangen an zu bauen, vorzugsweise Elektronik, und daneben etablieren sich die Snackhallen derer, die sich anderes und von Fernsehwerbung Verschiedenes gar nicht mehr vorstellen können. Die Ruine der Frauenkirche ist Denkmal wie die von Coventry (,Lamech aber siebenundsiebzigmal...'). An der Ruine wird herumrestauriert, und es ist da auch ein ,Zelt der Stille'. Ich habe niemanden hineingehen oder herauskommen sehn. Mich selber auch nicht. Ein Stück Pappe zwischen Schutt und Unkraut weist auf die Enthüllung eines Ehrenmals anderswo hin, nein, nicht für die zahllosen Namenlosen, sondern für denjenigen, der damals die Heldentat vollbracht hat. Da braust der Strom der Touristen vorüber, viele Japaner darunter, die sich vermutlich erinnert fühlen, vom Hörensagen. Gegenüber sitzt man im Freien vor einem Restaurant mit poppigem Namen, schlürft einen Kaffee, genießt ein Eis und den Anblick der berühmten Ruine, die ,im Grunde' gar nicht da ist, sondern auf dem Mond oder weit dahinter, gerade noch für die Kamera erreichbar. Da sackt nichts mehr ab. Das ist vorbei. Wie sollte sonst das Leben weitergehen. Ich bin auch weitergegangen.

Wir gingen in die berühmte Gemäldegalerie: in eine andere Welt, die nur selten und mit ästhetisch grausamem Anspruch an dergleichen erinnert. Lange habe ich vor zwei wandhohen Slevogt-Gemälden gestanden und habe mich, wie man sagt, ,faszinieren' lassen (,beeindrucken' zischt nicht so schön und scharf) von der mondänen Eleganz zweier Tänzerinnen, von der Kunst gekonnt drapiert, aufreizend exotisch die eine, die andere an den Rand großbürgerlicher Dekadenz gerückt. Die Pawlowa als graziöse Arabeske vor pastellen hingehauchtem Bühnenhintergrunde. Etwas Zerbrechliches mit großen, blauschattigen Augen; eine Salonsylphide von ätherischer Durchsichtigkeit: der Nervenkitzel der schönen Welt von einst. Die andere Demoiselle stellt sich kompakter dar und mutet spanisch an: vor dunstigem Kaschemmenhintergrund leuchtet der aufreizende Kontrast von Zitronengelb und Kornblumenblau von der nackten Schulter bis zum abgetretenen Teppich. Da stand ich und konnte mich nicht losreißen. Als ich dann doch in den nächsten Raum ging, fuhr es mir kalt durch's Gehirn. Es hängen da breitwandig die grausigen Kriegsgemälde von Otto Dix – Schützengräben in Flandern. Da war es wieder und krallte sich fest. Diesmal nicht Schlesien im Schnee, sondern der rote Mohn ‚In Flandern's fields…'

Es kann so nicht enden. Es muß wieder hin, wo es herkam, hinab in die Hohlräume unter dem Sand. Es muß ein Recht auf Vergessen geben, damit das Leben einigermaßen normal weitergehen kann.


## Ein silberner Rahmen


Der Reise ins Riesengebirge fehlt die Andeutung eines Rahmens, eines inneren, eines Sinnrahmen, silbern und schmal. Man redete kaum darüber. Genügt nicht ein unausgesprochenes Gefühl der Dankbarkeit? Das Wesentliche ist innerlich. Im Falle einer großen Familie mag es sinnvoll sein, der Verwandtschaft und sonstigen Leuten das Durchhalten einer Ehe im Erinnerungsfoto vorzuführen, sitzend und stehend gruppiert unter alten Linden vor einem gutsherrschaftlichen Schloß, davon nur die vergoldeten Spitzen des schmiedeeisernen Tores sichtbar sind. Die Enkelin ist dankbar für das Foto aus den zwanziger Jahren: es zeigt die Großmutter mit rundlich-sanftem Gesicht, ein silbernes Diadem über glatt zurückgestrichenem Haar, zu ihrer Linken der Großvater, mit schöner Stirn und patriarchalem Schnurrbart; rings umher die große Zahl der Verwandten und melancholisch verschwommen im Hintergrunde zwischen dem Silberjubelelternpaar die älteste Tochter, mit vierundzwanzig Jahren noch nicht willens zu heiraten und Mutter einer Tochter zu werden, die dieses Gruppenbild dermaleinst nachdenklich betrachten wird. Die Enkelin des Silberhochzeitspaars von damals hat es sich noch länger überlegt, und eine Tochter ist nicht vorhanden, die dermaleinst ein Silberhochzeitsbild betrachten könnte. Man feiert also nicht mehr. Man fährt irgendwo hin, in das Dorf der Kindheit zum Beispiel, wo die Linden vor einem Schloß schon längst nicht mehr stehen und es auch kein schmiedeeisernes Gittertor mit goldenen Spitzen mehr gibt.

Auf der Rückfahrt, gegen Abend, kurz vor dem ,Pensjonat' in Oberschreiberhau, fällt es plötzlich ein. Man läßt anhalten, der Silberbräutigam läuft über die Straße und kommt zurück mit einer Flasche – Krimsekt hätte es sein sollen, aber den gab es nicht. In dem Zimmerchen mit den korallenroten Vorhängen hat der Korken trotzdem schön geknallt und geschäumt hat es auch in die Biergläser. Geschmeckt hat es nach dünnem Himbeerwasser, versetzt mit viel Kohlensäure. Aber es war Sekt dem Namen nach und daher: Prosit! Das meiste, Schönste und Schlimmste ist wahrscheinlich vorbei und überstanden. Es hat sich irgendwie eingependelt nach siebenunddreißig Jahren, rechnet man vom ersten Anbändeln im Schullandheim an. Oder nach dreißig, wenn es erst von den dunkelblauen Anemonen im winterlichen Tübingen an gelten soll. Auf dem Papier gilt es seit fünfundzwanzig Jahren. Möge es friedlich und fromm bergabgehen – ein weiteres Vierteljahrhundert? Eine ausgewogene Mitte zwischen den weiten Pendelausschlägen Basel 1973 und Mbe 1983 ist das Jahr 1992 einer Besuchsehe zwischen Berlin und Babingen und nirgends für immer, wie geschrieben steht, im Gold graviert und im Urtext: ,Denn wir haben hier keine bleibende Statt'.

Der Sinn der Reise ins Riesengebirge müßte sich verknüpfen lassen nicht nur mit Silberhochzeit und einem frommen Spruch, sondern auch mit der Verschiedenheit der Kindheitserfahrungen. Sie spiegeln sich wider in der mitgenommenen Lektüre. Neben dem Doppelbett des ‚Pensjonats' liegt auf der einen Seite Jakob Böhmes ‚Christosophia', auf der anderen Seite Vergils ‚Äneis', deutsch. Das zweite Buch, in welchem der mit knapper Not entkommene Held erzählt vom Untergange Trojas, ward früher schon einmal überflogen, diesmal jedoch nicht angerührt. Es wäre zu nahe gegangen. Diese *lacrimae rerum* sind keine Urlaubslektüre in Gegenden, wo ähnliches geschah, und noch in spätem Nachhinein verflüssigte Seelensubstanz den Boden unter den Füßen aufweichen kann, weil das menschliche Gemüt sich nicht verändert durch ein paar Jahrtausende hindurch.

Ein Rückblick? Ohne das Davonkommen im Februar fünfundvierzig, rechtzeitig weg von Schloßdorf, vorbei an Dresden und noch einmal rechtzeitig über die Grenze nach Bayern am 8. Mai, wäre es nicht dahin gekommen, wo es dann so gekommen ist wie es kam: zu in und an sich Sinnvollem auf Sparflamme und bis nach Afrika mit mancherlei Gewinn und mancherlei Verzicht. Und zu einer gewissen Bescheidenheit – ‚Wollest mit Freuden und wollest mit Leiden...'

Am nächsten Tage sind wir auf dem Kamm des Riesengebirges entlang gewandert, von der Schneekoppe zum Reifträger. Es war streckenweise mühsam und bedurfte der Ermunterung (‚Auf, mein altes Kalb!'). Das alte Kalb trottete die meiste Zeit hinterher, suchend nach schöner Landschaft wie nach grünem Gras. Sich zu erlaben und zu vergessen. Vergessen, was da hinten lag und nach unten gezogen hatte. Und das alles ist nun, wenige Wochen später, in wenigen Tagen, zwischen Atelier und Mutterhöhle, aufgeschrieben worden.

Für wen?

# Das Riesengebirge: Nostalgie und Nostoi
## Ein Nachtrag

Auf die Silberhochzeitsreise folgten drei weitere Urlaubsreisen nach Oberschreiberhau, ins gleiche ‚Pensjonat', und noch einmal eine Reise mit der Mutter. Die wiederholte Rückkehr, diese *Nostoi* mögen hier erinnert werden; es lag ihnen etwas wie Nostalgie zugrunde.

Das Riesengebirge ist gut zum Wandern im Sommer und bei schönem Wetter. Auf der weiten welligen Hochfläche zwischen Reifträger und Schneekoppe geht das gemächliche Laufen nur bisweilen in steile Auf- und Abstiege über; zur Rechten und zur Linken der vorgeschriebenen Wanderwege liegen tiefgrüne Knieholzinseln im braunen Gras, der blaue Enzian blüht büschelweise und naturgeschützt; die Schneegruben und andere schroffe Abgründe blicken herauf mit Seenaugen; einzelne Granitfelsen, aufgetürmt aus querverwitterten Quadern, ragen schräg und fotogen gegen den Himmel; die gespenstigen Baumskelette neueren Datums am Spindlerpaß erzählen von saurem Regen; mühsam sind die Geröllhänge am Hohen Rad, weit wandert der Blick über die tief-eingedrückten Täler hier, dort über die weithinschweifende schlesische Ebene, über die sich mehr Geschichte gewälzt hat als über die kahlen Gebirgskämme; und beim gemächlichen Absteigen an der Flanke der Schneekoppe, nach dem Rehorngebirge hin, schwingt graublauviolett hintereinandergestuft in flachen Bögen auf und nieder die Caspar-David-Friedrich-Stimmung der böhmischen Berge – ein Hauch Heimat-suche umwehte diese Reisen, unbelästigt von Brandbombenrauch, Treibsand und einem Sog hinab in ungute Vergangenheit.

In dem turbulenten Jahre 1993 – es begann mit einem öffentlichen Auf-tritt in einer Seitenkapelle des Berliners Doms; es endete mit dem theo-logischen Essay ‚Magna Mater' für eine katholischen Zeitschrift und der Diagnose Hyperthyreose; ein Jahr, das vorübergehend Aussichten auf eine Vertretungsprofessur für feministische Theologie zu eröffnen schien (Vorträge in Marburg im Mai und in Mainz im November), eine Kusine von Vaterseite bescherte, Erfolg bei der Suche nach einer Eigen-tumswohnung zeitigte und Fortschritte am *Kenotaph* (‚Das rote Sofa') –

87

da fand sich im September noch ein schmaler Spalt zum Entwischen nach Prag, zwei Tage, und von da über Breslau, einen Tag, mit dem Zug bis Hirschberg, weiter mit Taxi in den Kurort. Man lief zu Fuß zum Reifträger hoch, an der Elbquelle vorbei ins Böhmische an steilen Abgründen vorbei bis zu einem Wasserfall und zurück den gleichen Weg. Der ‚Stille Winkel' war nicht mehr zu finden.

Im darauffolgenden Jahre 1994 (im April Einzug in die kleine Eigentumswohnung in Rebtal) zunächst im Juni von Berlin aus eine mühsame Reise mit der Mutter nach Schreiberhau; im September fanden sich wieder ein paar Tage, ins Riesengebirge zu entweichen. Wieder zur Elbquelle; es war kalt und neblig. Man besuchte das Haus Gerhard Hauptmanns, wanderte trotz schmerzendem Knie über Agnetendorf zur Burg Kynast und blickte weit ins Land. Zurück mit der Bahn und einer handfesten Erkältung. Eine kurze gemeinsame Reise ins Süddeutsche, eine Tante zu bestatten; dann, am 29.9. der Hilferuf aus Berlin: Kannst du kommen? Sofort. Im Oktober der wochenlange Klinikaufenthalt eines von Schreibtischarbeit erschöpften Hochschullehrers, eine Nervenlähmung, tägliche Besuche im Krankenhaus, im Rollstuhl durch den herbstlichen Park; der Tod der Schwiegermutter, langsame Genesung, eine Dezember-Kur in Wildbad. Im April darauf wieder Afrika, ein Gasttrimester in Kamerun als *revenants*. 1996 nach Dänemark. 1997 gemeinsam nach Griechenland, 1998 noch einmal mit einer Bekannten.

Im ersten Tansania-Heimaturlaub 1999 zog es wieder ins Riesengebirge. Das ‚Pensjonat' bot noch Logis, aber keine Kost mehr: es war nicht mehr zu empfehlen. Man lief die bekannten Wege ab, zur Elbquelle und weiter ins Böhmische; zur Burg Kynast nahm man den Bus. Alles übrige (das Tagebuch hat viel Landschaftserlebnis festgehalten) liegt erdrückt unter der Bürde der Jahre seit dem 7. Mai 2000, als in der Boma von Aruscha ein Fax ausgehändigt wurde: ‚Mother is dying', und die Tochter umgehend nach Hause flog. Die Mutter lebte, pflegebedürftig, noch zweieinhalb Jahre im Schatten steter Sorge um die Tochter in Afrika, die ihrerseits sorgenvoll zwischen Kilimandjaro Airport und Amsterdam-Nürnberg hin- und herflog und im November 2002 doch zu spät kam. – Das Riesengebirge – ein Stück zurückerlebte Heimat für die Mutter. Für die Tochter und ihren Gefährten auch schön zum Wandern…

## Der Mutter zweite Reise ins Riesengebirge

soll hier für sich betrachtet werden. Im Jahre 1994, neunzehn Jahre nach ihrem ersten Besuch im nunmehr polnischen Oberschreiberhau, hat die Mutter von Berlin aus noch einmal eine Reise an den Ort unternommen, an welchem sie einst nach langem Dahinkränkeln gesundet war.

1994 im Juni. Die Mutter ist inzwischen sechsundachtzig. Sie will es. Sie wagt es. Man reist mit Bahn und Taxi über Görlitz und kommt gut an. Vom Fenster des Pensionats geht der Blick hinüber zum abendlichen Reifträger. Am nächsten Tag läuft man die Straßen auf und ab und sucht noch einmal nach den beiden Stätten der Gesundung – sie sind nicht mehr finden. Es war riskant und es wurde mühsam. Aber die Mutter lief und lief und pries die gute Gebirgsluft.

Am Sonntag macht man sich, mit Mineralwasser und belegten Broten versehen, auf und spaziert in den nahen Waldesschatten, denn es ist heiß, hoher Sommer. Langsam, Schritt für Schritt und ohne es zu wollen erreicht man den Zackelfall. Über Stock und Stein und Wurzelwerk, fürsorglich geführt von der Tochter, die am Wegesrand ein Souvenir kauft, einen kleinen Schwan aus Glas, Hier, das schenk ich dir zum Andenken an diesen Ausflug – ist man plötzlich an einem Ziel, das unerreichbar schien. Die Mutter entrüstet sich über die abgerissene Baude. Die Tochter fotografiert die Mutter am Gitter vor dem Wasserfall, sitzend, wie gewohnt in Schwarz. Werde ich nie schaffen, denkt die Tochter. Dieses Alter; diese Willensenergie. – Später, auf dem Rückweg, wird die Mutter doch müde und ruht aus im Moos unter den Tannen. Legt sich hin, die Tochter breitet eine Windjacke unter. Fotografiert wieder. Das schwarze Georgettekleid, die silberweiße Perücke, wie schon drei Jahre zuvor am Müthelsee – ein zierlich erfreulicher Anblick. Altersästhetik, denkt die schlotterichte Tochter. Fotogene Greisinnen-Grazie. Dafür bin ich nicht gemacht. Ich, Vaterstochter, früh verwaist.

Am Tag vor der Abreise hat der freundliche Wirt einen Stadtplan von 1939 zur Hand. Da gibt es ein ‚Kriegsehrenmal am Rabenstein‘ – da muß es sein. Die Tochter läuft erkundend vorauf, eine steile Straße am Markt vorbei und vorbei an einer Kirche. Da in der Gegend steht ein

89

verfallenes Haus allein, die Fenster mit Brettern vernagelt, lichter Fichtenwald und hohes Wildgras ringsum. Hier? In der Nähe ein rotes Ziegelgebäude und ein unvollendeter Wolkenkratzer. Auch ein Felsen mit Kreuz ist vorhanden. Gegen Mittag, allein auf dem Weg zurück ins Pensionat, abgleitend und überkippend an einer defekten Bürgersteigkante, verstaucht die Tochter sich noch schnell und schmerzhaft den rechten Fuß. Die Frau Wirtin behandelt die Schwellung mit essigsaurer Tonerde. Am Abend wird man hinauf zum ‚Haus am Rabenstein' gefahren. Die Tochter humpelnd an einem Stock, die Mutter gestützt von dem freundlichen Wirt aus Krakau, umrundet man das verfallene Haus mit den vernagelten Fenstern, und die Tochter fühlt sich ein. Hier, hier, hier – hier lag ich im Winter 1929/30. Es ist bald vierundsechzig Jahre her. Hier bin ich noch einmal. Bald werde ich nicht mehr sein.

So ward wenigstens das Haus am Rabenstein wiedergefunden. Der Stille Winkel aber blieb verschollen. Dort hatte die Mutter als junges Mädchen im Winter 1930/31 gelegen und später noch ein paar Wochen zur Nachkur im gleichen Jahr 1931. Er war nicht wiederzufinden. Auch nicht im September des gleichen Jahres, als die Tochter noch einmal eine Woche zusammen mit dem Ehemann den Kurort besuchte. Sie hat sich irre gesucht. Schrieb inzwischen an den Lebenserinnerungen der Mutter und verbiesterte sich kreuz und quer, auf und ab allein durch den Kurort. Nichts. Nirgends eine breite Einfahrt mit einem Stein davor. Nirgends ein neues Krankenhaus und hundert Meter davon neben einem alten Haupthaus ein Gästehäuschen. Nichts. Weg. Verschwunden. Abgerissen. Die Vergangenheit hatte hier keine Spur hinterlassen, nicht einmal eine verlotterte mit vernagelten Fenstern und wildwucherndem Gras darum herum...

Die beiden Besuche im Oberschreiberhau waren für die Mutter nur nebenbei ein Anlaß zum Beklagen polnischer Verlotterung. Sie bedeuteten vielmehr ein Stück zurückgeholter Jugend in der Erinnerung an Gesundung, wenigstens des Leibes, wenn schon nicht einer fürs Leben beschädigten Seele. Von einem ‚Sog hinab' konnte hier nicht die Rede sein. Eher könnte es ein Schweben und Gleiten gewesen sein. Hinauf zum Reifträger, zur Schneekoppe, hinüber zum Zackelfall und zurück in die gute Erinnerung: in dieser Luft bin ich gesund geworden.

# Der Sog hinab

Prolog zu einer *Nekyia*

Sand und Sonnenflimmern, blaßrosa Wicken, Fliederlaube. Ein sandiger Feldweg, Kamillenduft und Heimatgefühle – glückhafte Kindheitseindrücke am windstillen Rande eines katastrophal dem Ende zu tosenden Krieges. Sand als Sinnbild für hilfloses Versinkens in Unheilsgeschichte. Am Horizont der Rauch vom dreizehnten Februar fünfundvierzig. Auch hier: Sand aus Urnen... Am Ende Sand als Grube und Ahnengrab im Urstromtal der Oder zwischen Liegnitz und Leuthen.

Beim Nachdenken über die beiden Reisen nach Niederschlesien zeigen sich des Lebens Glücks- und Unglückserfahrungen ungleichmäßig verteilt auf die Mutter hier, eine Tochter da. Generationenschicksal, gewiß und zum einen. Zum anderen eine Sache des Nachempfindens. Es steht Nachkommen und Überlebenden an. Was aber das einstige *Erleiden* angeht, das massenhafte, so ist es – im Hinblick auf Zahlen, Ursachen, Art und Weisen politisch gewißlich unterschiedlich beurteilbar. In seiner jeweiligen Einzelheit ist es für das Nachempfinden ein immer Gleiches. Nur ein nachgetragener *Sinn* kann Unterschiede machen.

\*

Den Erfahrungen der Mutter und den eigenen im Hinblick auf Heimat und *Nostoi*, den politischen Katastrophen und ihrer Deutung soll rückblickend nachgedacht werden im Sinnbildzusammenhang von Sand und der Schwerkraft der Dinge, die da waren und nachwirken und einen Sog ausüben hinab ins Gewesene.

Vierfach ist der Sog hinab.

## Hinab in den Garten der Kindheit

*Was kann früher Kindheit Schöneres werden als ein Garten? Ein Groß-*
*elterngarten als Urbild des Paradieses, daraus noch spät ein rieselnd*
*Bächlein Heimweh entspringen mag?*

Mit etwas Schönem soll das abschließende Nachdenken beginnen
– mit dem sanften Sog hinab in den Garten der Kindheit, ausführ-
lich beschrieben und eingefügt in ein papierenes *Kenotaph.* Vom
Riesengebirge hinab ins Dorf der Kindheit zog 1992 als Resultan-
te divergierender Stimmungen eine lauwarme Resignation – was
will ich eigentlich noch? Der Garten der Kindheit stand im Ge-
müte wie eine Fata Morgana an einem fernen Horizont, wirklicher als jede Gegenwart. Erst das Landkartenlesen verdichtete
sich zu der Zwangsvorstellung: ich muß noch einmal hin, im
Sommer, wenn die Kamille blüht, und in die Sandgrube muß ich
auch noch einmal, ich weiß nicht, warum. Es waren merkwürdige ‚Heimatgefühle‘; sie wiederholten sich, halluzinatorisch wie
Epilepsieanfälle, immer wenn die Landkarte – aber es kam nicht
dazu. Andere nahm zu viel Lebenskraft in Anspruch.

Aus dem Garten der Kindheit führt möglicherweise ein schmaler
sandiger Pfad hinauf in den Wunschtraum der Lebensmitte, ein
Häuschen mit Garten in den Bergen von Mbe zu erwerben.

## Hinab zu den Lebenswunden der Mutter

Schloßdorf war mit der Reise von 1975 für die Mutter ‚erledigt‘.
Sie bedauerte, daß sie sich *das* nicht erspart hatte: den Anblick
der Verwüstung und Verwahrlosung. Die abgeholzten Linden
vor dem Schloß. Die Brennesseln im Garten. Das vermauerte
Haus. Die Fremden, die da nun, von den Wechselfällen der Geschichte herbeigeschwemmt, als neue Besitzer hausten und ‚neue

Heimat' behaupteten, blieben feindlich Fremde. Wie auch nicht. Nur wer keine eigenen Wunden zu lecken hat, kann versöhnlich die Verletzungen anderer behandeln.

Hinab in die Verwundungen der Mutter führen zwei Wege. Der eine führt ins Unglück der kleinen Welt, der andere in das Chaos der großen, das die kleine Welt mitverstrudelte. Überlieferungen aus der kleinen Welt kamen anfangs nur tropfenweise – Ich bin so lange krank gewesen. Ich durfte ja nichts lernen. Ich wollte nicht heiraten, aber ich hatte ja keinen Beruf. Erst mit dem Tode des Enkelsohnes brach der Damm. Die Erinnerungen an ein glückloses Leben, dreißig Jahre lang, in kleinbürgerlich beengter Welt, brachen sich Bahn in immer neuen Monologen, wenn immer die Tochter zugegen war, es zu hören. Das ist der Mutterroman, unveröffentlicht. Das ist es, was die zweite Reise nach Schloßdorf unbewußt *auch* umdunstete – Mutterschicksal. Und würgte – Nabelschnur. Damit sollte es eines Tages hinabgehen in die Sandgrube…

Der andere Weg hinab in die Lebenstraumata der Mutter führt in den Treibsand der Geschichte. Fragte die Tochter: ‚Möchtest du wieder nach Hause und dort leben?' ‚Was soll ich da, nachdem die Polen alles heruntergewirtschaftet haben?' Damit war das erledigt. Als aber die Spätaussiedler kamen, die deutschen, die halb- und vierteldeutschen und schließlich die Polen – da wurde die Mutter böse. ‚Was haben die hier zu suchen! Immer setzen die sich ins gemachte Nest. Die Polen haben mir alles genommen, meine schönen Möbel, meine Handarbeiten, meine Gitarre. Jetzt kommen sie und machen sich in den Erholungsheimen breit und in den Bussen nehmen sie mir den Platz weg. Die und alles andere fremde Volk, hier in Deutschland. Und niemand redet von den Verbrechen der Polen, als der Krieg aus war – in Schloßdorf haben sie den Schmiedemeister totgeschlagen und den Gärtner umgebracht, die zu Hause geblieben waren, weil sie niemandem etwas zuleide getan hatten. Und die anderen, die nicht mehr wegkonnten, haben sie erst bis aufs Blut schikaniert und dann vertrieben. Ich hab da ein Buch, ‚Polens verschwiegene Schuld', das solltest du mal lesen.'

Das?! Ich? Nein. Lieber nicht. Der Boden weicht ohnedies unter den Füßen, sobald die Mutter unzeitgemäße politische Meinungen kundtut. Denn wer weiß, vielleicht hat sie – hätte sie am Ende – am Ende? An welchem? – *auch* ein bißchen recht.


Treibsand der Geschichte


Die zweite Reise, geriet, wie ungenau befürchtet, nach rückwärts ins Unwegsame. Ins Gestrüpp. In Treibsand. Was mußte, was durfte erinnert werden, was nach Möglichkeit nicht?

Wo fängt, im Völkergeschiebe eines Grenzlandes, die politische Vergangenheit an? Vor tausend Jahren? Vor einem halben Jahrhundert? Wer bestimmt die Stunde Null, vor der nichts gewesen sein darf und die alles Nachfolgende bestimmt? Für die Mutter fing sie 1757 bei Leuthen an; für die Tochter, je nachdem, 1241 mit der Mongolenschlacht von Liegnitz oder bei dem Silingen im 4. Jahrhundert (was hatten die alsbald in Andalusien und danach in Nordafrika zu suchen? Wer kann Völker vom Wandern abhalten?) Oder fing die Geschichte erst 1939 an? Was lernt man in der Schule über die von den Piasten herbeigerufenen deutschen Bauern und Handwerker, über die Kolonisierung im 13. Jahrhundert? Was über das Gerangel um das Land zwischen Böhmen, Österreich, Preußen? Was steht im Brockhaus von 1956? Die Teilungen eines in sich uneinigen, von seinen Magnaten ausgebeuteten Polen kamen wohl im Geschichtsunterricht vor. Der polnische Nationalismus des 19. Jahrhunderts auch. Der des 20. Jahrhunderts nicht. Gab es 1920 einen ‚Überfall auf die Sowjetunion'?

Allenfalls ein ‚Wunder an der Weichsel'. Die völkerrechtliche Problematik von Vertreibungen kam auch nicht vor. Konnten Flüchtlinge und Vertriebene nicht froh sein, daß sie überlebt hatten? Eben. Deutsche Ostgebiete unter polnischer Verwaltung? Als polnisches Staatsgebiet? Man konnte drauf verzichten. Man baute sich sein Häuschen im freien Westen und genoß Freizügigkeit.

Der Treibsand der Geschichte betrifft in erster Linie die Geschichtserfahrung der Mutter: Flucht, Verlust von Habe und Heimat und jeglichem Rechtsanspruch darauf. Von dergleichen Verlusterfahrungen ist das eigene Leben unbeschwert. Verbitterung, Klage und Anklage der Mutter sind es, die belastend nachschleifen und nachdenken lassen über den Sand, der so vieles hinabzieht und zudeckt, und über die merkwürdigen Kriterien bei der Auswahl dessen, was ein politisch überformtes kollektives Gedächtnis, was Geschichtsbücher und öffentliche Meinung vor dem Vergessen zu retten versuchen.

Hier ist kein Ort für politische Stellungnahmen. Hier wäre allenfalls ein Gedanke zu verschwenden an das chimärische Wesen von Geschichtswahrheit in ihrer öffentlich wirksamen Form – ein merkwürdiges Mischwesen aus politischer Dogmenbildung, die ein Löwenmaul aufreißt, um einzuschüchtern oder gar zu zerreißen; aus Gemecker und verhaltenem Gegrummel im eingeweidereichen Mittelteil der Gerüchte, der Halb- und Gegenwahrheiten; und hinten hinaus mit einem schlangenhaft züngelnden Sichwinden aufwartet, das skeptisch (klug und feige zugleich?) zwischen den Fronten und Meinungen abzuwägen trachtet, wie es gewesen sein könnte, wissend, daß es diesseits eines ungewissen Weltgerichtes und trotz seltener Näherungswerte keine wertfreie geschichtliche Wahrheit geben kann. Über diese Chimäre hinaus müßte vorweg der Blick sich erheben dahin, wo östlich von Delphi und aus alten Zeiten von düsterer Kreuzkuppel die Möglichkeit eines Jüngsten Gerichtes herabschaut.

## Hinab zu den Urgroßmüttern

Davongekommen und im nachhinein erst, wie der Reiter über den Bodensee, eingebrochen und wiederum davongekommen, weit hinweg, bis nach Afrika, ist eine Tochter und Enkelin nunmehr auf der Suche nach rückwärts und hinab. Nicht ins unendliche Meer der Toten eines Weltkrieges, unter welchen auch der Vater, zweiundvierzigjährig, zu finden wäre. Die Suche und der Sog hinab gehen in einen enger umgrenzten Bereich des Gewesenseins: zu den Groß- und Urgroßmüttern, von welchen eine nähere und fernere Kunde die Nachkommin noch erreicht hat.

Es begann, vermutlich weithin unbewußt, an der unbetretbaren Treppe hinauf ins Giebelgeschoß des Großelternhauses. Vielleicht zog es hinab, weil ein Hinauf nicht möglich war. Es dauerte noch zweimal sieben Jahre, in Anspruch genommen von der Verarbeitung der Erfahrung Afrika und eigener Kindheitserinnerungen, ehe das Bruchstückhafte mündlicher Überlieferung, gesammelt vor allem aus den Monologen der Mutter, es vermochte, literarisches Interesse zu wecken. Interesse an den dahingegangenen Voraussetzungen eigenen Vorhandenseins. Wurzelsuche als Alters- und Spätzeiterscheinung? Was von den Schicksalsmonologen der Mutter in die Tagebücher der Tochter gelangte; was erhalten blieb an Familiendokumenten – auf die Flucht mitgenommenes Papier! – es weist einen schmalen, von Ungewißheiten überwucherten Pfad zurück ins Halbdunkel der Vorfahren.

Auf uneindeutige Weise verbindet sich dieser Pfad mit der Sandgrube hinter dem Schloß. Warum wurde sie 1992 nicht mehr aufgesucht? Sind doch Kindheitserinnerungen an diesen Ort so lebendig geblieben. Die Sandgrube sei nicht klein gewesen, sagt die Tante. Drei-, viermal so groß wie ihr Wohnzimmer; man konnte darin spazierengehen und mit einen Schubkarren herumfahren. Ja, Akazien wuchsen da auch, wie im Garten des Inspektorhauses

und bei der Pumpe, im vorderen Teil des Schloßparks. Akazien-
bäume und Gebüsch. Und Nesseln. Auf dem grasigen Weg zur
Sandgrube, von der Straße längs der Parkmauer her und zum
Fischteich hin, habe es eine große Brombeerhecke gegeben. Kind-
heitserinnerung ist daran nicht hängengeblieben. Sie weiß nur
noch von der Frühlingsverzauberung in der Sandgrube selbst. Es
war eine große Mulde mit grünem Baldachin. Dreißig Jahre später war die Grube noch immer da und auch Robiniengebüsch;
alles war kleiner und flacher, geschrumpft und wie zugeschüttet.
Aber es war die Sandgrube der Kindheit.

Das Versäumnis, die Sandgrube noch einmal aufzusuchen, sollte
es dazu geführt haben, daß der Ort sich aufhob ins Übernatürli-
che, ins sozusagen Mythische? In  die nebelhafte Vorstellung –
dort, da, *hier*, wo im Grunde nichts mehr zu sehen wäre, nur noch
zu erinnern ist, könnte der Ort einer *Nekyia*, eines Abstiegs zu
den Urgroßmüttern sein? Die Sandgrube, ein irgendwie geheimnisvoll anmutender Ort, wäre ein Weg hinab ins Irreale. Vierzehn
Jahre nach der zweiten Reise trat der Gedanke deutlich zutage:
von der unbetretbaren Treppe im Großelternhaus führt der Weg
hinüber und hinab in die Sandgrube. Ob nach sechzig Jahren
noch vorhanden oder nicht – dort, zwischen Sand und Nesseln,
muß der Ort des Abstiegs zu den Urgroßmüttern sein.

Eines späten Tages wird (natürlich bei Nacht) eine Urenkelin,
dem Sog hinab zu den Wurzeln des eigenen Daseins folgend, in
dieser Sandgrube hinabrutschen in die Unterwelt, um daselbst
die Urgroßmütter zu beschwören. Um sie zu befragen? Wonach?
Wie es damals war, zu ihren Zeiten, als sie ahnungslos mit dem
Rücken in die Zukunft gingen? Sie würden stumm bleiben. Aber
sie werden sich erzählen lassen, was aus ihren Nachfahren wurde. Fetzen- und gerüchteweise wird eine Urenkelin Familienüberlieferung erzählen. Muttersage, eng verknüpft mit Mutterschicksal.

## Kleine-Leute-*Nekyia*

Die beiden Reisen nach Niederschlesien, erweitert durch Nachdenklichkeiten und ein Schreibvorhaben dieser Art, erweisen sich im nachhinein, nach Afrika und allem übrigen, als eine Art Prolog zu einer *Nekyia*.

Klein soll diese *Nekyia* sein, aber nach großem Vorbild. Nicht Helden und Heroinen sollen beschworen werden, sondern kleiner Leute kleines Leben. Nicht nach Zukunft will eine Urenkelin die Schatten der Urgroßmütter befragen, sondern ihnen erzählen von dem, was an Überlieferung noch vorhanden ist und dem Vergessen anheimfallen würde, bliebe es, wo es bislang ist – verstreut in Tagebüchern, die nach letztem Willen in einem Archiv modern werden. Die erste Reise rührte Muttererinnerungen an verlorene Heimat auf; die zweite weckte der Tochter Teilnahme daran durch Einsinken in den Treibsand der Geschichte. Eine dritte, eine imaginäre Reise soll in die Sandgrube führen.

Die Sandgrube hinter dem Schloß von Schloßdorf als Ort des Abstiegs zu den Urgroßmüttern ist ein real-symbolischer Ort, bedeutungsvoll, tiefsinnig – in die Grube sind alle Vorfahren gefahren und werde auch ich fahren. Wo es keine leibeseigenen Nachfahren gibt, um deren Zukunft Hoffnungen und Sorgen kreisen könnten, biegt der Blick zurück zu den Ahnen.

Mit dem Gewurzeln von Nesseln und Akazien durchzogen, ist eine Sandgrube in Niederschlesien der richtige Ort und Rahmen für eine literarisch aufbereitete Suche nach den Wurzeln des eigenen Daseins. Im Dunkel des Totenreiches könnten auch die Schatten der Vormütter väterlicherseits aus der Neumark und aus Neuruppin sich mühelos einfinden. (Fast alles an Überlieferung gehört der Mutterwelt an. Die Quellen der Vaterwelt versiegten zu früh. Reisen in die Heimat des Vaters haben sich nie ergeben, wenngleich die Neumark beiderseits der Warthe nicht fern ist und der Ostwall nahe. Früh starb des Vaters Mutter. Seinen Vater vertrieben 1947 die Polen aus dem eigenen Häuschen. Auch hier Treibsand der Geschichte bis hinein in den Hürtenwald der Ardennenoffensive. Nur weniges wird zu einer *Nekyia* beitragen, aber es wird schwer wiegen.)

Die Urgroßmütter im Schattenreich – durch kleine, unblutige Opfergaben sollen sie einen Hauch von wahrnehmendem Bewußtsein zurückerlangen und sich erzählen lassen – auch von blutigen Opfern, von schlecht verheilten Wunden und von der Kriegsfurie des unseligen zwanzigsten Jahrhunderts, die ihrer Nachfahren nicht wenige aus jahrhundertelang angestammter Heimat vertrieb.

*

Schlesien, Schloßdorf, Garten der Kindheit und Sog hinab: wäre alles nur Vergangenheit und Erinnerung? Für die Mutter führte das Wiedersehen zum Aufbrechen einer alten Wunde. Dorf und Elternhaus blieben ihr Heimat – verlorene, verlotterte und vermauerte. Für die Tochter wurden eines späteren Tages Blumengarten, Fliederlaube und Sand zum Urbild einer Utopie – eines Idylls, das auf dem Hochplateau des Lebens als Fata Morgana über den Bergen der westafrikanischer Savanne erschien. Ohne das krisenhafte Bewußtwerden von Krieg und Kriegsverbrechen auf dem Hintergrunde des Davongekommenseins, ohne die Erfahrung von Flucht, Hunger und Armut, wäre das Abenteuer Afrika vermutlich nicht zustande gekommen. Ohne die Erinnerung an das niederschlesische Kindheitsparadies hätten Heimatgefühle in den Bergen von Mbe sich nicht so leicht einbilden lassen. Die Reisen nach Schloßdorf: eine Art Prolog zu Mbe...

# Der Harmattan,
# ein Häuschen in Mbe
## und der siebente Aufstieg

## Ein Abgesang

# Überblick

Der Rahmen Afrika
Ein Tagtraum
Das Häuschen-Syndrom
Die Graslandmuse

## Kamerun 2006
– Ein Monolog und Abgesang
Stilleben mit Alpenveilchen
Die Rückkehr. Gedenken. Wie die Tage vergingen.
Das Foto-Spektakulum. Langes Vorspiel. Suche nach Worten

**Die Reise (23. Oktober – 14. November)**
Der Hinflug: Wüste und Wuri
Im Waldland
Buea und Limbe-Victoria. Kumba-Kosala. Tombel
*Nyasoso* – Zur ‚Wasserburg‘. Zum Manenguba. Kupé mit Atmosphäre.
Müsli und Magenkrämpfe. Der Greis. – Unterbrechung I
Hinauf ins Grasland!
Über Bafussam. Zu Gast in Bamenda. Bedenken Richtung Mbe.
Unterbrechung II
Einschaltung: BgT und frühere Besuche in Mbe
**Der siebente Aufstieg nach Mbe**
Verworrenes und Berichtigtes. Abstieg – Aufstieg. Unterbrechung III
Weiter am Aufstieg. Abend der Ankunft: Schlaf und Bad
‚Mein‘ Häuschen. Backstein der ‚Staubrosenwahn‘. Unterbrechung IV
Das liebe Geld. Kleinkram. Müdigkeit. – Unterbrechung V
Das Dorf als inneres Bild. Tagebuch.
Prozession zum Häuptlingsgehöft. Unterbrechung VI
Im Häuptlingsgehöft. – Unterbrechung VII
Resignation, abwinkend. Tagebuch. Reliquien, Haferflocken und Schlaf.
Abschied am Abend. - Rückflug am Todestag der Mutter.
Was noch zu tun bleibt.
*Eremitage in den Bergen von Mbe*

# Der Rahmen Afrika

Elefantengras statt Kamille. Statt Tiefebene und Kartoffeläcker ein Waldreservat im Savannenbergland mit Reisfeldern im Tal. Gemächliches Dahinholpern im Landrover auf staubiger Piste, warm, wohlig und erwartungsvoll. Was raschelt da?

Die Suche nach letzten Beweggründen. Was hinauftrieb in die Berge von Mbe – war es nicht uranfänglich aus der niederschlesischen Ebene gestiegen? War es nicht unter der dunklen Wolke hervorgekrochen, die einst aus dem Paradies der Kindheit vertrieben hatte und dreizehn Jahre später ins Bewußtsein drang? Das erste Davonkommen hatte zu gesellschaftlichem *Aufstieg* geführt; das zweite, nach einem Versinken in den vorweggenommenen Schrecken einer neuerlichen Kollektivkatastrophe, führte auf Umwegen zum *Ausstieg* nach Afrika.

Afrika! Keine weitschweifigen Wiederholungen! Nur weniges erinnern, um Überblick zu gewinnen. Der siebente Aufstieg nach Mbe, im November 2006, nach langem Zögern, ergab sich aus allen übrigen Aufstiegen und einem Häuschen. Dem Nachdenken wird sich die Einsicht nahelegen, daß der *erste* Aufstieg nach Mbe sich aus allerlei Gekrisel ergeben hatte. Da rauschte, seit der Ausreise im September 1973, wie ein kühlgrüner Gletscherbach zwischen den schwarzen Moränen lyrisch-didaktisch gestimmter Sokratik, Erinnerung an *Bethabara* dahin. Dann würgte und lähmte mehr als zwei Jahre lang die Freiheit der Entscheidung – tue dies oder das oder das Gegenteil: du wirst beides bereuen. Dann blühte im Oktober 1978 der Tulpenbaum, und im Schwellenjahr 1980/81 reifte der Entschluß: hinaus aus dem Regenwald und hinauf ins Grasland! Der erste Besuch in Mbe, zusammen mit dem Ehemann, hatte im Dezember 1981 stattgefunden.

## Ein Tagtraum

Ein Vierteljahrhundert ist eine lange Zeit für ein kurzes Menschenleben. Mit dem Kontinent Afrika verglichen ist ein Dreihundert-Seelen-Dorf in den Bergen der Westkameruner Savanne ein Beinahe-Nichts. Wie kann so etwas zum Inbegriff der Erfahrung ‚Afrika' werden? Zu einer poetischen Inspiration, zu einem nostalgischen Tagtraum, endend in einer *illusion perdue*?

Das eben ist die Frage.

Die Antwort weiß der *Harmattan*. Der schräge Wind aus der Wüste. Statt Regenwaldnebel ein warmer Dunst, ein Staub wie von getrockneten Rosen, Weitsicht und Durchblick verhindernd und vermutlich daher so gegenwartsnah, jedem Tag und Augenblick einen Hauch Zeitlosigkeit einhauchend. Ein Dunst, so wohlig, so zum Sich-darin-Aalen. Verhängte Horizonte, gewellt und pastellen. Bisweilen ein kleines Gewitter, alles klart kurz auf; was zuvor romantisch umdunstet in ungenauer Nähe stand, zeigt die härteren Linien der einheimischen Wirklichkeit. Immer wieder einmal riß der Dunstvorhang des Harmattan kurz und ernüchternd auf. Und was zeigte sich? Im falben Sand zwischen den Hütten von Mbe spazierte und scharrte ein weißes Huhn, von aller Augen ringsum aufmerksam beobachtet. Man streute ein paar Körnlein hin und wartete gespannt auf die goldenen Eilein.

Eine Antwort weiß auch die wilde Malve unbekannten Namens im Elefantengras. Von fern vielleicht verwandt mit dem exotisch roten Hibiskus; aber um botanische Richtigkeit geht es hier nicht. Es geht um die Wellenlängen, die das Purpurlila aussendet. Wenn von ferne der suchende Blick sie im gelbgrauen Graugrün des hohen Grases entdeckt, ruft es den Reiz der Seltenheit hervor. Ein Purpurviolett in subtilen Nuancen, das in bescheiden kleinen Blütenbüscheln eine mannshohe Staude ziert. Erst bei näherem

Hinsehen – und es vergingen Jahre, ehe es möglich war, ein Stück weit in das raschelnde Speerschaftdickicht einzudringen und zu erkennen: nicht die afrikanische Blaue Blume blühte da. Verschrumpelt und graubehaart zeigten sich ganz gewöhnliche Blütenbüschel. Wie können Farbe und Ferne täuschen. Die wilde Malve, sie würde sich eignen als Sinnbild der schönen Träume und inspirativen Täuschungen jener Jahre.

Wovon träumte der Tagtraum Afrika? Er träumte vom Wurzelnschlagen. Nicht irgendwo, nein, im Grasland von Kamerun – wie viele und vor allem Frauen, weiße, haben nicht diesen Traum geträumt! Nicht wenigen ist die Verwirklichung gelungen, bisweilen auch ohne einheimische Verehelichung. Das Leben scheint einfacher, so lange der Durchblick fehlt. Es ist nichts für Individualisten und Einsiedler. Es verlangt mehr an gesellschaftlicher Einbindung, an guten Beziehungen und entsprechenden Verpflichtungen als eine westliche Wohlstandsgesellschaft. Wer das weiß, verzichtet auf Tagträume.

Wer es nicht weiß oder nicht wissen will, träumt – blauäugig, kurzsichtig, idealistisch abgehoben und mit einem Konto im Hintergrunde – den Traum vom Wurzelnschlagen. Sich zu Hause fühlen in Mbe! Wasser aus dem Kraterquell, den täglichen Reis aus dem Tal! Eine Buschlampe mit Petroleum aus der nächsten, entfernten Stadt; Haferflocken, Zucker, Büchsenmilch – drei Wochen lang wurde der Traum versuchsweise gelebt, im Februar 1985. Drei Wochen, zwiespältig, lehrreich, vergeblich.

Was waren das für Wurzeln, die da wuchsen? Sie konnten keinen Grund und Boden greifen. Das, was da jahrelang trieb und gedieh, waren – Luftwurzeln. Eine besondere Art, gewiß, den aus Ebbe und Flut in den Mangroven der Atlantikküste heimischen Stütz- und Atemwurzeln nur äußerlich gleichend. Es waren hochbeinige, den Boden kaum berührende Stelzen, umspült vom

Harmattan, sich nährend von einsamen Landschaftserlebnissen und malvenlila Tagträumen. Es stand am Horizont wie eine Fata Morgana oder deren zwei. Ach, wie schön wäre es, wenn...

Wenn in einem abgelegenen Bergdorf die Gründung einer platonischen Regenzeit-Akademie möglich wäre, mit einer Träumenden als *spiritus rector*, Supertutor, Guru-Graie! Es müßte als erstes ein größeres Haus, eine Art Palazzo gebaut werden. Dem Dorf würde die Wohltat von Einnahmen durch Dienstleistungen zuteil; es würde ein Markt entstehen für Reis und Gemüse; die handgeschöpfte Beschaffung des nötigen Trinkwassers aus den Quellen, das Heraufschleppen von Kerosin für die Buschlampen und das Besorgen anderweitiger Notwendigkeiten aus der Stadt für das tägliche, der Geistesarbeit gewidmete Leben im Abseits würden Verdienstmöglichkeiten schaffen, die Leute könnten sich bessere Häuschen bauen, Medikamente kaufen, ihre Kinder zur höheren Schule schicken – und dann? Die Kinder würden in der Stadt bleiben, das Dorf überaltern und aussterben. Der Akademie-Traum war auf Sand gebaut; die Luftwurzeln, stelzend in eine dunstige Zukunft mit wirklichkeitsfremden Vorstellungen von *Paidea* nach eigener Erfahrungswahrheit, sie knickten ein...

Tagtraum Afrika!

Was ist davon übriggeblieben? Die Erinnerung an den großzügig begonnenen Bau einer Straße aus Spendengeldern. Begonnen, unterbrochen, liegengeblieben. Seit einem Vierteljahrhundert unvollendet. Vollendet hingegen wurde ein Haus, ein schönes großes, für einen ,Sohn des Dorfes', ohne dessen Vermittlung und erwartungsvolles Wohlwollen es nicht möglich gewesen wäre, sich in der geschlossenen Gesellschaft seines Dorfes zurechtzufinden. Schließlich und wider alles Erwarten blieb vom Tagtraum Afrika der Anlaß zum siebenten Aufstieg nach Mbe: ein Häuschen. Eine Eremitage. Ein Kenotaph.

## Das Häuschen-Syndrom

Der Wunsch, sich einzuwurzeln im Grasland von Kamerun nahm eine Gestalt aus Backstein und beschriebenem Papier an. Wenn keine Regenzeit-Akademie, behaust in einem Palazzo, dann doch wenigstens ein ganz kleines Häuschen, viermalvier mit Pyramidendach, zwei Stübchen, abseits vom Dorf, um, versehen mit dem Notwendigsten, selig verschollen den Bildungsroman des eigenen Lebens zu schreiben! Denn Feldforschung würde ablenken von der Suche nach den Wurzeln des eigenen Gewordenseins. Ein Häuschen im Abseits von Mbe und sein idealischer Schatten: ein Kenotaph in Form einer Autobiographie, die am roten Faden aller Behausungen des so weit gelebten Lebens Unbehaustheit veranschaulichen sollte, um am Ende als einzig bleibende Statt auf Erden ein ehelich Gehäuse in Betracht zu ziehen.

In dem Traum von einem Häuschen in Mbe – was lief da nicht alles zusammen! In was für Erfahrungen wurzelte ein Wunsch, der einer frommen und in Gold gravierten Einsicht des Inhalts: ‚Wir haben hier keine bleibende Statt' so offenkundig widersprach? Es findet sich hier ein Anknüpfungspunkt zum Besuch im Dorf der Kindheit; mehr noch zu allem, was an wechselnden Behausungen danach kam. Hier mag ein Rückblick über die nicht bleibenden Stätten des bisherigen Lebens schweifen.

Nach dem Großelternhaus der Fluchtwagen, das Pferdefuhrwerk, Übernachtungen in Massenunterkünften auf Strohsäcken oder im Heu der Scheunen. Dann die Flüchtlingsunterkünfte für etliche Jahre, in winzigen Kammern, im Hinterhaus, unter dem Dach, kahl, kalt, fast lichtlos; dann der Pferch der verwandten Familien, Erwachsene und Kinder auf engstem Raum, zwei Stübchen, zehn, zwölf Seelen, froh, ein Dach über dem Kopf zu haben und im Winter ein Kanonenöfchen. Dann zwei Winter in einem Weinberghäuschen, das noch immer zwischen den Reben in einer

107

Obstwiese steht, einen Sonntagsspaziergang von der schönen Alters- und Eigentumswohnung entfernt. Kein Licht, kein Wasser, damals, aber wenigstens ein alter eiserner Herd, geschenkt. Dann die Baracke, mit einem Wasserhahn im Flur und einem Klohäuschen auf freiem Feld, Notunterkünfte, von der kleinen Stadt für Flüchtlinge und Ausgebombte gebaut. Da hauste man, froh, das davongekommene Leben fristen zu dürfen. Dann die erste ‚bürgerliche' Mietwohnung, auch unterm Dach, aber geräumiger, und die Mutter kaufte die ersten Möbel. Tisch und Schrank, beide noch vorhanden, ererbtes Eigentum. Dann, für lange Jahre, die Sozialwohnung, zweieinhalb Zimmerchen, Küche, Balkon und Bad, der erste Luxus. Dann die ersten Studentenbuden, finstere Löcher unterm Dach, Hinterhofkammern, Altbauhöhlen, unwohnlich, mit Toilette im Zwischenstock, zum Übernachten und für Bücher und Geistesarbeit indes geeignet und bisweilen auch mit dem Luxus einer elektrischen Platte zum Braten eines Spiegeleis versehen. Dann das erste mit eigenen Möbeln ausgestattete Zimmerchen in der Mutter kleiner Wohnung, nachdem der Bruder mit Weib und Kind ausgezogen war: eine Umbauliege, ein Schreibtisch, ein Bücherregal, Schrank, Kippsofa, zwei Sessel und ein Couchtisch: alles das, was noch immer und für den Rest des Lebens Wohnwelt darstellt. Nur die Bücherregale haben sich im Laufe der Jahrzehnte vermehrt. Dann – was dann? Die erste Ehehöhle, zwei Dachstübchen, die Küche im Bad, zwei Nachbarinnen auf dem gleichen Flur, ein Alptraum mit Fluchtfolgen. Die erste Appartementwohnung: der erste Traum vom schönen Wohnen, sehr kurz, keine drei Jahre.

Und dann Afrika. Das alte, düstere Missionshaus mit wurmstichigem Mobilar, zehn Jahre lang, nein, nur acht. Die beiden Stübchen im Grasland, in Mbebete: so nahe am Ideal. Bücher, ein Tisch, ein Bett, eine Kleiderleine und der Luxus eines Waschbeckens mit fließendem Wasser. Mondaufgänge, Eukalyptus, Harmattan und die Inspiration der wunderbaren Jahre: die Mbebete-

Stübchen auf den Urhügel von Mbe versetzt: es wäre die Verwirklichung des Traums von einer Eremitage und seligem Verschollensein auf Zeit gewesen. Der feudale Pfarrbungalow, den die Rückkehr nach Europa bescherte, wurde zum Ärgernis, zwei Jahre lang. Ein holzgetäfeltes Atelier über den Dächern der Vorstadt verband acht Jahre lang Wohnlichkeit mit Askese: die Kochplatte aus Studententagen und ein Kühlschrank genügten. Eine Graue Villa in Berlin mit großem Garten – vermutlich standesgemäß, im übrigen eine Zumutung. Wer sollte das Anwesen in Abwesenheit einer Ehefrau in Ordnung halten? Nun, es kam von Zeit zu Zeit Besuch aus dem Atelier. Eine Tochter hielt nicht nur die Mutterhöhle sauber. Weil sie offenbar nichts Besseres zu tun hatte, machte sich eine Ehefrau in Haus und Garten des professoralen Gemahls zu schaffen, ehe ein Boudoir eingerichtet ward und das Schreiben auch in Berlin stattfand. Ein Haus, ein eigenes, ein Eigenheim – nie. Es fräße kostbare Lebenszeit, es würde abhängig machen. Aber ein Häuschen in Mbe!

Und nun? Die auf Drängen der Mutter hin erworbene Eigentumswohnung in einem Mehrfamilienhaus ist klein und bequem. Der Ehemann haust eine Etage tiefer. Getrenntes Wohnen kann wohltun. Es kann zu keinen Konflikten hinsichtlich unterschiedlicher Auffassungen von Ästhetik und Hygiene kommen. Ein jeder lebt und schreibt vor sich hin. Man begegnet einander bei Tisch und abends im Lese- und Musikzimmer. Die Jahre vergehen. Die Mutter starb. Die Tochter war in Afrika. Es ist gerade einmal vier Jahre her und schwer genug, darüber hinwegzukommen. Wozu noch einmal nach Kamerun? Hier sitze ich und setze die Inspiration der wunderbaren Jahre, so weit sie sich in den Tagebüchern niedergeschlagen hat, in Sätze um. Satz um Satz, Buch um Buch. Ein digitales Schreibmaschinchen verkürzt den Weg zwischen Hirn und Hand, löscht Mißlungenes, ohne der Ästhetik einer beschriebenen Seite Abbruch zu tun. Das papierene *Kenotaph* nimmt Gestalt an.

Ein Häuschen als Syndrom. In dem Wunsch, ein Häuschen in Mbe zu bauen, liefen Flucht und Heimatlosigkeit zusammen mit der Erfahrung, daß es sich ohne Wohneigentum ganz gut leben läßt – am Ende aber überschlug es sich ins Utopische. Das Häuschen, das schließlich doch noch gebaut wurde, kann rechtlich nie Eigentum einer Landesfremden werden. Es wird ein Annex des Palazzo sein. Es werden Halbwüchsige der Großfamilie darin hausen. Oder man wird Reissäcke, Geräte und Gerümpel in den beiden Stübchen abstellen. Oder man wird es nach und nach verfallen lassen. ‚Mein Häuschen' ist nicht meins.

Aber es ist vorhanden. Der ‚Backstein gewordene Staubrosenwahn' verdankt sein Vorhandensein dem Tagtraum, nicht irgendwo, sondern im Abseits von Mbe dem Luxus des einfachen Lebens zu frönen, ‚selig verschollen', *far from the madding crowd's ignoble strife*. In Mbe hätte, versorgt mit dem Allernötigsten zum täglichen Leben und bei vorausgesetzter guter Gesundheit, eine Denk- und Schreibklause entstehen sollen, eine Behausung für die Besinnlichkeit der Lebensmitte. Wenigstens eine Sommerresidenz, eine Urlaubsinsel. Welche Vorsehung hat das verhindert?

## Die Graslandmuse

Sich heutzutage einer Muse zu bedienen, mag so altertümlich sein wie ein Gänsefederkiel. Zudem: was hat eine antikisch anmutende Muse in Afrika zu suchen? Nun – sie tauchte da eines Tages einfach auf. Es war Oktober. Der Tulpenbaum blühte. Es raschelte im Elefantengras. War es der Harmattan? Es war die Muse. Vom Harmattan herbeigeweht, ein Kranz von wilden Malven im kurzgeringelten Haar – es war der äußeren Erscheinung nach eine durchaus afrikanische Muse – trat sie vorsichtig herfür, *farouche*, deutete ein Lächeln an und geisterte fortan durch die wunderbaren Jahre, bald nahe, bald fern.

Die Muse, eine Weile, keine drei Jahre lang, geisterte sie durch einen Campus im Regenwald und winkte – sie winkte hinauf ins Grasland, denn von dort war sie herabgeweht oder eingeschleppt worden. Die wilden Malven deuteten nach dorten. Von wannen sie kam und wohin sie entführen wollte, war alsbald klar. Was aber hatte sie mit einem Häuschen zu schaffen? Was mit Tagträumen und schließlich mit dem Genesen von schönen Illusionen? Was hat sie verhindert, was gefördert?

Diese Graslandmuse war – und in manchen Abschattungen ist sie es noch immer – vieles zugleich und durcheinander und nicht leicht zu durchschauen: Zwitter, Sphinx, Vexierbild, Maske in Mauve. Überdies in sich versponnen, mühsam zum Reden zu bewegen, einem Bildschirm indessen und der Elektronik im nachhinein durchaus gewogen.

Die Muse als Zwitter: ein Etwas gedoppelt aus Fakten und Fiktionen, frei schweifender Erfindung (einer Graslandmuse etwa) und gedanklich strenger Durchdringung, gewissenhaft langatmiger Aufarbeitung von autobiographischem Material. Als Sphinx von ähnlicher Uneindeutigkeit, vor allem der Absicht: will sie führen auf literarischen Lorbeerpfad oder verführen in die Wüste der Vergeblichkeiten, auf den Jahrmarkt der Eitelkeiten oder ins Dickicht innerer Widersprüche? Sie lächelt, als wüßte sie alle Geheimnisse und als könnte alles kunstvolle Drumherum ihr nichts vormachen. Als Vexierbild stellt sie bald die romantischen Tagträume der wunderbaren Jahre vor die Seele, bald konfrontiert sie mit den nüchternen Tatsachen autochthoner Lebenswelten. Und was will sie als Maske in Mauve bedeuten? Ach, ein karnevalistischer Einfall soll es sein, inspiriert von den Malven, den wilden. Verkleidung ist's – ist's Mann, ist's Weib? Das Gewand ist weit und könnte beides verbergen. Mit einer weißen oder schwarzen Halbmaske vor dem Gesicht bliebe sichtbar nichts als Lächeln und Blick, und es würde genügen.

Die vielgestaltig-vieldeutige Muse aus dem Grasland, eines Tages herabgeweht in den Regenwald, einen Spinnwebfaden befestigend schräg oben am Abendstern und hienieden, längs der Veranda, an langem, sorgfältig gepflegtem Narzissenhaar, um eine Regenwaldmüde daran hinaufzuziehen ins Grasland – sie ist verantwortlich nicht nur für die Tragträume der wunderbaren Jahre, für die ersten Besuche in Mbe und alle bisherigen Schreibversuche, so weit sie Afrika betreffen. Sie soll auch verantwortlich sein für den Abgesang, der den siebenten Aufstieg nach Mbe nachklingen läßt auf neunzig Seiten und in einer Molltonart.

Alles nur wegen dem Häuschen. Als beim sechsten Besuch 1995 Meßschnüre ausgespannt wurden auf dem Urhügel über dem Palazzo, war nicht abzusehen, daß alsbald und tatsächlich das so lange Erträumte sich in solidem Backstein manifestieren würde. Zweifelnd wurden Gelder überwiesen. Aufnahmen wurden geschickt; sie zeigten den verspäteten Traum in roh verputztem Zustande – sein Vorhandensein konnte nicht mehr bezweifelt werden. Das Häuschen war vorhanden, aber es war zwanzig Jahre zu spät. Hätten die Fotos nicht genügen können? Wozu noch einmal die Risiken einer Reise und die Mühsal eines Aufstiegs in die Berge von Mbe, kurz vor Siebzig?

Das Häuschen übte moralischen Druck aus. Es erwartete eine Besichtigung. Der Erbauer erwartete es. Erwartete damit auch weitere Zuwendungen zu allem hinzu, was ihm und seinem Dorf im Verlaufe von einem Vierteljahrhundert schon zugewendet worden war. Es mußte wohl sein, wider alle Vorbehalte, Müdigkeiten und Befürchtungen. Der Ehemann redete zu. Aber erst als ein jüngerer, afrikaerfahrener Kollege Interesse an Kamerun zeigte und sich bereit fand, zwei ältere Leutchen zu begleiten, raffte eine Zögernde Ende Oktober 2006 sich noch einmal auf. Seufzend sozusagen und längst genesen von schönen Illusionen, flog sie noch einmal dem Äquator und dem Harmattan entgegen.

112

Nach Rückkehr, Erschöpfung und Erholung erwachte langsam das Bedürfnis nach Besinnung und Sinnfindung. Es darf doch nicht sein, als sei da nichts gewesen. Es muß doch etwas bleiben – wenigstens auf dem Papier!

Das Reisetagebuch erwies sich (anders als die Tagebücher der beiden Griechenlandreisen) weithin als unbrauchbar. Ein wildes Gemülle, Impressionen und Emotionen, zitierbar allenfalls in nachgeschönten Auszügen. Ein Reisebericht also? Für wen? Eher etwas wie ein Monolog, der niemandem Rechenschaft schuldet, nur sich selber zu genügen braucht. Etwas Nachdenklich-Besinnliches in skizzenhafter Prosa, festschreibend den sieben-ten und vermutlich letzten Aufstieg nach Mbe...

So entstand in den Wochen auf Weihnachten 2006 zu ein ‚Mono-log und Abgesang‘, vielfach unterbrochen von tagebuchartiger Besinnung auf unmittelbar-alltägliche Gegenwart. Die Erstfas-sung erfuhr, wie üblich, eine Überarbeitung, die nach einigem Zögern und ermunterndem Zuraten dessen, der auch zu der Rei-se geraten hatte, dem Kollegen und Reisebegleiter R.Th. zur Lek-türe unterbreitet wurde. Seiner Rückfrage, was mit dem Text weiterhin geschehen solle, verdankt sich der Gedanke, den ‚Sie-benten Aufstieg nach Mbe‘ zusammen mit Fragmenten und ei-nem Dokument, die anläßlich zweier Reisen nach Niederschle-sien entstanden waren, sowie mit zwei Griechenlandtagebüchern zu einer Trilogie von *Nostoi* zusammenzubinden und nach dem inneren Zusammenhang der Reisen zu suchen.

*

# Kamerun 2006
## Ein Monolog und Abgesang

Vorbemerkungen zum Gebrauch von Eigennamen

Für die Buchfassung sind die Eigennamen von Personen durch Initialen ersetzt worden. Der Name des Dorfes, um das es geht, wurde von zwei Silben auf eine gekürzt.

An das Ende des Monologs ist eine zehnzeilige Versifikation des vielhundertblättrigen Themas ‚Harmattan und Häuschen' angehängt, die in der vierten Zeile aus dem Rhythmus gerät. Es fiel erst kürzlich auf und ließ es sinnvoll erscheinen, vor dem Wort ‚Harmattan' einen Gedankenstrich einzufügen.

Daß ein Gedicht ins Stolpern gerät, weil die richtige Betonung des Wortes *Harmattan* (es trägt den Ton nicht auf der Ultima, sondern auf der Paenultima) durch alle die Jahre in Afrika hindurch nicht bewußt wurde, so daß der Staubwind aus der Sahara sich rhythmisch und fälschlich mit dem ‚Staubrosenwahn' einer Romantikerin aus Europa reimen konnte: es mag als Hinweis auf das umdunstete Wahrnehmungsvermögen jener Jahre in Betracht kommen.

# Stilleben mit Alpenveilchen

## Die Rückkehr

Wie versonnen, Veilchenrosa, nach Lila schielend, lächelst du mir zu – hier neben dem Bildschirm; Blütenbündel, darin der Blick sich ausruht, ermüdet vom Anprall vorüberflutender Landschaften und Bekanntschaften. Das Zitronengelb der Treibhausrosen vor dem Balkonfenster schräg gegenüber – nein, es stört nicht. Der Tee zur Linken, *Tole*, ist schon kalt und braun wie totes Laub – immer ist Gegenwart näher als eben Gewesenes. Auf der Leinwand der Erinnerung verringert sich die Amplitude der Kurven, das hektische Auf und Ab wechselnder Eindrücke. Es beruhigt sich im Rosalila der Besinnung. Die Erschöpfung dreier Wochen läßt sich gleiten ins Wohlige hinein. In wolliges Gestrick mit Rollkragen hüllt sich das Novemberfrösteln. In der Küche steht Reis auf dem Herd. Das Alltägliche, das Gewöhnliche: dankbar hingenommen, und das Alpenveilchen aus dem Lädchen nebenan lächelt bescheiden in sich hinein. Es wiegt auf seiner Wellenlänge Anmutungen von Inselfrieden und stiller Wohnlichkeit. Stilles Leben. Stilleben. Dankbar richtet sich das heil zurückgekehrte Dasein wieder ein.

Heut vor einer Woche war der 15. November, und ich stand kurz nach zehn Uhr vormittags in der Tür meiner Wohnung, hier, drei Stockwerke hoch unter dem Dach. Der Türrahmen bot ein Bild: im Dämmer der geschlossenen Rolläden standen dicht gedrängt das helle Grün von Lampenschirm und Topfpflanzen, das Dunkelgrün des Sessels und das Rotbraun-Beige der handgeknüpften Brücke. Die stumme Gegenwart der Dinge heimelte mich an. Der Augenblick stand stille. Die schlaflose Boeing-Nacht über Sahara und Mittelmeer fiel von mir ab.

*The goodness of homecoming.* Meine Wohnung: wohnlich, winzig, angefüllt mit Handarbeiten der Mutter und dem Fluidum der Sorge (wer erweist sich würdig des kostbar-schönen Erbes) – es streckte sich vertraulich nach mir aus. Unter heller Häkelstola inhaltsschwer der flache schwarze Kasten des elektronischen Schreibmaschinchens; darüber ein dunkelblauer Ordner: höfliche Anfrage einer Unbedeutenden ans Deutsche Literaturarchiv in Marbach. Auf dem großen Tisch das Tagebuch auf der Schreibunterlage; darunter, eng an eine arabeskenreiche Richelieustickerei über lindgrüner Hohlsaumtischdecke gedrückt: zwei Testamente. Das eine, das meine, noch unvollständig. Auf dem Balkon letzte Kirschtomaten am welken Stock. Von unten, drüben, zum Park hin hielt die Herbstsonne einen großen Strauß leuchtend kupferrotes Buchenlaub entgegen. Willkommen daheim.

So war ich wieder da, und H, vom Flughafen Stuttgart weitergefahren nach Basel, wollte um Mitternacht auch wieder da sein. Nach allen Befürchtungen und Vorbehalten (zu alt, zu schlapp, und wozu eigentlich?) drei Wochen Afrika heil überstanden. Eine Tasse heißen Tee. Ein paar Stunden Schlaf ohne Verkrümmungen und ohne Moskitonetz. Im Lädchen nebenan Brot, Äpfel, Buttermilch. Die Tante anrufen. Sonst gibt es niemanden. Niemanden mehr, der warten würde. Die Mutter liegt auf dem Friedhof, hat sich nicht mehr ängstigen müssen und kann sich auch nicht mehr freuen und Klöße kochen und der Tochter neuangefertigte Handarbeiten vorlegen. Ihre Schwester, die Tante am Telefon, hat statt dessen gekocht in Erwartung der Rückkehr der Nichte. Sie will es bringen im Wägelchen. Ja, sie schafft es noch mit ihren einundneunzig Jahren. Sie freut sich anstelle der Mutter, und die Freude gibt ihr ungewohnte Kraft. Sie bringt alles über den Berg her angekarrt bis vor die Haustür – die Klöße, den Kartoffelsalat, die ‚Fleischbrotl', das gebratene Hähnchen, und macht sich auf den Weg zurück in der frühen Abenddämmerung. Der Kartoffelsalat schmeckt gut zu einer Zwiebelsuppe. Das Dasein schmeckt milde nach Noch-eine-Weile-so-weiter-machen-dürfen. Schreiben, aufräumen. Als erstes Taschen und Koffer auspacken, die Waschmaschine füllen mit all dem durchgeschwitzten Unter- und Oberzeug. Wiederaufquellende Müdigkeit wirft am frühen Abend angekleidet aufs Bett; der Schlaf hält umklammert bis weit nach Mitternacht. Da lag der aus Basel Heimgekehrte schlafend im Dunkel der unteren Wohnung, und ich schlich leise zurück, räumte noch die Waschmaschine aus und fiel wieder in guten Schlaf, gut trotz wirrer Träume, makabrer Grotesken, vorüberrauschender Gebirgs- und Graslandschaften.

Der nächste Morgen war herbstlich klar, blau und bunt der ganze Tag. Ich öffnete Briefe – Zusage der Aidlinger Schwesternschaft (sie freuten sich auf die schönen Handarbeiten meiner Mutter); Absage vom Deutschen Literaturarchiv (nicht ‚wirklich namhaft'). Am Nachmittag bin ich zum Friedhof gegangen, fand ein Grabgesteck der Tante und rosa Kaufhausrosen von Unbekannt – etwa doch von den Enkeln im Auftrag des Sohnes? Die Familie ist auseinandergefallen, seit die Mutter sie nicht mehr zusammenhält. Ich pflanzte ein vorläufiges Büschelchen mit roten Beeren zu Füßen. Anschließend zur Tante. So fing das tägliche Leben wieder an und ging bislang weiter mit Einkaufen, Kochen, Wäschewaschen und Bügeln. Ich fing auch an, das Spitzentaschentuch zu suchen, das ich drei Wochen lang benutzt hatte – ich habe es nicht mehr gefunden. Ich muß es im Flugzeug oder bei der Sicherheitskontrolle in Paris verloren haben. Es war alles drin, was Haut und Augen abzusondern vermögen: Schweiß, Nasenschleim und das Salzwasser nach dem Besuch, am letzten Tag in Nyasoso, bei einem vom Schicksal geschlagenen Greis. Das Taschentuch war eins aus feinem Batist mit üppiger weißer Bogenspitze und zartlila Rand, gehäkelt von meiner Mutter. Es steht nun auf dem Bildschirm und gleich wird es auf dem Papier stehen im Modus der Verwortung und Verschriftung. Alles ist wieder da, unbeschädigt, wohlbehalten – H, ich selber, das Gepäck mit den textilen Reliquien, das Opernglas, das Hugenotten-kreuz, das Reisetagebuch und sämtliche Papiere. Irgendwann wird auch die Lust anwandeln, das Neuronenflimmern in den Labyrinthen der Erinnerung vermittels des binären Spiels der Elektronen in etwas Lesbares zu übertragen.

## Gedenken

Gestern war Dienstag. Eine Woche zuvor saßen wir eine halbe Nacht im Flughafen von Duala. In der feuchten Tropenwärme saß ich, kritzelte ins Reisetagebuch und es war der 14. November. Zwischen 19 und 20 Uhr dachte ich an meine Mutter. Sie starb um diese Zeit. Es ist vier Jahre her. Die Tante hat erzählt. Es ist vorstellbar, aber noch nicht sagbar. Am 14. November 2002 war ich in Makumira/Tansania und buk Brot und Kuchen für H, weil ich wenige Tage später nach Hause, zu meiner Mutter fliegen wollte. Sie hat doch auf mich gewartet. Bis die Kraft des Wartens sie verließ. Mein Beten um Daheim- und Bei-ihr-Sein-Dürfen war umsonst. Vielleicht war es zu sehr von Zweifeln zernagt. Es zer-frißt mir die Seele, von Zeit zu Zeit und noch immer. An der Freiheit Gottes und dem Zufallswürfeln des Schicksals ist kein Zweifel. Man könnte immerhin fragen: wozu war es gut? Es war nicht gut, daß ich im August 2002 nach Afrika zurückflog, nach Kinshasa erst, in Sorge um H, und dann nach Tansania.

Vier Jahre später war ich wieder und noch einmal in Afrika, diesmal nur besorgt um H's Gesundheit und meine, bedacht auf heile Rückkehr. Und dann saßen wir, nach drei Wochen Hin und Her zwischen den Orten des Gewesenseins, wartend auf einen Nachtflug nach Paris, im Flughafen von Duala. Wir saßen in schwarzen Sesseln, H las irgendein Buch, und ich dachte an mei-ne Mutter und daran, daß ihr Leben noch nicht zu Ende ge-schrieben ist. Es ist so vieles noch nicht zu Ende geschrieben…

## Wie die Tage vergingen

Heute ist wieder Donnerstag, eine Woche später. H ist zum Arzt gegangen wegen einer Nierenkolik, die nun wenigstens nicht in Kamerun kam. Gibt es kein friedliches Ausruhen ohne Sorgen und Beschwerden?

Am vergangenen Freitag war es regnerisch; wir aßen die Süßkartoffeln von Santa mit Spinat, und am Nachmittag ging ich, drei Filme zum Fotografen zu bringen und dann bis ans äußerste Ende des Städtchens, um ein Grabgesteck zu holen. Im Vorübergehen brach ich Buchsbaumzweige von den Hecken der Gärtnerei. Ich kaufte auch drei Stiefmütterchen, lief auf dem Rückweg gegen die Dämmerung an, war im letzten Tageslicht am Grabe und bei Dunkelheit zu Hause. Da las ich ein Gedicht nach von Georg Heym, das mir im Kopfe herumging: ‚Wenn durch den Abend Frankreichs...' Es kam und ging so manches hin und her, wie das so ist in Zuständen allmählicher Entspannung. Das Schreiben verschob ich von einem Tag auf den anderen, bügelte die Zeit weg. Die Waage schwankte morgens zwischen 60 und 61 kg (statt 63/64). Drei Kilo weggeschwitzt? Am Abend rief ich in Berlin an und ließ mir erzählen, wie es der Reisegruppe ergangen war, die fast zur gleichen Zeit wie wir im Grasland von Bamenda gewesen war. Ich versprach einen Bericht unserer Reise.

Statt zu schreiben, machte ich einsame Modenschau mit dem steifgestärkten dunkelblaulila Kleid, das H in Bamenda gekauft hat, während ich in den Bergen von Mbe war. Die türkisgrüne Nixenbluse von Bad Füssing 1982, der Reliquien eine, paßt gut dazu. Besser als zum Dunkelbraun des Dualagewandes. Das seidenleichte Gewebe von damals, mehr als dreißig Jahre zurück, war freilich und ist noch immer reicher an Verwendbar- und Verwandelbarkeiten. In seinem Faltendunkel verbirgt sich ein Rest des Staubrosenduftes der wunderbaren Jahre...

Am Sonntag war Volkstrauertag. Der Prediger, nicht alt genug, wußte damit nichts anzufangen. Wer denkt an Dresden, an dem ein Flüchtlingstreck vor dem 13. Februar 1945 wie durch ein Wunder vorbeizog, oder an den Hürtgenwald, wo mein Vater damals schon gefallen war und in einem Erdloch lag. Wer trauert, leckt die eigenen Wunden. Trauer ist etwas anderes als einseitig und von anderer Seite aufgebürdete politische Schuld. Das scheint manchen Leuten und selbst Theologen zu kompliziert oder schlicht inopportun zu sein.

Und was hätte der Volkstrauertag der Deutschen mit Afrika zu tun? Trauer um all den vergeblichen Idealismus, den es *auch* gegeben hat und der dort in ein frühes Grab sank? – Ich las dann die Abhandlung eines Friesen holländischer Nation, der am Pfarrseminar Kumba-Kosala unterrichtet und sich daselbst in *African Theology* stark gemacht hatte. Es ist das inzwischen schon abgeleierte Lied vom weißen Mann, der die Schwarzen ihrer Kultur und Identität beraubt habe. Die afrikanischen Intellektuellen lassen sich so etwas einreden, ohne zu merken, wie grotesk die Situation ist, in der sie sich befinden. Mit allen Paraphernalien der westlichen Kultur ausgestattet, vom Schlips bis zum Computer, beklagen sie, daß man nicht mehr – ja, was denn? Im Lendenschurz mit Getrommel von einem Dorf zum anderen sich verständigen kann? Das würde ich den braven blonden Friesen gerne fragen, der in Allgemeinheiten und Theoremen schwelgt, aber kein einziges konkretes Beispiel dafür bringt, wie afrikanische Identität heute aussehen sollte.

Im übrigen unterlagen die Tage weiterhin einem großen Schlafbedürfnis, und es war keine Neigung zu verspüren, mit dem Schreiben anzufangen. Die Dankbarkeit des Heil-Wieder-Daseins mußte durchlebt werden. Sie ‚kriecht durch die Ornamente des Teppichs zu meinen Füßen…' H schreibt Zettel voll. Ich kaufe ein und mache Haushalt.

120

Am Mittwoch habe ich mich endlich vor den Bildschirm gesetzt und immerhin eine Seite geschrieben. Über das Da-Sein. Über das rosa-lila Alpenveilchen. Nachmittags muß ich laufen, raus und irgendwohin. Ich ging in den großen Bau- und Gartenmarkt Richtung E. (H radelte nach G.) und fand dort eine stattliche Zypresse mit Erdballen für 3 Euro. Brauchbar als Ersatz für die abgeräumte Tomatenpflanze vor dem Balkonfenster. Ich schleifte sie wenige Meter in schnell durchscheuerndem Plastiksack hinter mir her, nahm sie dann auf die Schultern und schleppte sie mühsam nach Hause. Damit waren Kalorien verbraucht, und der Apfelkuchen, den H mitbrachte, schmeckte. Hab ich an dem Abend angefangen, wieder in Jaegers *Paideia* herumzulesen? Ich suchte das Kapitel über Thukydides, blieb aber bei den Sophisten hängen. Kamerun wollte sich den Worten nicht bequemen. Mit Mühe brachte ich es fertig, auf die E-mail vom Mittwoch, 15. November, von BgT zu antworten – ja, wir sind gut wieder angekommen. Dankschön für alles. Bis vielleicht ein Brief zustande kommt. Es ist eben einiges den Bach hinunter...

Am Dienstagmorgen hatte ich ohne rechte Lust an einem Kurzbericht der Reise weitergeschrieben (für die Bekannten in Berlin) und bin nachmittags gegangen, Geld abzuheben, die Parkgebühren an R.Th. zu bezahlen und die Fotos abzuholen; nebenbei hab ich einen Akkustaubsauger ‚Progress' *made in China* gekauft, und dann zwei kleine Grabgestecke zum Friedhof getragen und bei Mutter und Vater (an der Stele beim Ehrenmal, wo der Name verzeichnet ist) hingelegt. Näher fühlt sich das Alter den Toten, und wie auch nicht. Als ich nach Hause kam, war es dunkel und H war nicht da. Er kam dann vom Spaziergang auf die Burg. Abends im Bett fing ich an, wieder einmal Platons *Protagoras*, mit Seitenblicke in den Urtext, zu lesen. Es ist, als ob erst einmal Abstand gewonnen werden müßte, weg von Afrika – in die Kernphysik oder zu den alten Griechen. Als ob das ‚Neuronenflimmern' der Erinnerung sich erst einmal beruhigen müßte.

## Das Foto-Spektakulum

Heut ist Donnerstag und ich schreibe endlich, für mich zur Besinnung. Es ist – bis hin zu dem weißen Krägelchen des schwarzen Polohemdchens, mitgenommen aus dem Vorrat der textilen Hinterlassenschaften in Mbe, um es nun zu tragen unter schwarzem Angorapullover, mit dem Goldoval-Perl-Anhänger der Mutter zu ihrem Angedenken – es ist im Dahinrollen der Tage die Gegenwart immer näher, und am nächsten war gestern der Anblick pinkvioletter Alpenveilchen und zitronengelber Rosen. Es war das erste, das sich der Suche nach einem Anfang darbot.

Sodann haben zum Schreiben angeregt die Fotos, am Dienstagnachmittag abgeholt. Die Fotodiskette war auch schon da. Am Abend haben wir sie uns auf meinem PC angesehen. Viele schöne, eindrückliche und gut komponierte Aufnahmen hat R.Th., der stämmige junge, umsichtige Kollege und Reisebegleiter, H's Bekanntschaft aus Tansania, gemacht. Die Reise lief noch einmal ab, Bild um Bild, als Dia-Schau. Ein reizvolles, bisweilen auch melancholisch-nostalgisch stimmendes Spektakulum, das hier mit Worten wiedergegeben werden soll.

Da war die ferne dunkle Schrunde im graugelben Wulst des Kamerunberges über Buea; oder eine Palme mit schwer herabhängenden Fruchtbündeln aus dichtbeperlten Schnüren; das Verschwinden einer Gruppe von Wanderern im grünen Gras- und Blätterrachen des urigen Waldes am Kupé hinauf; ein Bororo-Pferd ersaufend im gelben Binsenmeer des Manengubakraters; der Gastprediger auf der Kanzel unter weiß-und-lila Gewimpel, Stirn, Stimme und Hände eindringlich erhoben; Porträtstudien von allerlei Leuten jung und alt, bedeutend und unbedeutend; das Warengewölle der Märkte und die Schlammfallen der Straßen, dunkelblaue *Morning Glory* und orangerote Abendhimmel: zu Beschreibungen reizende Dia-Impressionen.

Des Ausdruckens, groß und farbig auf Fotoglanzpapier, fand ich zwei, nein drei der Aufnahmen wert: den Prediger-Ehemann auf der Kanzel; *my precious self* als Rednerin im Häuptlingsgehöft; vor allem aber das einseitig ergraute Ehepaar am Sonntag nach dem Gottesdienst in Nyasoso – eine Porträtstudie. Wie viel davon läßt sich beschreiben?

Der Prediger, schwarzes Hemd, *clerical collar*, er steht auf der Kanzel, die hohe Stirn, die grauen Schläfen nahe unter weiß-und-lila aufgereihten Wimpeln (wie Zungen des Geistes), sein Pidgin, seine Argumente untermalend mit Gebärdensprache. Das Foto aus der Froschperspektive der Angepredigten spricht an. Es spricht für den Gast, der sichtlich und ernsthaft darum bemüht ist, seine Botschaft *in* die Köpfe der Leute und nicht über sie hinweg zu befördern. Wie sage ich ihnen, ,wie die Dinge wirklich sind' – die Wahrheit hinter dem seichten Schein, der Irrtumsfähigkeit und allfälliger Denkfaulheit? Es liegt nicht auf der Hand und auch nicht in beiden Händen, die einen unsichtbaren großen Brotlaib über den Kanzelrand halten. Über den Brillenrand hochgezogene Brauen, der eindringliche Blick, das Sprachgeschehen mit großem offenen Mund über kleinem grauen Kinnbart – alles spricht für das Bemühen, der schweigend preisgegebenen Gemeinde so deutlich wie möglich zu machen, worum es geht: um die geistliche Rüstung des Christen. Das war in Nyasoso.

Die Rednerin im Häuptlingsgehöft von Mbe stellt sich dar ohne Ehemann im Publikum. Hat sie sich, als in der Dia-Schau diese Nummer erschien, nicht mit Genugtuung wiedererkannt? Da steht, aufrecht und streng, eine grau-weiß gestreifte Oberlehrerin, und die gelbgraugrünlich gemusterte Raupenhaut des Ehrengewandes fällt schmal und gerade zu Füßen. Über die linke Schulter sorgfältig gefaltet ein Tuch drapiert, eine geometrisch noble Stickerei, orangerot und weiß auf Schwarz, Teil des Ehrengewandes von elf Jahren zuvor, steht die ehrenwerte ,*Zele Mbe'enka'* erhobenen Grauhauptes und harangiert das bis auf vier Honoratioren unsichtbare Volk. Steht und redet ohne rhetorische Gestik, ohne Grimassen und im Grunde ohne Bewußtsein. Alles vergeht so schnell. Das frei Redenmüssen verhindert Selbstwahrnehmung. Ohne die digitale Ablichtung des Augenblicks wäre es, als wäre nichts gewesen. Aber da steht der Augenblick nun doch und noch immer vor der rosa-rauhen Backsteinwand, und der Rednerin zur Linken steht der würdige Übersetzer, grauweiß kariert, die Hände locker unter dem Bauch gefaltet, aufmerksam-milde Skepsis im Blick. Ein schönes Bild, eines Ebenholz- und Elfenbeinrahmens wert, eines schmalen.

Ebenfalls des Rahmens wert das Ehepaar – perspektivisch eine Meisterleistung dessen, der die beiden sitzen sah und eine Charakterstudie schuf: die in aufmerksamer Strenge lauschende, dem zugewandten Gatten zugewandte Gattin. Seine Hand, die rechte, aus verschränkten Armen und klerikalem Schwarz gelöst, weist elegisch auf sich selbst – Geste der Erschöpfung nach vollbrachter Geistesarbeit? Was meinst du – können wir wohl bald ein bißchen ausruhen? Im Gegenlicht des weißverhüllten Fensters sitzt die Angesprochene, grau-weiß blusengestreift, sichtlich angespannt, mit leichter Neigung hergewandt. Ansonsten aufrecht, die Hände flach aneinandergelegt im Schoß, die Stirn leicht gekraust, streng der Brillenblick, der Mund  verkniffen, alle Oberlippenfältchen zählbar; das Haar, aufgebunden, weiß und von Licht durchflutet, es wirkt seidig leicht und schütter. Bin ich das? War ich das? Eine Verknotung von Haar, Haarband und Spange hat im Gegenlicht etwas wie ein Krönchen auf das Hinterhaupt gezaubert. Apart. Das professorale Haupt des Gemahls im Viertelprofil wirkt denkerisch groß. Das einst blonde Haar ist gedunkelt, aber, bis auf die Schläfen, nicht ergraut und noch immer füllig. Grau ist der Kinnbart. Eisgrau und gut geschnitten: von der Gemahlin Frisöse eigener Hand. So sitzen sie da, im Häuschen am Hang, wo einst die weißen Sternblumen blühten…

Aus der großen Menge dessen, was die Diskette des fotobegabten Kollegen bereithält, habe ich meine eigene (im Unterschied zu H's) Auswahl getroffen und ausgedruckt: vierzig Fotos für das eigene Album und dreißig, um sie nach Kamerun zu schicken dem, der das Häuschen für mich doch noch gebaut hat.

Das ist nicht alles. Meine Kamera gab auch drei volle Filme her. Kaum Leute, keine Gesichter; viel Landschaft und viel von meinem Häuschen von innen und außen. Von den Papierabzügen füllen vierzig ein aquamarinblaues Album; ebenso viele liegen in der Schublade, sechs fand ich der Vergrößerung wert: dreimal Landschaft, dreimal Häuschen. Ich will sie auch beschreiben, heute, am 17. Januar 2007, im Zuge der Überarbeitung von zwanzig Seiten, die H schon gelesen hat.

Der Kupé als Breitleinwandaufnahme. Weiß nicht, wie ich das hingekriegt habe: die schöne Höhenlinie (über häßlich-kahlem Vordergrund). Im Verrinnen von zehn Jahren und vier Besuchen sind der Worte schon so viele über ihn hingekrochen, über das waldige Gekräusel, über die Kuppen der Vorberge bis zum diesseitigen Kraterrand; über den breit hingezogenen Rhythmus vor klarem Himmel, ,erhabene Gelassenheit', ,Ewigkeitslinien' und dergleichen bescheinigend, fischend im Atmosphärischen von Mondennebel und Regenwolken, daß nicht mehr viel und anderes zu sagen ist. Die Erinnerung schrumpft in die Knie und gedenkt der Mühsal des Aufstiegs von 10. Juli 1995. ,Reached Camp Site, aged 58.' Der ehemalige Campus ist keines Wortes mehr wert. Der Kupé und seine Höhenlinie waren noch einmal erhobener Augen Trost und die Ablichtung kann sich neben einem Kilimandscharo vom Flugzeug aus und dem Burgberg über Korinth sehen lassen. (Auch das milde Nebellicht einer Mondnacht war zu haben, stimmte nostalgisch und erinnerte – an all die vergeblichen Mondnächte von einst und daran, daß die Tagebücher, die sie so oft beschrieben haben, noch nicht ausgeschrieben sind.)

Dann das Tal vor Mbe gleich zweimal. Auf dem Hinweg am späten Nachmittag des 8. November, ein Innehalten auf halber Höhe und ein schweifender Blick, verschwimmend in zartem Regengrau, hinunter und hinüber zu schmalem Flußgeschlängel, das sich verliert in nebligem Gehügel zum Menchum hin, dort wo eine Furt wäre, die den Umweg, die große Haarnadel, um zwanzig Kilometer abkürzen könnte. Da hindurch in weißen, wadenhohen Stiefeln – in diesem Leben nicht mehr. Hier steh ich noch einmal, hier steige ich noch einmal hinab und hinüber in die waldigen ‚Berge von Mbe', die im Jenseits nach Westen hinabwallen in die breiten Reisgefilde am Menchum. Am Fuß der höchsten Kuppe – wie lieblich schwingt ihre Höhenlinie unter dem Sepiahimmel – müßte der Palazzo liegen, seit zwanzig Jahren schon, und eine Spur höher das Häuschen.

Auf dem Rückweg am frühesten Morgen des 13. November beim Abstieg von Mbe das gleiche Tal von der anderen Seite in pastellen kühler Lieblichkeit, unter einem flaumfederleicht bewölkten Himmel in Aquamarin, vor dem sich die Höhenzüge des Gebirges von beiden Seiten in leichten Wellen an das Baumgekröse der Kuppe von Ubum heranschieben. Der steile Berg beherrscht die Bildmitte. Davor lagert wie eine Riesenkrabbe eine der Kraterformen, in die man auf der einen Seite zu ebener Erde hineinwandern kann, um sich alsbald von allen Seiten eingeschlossen zu sehen. Ein Amphitheater wäre offener. Auf einer der Scheren der Krabbe, auf dem östlichen Kraterrand, führt der Fußpfad entlang. Schlängelte sich einst, im Februar 83, das gelbrote Band der wie durch ein Wunder zustande gekommenen Straßentrasse. Es schlängelt nur noch unten im Tal der Fluß, das blasse Aquamarin des Himmel widerspiegelnd, auf kurze Strecken verdeckt durch Galeriewald, zu beiden Seiten große scheckige Flecken kleingewürfelter Reisfelder bewässernd. Da unten irgendwo im Ungenauen hab ich gesessen, im gleichen tropischen Februar 83. Auf einem schwarzen Stein im Niedrigwasserflußbett saß ich,

126

mich zu erholen vom Reisworfeln in glühender Mittagshitze. Hier steige ich auf genau vorgezeichnetem Pfad hinab zum aller Voraussicht nach letzten Male und merkwürdig leichtfüßig...

Schließlich das Ziel der Reise und eines mühsamen Aufstiegs. Es prangt hoch über dem Bildschirm, an die Schräge des Fensterrahmens gezweckt, und immer wieder erhebt sich der Blick. Das Marzipanhäuschen auf dem Urhügel, verputzt und getüncht in einem freundlichen Cremegelb – daher wohl die Anmutung von Marzipan – es thront auf dem Hügel zum Anbeißen appetitlich, zum Sich-Hineinkuscheln klein und anheimelnd. Es ist aufgenommen von außen zweimal. Einmal von unten, neben einem im gleichen Cremeton verputzen Teil des Palazzo, davor im Sand ein dürres Strelitzien-Gärtlein sprießt und ein naher Palmenbusch Schatten spendet. Von hier führt zwar kein Schlangenpfad im Mondenschein hinauf zum Urhügel; aber das Häuschen, überwölbt vom Drazänengrün des erhabenen Hintergrundes, thront da oben: der Traum einer Europäerin von einer Eremitage in Rufweite eines generös vorweg ermöglichten Großfamilienhauses. Der Staubrosenwahn der wunderbaren Jahre ist Backstein geworden. – Die andere Aufnahme aus größerer Nähe zeigt viel freien Raum, gefleckt von Sonnenlicht und Baumschatten, rings um die freundlich hellen sechs Wände, denn das Häuschen hat eine winzige ‚Veranda', eine freie Sitzecke unter dem Dach eben da, wo *Na'any* in literarischer Form schon ein Jahrzehnt zuvor saß und dem Grillenlied lauschte in tropischer Vollmondnacht... Wider alles Erwarten ist das Häuschen aus der Wirklichkeit der Träume und der papierenen Idyllen gestiegen und steht da – als Abbild, o Platon! Dorten und daselbst und hier über dem PC abgelichtet auf Glanzpapier. Welche der drei Wirklichkeiten ist die wirklichste? – Linker Hand im Hintergrund ist ein Stück der Wellblechlatrine zu sehen. Drei Schritte weiter beginnt der Abgrund. Der Hügel ist von drei Seiten leicht zugänglich; auf der vierten, nach Norden zu, geht es steil hinab ins Unwegsame.

Schließlich: das Schlafkämmerlein im Innersten des Häuschens. Die kahlen Wände sind weniger sorgfältig getüncht; es ist, als sei die Farbe ausgegangen. Vor dem Lamellenfenster Schutzgitter und eine Röschenrankengardine: das ist die eine Großform. Die andere ist ein Stück Bett. Auf der Konsole zu Häupten, neben dem Fenster, zwei Kleinformen, zwei Porträts, halblebensgroß und gerahmt: der herb verträumte Ernst der Mutter; der Vaterstochter überheblich anmutendes Vierkant-Gesicht. Karg ist die Aufnahme und gänzlich unkomponiert. Der Gedanke, daß das Häuschen letztlich ein Kenotaph sein soll, als solches *gedacht* ist – läßt sich nicht ablichten.

Mittwoch, gestern, am 22.11.06, eine E-mail an R.Th., zu sagen, wie schön die Aufnahmen sind. Schön im Sinne von ‚bewegend‘ – noch einmal hin zum Ziele, daran die Seele so lange Jahre so süchtig hing. Immer habe ich versucht, unabhängig von Fotografien zu bleiben, mich mit dem zu begnügen, was sich durch die Augen der Erinnerung einprägt. Aber immer wieder hat der Vergegenwärtigungszauber von Ablichtungen überhandgenommen. Erinnertes frischt sich daran auf, bekommt genauere Konturen. Nebliges klärt sich, läßt sich mit mehr Abstand und innerer Ruhe betrachten. – Gestern fing ich auch an, diesen Text zu schreiben, und nachmittags ging ich zur Tante, die eigenen Fotos zeigen. Kopierte im Handelshof eine Karte von Kamerun und das Bild der Rednerin. Mehrmals, zum Verschicken. Seht, wie sie da steht. Von sich selbst überholt. Und die Urgroßmütter in der Sandgrube in Schlesien – schütteln sie das Haupt? (Sollten, wider Erwarten, andere als H diesen Text zu lesen bekommen, müßte erklärt werden, was es mit der Sandgrube auf sich hat – fällt mir ein bei der, hoffentlich letzten, Überarbeitung dieses Auf- und Abstiegs, im August 2008. Um eine *Kleine Nekyia* geht es, zusammentragend, was an Familienüberlieferung bis auf mich gekommen ist und mit mir vergehen wird, wenn ich es nicht aufschreibe – für wen? Daran denke ich nicht, so lange ich schreibe…)

## Langes Vorspiel

Inzwischen ist Freitag, der 1. Dezember und ich könnte anfangen, die Reise der Erinnerung und beiden Tagebüchlein nachzuschreiben. H sitzt unten an seinem Schreibtisch, das Nierensteinchen verhält sich ruhig und macht im Augenblick keine Beschwer. Auf dem Balkon stehen die zehn Stiefmütterchen, die ich gestern nachmittag geholt habe; das elfte habe ich aufs Grab zu den anderen dreien gepflanzt und sieben rosa Rosen hingestellt, neue, schöne. Abends habe ich weiter *Protagoras* gelesen, aber nur deutsch, und heut morgen war ich so müde, daß ich nach H's Klingeln liegen blieb. Es ist, als brauchten die Anspannungen der Reise eine wochenlange Entspannung.

Diese Überschrift kommt neu hinzu bei der Überarbeitung heute, am 28. August 2008. Denn die Kamerunreise 2006 war, bis auf die letzten vier Tage, für *mich* nichts als Vorspiel. Buea, Kumba, Tombel, Nyasoso, Bafussam, Bamenda – es waren nur die unumgänglichen Präliminarien zum Eigentlichen. Eigentlich hätte ich für das Eigentliche mehr Zeit gebraucht; wenigstens eine ganze Woche. Wenn ich allein gewesen wäre. Und zehn Jahre jünger. Daß vier Tage in Mbe für R.Th. (und den Fahrer Peter N.) eine Zumutung waren, kam unerwartet. Man hätte vorher darüber reden müssen. Es hätte Verstimmungen erspart. Ob es sinnvoll gewesen wäre, für mich, noch länger zu bleiben, weiß ich freilich auch nicht. Keiner der voraufgegangenen Besuche (außer allenfalls dem zweiten, 1983) war gänzlich ungetrübt gewesen. Ungetrübt war alles immer nur in den Tagträumen durch ein Vierteljahrhundert hindurch.

Dieser Text ist mühsam entstanden, humpelnd wie auf Krücken. Eins der ‚Inzwischen' der Erstfassung war der 17. Januar 2007. Das ‚Fotospektakulum' war neu hinzugekommen und hatte zum Schreiben angeregt über viele Seiten hinweg.

## Suche nach Worten

Nun sind da also die Reisenotizen, das Gemülle, einige Perlen und die Mühe des Sortierens. Sodann die Suche nach den *mots pour le dire*. So sehr ist Schreiben zum Lebensinhalt geworden, daß ich unterwegs fast ständig und wie zwanghaft nach Worten gesucht habe – als im Sand der algerischen Wüste die windgeformten Spiralen kein Ende nahmen; als der Wagen, in dem wir, vom Flughafen abgeholt, sicher saßen, sich durch das abgasstinkende, fahrzeug- und menschenverstopfte Vorstadtchaos von Bonaberi schob; als bei einfallender Nacht die Palmölplantagen in kolonialer Ordnung Stamm an Stamm vorüberzogen; als ich einen Regenschirm suchte auf dem Markt von Buea und mich vorsichtig über das Geröll zwischen Schlamm und Bretterbuden hin bewegte, den Augen nicht trauend ob des namenlosen Kleinkrams, der da bunter als bunt zwischen Schmutz und schöngewandeter Weiblichkeit ausgebreitet lag. Während des Dahinfahrens, zwischen Buea und Kumba, Kumba und Tombel-Nyasoso, vor allem aber während der langen Stunden hinauf und durchs Grasland, habe ich mir beide Augen ausgeguckt und hätte deren gerne hundert gehabt wie der alte Argus. Was erkenne ich wieder? Würde ein Malkasten oder würden Worte die Farben anschaulicher wiedergeben können? Zwischen den Erdfarben Grau, Gelb, Rot und Braun gibt es so viele Zwischentöne, regennasse und sonnentrockene. Das Grün, das krause Grünkohlgrün der bewaldeten Berge, das struppige Gras- und Gebüschgrün am Straßenrand ist so eintönig vielfältig. Es macht sprachlos. Hin und her huschend zwischen Erd- und Vegetationsfarben sucht der Blick sich abzufangen, das Bewußtsein ist bemüht, umzuschalten in die Sprachregion. Dem grauen Gebretter der Buden am Straßenrande wich ich beharrlich aus. Den Leuten auch. Nur wenige Gesichter haben sich eingeprägt. Im Grunde nur ein einziges: das des greisen Sango Martin in Nyasoso, das mich verstörte bis zu Tränen. Aber sonst? Weder Mann noch Weib noch

Kinder, am wenigstens alle die, die ich anstandshalber besichtigen mußte. Die Zeit der Beeindruckbarkeit ist vorbei. Bemerkenswert fand ich immerhin einen der Notabeln von Mbe, der versunken vor sich hin tanzte, ein alter Pa mit rundem Vollmondgesicht und dem Namen Lucas. Aber sonst – nur Landschaften und das Häuschen.

Eine Beschreibung von Reiseerfahrungen muß genau und richtig sein, wenn sie als Anleitung zum Nachfahren dienen soll. Ich will niemanden anleiten. Ich will eigenen Erfahrungen nachfahren mit Worten, die sagen sollen, nicht was ich erfuhr, sondern wie es mich anmutete oder wie es mir im nachhinein erscheint.

Heut ist wieder Montag. Ein Montag im November. ‚Und schnell, und unbegreiflich schnelle / Dreht sich umher der Erde Pracht...‘ Die morgendlichen Herbststimmungen über den Dächern machen mir bewußt, warum ich diese winzige Dachwohnung erworben habe: um so viel Himmel wie möglich über mir zu haben. Die sich entblätternden Baumkronen zeichnen mit spitzem Geäst dünne Linien in muskat- und roséfarbene Morgen- und Abendhimmel. Vorgestern lief ich mit H zum Jägerhaus, gestern vom Bahnhof in S. aus zum weinbergbunten Ruhberg hoch und den ganzen Weg zurück. Das Kanzel-Märchen des Pfarrers forderte die Leute zum Trauern und zum Weinen auf – aber welcher ehrbare Bürger traut sich zu weinen in der Öffentlichkeit? Er läßt allenfalls lautlos ein paar Tränen tropfen, weil er sie nicht zurückhalten kann. Aber er wird keinen Laut von sich geben und nur verschämt das Taschentuch hervorholen. Das kennt man doch – man, ich. Wir gingen zum Friedhof, auch zur Stele im Ehrenfriedhof, auf der der Name meines Vaters eingemeißelt ist. Zur Totengedenkfeier gingen wir dieses Jahr nicht. Mir fiel ein Gedicht von Hesse ein und ich sagte es auf, als wir morgens zur Kirche gingen: ‚Vom Baum des Lebens fällt mir Blatt um Blatt...‘ H kannte es nicht. Ich weiß es auswendig.

# Die Reise (23.10.- 14.11. 2006)

## Der Hinflug: Wüste und Wuri

Nun also die Wiederholung der Reise, die auf merkwürdige Weise ist, als sei sie nicht gewesen. Es kann nicht nur am nachlassenden Gedächtnis liegen. Ich war – diesem Abschied voraus. Was ich festzuhalten suche, ist wie etwas, das man mit müder Gebärde am Wegrand aufliest. Es bleibt nicht mehr wie Kletten im Seelengefaser kleben. Es ist nur noch flüchtiges Vorüberwehen.

Am Montag, 23. 10., war R.Th. aus Richtung Nürnberg mit dem Auto gekommen, hatte bei H übernachtet, fuhr mit uns am Dienstag früh zum Flughafen Stuttgart und parkte dort in der Hochgarage. Alle Fortbewegung war höchst bequem. Daß wir den Minibus des Theologischen Seminars samt dem jung gebliebenen Mr. P. haben konnten, hat viel Unbequemlichkeit und Risiken erspart und immer zügig dahin gebracht, wo wir hinwollten. Bis Ubum. Erst jenseits des Flusses begann die Mühsal.

Hier schreibe ich nun (in Auswahl) Tagebuch ab.

Dienstag, 24.10.06 Der Anflug auf Paris durch die Wolken war ein wenig wackelig; der Horizont im Süden blinzelte, zog das Lid einen Spalt breit übers orangegelbe Rundauge. Die Wolkenlandschaft lächelte sanftblaue Wellen wie das Lächeln präraffaelitischer Engelwesen. Beim Aufstieg in dunkler Morgenfrühe lag das erleuchtete Stuttgart friedlich ohne Fliegeralarm in der Tiefe; die Autostraßen flossen dahin wie dünne Lavaströme, wie feurige Schlänglein.

12.45. Seit sieben Minuten über Afrika. Ich sehe noch einmal Wüste in allen Rosé- und Grautönen. Eine Farbe wie graurosa Löschpapier, von der Sonne angestrahlt. Nach markant gekurvten dunklen Bergrücken wird es wieder flach und sandig. Kleine Ornamente, Rüschen, Ringel, Rippen reihen sich aneinander. Als hätten Windgeisterlein, Wüsten-

132

Dschinn, da gespielt mit nackten Füßen, Hügelchen angehäuft und sie dann umgerührt und zu Spiralen auseinandergezogen. Zu großen Sandspinnen, zierlich mit einander verhakt, ineinandergezwirbelt. Das Opernglas zeigt sie in schöner Vergrößerung. Gibt es Namen für diese Windspiele im rosafalben Sand? Arabeske Formen – Spinne, Spirale, Wirbeltanz. Jetzt kommt Gebirge und das labyrinthische Geäder der Wadis. Jetzt lange, flach anmutende Lavafladen mit blaßrosa Zungen dazwischen. Hier müssen einst reißende Flüsse einhergebraust sein, so steil sind die Einschnitte und so gewunden. Reglos stehen die Wolkeninseln über der Wüste. Bisweilen kann man die Wolkenschatten nicht vom Dunkelgrau der Gebirgsformationen unterscheiden. Östlich von Tamanrasset geht es auf Agadez zu. – Jetzt wird die Wüste langweilig. Flächig mit verwaschenen Formen grau in grau, die jeden ästhetischen Reizes entbehren und also auch keine Worte hervorlocken.

Am Flughafen Duala war ein Wagen vom Synod Office Buea. Man rollte bald auf einer großen neuen Autostraße der Stadt zu und geriet in den abendlichen Berufsverkehr. Die Zeit begann zu schleichen, der Schweiß zu rinnen, es war mir beides recht. Ein Vehikel mit einem verläßlichen Fahrer ist eine sichere Burg, in der man notfalls übernachten kann. So erreichte man den Wuri. Über die Wuribrücke zu fahren war einst Erlebnis. Es riß auf der einen Seite den ganzen Atlantik herein und ließ auf der anderen die Seele Bootchen fahren wie eine Lady of Shalott zwischen den Mangroveninseln hin ins unentdeckte Innere eines Geheimnisses. Der weitgeschwungene Bogen über den breiten Trichter der Flußmündung erzeugte den Eindruck, als fließe schon Meer unter der Brücke. Ein großer Atem wehte, die Stadt im Rücken schien so flach und das jenseitige Ufer ein offenes Tor zum ‚Abenteuer Afrika'. Nun ist die Aussicht verbaut mit Hochhäusern, Hafen- und Industrieanlagen; auch in der Stadt sprießen die Hochhäuser und ducken den grünspanigen Turm des *Temple du Centenaire* ins Unbedeutende hinab. Auf der Mangrovenseite war vor Gegenverkehr, hochbepackten Taxis, Lastwagen, Containerfahrzeugen so gut wie nichts zu sehen. Nur vorwärts und durch.

# Im Waldland

## Buea und Limbe-Victoria

Im Stau, im Blechgeknäuel von Bonaberi: Lärm und Gestank sondergleichen. In drei Jahren habe ich so viele Abgase nicht geatmet wie in dieser halben Stunde, ehe wir da hindurch waren. Die Hektik, mit der junge Kerle auf leichten chinesischen Motorradtaxis mit Fahrgästen hinten drauf zwischen dicht auf dicht vorandrängelnden Fahrzeugen und risikofrohen Fußgängern im Zickzack hindurchknattern, sie prallt freilich zurück an der Gelassenheit dessen, der im Sicheren sitzt und kein Bedürfnis empfindet, sich das Außen etwas anzugehen zu lassen. Ich bin hier für nichts verantwortlich. Ich will nur hindurch und nach Buea.

Es wurde dunkel. Es kam die zusammengebrochene Brücke, das aufgerissene Erdreich der Baustelle und die Umgehung in Schräglage. Es kam die Rennstrecke durch die Plantagen, die Finsternis zwischen der Erinnerung und dem schwarzen Unsichtbaren, kometenhaft erhellt je und dann von den unabgeblendeten Scheinwerfern der entgegenrasenden Fahrzeuge. Es faucht vorbei. Gegen einander bewegte Systeme, deren Massen und Energien sich zum Glück und immer wieder nicht addieren und konsumieren. Jedesmal schlägt hinter der Begegnung das Schweigen wieder zusammen. Der Fahrer fährt hier nicht zum erstenmal. Es wird doch hoffentlich gutgehen…

Wir kamen auch wirklich wohlbehalten an. Das Vehikel bog links ab, zog eine Kurve hoch im Areal des *Synod Office* – wie heißt das auf deutsch? Oberkirchenrat Gänsheidestraße – und hielt. Gab es in der Nähe eine elektrische Erhellung? Ich jedenfalls stieg aus ins Dunkel, trat auf Unebenes und kippte beinahe um; verknackste mir um ein Haar den Fuß, den rechten, den Klumpfuß. Am nächsten Morgen inspizierte ich die Stelle: ein Baumstumpf, nächtlichen Gästen zum Willkommensstolpern stehengelassen. An wie vielen solcher Kleinigkeiten und Zufälligkeiten hing das Wohlergehen drei Wochen lang...

Sie haben da nun ein Gästehaus. Dankbar nimmt man zwei Betten zur Kenntnis, vor dem vergitterten Fenster einen Tisch, in der Ecke ein Gestell zum Abstellen des Gepäcks, und ein schmales Nebengelaß mit Wasserspülung und einem Waschbecken vom Umfange eines Suppentellers. Der Spiegel darüber ist noch vorhanden. Sonst nichts; keine Ablage, kein Schemel, keine Fußmatte; aber immerhin ein Nagel in der Tür zum Aufhängen eines Handtuchs. Wenn man einen Koffer hochkant hinstellt, weiß man, wohin mit Kamm, Haarklemmen und Seife.

Schlafen! Sich verkriechen zwischen rosa Tücher; sich einkulen auf Schaumstoff, unter leichtem Acryl – könnte ich doch und sogleich! Den mitgebrachten Mini-Schirm aufspannen, der Mutter alte Nylongardine darüberwerfen, mich darunter und wegschlafen! Die Einladung ins Haus A. verzögert die eine Wohltat durch eine andere. Freundlicher Empfang, gutes – *native* mit *yams*, *plantains* – Abendessen; Gespräche. Das ist die Schublade ‚Wiedersehen mit alten Bekannten‘; es fällt auf den Schreibtisch dessen, der mit Leuten umzugehen weiß und ein besserer Menschenkenner ist. Es blieb die Landschaft der Bekanntschaften dem Gemahl überlassen. Denn ich – nun und wie nicht anders zu erwarten: ich war Begleitschatten. Schnellte nur selten aus dem Schweigen, um nicht gänzlich im dubiosen Dasein eines *Wifie* zu versumpfen. Sicher ist es dem *Image* abträglich, tut Schaden dem Selbstbild und dem Selbstgefühl. Aber zum einen bin ich halb taub, und das Hörgerät ist im Gespräch mit mehr als drei Leuten keine Hilfe, sondern eine Qual. Zum anderen war es bequem. *Ergo.* Ich sparte mich auf für Mbe. Dort *mußte* ich reden. Dort *hab* ich geredet. Freilich am Ende auch nicht genug.

135

Im Tagebuch finden sich unter Buea gewisse Bemerkungen über diesen oder jenen und auch im allgemeinen. Dergleichen müßte eigentlich Gegenstand nachträglicher Besinnung sein; aber ich will es beim bloßen Herauspicken von ein paar Kleinigkeiten in Klammern und Kleindruck belassen.

(Wie unanständig ein gewisser *big man* – er ist einem begehrten Titel honoris causa auch nicht entgangen – im Sessel fläzte und nackte Füße von sich streckte. Da half auch ein Thukydides-Zitat nicht viel. Wie unhöflich, geradezu provozierend desinteressiert der feiste U. und ein schnatternder Weiberhaufe im Salon des alten Missionshauses sich benahmen, bis ich aufstand, mich zu H setzte und ein beliebiges Gespräch anfing. Erst da geruhte der Gastgeber, sich mit einem Fotoalbum um die Gäste zu kümmern. Ganz anders A. und Nt.: freundlich umgänglich und ohne nackte Quanten. – Allgemein: das Hangeln und Hampeln nach akademischen Titeln, das zur Farce wird, weil es dabei nur selten um solide Wissenschaft geht. Bei den Frauen ist es oft noch drolliger. Wenn sie nur eine genügend große Klappe haben, sich Brille und Perücke aufsetzen, oder auch keine, dann schnappt der weiße Mann zurück und bewundert das Akkulturationswunder. Und die promovierte weiße Frau? Sie setzt sich dem Verdacht der Mißgunst aus. Der Ehemann ist nachsichtiger und beweist damit patriarchale Überlegenheit.)

Buea 2006: der Neustadt-Markt am Mittwoch, am Donnerstag der Spaziergang den Berg hinauf und das Missionsareal am Meer in Victoria. – Zum Markt fiel mir schreibend nicht viel ein. Warum? ,Ich sitze noch immer in dem Airbus 777, der durch die Wolkendecke hindurch zur Landung absinkt und stille zu stehen scheint über dem dämmernden Dunkelgrün und dem hellen Wassergeäder; ich blicke auf die linke der riesigen Tragflächen und wundere mich von immer neuem, daß sie den schweren Rumpf in der dünnen Luft halten können. – Im nachhinein fülle ich auf, denn was ich sah, ist noch bunt und lebendig. H, mit schwarzem Schlapphut, ich mit zerknülltem weißen Hütchen, auf dem Markt suchend nach einem Spazierstockschirm: wir fauchten einander an. Stolperten durch die steinigen Rinnsale der Gäßchen zwischen den Schrott-, Bruch- und

136

Lotterbuden, wo die Leute sitzen, satt zu essen haben und ihr *Made-in-China* feilbieten. Der Blick grapscht im Vorüberstolpern nach dem runden Rot der Tomaten, dem krausen Grün der *greens* und dem verrunzelten Schwarzbraun der Räucherfische, die da liegen und riechen – nach ranzigem Öl, Salz und Rauch. Wir liefen zurück, ich hatte meinen Schirm und Spazierstock, saugte Orangen aus mit viel Gesabber, legte mich auf Bett und döste, während H mit R.Th. zu Schloß und Bismarckdenkmal pilgerte.

Der Kamerunberg war, von Buea aus betrachtet, schon immer unansehnlich. Ein länglicher Wulst, leberwurstgrau. Am Donnerstagmorgen spazierten wir los, zwei junge Burschen als Wegweiser. Es hat mich, mein Hemd und meinen Kasack, schweißdurchnäßt; aber ich stieg, bis das Elefantengras drei Meter hoch stand, H nicht weiter wollte und R.Th. alleine weiterging, um alsbald von Aussicht behinderndem Wald zu berichten. Der Schirm als Wanderstab bewährte sich. Aus einer gewissen Höhe rückt das Opernglas allerlei näher – auch das Hochkreuz im Kirchenareal und die Blechdächer der zerstreuten Stadt im Grünen. Der Berg läuft nach Osten breitfüßig in die Ebene, und das Auge, meins, schweift lustlos. Das Gras am Wegesrand ist interessanter, denn es wächst mit jedem Schritt bergan. Felder mit Gemüse gibt es und gewisse wollige, violette und edelweißliche Blütendolden. Ich krauche voran, sprachlos. Ich steige, durchweiche Kleidung mit Schweiß und denke: ich muß doch hinauf nach Mbe.

Victoria-Limbe ergab sich irgendwie am Nachmittag. Ich gedachte der ‚amphibischen Landschaft' von einst, des Aquariums, des wäßrigen Schlierenlichts, durch das man hindurchschwamm zwischen dunkelgrün bemoosten Bergkuppen, und das Moos war Palmenwald und die Schlieren waren Nebel und Regen. Ein Gefühl wie unter Wasser; das Meer war atmosphärisch schon da – es war immer Regenzeit, wenn wir in den Heimaturlaub flogen und aus irgendeinem Grunde über Victoria fuhren. Damals, 1977,

137

als wir Kg. in Ubenekang besuchten; damals, 1979, als wir bei dem jungen Glück ‚Mireille' zu Gast waren, unter rattendurchhuschtem Gebälk in schräger Seitenkammer übernachtend – es tauchte wieder auf, überschwemmte die Gegenwart.

Diesmal war nicht viel Amphibisches zwischen den Bergkuppen zu erfahren. Aber die kurvenreiche Topf-an-Topfkuchenlandschaft war noch da. Der Kamerunberg zum Atlantik hin – er läuft nicht, er hoppelt. Er hat den Schluckauf, nicht nur, wenn der Fako Lava hervorrülpst, sondern schon von Urzeiten her, als die Erdkruste noch in Bewegung war und Maulwurfshügel aufwarf. Da fuhren wir also auch noch einmal hindurch, und nach dem Mittagessen irgendwo außerhalb wollte ich die alte Missionsstation noch einmal sehen. Nt. wäre sowieso hingefahren.

Da rauschte kein Atlantik in der Ambasbucht, denn es war gerade Ebbe. Es erschien auch keine ‚Anadyomene aus Urgestein' am Horizont. Fernando Po – wo? Der Strand, schwarzes Lavageröll, samt dem rostigen Wrack: eine Häßlichkeit. Geheimnisvoll angehaucht fühlte ich mich hingegen vom Phainomenon des alten Missionshauses auf der Anhöhe am Meer. Es schien mir grau und grünumwuchert, eine verwunschen-verwilderte Missionsburg aus alten Zeiten, erfüllt und umdunstet vom exotischen Moder der Schicksale aller der Weißen, die hier einst wohnten. Ich betrachtete es mit einer gewissen Gier, die über Neugier hinausging. Rückwärtsgewandte Phantasie sah die alten Missionarsgeschlechter, die Frauen zumal, in weißen Gewändern um die Veranda wandeln, gott- und schicksalsergeben. Ich sah sie fast leibhaftig. Was sehe ich auf dem digitalen Foto? Ein Beispiel für transzendentale Wahrnehmung. Was mir als romantischem Subjekt grau verwittert, bunt umblüht und wie von einer Dornröschenhecke umdichtet erschien, dunkel, struppig, mit Lattenwerk und Fensterläden – es ist in der Wirklichkeit, die ein Stück bunt bedrucktes Papier mir unter die Augen hält, etwas beinahe

Langweiliges. Die Anhöhe, auf der ein weißgetünchtes Veranda-
haus auf steinerner Grundmauer steht, ist frei von Gestrüpp und
gänzlich unumwuchert; ein paar Bäume stehen um das Haus und
eine gestutzte niedere Hibiskushecke führt die Betonstufen hinauf. Meine Erkenntnisweise, überwuchert von romantisch verbo-
gener Missionsvergangenheit, hat mich zum Narren gehalten.

Am Freitagvormittag bin ich mit R.Th. noch auf die Suche nach
Quaker Oats gegangen. Sie schienen mir unentbehrlich fürs leibliche Wohlbefinden. Was zu sehen war, die Stadt, die Leute, das
Warengewölle, schien mir der Kamera nicht wert. (Ich begreife,
warum die alten Griechen so oft ,dokei moi' sagten.) R.Th. freilich
hat lokalfarbig gute Aufnahmen gemacht.

11.10. Zurück vom *supermarket*. Ich verwarte die Zeit, ein languides
Verweilen, ein Dahindösen und Durchschlängeln zwischen gepacktem
Gepäck und der graumelierten Perücke einer *big woman*, die unversehens in der Gegend stand. Ich bin für nichts verantwortlich. Ich bin nur
das angehängte *wifie* und habe nichts dagegen. Wir sitzen und warten.
11.35. Wartend auf Mr. P. mit dem Minibus aus Kumba und auf ein
Mittagessen mit A. in einem Restaurant. Die Straße nach Kumba soll
bemerkenswert schlecht sein.

\*

Das war Buea am Kamerunberg. Der Berg klingt großartig. Schließlich
ist er ein tätiger Vulkan und hat vor wenigen Jahren Touristen angezogen, die glühende Lava sehen wollten und rauchende schwarze
Klumpen als Souvenirs mitnahmen. In Buea erwartet man eine Se-
henswürdigkeit. Man erwartet die Majestät eines Elefanten und steht
vor einer langhingewalzten Leberwurst, kaum höher als Dächer und
Palmen. Zudem stören die Drähte, die den Himmel zerschneiden. Immerhin, ,We climbed Mount Cameroon in two hours' – das ist doch
etwas und nicht nichts. – Die Leute, mit welchen wir zu tun hatten, die
bekannten aus alten Zeiten, geisterten am Rande der Gleichgültigkeit.

Niemand redete *mich* an, und ich redete auch niemanden an. Ich zog mich in den Sehnerv zurück. An dem entlang war der Ameisenhaufen Duala gekrochen, abgasstinkend und ums Dasein ringend. Dann *Buea Market*, den Hang hinunterkollernd längs der Straße, bunter Menschen- und Warenschotter. Das Gehirn – meins zumindest und in diesem Falle – notierte anderes als die Kamera. Es nahm grauwackiges Geröll und weggeschüttetes Schmutzwasser wahr, rostiges Blech und Plastikabfälle statt physiognomischer Vielfalt zwischen Kopf und Kragen, Kinn und Stirn und Blicken spitz und stumpf.

Und Victoria, das jetzt Limbe heißt? Gegenwart, übermocht von Erinnerungen an eigene und andere Vergangenheit. Missionsvergangenheit von Weißen, die manch einer der geduldig auf westliches Zivilisationsniveau beförderten Schwarzen am liebsten zum schwarzen Geröll in die Ambasbucht kippen würde, damit die Flut sie hinwegspüle? [Das Fragezeichen ein Zugeständnis.] So sinkt im besinnlichen Dahinaltern das Bewußtsein zurück in bewegtere Zeiten des eigenen Gewesenseins. Und im Zurücksinken kräuselt aus schwelender Erinnerung der dünne Rauch dieser Art von Daseinsbetrachtung.

## Kumba-Kosala

Weiter. Die bemerkenswert schlechte Straße nach Kumba; am Steuer des Toyotakleinbusses der verläßliche Mr. P., seit dreißig Jahren der gleiche und einer, der weiß, wie kilometerweit aufgebrochener und weggeschwemmter Asphalt, ausgewaschene Lehmpfannen, Geröllrinnen, ins Sandige auslaufende Ränder, abbröckelnde Böschungen und was es dergleichen mehr an sprachdiesseitigen Vorfindlichkeiten auf Überlandstraßen und in Afrika zumal geben mag, fahrtechnisch zu behandeln sind. Das altvertraute, wonnigliche Gerüttel – Afrika schüttelt einem nicht nur die Hände, es schüttelt ganzheitlich durch, man sinkt zurück ins längst Entwöhnte, rastet ein ins Altbekannte, Unvermeidliche und klammert sich, soweit sie noch nicht abgerissen sind, an die Haltegriffe über dem Fenster.

Wir gerieten unterwegs in einen Schwarm von Motorradtaxis, offenbar unterwegs zu einer Beerdigung. H entdeckte vor uns einen Kindersarg, khakibraun mit goldgelben Schnörkeln verziert, auf dem Dach eines Autos. Der wildbewegte Haufe kam von hinten, an der Lenkstange junge Kerle, hinten drauf meist Frauen zu zweit und in Festgewändern. Der Schwarm überholte in waaghalsigen Manövern, in federndem Sprunge über Hindernisse hinweg immer wieder sich abfangend, knatternd, stinkend, holpernd und so hektisch, als wollten alle mit ins Grab.

Wir waren zwei Stunden oder etwas länger unterwegs. Die Zeit wurde mir nicht lang. Ich wurde auch der Straßenränder und dessen, was es gelegentlich jenseits davon zu sehen gab, nicht müde. Es war noch einmal alles da – nichts, was Touristen ins Land bringen könnte. Es ist immer das gleiche graugrüne oder grüngelbe Zweimetergras, verfilzt mit verstrüpptem Gebüsch; die gleichen Palmenkronen, Bananenstauden und vielverzweigten namenlosen Zehn- bis Zwanzigmeterhölzer, einzeln oder vergesellschaftet zu lockeren Formen von noch nicht gerodetem Wald. Ich genoß die Langweiligkeit der Landschaft. Ich strich sie mir behaglich ins Gemüt mitsamt dem grauen Gebretter der Behausungen, dem Beton von anspruchslosen Konstruktionen und dem nackten, glatten, von jedem Grashälmchen freigeharkten Erdboden vor den Hütten. Ich fand es sehenswert. Es war alles immer noch vorhanden, und ich war auch noch einmal vorhanden. Ich fuhr dahin eine Straße, die ich einst viele Male gefahren bin, durch eine Landschaft, über welcher der Himmel sich tiefer senkte. Es gab noch kaum Staub.

Wir kamen in Kosala gegen Abend zusammen mit einem Wolkenbruch an. Unter Blitz und Donner hielten wir Einzug im dunkelnden Campus des Seminars, das einst anderswo unser College gewesen war. Es goß. Es rauschte. Es strömte. Es war so schön trocken im Wagen. Das Willkommenshändeschütteln mit dem nunmehrigen ‚Dekan' fand durchs Wagenfenster statt. Erst nachdem wir uns im Gästehaus notdürftig eingerichtet hatten, holten wir uns im Dunkeln nasse Füße und verschmutzte Beinkleider auf dem Weg zum Abendessen. Der Appetit war formidabel, der Schlaf unter dem Regenschirm mit Gardine darüber ausnehmend gut. Ich hatte das Zimmer von 1995 für mich.

Am nächsten Morgen: das erste Erlebnis von schöner Umgebung. Ein Campus so gepflegt, wie es der von Nyasoso einst und anfangs auch gewesen war. Kurzgeschorener Rasen, plüschig-kühl und zum Streicheln rund um das ansehnliche Chapel-Achteck; Riviera-Palmen in dekorativer Vereinzelung, schlanke Elegantinen; artig gebündelte Atelierpalmen, fotogene Fontänen aus Grün, Glanz und Gewedel; als besondere Zierde schuppiges Schlangengeäst, erstarrt zu Kandelabern. Viel freier Raum, ein lichtes Parkgelände, einladend zu genußvollem Dahinwandeln in der Morgenfrühe. Manche Häuser freilich sind schon zugewuchert durch Gärten mit Nahrhaftem, Mais und Cocoyams, und neben dem Gästehaus nahm ich mit Stirnrunzeln statt der Kolibribüsche von 1995 eine bretterne Außenküche wahr.

Am Sonnabend, dem 28. Oktober (diesmal dachte ich nicht an den Geburtstag der Großmutter, in deren Grab ihre Tochter, meine Mutter, liegt) gegen Abend wieder ein krachendes Donnerwetter, darin die Schwüle des Tages sich entlädt, und dann der dicke Regen, der nachgerauscht kommt. Ich saß im Dualagewand auf der Veranda, legte das krause Gemüse einer Dogmatikdissertation beiseite und holte die Kamera. Der Film gibt ein abstrakt anmutendes Dunkelmuster in Graugrün mit runden, seltsam geisterbleichen Scheibchen wieder. Wahrscheinlich Reflexe des Blitzlichts an den Regentropfen. Es sieht, je nachdem, lieblich aus, fast wie Glaskugeln am Weihnachtsbaum, oder aber leicht unheimlich, wie materialisierte Botschaften milderen Inhalts aus einer anderen Welt. H war unterwegs in der Stadt. Die Blitz- und

Donnerschläge, fast gleichzeitig, erschreckten mich. Elf Jahre sind eine verhältnismäßig lange Zeit, wenngleich es mir wie gestern vorkam. Die *torrential rains*, die tropischen Regengüsse ‚wie aus Kübeln', eine halbe Stunde lang oder länger, verdünnten sich schließlich zu Bindfäden, parallel vom Dach herab, und der Himmel hellte sich auf in einem letzten, müden Abendlicht – ein Rest Sonne hinter dem Wasserdampf, der zuvor schwere Wolkenmasse gewesen war. Mit gutmütigem Brummen zog das Gewitter ab; H kam per Taxi durch die Pampe geschwommen.

Am Sonntag saß ich in der Kirche die Zeit ab, besah mir die Modenschau und die Balken der Decke, badete im Chorgesang und dachte an die bedenklich dürftige Wirkung weniger Schlucke Wasser am frühen Morgen. Am Montag tappte ich tapfer hinein in öffentliche Performanz, Plastikbeutel um die Schuhe, um die Schultern ein Restfetzchen Tutoren-Renommé; hinein und hindurch; nur der griechische Aorist am Nachmittag war etwas mehr als eine der harmlosen Ameisen, die mit leisem Gekitzel über das ertaubende Selbstgefühl krochen. Es lief alles nach Programm; H packte aus und heimste ein; ich schwenkte meine kardinalrote *History and Religion of Ancient Greece*. Möge das Opusculum sich zu den alten *Dogmatic Notes* gesellen. Was ich noch zu sagen hatte – in welchen Wind ward es gestreut?

Kumba in der Tiefebene des Mungo. Atmosphärisches. Die Wassermassen aus dem oberen Ozean; das dichtumgrünte Regenrauschen in den Gewölben der Beinahe-Taubheit; kosmisches Elektronengeknatter aus unsichtbaren Wolkenkulissen und im nachhinein das geisterhafte Gekringel im Graugrün zwischen dem Lamettagebizzel der Regentropfen – ich hatte im Fastdunkel den Regen ablichten wollen.

Der Campus von Kosala: eine feuchtgrüne Unwirklichkeit aus Palmen und Pampe. Ich kam bei dem Gefühl nicht an, da zu sein. Das Bewußtsein verharrte in einer gespenstigen *Revenant*-Verfassung, die keinen festen Boden unter die Füße bekam. Erscheint man nicht als Ahnengeist? Empfangen von angespannter Zuvorkommenheit, wird man in tiefe Sessel drapiert, bewirtet mit Auserlesenem und ritualisierter Konversation. Allseitiges Aufatmen komplimentiert die Altvorderen wieder hinweg. *Well, that was that.* Ich kenne es aus Nyasosozeiten, wenn die Altvorderen als Touristen aus dem Landrover stiegen.

Leute also, Kollegen, Studenten, freundlich, kein Zweifel; es wimmelte; Glühwürmchen flickerten, der Regen rauschte, der Mond nahm zu. Am wohlsten fühlte ich mich auf dem Bett unter dem grünen Buea-Schirm mit Nylongardine darüber als improvisiertem Moskitonetz. Und während der charismatischen Stunde mit starkem Aorist und drei Studenten vor schwarzer Wandtafel. Alles jedoch in allem genommen war es: *The by-gone-ness of things.*

*Last not least:* wie viel hängt ab vom leiblichen Wohlbefinden! Ananas und Amöben, eine nächtliche Diarrhö und morgendliches Erbrechen (es betraf den Ehemann) können Gesellschaftsfähigkeit und Besinnlichkeit um ein Beträchtliches mindern. Es mußten Medikamente verordnet werden. Warum blieb *ich* beschwerdenfrei?


## Tombel

Am Dienstagmorgen weiter. Die Tiefebene vom Atlantik bis zum Fuß des Kupé-Massivs hat überall den geologischen Schluckauf, das Gebuckel überdimensionaler Maulwurfshügel, die lateritrot auflachen, wo Erdreich abgerutscht ist und nackt daliegt – ich wüßte gern, wer oder was der Maulwurf war. Vielleicht brodelten da einst vulkanische Gase. Es sieht jedenfalls recht zum Sichwundern aus. Da zwischen hindurch nach Nordosten. Die Straße fand im Tagebuch keine Erwähnung, heißt: ihr Zustand war gemütlich. Die Gummibaumplantagen, deren Schräge mir einst aufgefallen war, gibt es noch. Der Mungo floß breit und immer noch regenzeitlich angeschwollen unter seiner Brücke hinweg. Das, was am Straßenrand stehenblieb, während der Blick vorüberrollte, lockte keinen struppigen, grünen oder grauen Begriff mehr hinter dem unmittelbaren Wahrnehmen und Wiederloslassen hervor. Des Geistes Tagestätigkeit fühlte sich auf dieser Strekke nicht bemüßigt, die Landschaft abzutasten, mit Begriffen zu begreifen und etwas davon mitzunehmen; alles blieb gleichmütig bei sich selbst, die Dinge ihrerseits und ich meinerseits, zwischendurch leicht beunruhigt durch etwas, das sich wie Zahnschmerz anfühlte. Es verging zum Glück.

Das Pfarrhaus in Tombel als Ort der Ankunft. Das Gästehaus eines Honorablen liegt am Hang eines Hügels mit Blick über das große Dorf, das einen Lord Mayor hat, der uns in seinem Büro empfing und dann zum Essen in sein Haus einlud, als ich es schon eilig hatte, mich zu einem Nachmittagsnickerchen zurückzuziehen. Wie alt bin ich schließlich und wie grau.

Der eine Tag in Tombel, schief gewickelt in ein Mißverständnis (man hatte uns bereits am Sonntag erwartet und Bohnenkoki bereitet), bekam für H einen runden Sinn durch das Wiedersehen mit einem Bakossi-Freund der Elite-Güte-Klasse. Für mich war er, der Tag, im breitesten Sinne langweilig. Das lag gewißlich auch an der Hörbehinderung, die keinem Gespräch vollständig folgen konnte; denn natürlich nimmt kein natürlich veranlagter Mensch Rücksicht auf eine Anomalie. Vielleicht aber war es auch und eher genuine Interesselosigkeit. Was gehen mich Bakossi und seine Erforscher an. Sie saßen zusammen in den zerschlissenen Polstern des Pfarrhauses und erzählten sich was; andere saßen auch stumm dabei und herum, und der Hausherr fläzte, ähnlich wie der *big man* in Buea, für mein Empfinden höchst unanständig in seinem Sessel. Diese eingeborene Nonchalance ist neu. Sie ist mir jedenfalls früher nie aufgefallen.

Wohler gewesen wäre mir allein auf einem Bett in dem zweistökkigen Gästehaus am Hange des palmenbestückten Hügels hinter dem wiedererkannten Taxipark. Zu wissen, wo man in mutmaßlicher Sicherheit schlafen kann, ein WC vorfindet und einen Wasserhahn über einem Waschbecken gleich daneben, erzeugt dumpfe Genugtuung. Fast ein Wohlgefühl. Der Schlaf in dem Doppelbett war dann auch gut. Man störte einander fast gar nicht. Und das Herumsitzen verging auch.

Die Frau des Hauses hatte ebenfalls herumgesessen und erwartete wohl wunder was an Erkenntlichkeit für ein Sonntagsbohnenkoki, von dem nichts mehr vorhanden war. Neues zu machen war vermutlich zu mühsam. Nachdem ich ihr eine knappe Woche später, auf der Reise zurück von Nyasoso, schäbige 3000 CFA in die erwartungsvolle Abschiedshand gedrückt hatte, geriet mir die meine, die knausrige Hand beim eiligen Einsteigen – bloß fort und hinauf ins Grasland! – zwischen den Karosserierahmen und die Tür, die mein bester Mann mit Macht und ohne sich umzusehen von innen zuschlug. ‚Aua!' Hatte die gute Pfarr- und Kokifrau mir eine Verwünschung nachgesandt?

Tombel? Ein Zwischenaufenthalt. Schotter- und Brettergrau. Wieder Pampe und ein Himmel aus Pappmaché, tief heruntergezogen. Leute, Menschen ohne Gesichter. Mein Hindurchgehen nahm sie nicht wahr. Sie gingen mich, ich sie nichts an. Niemand redete *mich* an. H's Vorhandensein allein wurde zur Kenntnis genommen. Hinter seine Vordergründigkeit zog ich mich zurück und überstand stumm und meist sitzend mich selbst und ein monadisches Dasein, in einem *monologue intérieur.* Es ist egal, wo und wie ich die Tage vor dem Aufstieg nach Mbe zubringe, sofern nur H in der Nähe ist und der Magen ihm keine Beschwer macht. Ihr guten Leute, laßt mich ruhig in Ruhe! Ich verdöse gern die Zeit. Ich weiß, daß sie vergeht. Ich klettere gern um verfallene Bruchbuden auf dem Schulgelände herum. Ein Ziegenstall? Da hat mal ein Mensch gewohnt. Es interessierten mich vor allem die Löcher in den Pfarrhaussesseln. Man hätte kleine Teddybären hineinstecken können. Oder Mobiltelephone. Alle haben eins. H war eine schützende Mauer um mich, ein Schild aus Rede und Antwort. Er ist der angegraute Daseinssinn, in dem ich mich aufgehoben fühle. Und der stabile R.Th. sorgte zusätzlich für ein Gefühl des Abgesichertseins.

146

## Nyasoso

Zum wievielten Male? Und wozu? Es schleicht sich das Gefühl an: eigentlich will ich nicht mehr. Will nicht zum vierten oder fünften Male Worte suchen, um zu sagen, wie trostlos und verlottert alles ist. Siehe, es steht ja geschrieben und gedruckt und ist im Buchhandel zu haben, sogar unter eigenem Namen. Ich bin gekommen, um mich noch einmal achselzuckend umzusehen und als einzig unverändert schön immer wieder den Anblick der Höhenlinie des Kupé zu suchen – im Morgennebel, im Abendglanz und bei Vollmond von der hinteren Veranda aus, denn wir wurden nach kurzem Mißverständnis aus dem luftigen Bretterschuppen von 1995 in ‚unser' altes Missionshaus umquartiert. Die eine Hälfte ist Gästehaus. Die andere, nicht unsere.

Wir warfen einen geduldeten Blick in unsere ehemalige Hälfte, nun bewohnt von einer Buchhalterin des Krankenhauses. Das Schlafzimmer ist mit vielen Betten und Kindern belegt; mein Arbeitskabinett, einst wohnlich ausstaffiert mit Büchern, Tüchern, Blumen und Gardinchen vor den Fensterscheiben, ist nun ein dunkles Loch, Abstell- oder Rumpelkammer. Im Wohnzimmer saß ein offensichtlich kranker Mensch und wir wollten nicht stören. Weil Schwarze mit den Küchen von Weißen meist nicht zurechtkommen und lieber auf drei Steinen kochen, hat man hinter dem Haus eine Außenküche gebaut. Es geht mich nichts mehr an. Ich hänge den Blick in die drei Palmen, die nahe der hinteren Veranda in den letzten zwölf bis siebzehn Jahren aus dem Stumpf der umgehauenen Zwillingspalme gewachsen sind.

Am Mittwoch nachmittag strolchten H und ich durch das ehemalige Reich des Geistes ‚jenseits der Bougainvillea'. Statt einer Hecke, die der Pflege bedürftig wäre, sitzt nun auf bemoostem Mäuerchen ein hohes dünnes Eisengitter, das eher symbolisch als

147

einbruchsicher wirkt: das Areal des Krankenhauses ist abgesperrt von der Straße. Es ziehen keine Schülerscharen mehr an dem vor sich hin alternden Missionshaus vorbei, in dem einst eine Weiße nach anspruchsvoller Geistestätigkeit sich in der Mittagsruhe gestört fühlte und solche Störung schließlich zum Anlaß nahm, sich vorzeitig zu verabschieden und ins Grasland zu ziehen. Es fiel mir ein. Wie auch nicht. Im ‚Jenseits' also, im Reich des Geistes von einst, haust jetzt das wahre Leben, das unmittelbar aus den Graswurzeln sprießt: Hospitalangestellte mit Kind und Kegel. Wir streiften da entlang und bis zur *Dining hall,* auf deren rissigem Zement einst zwei so glücklos tanzten, zweimal. Die Schlafbaracken gibt es auch noch, ‚in die der Wind und die Ratten ungehindert Zugang hatten', und wo vor den Fensterhöhlen zur Bougainvillea hin Rosenrankenvorhänge wehten. Was noch zu sehen ist, wirkt abstoßend häßlich...

Tags darauf tappte ich alleine durchs Gras hinüber zum Schwesternbungalow. Man hat das Häuschen erweitert, denn schwarze Krankenschwestern haben Kinder und möglichst viele. Da, wo einst Terrasse war – eine halbrunde Terrasse zum Silvesterfeiern, hinten, wo das Gelände zum Kupé hin in ein Zwischental abfällt; eine Terrasse, auf der einst biedere Missionarsfrauen und spätere *fraternals,* darunter ich höchstselbst, in ihren schönsten Gewändern aufrauschten, silber- und seidegestickt; wo aus den großen Gummibäumen, von dunkelblauen Winden durchklettert, ein Hauch Wildnis wehte und die Nacht mit schmalen Augen aus dem schwarzen Laube sah; wo die Nachtfalter schwirrten und man auf der niederen Steinbrüstung saß mit Urwald im Rücken oder in Korbsesseln mit Sternenkonfetti über sich; wo es Aperitifs gab und dann gebratene Hühnchen, von welchen mir bisweilen auch ein Knöchelchen ab- und zufiel; wo zum *small talk* die Zikaden sangen sommerlich und die wohlige Wärme der Tropennacht, die Silvester hieß, die ‚wäldliche' (*sylvan historian, who couldst tell many a strange tale of stranger appetites*) wie ein Kaschmirschal um bloße Schultern lag – da also, wo einst auf blumenumrankter Terrasse die Weißen ihre exklusiven Silvesterparties zelebrierten, ist nun eine Außenküche hingeklotzt, Lehm, Wellblech, Pfützen und Abfälle: der eingeborene Alltag.

Auf der anderen Seite, gen Sonnenuntergang, wo einst mein Garten war, steht undurchdringlich dicht drei Meter hoch das Elefantengras. Den Grabstein der Missionarsfrau, die 1904 bei einem ‚Jagdunfall' (auf der Veranda des Missionshauses löste sich ein Gewehrschuß) umkam, den hat man von dort, am Rande meines Gartens, auf Initiative der holländischen Ärztin an einen öffentlicheren Ort im Campus gesetzt und Büsche drum herum gepflanzt. Diese alte Geschichte hat mich einst sehr bewegt. Mein Schicksal an diesem Ort – ist diffuser. H, der hier seine Jagdgründe noch einmal heimsuchte, wollte erstens zum Wasserauffangbecken am Berg und zweitens zu den Seen des Manenguba.


## Zur ‚Wasserburg'

Der Weg zu dem Wasserauffangbecken (aus den sechziger Jahren), das mir immer wie eine Burg oder Festung erschienen ist, geht noch immer durch dichten Wald ein Stück bergauf, wo ein Sturzbach in felsigem Bett durch Mauern gestaut und in Röhren weitergeleitet wird, um fügsam aus Wasserhähnen zu strömen. Diesen Weg sind wir damals, 1973, die Umgebung erkundend, gleich am zweiten oder dritten Tage nach unserer Ankunft gegangen. Damals waren wir auch auf den Wasserturm geklettert (auf senkrechter Steigeisenleiter), der ein Stück unterhalb steht. Den ließen wir diesmal links liegen, um, geführt von zwei Schülern der Sekundarschule, zwischen Elefantengras und Cocoyams in den Wald und zu der grauen, moos- und algenüberwucherten Barriere aus gewachsenem Fels und Mauerwerk vorzudringen. Eine trutzige Feste fürwahr. Da noch einmal hinauf? Meine alten

149

Knochen sagen: Nein. Die anderen kletterten seitlich schräg hinan, auch der graubärtige Gemahl. Ich fotografierte. Die ragenden Baumriesen. Den ragenden R.Th. Das stürzende Wasser. Das burgfriedartige Vierkantgemäuer. Ich erinnerte mich. Da oben stand ich auch einmal. Beim viel gefährlicheren Herabklettern – ,Setz' dich auf den Hosenboden!' – geschah es: ein Ausgleiten des Graubärtigen, aufgehalten von einem der beiden Schüler. Der Ellenbogen blutig aufgeschürft. Wenigstens nur. Es mußte wohl sein. Für mich mußte, außer Mbe, nichts mehr sein.

## Zum Manenguba

Es hätte auch dieser Ausflug nicht sein müssen. Ich hätte verzichten können. Hatte ich nicht vor elf Jahren Abschied genommen, wie geschrieben steht? Schließlich fahre ich doch mit, denn an dem Sonnabend bleibt der Regen weg. Die Piste nach Bangem ist schlechter als die von Tombel nach Nyasoso, und die ist nicht besser als vor dreißig Jahren. Aber so schlecht die Straße ist, so gut war der Fahrer am Steuer des Toyota-*Pickup* (ich weiß nicht, wie ein kleines Fahrzeug mit offener Ladefläche auf deutsch heißt). Da sind also die tiefen Fahrrinnen bergab, die gerölligen und felsigen Steigungen und die schlammigen Löcher. Ej.-K., der Bakossiforscher aus Bakossi, der mit von der Partie war, wurde nicht müde, den Zustand der Straße, die keine ist, zu beklagen. Und was sagte anderntags das Reisetagebuch?

Der gestrige Tag, ein Holterdiepolter die Piste entlang, durch enge Graskorridore, über zerfurchte, aufgerissene Erde, braunrot, lehmgelb, grauschwarz. ,You are a good driver on bad roads', lobte ich das Bürschchen, das den Toyota-Pickup in festen Händen hatte. R.Th. kletterte kurz nach Ndum, wo Ej.-K. zustieg und es eng wurde, nach hinten, ich stieg aus, weil es steil hochging und der Wagen im aufgeweichten Erdreich steckenblieb. Während der ganzen Länge der dahinruckelnden

Zeit rauf und runter schnurrte es in mir wie an einem alten Telegrafen-
draht entlang: wo nehme ich die Worte her? Es kann doch nicht einfach
alles so stehenbleiben – die chaotisch aus der Sprache fallende Vegetation, von der nur ein einziger Name zuhanden ist: Drazänen in spitz ge-
büschelter Hochform. Alles andere ist nichts als Linienspiel, Geäst,
Gefächer und Gefinger, umwickelt von Laubmassen, gestützt von Stäm-
men; der Blick klettert irritiert hierhin und dorthin, klammert sich hilflos an irgendeine Einzelheit; bildet sich Fledermausflügel ein, Eichhörn-
chenfüße, mutiert zur Stabheuschrecke, schwirrt von einem Grün ins
andere und gibt schließlich auf.

Irgendwo unterwegs gab es eine kurze Rast mit Lattenveranda,
Palmwein und Latrine hinterm Haus. Nach Bangem ging es längs
der roten Flanke eines Berges hinab und auf einer anderen Seite
wieder hoch; es gab Palaver wegen Eintrittsgeldern. H zahlte,
und nach ein paar Kurven bergan und ein Stück durch die Kra-
terebene war man da. Mit Opernglas und Tagebuch.

13.15. Ich sitze noch einmal am breiten Weib-See des Manenguba, nach
drei Stunden Rüttelfahrt. Es gibt keine Mühe mehr mit dem Heraufsteigen. Das Vehikel spuckt einen direkt vor dem See aus. Sie steigen alle
munter hinunter. Ich muß nicht. Es gibt ja hier keine Nympheen wie im
Kratersee ob Bambili. Der Himmel ist abwechselnd wolkig-weiß vernebelt und blau-heiß durchsonnt. Der Wind ist mal da und mal weg. –
15.35. Wir haben eine grandiose Landschaft noch einmal abgegrast. Wir
trollen uns wieder. Von Westen kommen Nebelwolken in den Krater
gekrochen. Wir haben die gute Zeit erwischt.

Man kommt also an, atmet auf, setzt sich ins Gras und beginnt,
Naturschönheit zu genießen auf *white-woman-Weise*. Ob dem flachen Frauensee saß ich noch einmal, kritzelte ein paar Notizen
und zog dann das Opernglas hervor. Es war fehl am Platze. Die
weite Caldera ist ungeeignet für Begrenzung durch Vergrößerung. Der Himmel blaute eine Mittagsweile lang und gab der
Gegend Glanz, den Augen Weide und den Kameras etwas zu
klicken. Was dann zu Hause der Abzug zeigt, ist nie das, was

der Augenblick im Neuronennetz der Erinnerung einfängt und Worte nachzumalen versuchen: das mythisch überhauchte Grünblau des Wassers, leichte Bewölkung widerspiegelnd in einem doppelten Ringwall: es wallt der Wulst des wassergefüllten Vulkanschlotes; es wallt der Rand der Caldera in weiter Rundung, gelbgrünbegrast zwischen Erde und Himmel entlangstolpernd. Lange kann man da nicht sitzen und den friedlich stillen See anstarren. Da weder Nixen noch Wasserschlangen aufsteigen, gleitet der unbewegt blaugrüne Anblick unversehens ins Langweilige hinüber. Das Gemüt ermüdet, der Magen beginnt zu knurren.

Man steigt, inzwischen auf Steinstufen im halbhohen Gras, einen steilen Hang hinan und hinüber zum Mann-See. Der ist kleiner, liegt tiefer und soll nicht ganz geheuer sein. Ich saß da auch noch einmal und starrte – wohin? Wühlte den Blick ins dichte Gebüsch des jenseitigen Steilabfalls; suchte mit den Opernglas die Weideflächen zum entfernten Calderawall hin ab – nichts. Eine großartige Szenerie, aber es spielt sich nichts darin ab. Nur der Himmel darüber ist in steter Wind- und Wolkenbewegung. Also gehen wir wieder. Wir haben ja einiges auf Zelluloid zum Mitnehmen.

Nach zwei Stunden intensiver Bestarrung und schweifender Besichtigung ein gespenstig-schönes Schauspiel zum Abschied: durch die nämliche Pforte im westlichen Wall, durch die wir in die Caldera hereingefahren waren, drang der Nebel in breiten Schwaden von unten her ein, strömend wie Wasserschwall – so schnell, auf Flügeln des Windes, daß alles alsbald eingenebelt war. Einsteigen, hindurch und hinab. Ich bin wider Erwarten noch einmal auf dem Manenguba gewesen…

Auf dem Rückweg bekamen wir in Ndum bei Ej.-K. etwas zu essen. Diese neuen Häuser im Busch sind merkwürdige Mischformen aus Lehm und Linoleum, Backstein und Porzellan. Mir wurde die Zeit lang, ich saß wieder einmal Zeit ab.

## Kupé mit Atmosphäre

Über einer vorweggewußten Enttäuschung stand als Trost der bewaldete Vulkan, der Zweitausender, Kupé. Im Reisetagebuch finden sich mehrmals Versuche, noch einmal zu sagen, wie sein Anblick anmutete. Versuche nur, denn: ,Die Worte tun mir nicht den Gefallen, mir gefälligst einzufallen.'

,Nyasoso, ein Nachspiel', sagt H. Ich sage: Es ist trostlos. Das einzig Schöne ist der Kupé – in morgendlicher Klarheit, im Mondennebel und selbst wenn die Wolken ihn verhüllen. Man weiß, er ist da.

Freitag, 22.10. Die Mondnacht ist schön, aber ich bin nicht gegenwärtig. Ich wandle durch hellen Nebel und weiß: es ist gleich vorbei. Ich bin schon nicht mehr vorhanden. Das elektrische Licht stört. Die junge Ärztin (die Riesin Dr. K.) ist freundlich interessiert, man trank ihr Bier, ich saß dabei und weiß, es ist nichts mehr zu machen. Ich begnüge mich mit dem wenigen, das noch zu haben ist: mit Mondendunst. Auf der hinteren Veranda des Zwei-Stockwerk-Hauses war es romantisch mit dem mondbelichteten und leicht benebelten Kupé hoch im Hintergrund und den surreal verknäulten schwarzen Baumkronen davor. Da sitzt es sich gut trotz der gelben Hunde, die herumwuseln. Ein Bier, das ich stumm schluckte und das dumme Gefühl, taub-doof dabei zu sitzen und rechts oder links an der blonden Medizinfrau vorbei den Kupé anzugucken. Wenn ich ein Mann wäre – solche Schenkel nennt man prachtvoll. Ein so frisches und liebes Gesichtchen, dunkelblond und puppenhübsch. Eine zweifellos Idealistische und Tüchtige; aber unfähig, sich auf Hörbehinderung einzustellen. Sie unterhielt sich angelegentlich mit R.Th. Ich verlor mich im Mondennebelzauber über dem Kupé. (H war mit Magenbeschwerden und auf Diät gesetzt im Haus geblieben.)

4.11. 7.50. Die Mondnacht gestern war schön, wie aus Opalglas; ein fast voller Mond mit Hof, der Kupé linienrein. Die Träume der Nacht, die das Menschengeröll durcheinanderwerfen, sind weggesunken. Der Augenblick ist ein Ruhen im Grün. Die Gedankenleere, das Sich-dahinleben-lassen: ist nicht lange auszuhalten.

## Müsli und Magenkrämpfe

Thema Gesundbleiben. Wir hatten ‚Haushalt' mitgenommen; H eine kleine Thermosflasche, Plastiktäßchen, Löffelchen; ich drei verschraubbare Plastikdosen, überaus nützlich als Topf und Teller, Suppen- und Waschschüssel zur Selbstversorgung. H machte sich morgens seinen Tee und es blieb ihm noch ein Täßchen Rasierwasser übrig. Ich rührte mir mit Wasser aus der großen Thermosflasche, in Tombel gekauft, nach dem Tee ein Haferflokkenmüsli an mit Dosenmilch, Salz und Zucker. Der milde Brei wattierte den Magen und hielt das Innenleben notdürftig in Gang. Die Süppchen aus falschen Maggiwürfeln schmeckten auch H. Festes, Breiiges und Flüssiges war sicher verwahrt hinter Schraubverschluß. Und weil mir das Waschbecken zu – schmutzig nicht, sondern regelrecht zu dreckig war, füllte ich der Dosen eine mit drei Täßchen heißem Wasser aus der Thermosflasche, drückte ein verschwitztes Hemd vorsichtig hinein, zog es vorsichtig wieder heraus, wrang es aus und nochmals aus zwischen den Gästehandtüchern und hängte es zum Trocknen auf mitgebrachtem Bindfaden. Ich lernte das einfache Leben wieder. Es beschäftigte mich und füllte Zeit aus.

Dann aber, nach dem Ausflug am Sonnabend und dem Gottesdienst am Sonntag samt Mittagsmahl im Pfarrhaus, beschäftigte mich nur noch H's Magenverstimmung. Ich ging gegen 3 p.m. ihm nach ins Dorf zu einem der Häuptlinge, bei dem er eingeladen war. Aus einiger Entfernung sah ich seinen gelben Lubumbashi-Kittel und wunderte mich. Was machte er da allein außerhalb? Es kamen Leute aus dem Haus und verabschiedeten ihn, und ich begriff noch immer nichts. Statt zu Martin Ebong Mesumbe gingen wir zurück. Er habe wieder ‚gespuckt', das ganze Essen erbrochen, auch das aus dem Pfarrhaus, *Achu* mit Soßen grüngelb, nicht gut; außerdem Reis und Kutteln, eklig anzusehen, das marktgängig Billigste. Ich hatte mich mit einer Handvoll

Reis begnügt. H hingegen ißt grundsätzlich alles, was man ihm vorsetzt. Beim Häuptling habe es Koki, scharfe Soße und Bier gegeben. Warum ist er, ißt er so unvorsichtig? Taugte die in Kumba verordnete Medizin nichts? Müßte ich besser auf ihn und was er zu sich nimmt aufpassen?

Er nahm eine Tablette zu zwei Schluck Tee und legte sich hin. Als ich gegen 5 p.m. dazukam, wie er über die Verandabrüstung erbrach, und da er sagte, er habe Magenkrämpfe, ging ich, nach der Ärztin zu suchen, lief erst durchs Hospital, dann zum Haus und klingelte sie herunter. Sie kam nach einer Weile herüber, brachte einen Rest milchiger Lösung in einem Schraubglas (wohl Kalk gegen Übersäuerung). Als er nach zwei Teelöffeln wieder zu spucken anfing, die Doktörin dastand und zusah, murmelte ich etwas von einem *Spasmolytikum*. Ob Zäpfchen oder Spritze? Spritze, entschied H. Wir gingen hinüber. Eine schwarze Nurse zog die Spritze auf und stach in die Vene, offenbar schmerzhaft. H verzog das Gesicht. Aber das Richtige war veranlaßt und durchgeführt. H legte sich hin. Es wurde besser. Gegen 6 p.m. setzte er sich aufs Sofa. Es kam der Pastor mit einem Ältesten. Ein *big man* warte mit dem Abendessen. *Apologies*. Sie wollten nur schwer begreifen, daß der geehrte Gast plötzlich ausfiel. R.Th. sagte per Handy in Kumba Bescheid: der Fahrer möge morgen auf weitere Nachricht warten. Ich ging gegen 7 p.m. zur Doktörin nach heißem Wasser. Da lief ein Video mit der Häuptlingsinthronisation vom vergangenen April: großes *Ahon*-Theater, *Juju*-Tänze. In der wohnlich großen Küche aß man zu Abend, ich bekam einen Teller braune Bohnensuppe und für H den Rat: zwei Kohletabletten, später Brühe und Graubrot. Er behielt es bei sich.

21.45. Ob wir morgen nach Bamenda kommen oder erst übermorgen – es ist mir gleich. H soll sich erst wieder wohlfühlen. Es muß so vieles nicht sein. Weniges ist notwendig. – Heut erst ist Vollmond. Es ist so hell. Es mutet mich nicht mehr an. Möge H sich erholen.

## Der Greis

Warum bin ich am nächsten Vormittag zu Sango Martin Ebong gegangen? Ich hätte es mir ersparen können. Vielleicht ging ich, weil es H besser ging und wir den Uralten doch hatten besuchen wollen, tags zuvor. Vor vielen Jahren hat er mir ein Elfenbeinhörnchen geschenkt, ohne je etwas von mir bekommen zu haben. H kam nicht mit, hat es später bedauert. Ich suchte nach dem Haus die Dorfstraße entlang in Richtung des seit mehr als zehn Jahren zusammengesackten Blechdaches von Chief P.'s steingrauem Palazzo. Jemand führte mich hin. Und dann –

Das Zusammengeschrumpfte, das in dem Bretterhäuschen saß mit großen Augen in knöchernen Höhlen, war einmal ein schöner Mensch gewesen. Der Rest saß und klagte. Die um einiges jüngere Frau übersetzte dem Fast-Tauben, was ich sagte. Er klagte um drei Söhne, dankbar für den Besuch der Weißen. Es nahm mich mit. Es muß mich wohl an meine Mutter erinnert haben. Ich gab kein Geld, warum nicht? Ich gab ihm ein von meiner Mutter umhäkeltes Taschentuch; etwas, das sich nicht verwerten läßt wie Geld. Schenkte es weg, ging zurück und heulte H an und hatte das Taschentuch zur Hand, das dann verlorenging. Ich hatte am Rand eines Grabes gesessen und in den Augen des alten Mannes die toten Augen der drei weggestorbenen Söhne gesehen. Ich sah meine Mutter vor mir, ihre stumme Klage um den weggestorbenen Enkel; sah ihr eigenes Sterben in meiner, der Tochter, Abwesenheit. Es stieg aus großen Tiefen. H war so weit wieder bei Kräften, daß ich ihn unter freiem Himmel anheulen konnte.

Nyasoso – nichts wie weg! Die Vergangenheit und was daran Gutes, Schönes und Sinnvolles war, ist in den Tagebüchern. Freilich ist darin auch das Ausweglose und einsam In-sich-Hinein-Verzweifelnde, mit dem ich alleine zurechtkommen mußte. Es hat noch keinen anderen Ausdruck gefunden.

156

## Unterbrechung I

Mittwoch, der 29. November ist heut – drei Wochen schon seit dem mühsamen Aufstieg nach Mbe; zwei Wochen seit der Rückkehr in diese Wohnung, in der ich mich wohlfühle, weil sie so klein ist. Draußen ist es grau und verregnet, endlich richtiges Novemberwetter. Unter sitzt H am Schreibtisch, das Nierensteinchen sei spürbar, ohne weitere Koliken. Ich wärme die kalten Füße auf dem Heizkissen und habe zwei Vormittagsstunden in Namibia zugebracht. Das Internet hat mich wieder, nach dem gestrigen Dia-Vortrag des früheren Dekans über Ruhestands-Dienste in Windhoek mit touristischen Ausflügen bis ans Ende des Caprivi-Zipfels in die Nähe der Sambesifälle. Von ,Diamanten und Elefanten' war die Rede, von Aids und einem Hilfsprojekt für Busch-Kinder. H bemängelte, daß viel von den weißen Farmern, nicht aber von einzelnen Schwarzen die Rede gewesen sei. Mir fiel das nicht auf. Ich habe kein Gespür für schwarzafrikanische Schicksale. Für Elefanten und Giraffen auch nicht. Ich bleibe an Landschaften, an Bergen und Abendhimmeln hängen.

Heut morgen also googelte ich nach dem Caprivizipfel und geriet in eine Touristenseite, klickte das merkwürdige Wort ,Duwisib' an und bekam, was ich nicht gesucht hatte: eine deutsch-kolonial-neuromantische Ritterburg in der Wüste, die ein adeliger sächsischer Militär und Pferdezüchter vom Geld seiner amerikanischen Gattin um 1908 herum hatte erbauen lassen, ehe er 1916 an der Somme fiel. Das Anwesen verfiel, wurde nach 1990 restauriert und ist heute Touristenattraktion mit fließend heiß und kaltem Wasser im regenarmen Namibia. Es gibt ein Buch darüber. Auf der Suche danach geriet ich in ein Antiquariat und zu anderen Afrikabüchern, Burenkrieg, Apartheid, Ruanda samt den kommissarischen Nachspielen. Das alles hatte ich nicht gewollt. Aber es machte nachdenklich. Was ist mein kleines Mbe-Afrika samt dem Marzipanhäuschen gegen alle ernsthaften Afrikaprobleme oder selbst gegen eine Ritterburg in der Namibwüste. Was sind alle meine klein-biederfraulichen Abenteuerchen gegen die großen Kolonial- und Pioniermissionsabenteuer von einst. Sie sind das, was zu haben war, und mehr habe ich nie gewollt, viel zu ängstlich, viel zu kleinlich ums Überleben besorgt.

*Nyasoso* – ein Nachspiel? Die Hauptvorstellung ist lange her. Genaue dreiunddreißig Jahre. Damals, frisch importiert und parfümiert mit dem Gefühl des Extraordinären, rauschte es in langen Gewändern über den Campus, erhobenen Hauptes, ‚wie eine Königin in ihrem Reich'. Eine Erinnerung von peinlicher Genauigkeit, auf dem Pfad zwischen Pflichtbewußtsein mit dem Rücken zur Wandtafel, und den helvetischen Rosen vor den Verandalatten der Urväter-Residenz mit fränkischem Fachwerk. Wie reimte sich damals alles auf ein exotisches Idyll! Der Himmel über dem Kupé erblaute tief ob der Blauäugigkeit solchen Wandelns unter Palmen. ‚Weiße Frau in Schwarzafrika' – ein Abenteuerchen mit dem Duft des wilden Draußen-im-Walde und literarischer Ausstrahlung, spätestens seit viktorianische Röcke auf den Kamerunberg gestiegen waren.

Mein *Damals* war hundert bis hundertzwanzig Jahre später. *Diesmal* ist noch keine drei Wochen her. Das bebrillte Auge spazierte als Zerrspiegel über ein Gelände, dessen ruppige Dürftigkeit keines Wortes mehr würdig erscheint. Die Rosen sind verrottet. Die Bougainvillea gibt es nicht mehr. Im Brackwasser des steinernen Brunnens liegt etwas wie Ausgespucktes – ein Bissen faulige Banane? Vergammeltes Bohnenkoki? Ein verschrumpeltes Stück Mond? Der Mond von Nyasoso soll, wie der Kupé, in schöner Erinnerung bleiben.

Das beleidigte Auge wirft in nachhinein die Spazierfüße ab und beflügelt sich den Berg hinan. Die dunkle vulkanische Masse, die schwingende Grenzlinie zum Tag- und Nachthimmel, das solide Stück Überzeitlichkeit war ein ästhetischer Trost. Ich selbst war über die Wirklichkeit der Gegenwart hinaus, oder richtiger: ich blieb hinter ihr zurück. Nyasoso – ein Potpourri perdüer Illusionen.

# Hinauf ins Grasland!

## Über Bafussam

Donnerstag, 30. November. Vielleicht bringe ich diese Besinnung vor Weihnachten noch über die eiernden Runden. Vielleicht sollte ich das Reisetagebuch ausschreiben statt mich auf die Bilder der Erinnerung zu verlassen. Aber erst mal weiter.

Am Montag, dem 6. November: weg von Nyasoso und hinauf ins Grasland, da H sich so befand, daß er meinte, er könne die Reise wagen. Es blieb in Nyasoso außer dem Kupé nichts zurück. Mr. P. kam gegen 10 a.m. mit dem Kleinbus von Kumba und karrte uns wieder davon, holterdiepolter den Berg hinab, vorbei am alten und neuen Palast und den Häuptlingsgräbern, vorbei an dem großen Felsen am Dorfausgang, den ich nie zuvor gesehen hatte, da bei der großen neuen Betonbrücke über der Schlucht. Er brachte uns sicher den Berg wieder hinab nach Tombel, wo wir die beiden alten Koffer mit dem Zeug für Mbe beim Pastor abholten. Man fuhr vor, holte sie ab und verabschiedete sich noch einmal. Die Koki-Pfarrfrau stand und wartete auf etwas. Kaum hatte sie die 3'000 in der Hand, geschah es.

‚Aua!' ‚Ich hab doch hinten keine Augen.' ‚Eben. Das liegt in der Natur von Rück-sichts-losigkeit.' Ich goß Mineralwasser auf mein Taschentuch, eben dasselbe, in das ich auch geschnupft und geheult hatte und das mir den Schweiß von der Stirn wischte und das ich dann verlor. Ich wickelte es mir um die eingequetschten Finger und den zu erwartenden Bluterguß. Schmerz und Schaden hielten sich in Grenzen. Ich sah mir den Türrahmen genauer an: er war mit Gummi abgedichtet. Zu wessen Glück? So kutschierten wir am Montag, dem 6. November, gegen Mittag über Lum hinauf ins Grasland.

Damit begann die dritte und letzte und für mich einzig wichtige Etappe der Reise. Ich krame in der Erinnerung und finde von dieser Reise ‚hinauf' keine klaren Linien. Alles mutet zerfasert und verschwommen an und will sich kaum nachzeichnen lassen. Im Tagebuch finde ich nur eine kurze, kaum leserliche Notiz:

Kekem, 6.11.06, 13 Uhr. Wir sind unterwegs. H kann. Die Hitze. Ich bleibe im Fahrzeug. Sango Martin, heut morgen. Dann die eingeklemmte Hand, mit der ich kaum schreiben kann.

Woran erinnere ich mich? Das Wetter, die ruckweise und spät abziehende Regenzeit, war wenig aussichtsfreundlich. Die Rückansicht des Kupé war vernebelt, das Manengubamassiv verschwand hinter Gestrüpp am Straßenrand, der Nlonako über Nkongsamba war überhaupt nicht mehr vorhanden, und der Fluß bei Kekem rauschte auch nicht mehr so überraschend breit herbei und hinweg. In Kekem, wo die Taxis halten und die Reisenden sich verköstigen mit allem, was da am Straßenrand gebraten und geräuchert angeboten wird, war es heiß. Nein, hier steige ich nicht aus, um mich ins Gewühle zu begeben. Ich brate lieber im Wagen und gleiche die Verdunstung mit Tangui-Wasser aus, davon der umsichtige R.Th. mehrere Flaschen besorgt hat. Dieses afrikanische Straßenleben ist ein bunter Alptraum, den ich gar nicht mehr malerisch oder erlebniswert finde. In dem geräumigen Minibus fühle ich mich einigermaßen sicher. Die Zeiten, da ich unbekümmert und Pidgin palavernd durch die großen Märkte von Kumba oder Bamenda strich und strolchte, um weiße Spitzenkittel und grünblaue Brokate zu kaufen, sind vorbei. Ich sehe noch einiges, Wirres und Buntes, wenn ich die Augen nicht zumache oder sie schreibend in mein Tagebüchlein hefte; aber es lohnt nicht mehr, nach Worten dafür zu suchen. Diese schwarzafrikanischen, in sich und mit einander verquirlten Schicksale sind mir ferner als die Berge am Horizont, die beim Weiterfahren näher kommen und zusammenrücken.

Dann - was war das? Doch nicht der *Col de Batié*? Ach, wie sind der und alles übrige ringsum geschrumpft ins Langweilige! Da segelt kein Fetzchen Seele mehr auf Drachenflügeln des Entzükkens hinab in die Weite der Tallandschaften. Die Erlebnislinien sind flach und gleichen eher einem milden Achselzucken als dem synkopierten Herzmuskelrhythmus von einst angesichts von Landschaften und bisweilen auch von Bekannten, wenn sie plötzlich, langerwartet, da waren und alles vorweg Vorgestellte überholten mit Lachen oder verlegenem Schweigen.

Es kommen die Schlangenkurven; es kommen die Höhen, über die 1974 der Landrover auf lehmiger Piste entlangrutschte; es kommt das Gefälle bei Santa, wo das Taxi, in dem wir damals auf dem Rückweg von Bamenda saßen, in ein ungemütliches Schleudern geriet auf nassem Lehm. Es kommt der Steilabfall über Bamenda. Die immer größer werdende Stadt hätte ich gern eine Weile von oben betrachtet. Der Abschied, den ich 1995 nahm, soll auf einmal keiner mehr gewesen sein...

Hier hatte ich etwas vergessen und füge das Verdrängte nachträglich ein. Wir hatten in Bafussam – ich suchte im Vorüberfahren das Hotel, in dem ich einst, im November 1982, von Bafut mit Taxi kommend, telefonierte, als ich erfahren hatte, daß meine Mutter unerwartet operiert werden mußte. Es gab in Bamenda damals noch keine Verbindung nach Europa. Ich telefonierte also und heulte, und der Hotelangestellte bekundete Mitgefühl, damals, als ich sagte, warum – in Bafussam also hatten wir jemanden abzuholen. Mit angekündigter Verspätung kamen wir vor Kirche und Pfarrhaus an. Hier also. Ich sah den Jemand in grauem Anzug, Schultern und Kopf vom Autodach verdeckt, die Treppe herabsteigen; sah, wie H ihn nach französischer Sitte mit *accolade* begrüßte und ließ mir Zeit mit dem Aussteigen. Als ich endlich stand, schien es mir angemessen, nach britischer Sitte eine Begrüßungshand auszustrecken und zugleich mit strengem

161

Lehrerinnenblick kundzutun, daß ich anderes nicht wünschte. Wir verstanden einander sofort, der Reverend BgT und ich. – Der große Wohnsalon empfing uns mit der gewohnten Ausstattung an Polstersesseln, Häkeldeckchen und vielen Fotos auf dem Gesimse ringsum, darunter ein Hochzeitsbild. Ein betont flüchtiger Blick streifte es. Auch dieser war von weißen Handschuhen nicht verschont geblieben. Es gab etwas zu essen, die Konversation beschränkte sich aufs Banalste. Ich war des Fragens von vorn herein müde. Aufs WC und weiter.

Das war also am Montag, und diese Abhol-Episode ist im Tagebuch nirgends notiert. Sie fiel mir erst im Laufe der schriftlichen Besinnung am 1. 12. wieder ein: das Wiedersehen in Bafussam, nach elf Jahren, fünf Kindern und einer größeren Anzahl nie abgerechneter Geldüberweisungen. Das war der schwarze Sack, in den alles weggestopft wurde. Mit dem verdrängten Ärger sank auch alles andere ins Unterbewußtsein ab. BgT war so notwendig wie das Vehikel, das Mr. P. steuerte und wie das Geld, mit dem das Dorf und der Gastgeber rechnen konnten.

## Zu Gast in Bamenda

Wie gut ist es, wenn man im voraus weiß, wo man am Abend schlafen wird. Mr. P., der uns vier oder fünf Stunden lang gut und sicher chauffiert hatte, kannte sich aus. Ein Fahrer ist fast wie ein Kammerdiener; er erfährt vieles, was ihn nichts angeht. Er kutschierte uns durch die nach allen Seiten hin explodierende Stadt Richtung Bafut. Da geht es nach links ab und da steht abseits der großen Straße, in einem von Eukalyptus und Bananenstauden umgrünten Vorort, ein mauergeschütztes neues Stadthaus. Das große rote, metallene Tor öffnete sich, wir rollten hinein und waren da. Ein freundliches Anwesen, hell gestrichen, mit Blumen und Sand und die Scherben auf der Mauer ringsum deuteten an, daß Bamenda Großstadt geworden ist.

162

Bei Nachbarn aus alten Zeiten gastliche Aufnahme zu finden, war angenehm und beruhigend, sowohl für H's Magen wie auch für meine Seele. I. S. aus der Schweiz und J. D. von jenseits des Sabga-Passes, gleich nach Bambili, hatten 1975 geheiratet; wir waren als Nachbarn geladene Gäste gewesen, und dann wohnte man vier Jahre lang nachbarlich im gleichen Hause. Das gute Einvernehmen ist H zu verdanken, nicht mir. Ich weiß es. Ich erinnere mich nicht gern. – Das Haus, mit großer vergitterter Veranda, Privatbibliothek und Gästetrakt, ist noch im Ausbau; der Sohn ist Architekt. Wir waren die ersten Gäste und fühlten uns wohl unter den getäfelten Decken, in breiten bequemen Betten und am großen, runden, gastlichen Tisch. Ich weiß, daß es H's Sache war; es ergaben sich auch die üblichen Schwierigkeiten, wenn man beisammen saß; aber was soll's. Ich werde zwei Nächte und einen Tag lang da sein und dann nach Mbe fahren und steigen. Vermutlich ohne H. Es wäre zu riskant für ihn.

Am nächsten Vormittag mit dem Privatauto der Gastgeber, chauffiert von einem jugendlichen Verwandten, in die Stadt, ein paar Einkäufe tätigen (im Hinblick auf vier Tage Mbe) und eine Stippvisite machen bei der Synode (im Hinblick auf Händeschütteln mit alten Bekannten, ehemaligen Studenten). Wen wollte ich denn wiedersehen? Ich wollte *mich* sehen lassen. Seht, es gibt mich noch, auch wenn ihr längst über alles hinweg seid, was ich euch einst beizubringen versucht habe. Hinter allem stand nicht nur kein Muß, sondern auch kein drängelndes Bedürfnis mehr. Ich fuhr mit, vorzüglich, weil ich Haferflocken und ähnliches brauchte. Das Ähnliche war in einem Kaufhaus mit dem kryptischen Namen ‚Vatican' zu haben; die Haferflocken vergaß ich.

Daß man uns bei der Synode eine ganze Weile unbegrüßt sitzen ließ, irritierte mich nicht. Ich saß, sah mich um (zwei schwarze Emmanuel-Schwestern, drei weiße *fraternals*, Frauen mittleren bis vorgerückten Alters, gepflegt, teils gefärbt, teils in lockerem

Grauhaar, dachte: weiße Frauen sind die letzten Reste der Kolonialisierung; sie bleiben am längsten im Lande, bisweilen für immer) und kam endlich, nach 24 Stunden, zum Schreiben.

Dienstag. 7.11.06, 11.35. Die Synode tagt. Wir drei Besucher gedulden uns als *backbenchers*. Als wir heut morgen von der Villa D. wegfuhren, kamen uns Ba. und Za. entgegen und man machte kehrt, denn sie kamen wegen uns. Ich bekam von dem, was geredet wurde, nicht viel mit, bis H mir auf deutsch etwas von ‚der schlimmen Krankheit' zuflüsterte. Offenbar erwartet Ba. als BgT's Schwester Hilfe von mir. Ich versprach etwas. – Es fiel mir allhier um den Hals Dorothy Kg. im Bafutgewand. Nk., *hesitant*, noch schmaler als einst und apart ergraut, schob mich im Händereichen von sich weg, offenbar meiner Identität nicht sicher. Die *backbenchers* werden ungeduldig. Es ist ungezogen, Gäste unbegrüßt warten zu lassen. Kg. so feist, daß ich ihn nicht ansehen mochte.

Es beschäftigt mich noch im nachhinein. Die erwünschte Begegnung mit dem Ehemaligen Kg. versackte ins Unangenehme seiner Erscheinung. Der einst ein intelligenter nicht nur, sondern auch ein schlanker Jüngling mit Denkerstirn und blitzendem Auge war, stand vor mir in ehelich gemästeter Altersgestalt, das Gesicht so unerfreulich feist, die Form des Kopfes einer Knolle ähnlich, unten ausladend breit, oben eiförmig zulaufend; so unschön, daß ich die Augen schloß, während ich mit ihm redete. Wie kann ein Mensch, der einst durch Wohlgestalt des Körpers und Schärfe des Geistes Sokratisches und Gedichte inspirierte, so aus dem Leime gehen – bin ich ein alter Grieche? Gewiß würde ich des Geistes Kraft und der Tugend Schönheit wählen, wenn ich zu wählen hätte (und ich habe zweimal im meinem Leben so gewählt); aber die Verfettung des T.Kg. hat mich doch ästhetisch beleidigt. Ich kannte seinen Vater als alten Mann: hager und von seltener Greisenschönheit. Kann der Sohn nichts dafür oder frißt er einfach zu viel? Mit ihm würde ich noch am ehesten brieflich ein theologisches Gespräch führen wollten. Denn er denkt noch immer. Immerhin. Und hat in tugendhaftem Trotz festgehalten

164

an seiner Ehe, die kinderlos blieb. Das ist ihm (vorausgesetzt, daß er sich nicht anderweitig seiner Zeugungsfähigkeit vergewissert hat) als ehrenhaft anzurechnen.

16.10. Unter gastlichem Dach. Wenig Lust zum Schreiben. Die Agnes Ng., vornehm angegraut, stand mit Tochter Selba da, junge Dame mit Brille. Das ist H's *cup of tea*. J'chen, das charmant intelligente Bürschchen von einst, ließ sich nicht herbei, uns zu begrüßen. Wie schnöde. Er hat seine guten Beziehungen anderswo in Germany. Was kümmert's mich. Wo kommen die Mittel her, ein solches Haus zu bauen und eine solche Bibliothek zu sammeln? Das Auto ist das wenigste. Der Hausherr liest meine *History*. Er weiß, was sich gehört. Bei dem, was mir an Auswahlmöglichkeiten zur Verfügung stand, habe ich, *faute de mieux*, eine Handbreit danebengegriffen. Mönchische Tugend und Ausharren im Leiden sind nicht alles. Auch Intelligenz ist schön.

## Bedenken Richtung Mbe

Für Mittwoch, den 8. November, war die Reise nach Mbe geplant. H überlegte hin und her und wollte am Ende doch lieber in der Obhut einer Krankenschwester bleiben. Warum hätte er mitkommen wollen oder sollen? Wegen mir? Wegen dem Häuschen? Um als Ehemann aufzutreten? Ob es mir am Ende und unbewußt nicht doch lieber war, ein letztes Mal und zum dritten Male alleine, ohne ehelichen Schatten, hochzusteigen?

Warum? Archaische Gesellschaften, die man einst primitiv nannte, mögen matrilineare Züge aufweisen. In Mbe gibt es Reste davon. Das heißt nicht, daß Frauen in der Öffentlichkeit etwas zu sagen haben. Daß ich reden durfte in der Volksversammlung und vor dem Häuptling, lag zum einen an dem Geld, das ich zu Entwicklungszwecken gebracht hatte, und zum anderen sicher auch daran, daß ich zweimal alleine, ohne Ehemann, gekommen war und damit westlichen Individualismus und Selbstständigkeit demonstriert hatte. Es lag aber letztlich doch wohl in erster Linie am Geld. Geld ist Macht und kann sogar eine Frau, zumal eine weiße, zur einer öffentlichen *persona grata* in einer Männergesellschaft machen.

Es kam hinzu, für mich, als Bedenken in Richtung Mbe, daß immer dann, wenn der Ehemann mit dabei war, er, obwohl er kein Geld brachte, allein aufgrund seines ehelichen Status ebenfalls reden durfte, und es wurden ihm auch die gleichen Ehren und Gewänder zuteil. Anders in Bakossi. Dort saß ich 1995, als dem Feldforscher allerlei öffentliche Ehren zuteil wurden, als eheliche Attrappe unbeachtet im Hintergrunde und ärgerte mich. Natürlich hatte nicht ich in Bakossi geforscht, sondern er. In Mbe wiederum hatte *ich* die Entwicklungsgelder zusammengebracht und nicht er. Dennoch war die Sicht und die Behandlung eine andere. Ausgerechnet in einer matrilinearen Gesellschaft stand ich als Frau im Eheschatten. Es gefiel mir nicht.

Ich hatte also, so sehr ich meinem besten Mann den Besuch in Mbe gönnte, unterschwellige Bedenken. Mbe: es sind *meine* Jagdgründe. Die gesellschaftlichen Folgen eines kleinen anatomischen Unterschieds, die eine ganze Generation von Feministinnen agaciert und auf die Palmengattung Drachenbaum gebracht hat, zeitigten auch bei mir gewisse Vorbehalte. Anders war es im Hinblick auf den Kollegen aus Bayern, der mit nach Mbe ging, zum einen, weil er das *Fufu*-Buch gelesen hatte und das abgelegene Bergnest, das er da beschrieben fand, sehen wollte; zum anderen, um, wie er H versprochen hatte, auf mich ‚aufzupassen'. Er würde als mitgebrachter Neuling in meinem Schatten bleiben. Der Fahrer aus Bakossiland schließlich, der schon das erste Mal, 1981, mit uns in Mbe gewesen war, sollte uns bis Ubum fahren und dann ebenfalls hinaufsteigen. (Im nachhinein streift mich der Gedanke daran, was er danach wohl alles herumerzählt haben mag, im Kumba unten und in Bakossi oben – wie die Rev. Missis viele Millionen CFA in das Bergnest gebracht habe, nicht nur für

166

eine Straße samt einer Brücke, die es nicht mehr, bzw. noch nicht gibt, sondern auch für zwei Häuser, ein riesengroßes und ein winzig kleines, und wie er und andere den Kopf und die Köpfe schütteln mögen: warum bloß und wozu? Es ist einerseits unangenehm; andererseits hätte ich nichts dagegen, auf den Flügeln der Fama auch im Waldland ein wenig herumzukommen.)

## Unterbrechung II

Heut ist Freitag, der 1. Dezember. Gestern abend habe ich, statt weiterzuschreiben, ein Exemplar ‚Spiegel' gelesen, gekauft, weil die Titelgeschichte in meinen Interessenbereich fällt: die Entdekkung der Vernunft durch die alten Griechen. Als neue Erkenntnis wurde da – in galoppierend unterhaltsamem Feuilletonstil, der die Frösche quaken und Sappho ins Meer springen läßt – aufgetischt, was einigermaßen Gebildeten bekannt ist, nämlich daß es die Ionier waren und vor allem die von Milet, die der Logos überkam. Da wird der untergehenden humanistischen Bildung ein Floß gezimmert, auf dem einige Grund- und viele Halbwahrheiten gerettet werden. Man liest es mit einem gewissen Vergnügen an journalistischem Können und am eigenen Besserwissen.

Nun will ich weiterschreiben. Eine neue Beunruhigung erinnert daran, daß die wohlbehaltene Rückkehr aus Kamerun kein Aufschub des voranschreitenden Alters ist und der Ungewißheit darüber, was auf uns wartet an langer oder kurzer Krankheit vor früherem oder späterem Tod. Die Sorge um den Nachlaß kommt wieder und auch das Bangen vor dem Alleinsein des einen oder der anderen von uns beiden. Mein Testament ist noch immer auf dem unvollständigen Stand von 1998. Nachdem Aidlingen zugesagt hat, brauchte ich noch die Zusage des Basler Archivs für meine Tagebücher. Ich brauchte jemanden, der sich um meine Bücher kümmert, und vor allem brauchte ich einen vertrauenswürdigen Testamentsvollstrecker aus unserer Bekanntschaft.

167

## Einschaltung
## BgT und frühere Besuche in Mbe

Hier müßte, wenn es statt einer Für-mich-Besinnung eine Art Rundbrief wäre, etwas zur Person des Rev. BgT gesagt und eine lange Geschichte zurückgestutzt werden auf die Anmerkung, daß der heute Sechzigjährige einst unser Student war, nicht sonderlich begabt, aber strebsam und als Junggeselle schon vorgerückten Alters von untadeligem Lebenswandel. Eine Seltenheit. (Er heiratete schließlich im Dezember 1990.) In Nyasoso hatte er mit Garten- und Schreibarbeit bei uns Geld verdient, während des Jahres in Bafut, gut bezahlt, meine *Dogmatic Notes* auf Matrizen geschrieben: ein zuverlässiger Mensch, so lange es nicht um Rechenschaft über Spendengelder ging. Mit ihm waren wir im Dezember 1981 zum erstenmal in Mbe gewesen. Ohne ihn und ohne sonst einen Weißen weit und breit verbrachte ich in dem abgelegenen Dorf im Februar 1983 eine ereignisreiche Woche. Mit ihm, wiederum ohne einen begleitenden Ehemann, verbrachte ich im Februar 1985 ganze *drei* Wochen in Mbe. Danach war ich dreimal zusammen mit dem Ehemann zu Besuch, zweimal auf dem Rückflug von Gastsemestern (1988 im Kongo bei Kinshasa, 1990 in Tansania), und schließlich 1995 nach einem Gasttrimester in Kumba-Kosala. Bei jenem letzten Besuch vor elf Jahren wurde das Häuschen auf dem Urhügel abgesteckt, das ich nun, beim siebenten Besuch, besichtigen sollte und wollte. Besichtigen und einweihen wollte ich es in vier Tagen und fünf Nächten.

H blieb also in Bamenda und erholte sich vollends. Er besuchte mit den Gastgebern Bamessing; er nahm an der großen Beerdigung des allseitig beliebten Dr. Nd. teil, bei welcher Gelegenheit er auch der politischen Zelebrität John Fru Ndi eine Hand schütteln konnte. Und er brachte mir von jenseits des Sabga-Passes ein Zweiglein krauser blaßrosa Röslein mit, das zerknautscht diesen Ort Europas erreichte, wo ich sitze und schreibe.

168

# Der siebente Aufstieg nach Mbe

## Verworrenes und Berichtigtes

Der siebente Aufstieg. Nach menschlichem Ermessen der letzte. Dem fernen Leuchten und dem Leben halb schon abgewandt. Ohne große Erwartungen; in allerlei Gewesenheiten versunken, allein mit mir selber. Denn die beiden Kollegen schwarz und weiß und der brave Mr. P. am Steuer – was hatten sie mit meiner Gemütsverfassung zu tun? Der eine nach der einen Seite hin gewiß einiges, aber inzwischen doch fast gleichgültig wenig.

Am Mittwochmorgen fuhr man los mit den beiden alten Koffern voll zu verschenkender Sachen, mit reduziertem persönlichem Gepäck und einem kleinen Vorrat an Nahrungsmitteln für den Eigenbedarf. Unterwegs ließ ich noch zwei Ananas kaufen in der Voraussicht, daß in Mbe weder Obst noch Gemüse zu erwarten sein würde. R.Th. sorgte umsichtig für eine Batterie Plastikflaschen mit Tangui-Wasser. Er hatte auch ein Mobiltelefon dabei.

Die Straße nach Bafut, auf der wir dahinfuhren, war schon 1995 (wegen des nahen Flughafens) asphaltiert. Mr. P. bog kurz ab zur Villa des hochbetagten A. S. (auch von ihm gäbe es eine Geschichte zu erzählen; aber wo würde das hinführen), um einen Brief abzugeben. Ob wir nicht hereinkommen wollten. Leider nein. H hat den würdigen Greis dann besucht und den H. Aw. ebenfalls. H hat Bekannte, denen ich weniger bekannt bin.

Weiter rollte die Reise vorbei an der Abzweigung zu der Schwesternschaft Emmanuel; vorbei an der hohen gelben Mauer vor dem Parkgelände, in dem ich mich 1982/83, auf des Lebens reise- und risikofroher Höhe, so gemütlich eingerichtet hatte; kurvenreich ging es hinab ins Tal des Menchum (kurz besichtigt ward der Wasserfall, inzwischen mit Schutzgemäuer und Touristengebühren versehen) und dann weiter bis Wum – einst eine halsbrecherisch schlechte Piste, inzwischen eine erstaunlich gute Straße mit nur wenigen Schlammfallen.

(Unterbrechung. – Wieder verliere ich mich ins Internet, diesmal suchend nach Satellitenbildern der Gegend, durch die wir gefahren sind. Es gibt sie. Der Menchum ist deutlich erkennbar mit allen Windungen. Ich glaube sogar den Fußpfad von Ubum nach Mbe zu erkennen und klicke mich zurück, um nicht aus der eigenen Erinnerung zu fallen.)

Die Erinnerung ist verworren und müde. Ich habe so viel, zu viel Landschaft gesehen – noch einmal die elefantösen Bergrücken und dahinschlingernden Talgründe, zweimal wurde der im Felsenbett schäumende Fluß überquert – und ich wußte nichts mehr damit anzufangen. Der Blick, wie ein bewußtloses Insekt, kletterte an einzelnen Grashalmen, hohen, breiten, scharfkantigen entlang – wohin? Die Konturen der Berge fließen ineinander und zerrinnen. Es ist nichts mehr vorhanden, das sich dem allen entgegenwerfen könnte. Es gleitet vorüber und ab in verschwimmendes Gewesensein und läßt sich nicht mehr vergegenwärtigen. Anderes an Möglichkeiten ist auch überholt. Den Fluß werde ich da, wo er flach ist und eine Furt hat inmitten der Reisfelder, nie durchwaten, um auf kürzerem Wege nach Mbe zu gelangen. Es wird auch dieses letzte Mal des langen Umwegs über Wum bedürfen. Und dann der beschwerliche Aufstieg…

In Wum war Familie zu begrüßen, Frau und Kinder, die nicht in Bafussam wohnen, sondern hier. Frau Mag. fiel mir um den Hals. Ich erkannte sie nicht wieder. Drei der Kinder waren in der Sekundarschule, zu der man hinfuhr. Sie wurden ins Büro des Schulleiters gerufen und standen brav und *demure* an der Wand. Was redet man mit Halbwüchsigen? Ich weiß es nicht. Ich gebe

Kindern auch kein Geld, sagte es und enttäusche Erwartungen. Es sind Geschenke für sie unter den Sachen in den beiden Koffern. Das muß genügen. Weiter. Die beiden Jüngsten begegneten auf der Straße. Jetzt erst dämmerte mir eine Zahl. In den immer spärlicher werdenden Briefen der letzten elf Jahre war davon keine Rede gewesen. Im Wohnzimmer des Häuschens an der Straße, mehrere Stufen steil hinab, muß es wohl gewesen sein, daß ich in Frageform feststellte: ,So you have five children –?' und die Geste der Bejahung mich peinlich berührte, der naive Stolz, der den Bauch vorschob und ,Yes' sagte. Nein, es erbaute mich nicht. Ich habe einst, und das ist nun allerdings schon lange her, anderes an diesem Mann geschätzt. Man wechselte das Thema. Es gab etwas zu essen und dann ging es weiter.

Die Fahrt durch das Tal nach Ubum (auf ebenfalls weit besserer Straße als 1995) gewann mir noch einiges an Aufmerksamkeit ab. Wieder verglich ich, und das fast zwanghaft, meine Literatur – ,Es war ein langgestrecktes, flachhügeliges Tal zu beiden Seiten der steinigen Straße, an den Horizonten begrenzt durch kahle Höhenzüge' – mit der Wirklichkeit, und die war weithin anders. Hohe Hügel, fast schon Berge, rücken anfangs dicht zusammen; die Höhenzüge sind weder kahl noch befinden sie sich am Horizont; sie sind, mit Gras, Buschwerk und einzelnen Bäumen versehen, über die ganze Landschaft hin mit einander verwoben, es gleitet eins ins andere und macht als Ganzes einen eher charakterlosen Eindruck. Eukalyptuswäldchen gibt es hier und da und, an einer Stelle, etwas wie ,Felsgestein an den Hügelabsprüngen'. Gewiß, die ,Purpurmalve' blühte frisch in dicken Büscheln, aber die ,Krüppelbäume' sahen ganz normal und langweilig aus – Landschaft bar allen einstigen Zaubers. In U. blieben der Minibus, ein Teil des Gepäcks und der Hauptverantwortliche zurück, wartend auf die bestellten Träger. Es war wohl gegen 3 p.m. Da ich mich um nichts und um niemanden zu kümmern hatte, machte ich mich unverweilt auf und stieg hinab.

## Abstieg. Aufstieg

Mit mir stiegen hinab zum letzten Mal der alte braune Reiseka-
sack von 1983 und die noch ältere Schultertasche. Der große neue
Regenschirm als Wanderstab war handlich. Die Schultertasche
gab ich ab und fotografierte nur einmal. Die Berge westlich von
Ubum kamen mir gewaltiger vor als erinnert. Das Wetter war
dunstig, ohne bedrückende Sonneneinstrahlung. Es machte keine
Mühe, hinabzukommen. Das Dasein fühlte sich an wie schon
nicht mehr vorhanden. Der Seele Gleichmut hielt auch den Körper im Gleichgewicht. Bis zum Fluß spürte ich keine Ermüdung.

An der ‚Brücke‛, nur noch hölzerner Fußsteg über den hochrau-
schenden Fluß, stand wie üblich eine singende Jugendgruppe
und war bald bergauf verschwunden. Desgleichen verschwanden
R.Th. und der Fahrer. Bei mir blieben ein Mädchen namens Quinta (‚So you are the fifth child?‛ Sie bejahte) und der Vetter Al., der
schon 1983 auf mich aufgepaßt hatte, als ich den halsbrecheri-
schen Bausi-Berg hinauf- und wieder herabgestiegen war. Am
Fluß stand ich eine kurze Weile, tauchte den Blick in die graurau-
schenden Fluten, besah mir und fotografierte den neuen Brük-
kenpfeiler aus Beton und die seitlichen Stützmauern. Und dann –

Dann müßte eine Schilderung der Mühsal folgen: wie ich anderthalb Stunden lang ‚mit dem Berg kämpfte‛ und schließlich,
völlig durchgeschwitzt und erschöpft, auf eine Matratze in einem
dunklen Zimmer des Palazzo fiel. Es war, hinsichtlich physischer
Anforderungen, das Haupterlebnis der Reise – ein mehr mit dem
Willen als mit den Beinen, hart an der Grenze der verfügbaren
Kräfte angestrebtes und mit knapper Not erreichtes Ziel. Dafür
gibt es keine Worte. Aber es gibt ein Foto, das R.Th., kurz vor
dem Ziel ein Stück Wegs zurückkommend, gemacht hat. Es zeigt
die Erschöpfung am Wegesrand, sitzend, mit geschlossenen Augen, schräg von oben. Ich werde darauf zurückkommen.

# Unterbrechung III

Sonnabend, der 2. Dezember. Es geht langsam voran, aber es geht immerhin. Gestern abend habe ich stundenlang Bohnenkoki zubereitet – eingeweichte Bohnen durch die Mandelmühle gedreht, das Palmöl von Bangem im heißen Wasserbad verflüssigt, eine vorsichtige Messerspitze der schon Tage zuvor hergestellten Pfefferschotenwürze untergemischt, Salz, Zwiebeln, eine Spur Knoblauch, Petersilie und ein wenig Weißkraut, und den körnigen Brei über zwei Stunden lang portionsweise in Alufolie, Gefrierbeutel und ähnlichem gekocht – daher ,Koki'. Ich brachte eine Kostprobe dem fernsehenden Ehemann. Er aß brav. ,Es schmeckt nicht nach Koki, aber man kann's essen' – auch ein Immerhin nach so viel Mühe und Zeitverschwendung. Im Bett las ich Scott Fitzgerald *Tender is the night*; vor fast einem halben Jahrhundert hab ich das Buch einst in Reading, England gekauft, weil es in einer Vorlesung empfohlen worden war, und nie gelesen. Gewisse sprachliche Eigenheiten und psychologische Details halten mich nun vorübergehend fest – ähnlich wie die Landschaften Kameruns, die ich nicht mehr beschreiben kann oder mag.

Nun muß es aber doch weitergehen mit diesem hier Zwitter aus Tagebuchbesinnung und gelegentlichen Seitenblicken auf mögliche Dennoch-Leser, die ich mir kaum vorzustellen vermag. Das Reisetagebuch, zwei dünne Oktavheftchen, das eine rötlich, grünlich das andere, die ich vollgeschrieben habe mit streckenweise unleserlichem Gekritzel, liegt abgeschrieben und mit vielen nachträglichen Fragezeichen verziert vor: 60 Seiten A5, in einer immer wieder aufbrechenden Unverblümtheit, die niemandem, fast auch H nicht, zuzumuten wäre. Alle meine Tagebücher sind angefüllt mit solch unüberlegten Ausbrüchen, haben auf diese Weise therapeutisch gewirkt und das hatte sein Gutes. Das hier jedoch ist ein Versuch besonnener Rück-Besinnung. Mühsam wie das Herstellen von Bohnen-Koki.

## Weiter am Aufstieg

Wie so oft fällt das Wichtigste aus der Spur der Worte, die man machen kann. Ich müßte – den langen und steilen Weg beschreiben vom Fluß hinauf ins Abseits des Dorfes. Der Palazzo liegt noch einmal abseits vom Abseits, jenseits eines Baches, zu dem man erst hinab muß, ehe man auf der anderen Seite wieder eine Höhe erklimmt, die mir so steil erschien, weil ich am Ende meiner Kräfte war – eben jene Höhe, die der ‚Urhügel' krönt, auf welchem nun das Häuschen thront.

Es ist ein Jenseits. Den Weg in dieses Jenseits zu beschreiben, so wie er mir noch vor Augen liegt – jede Biegung um jede Kuppe, jede Verfärbung von grauem zu gelbem zu rotem Lehm und Geröll; jede Regenrinne, jede Stolperstufe im Fels, jede grobe Naturbelassenheit des von Hand in dörflicher Gemeinschaftsarbeit mit Buschmessern und Feldhacken fast zur Straße verbreiterten Fußpfades; vor allem aber die berühmte Krümmung des Raumes durch die Masse, die wenig über sechzig Kilo zu einem Steigungswinkel von dreißig Grad hinabzieht und, wo nicht den Raum, so doch den aufrechten Gang krümmt – nahe vor dem Gesicht liegt die liebe Erde, und der geschöpfliche Schweiß rinnt hemmungslos. Zu beschreiben jeden flüchtigen, dem nächsten Schritt abgerungenen Blick zur Seite ins stumpfsinnig begleitende Gebüsch, in die tiefhinschweifenden Täler und zu den betrachtungswürdigen Jenseitsbergen; jedes Stehenbleiben, um dem kurzatmig stampfenden Herzmuskel, den erlahmenden Knien und dem angespannten Willen eine Erholung zu gönnen – für das alles müßte ich die nachempfindend mühsamen Worte suchen. Ich will aber nicht. Einst, vor zwanzig Jahren, dachte ich: Will ich denn mit Sechzig noch in diesen Bergen herumkrauchen? Es kam mir verstiegen vor. Und nun? Morgen (also in einem Vierteljahr) würde ich Siebzig sein. Das Häuschen ist eben nicht früher fertig geworden.

Um die übermäßige Schweißabsonderung – es dampfte aus allen Poren durch Unter- und Oberhemd bis ins dichte Gewebe des Kasacks hinein – an einem auf die Lungen schlagenden Abkühlen zu hindern, orderte ich eine halbe Stunde vor dem Ziel die mit anderem Gepäck weit voraufgetragene Windjacke zurück. Es ging gegen Abend. Mit der Windjacke über den Schultern, einen lilagrünbunten Schal um den Hals, saß ich schließlich kurz vor dem Ziel am Wegesrand, barhäuptig, weißhaarig, mit geschlossenen Augen und eigensinnig verkniffenem Mund. Es biß da sichtlich eine die Zähne zusammen. Ich weiß dem Kollegen R.Th. Dank, daß er diese Aufnahme gemacht hat.

Ich sehe mich sitzen in Postkartengröße auf dem bedruckten Stück Papier und frage mich, welche meiner Groß- oder Urgroßmütter sich in diesem Augenblick äußerster Erschöpfung wohl reinkarniert hat. Meine Mutter hat sicher oft die Zähne zusammengebissen, um ein schweres Leben durchzustehen; aber sie hat es gewiß nicht mit diesem Ausdruck inneren Hochmuts getan. Der muß mir von anderswoher kommen, vermutlich von Vaterseite. Denn was ist der Mensch, wenn nicht eine Ansammlung von Erbeigenschaften, für die er nichts kann und für die er dennoch verantwortlich ist.

Ich saß da und es ging gegen Abend des 8. November 2006. Ich sitze da noch immer. Man sitzt so nicht oft im Lauf eines Lebens. Auf dem queren Baumstamm im Urwald am Kupé, dicht unter dem Gipfel, den ich nie erreicht habe, saß ich im Juli 95 wohl ähnlich, als ich nicht mehr konnte, und H blieb bei mir. Beim ersten Aufstieg in die sinkende Nacht hinein, im Dezember 81, ging es auch so an der Grenze entlang, und ich war ein Vierteljahrhundert jünger gewesen. Und da nun, am 8. November 2006 – der Palazzo war nahe, es war der siebente Aufstieg, und das ferne Leuchten war längst erloschen. (Eine Woche später, wieder zu Hause, war ich mehre Kilo leichter und wunderte mich nicht.)

## Abend der Ankunft: Schlaf und ‚Bad'

Des Erinnerns und der Besinnung wert sind der guten Dinge drei. Das erste war eine Gabe der Natur; das zweite eine Gabe der Gastlichkeit; das dritte eine Genugtuung nach elf Jahren Geldüberweisungen, Zweifeln und Verärgerungen.

Die Gabe der Mutter Natur: Erschöpfungsschlaf. Im Palazzo angekommen, griff ich nach einer Flasche Wasser, trank und fiel irgendwo in der Dunkelheit auf eine schnell hingebreitete Matratze. Da lag ich, ich weiß nicht, wie lange. Vielleicht eine Stunde, vielleicht auch nur eine halbe. Völlig angekleidet, gekrümmt wie ein Embryo, dankbar, daß ich auf eigenen zwei Beinen angekommen war. Ein halber Liter Wasser und die Wohltat des Schlafs (ich hätte mich auch auf nackte Erde gelegt) regenerierten die verschlissenen Kräfte so weit, daß ich bei Laternenschein und in Begleitung von BgT auf die nahe Anhöhe des Urhügels steigen und das Häuschen ‚in Besitz nehmen' konnte.

Die Gabe der Gastlichkeit war warmes Wasser. Nirgendwo sonst hatte man uns diese Wohltat bereitet. (In Kumba und in Nyasoso mußte ich um heißes Wasser zum Haarewaschen ausdrücklich nachsuchen; ich bekam zwar welches, aber H wollte plötzlich auch davon, es war zu wenig für zwei und es kam zu Mißstimmung.) An diesem Abend der Ankunft also gab es außer einer Reismahlzeit die Wohltat eines warmen ‚Bades'. Die Wohltat war mit Akrobatik verbunden und ist des Beschreibens wert im Vergleich mit der Morgentoilette in einem weißgekachelten, mit Fußmatten, Waschbecken, Wanne und Dusche heiß und kalt ausgestatteten Bad hierzulande. Ich will es mir wiederholen.

Jemand kam und sagte: ‚Your bath is ready.' Ich hatte in der Eile (heißes Wasser wird auch in warmer Tropennacht schnell kalt) drei weiße Handtücher und zwei Waschlappen zur Hand; nicht

176

aber die leichten Sandalen, kein Fledermausgewand und keine frische Unterwäsche. Ich ging hinab in den Palazzo und ließ mir das ‚Bad' zeigen. Ein düsteres Gelaß, leer bis auf ein paar Balken und Bretter, die da gestapelt lagen, und ein paar Nägel im Türrahmen. Auf dem Zementboden stand neben der Laterne eine größere Schüssel mit gut warmem Wasser und etwas wie ein Schwamm. Kein Vorhang vor dem vergitterten Fenster; nur die Dunkelheit. Die Tür unverriegelbar. Nun gut. Aber wo lege ich ab? Die beiden Waschlappen auf dem Rand der Schüssel. An die Nägel die Handtücher und dann Stück für Stück Kasack, Hosen, Oberhemd, Unterhemd, Schlüpfer. Stand in Schuhen und Söckchen und es fehlten mir die Sandalen. Ich mochte mit nackten Füßen nicht auf den Zement treten, zog ein kleines Brett herbei und stellte mich, nach wackeliger Entblößung der Füße, auf die wackelige Unterlage, Schuhe und Söckchen in Reichweite.

Nun in anadyomenischem Zustande, aus verschwitzten Klamotten getaucht, einen Waschlappen nach dem anderen, triefend von warmem Wasser, über Gesicht, Schultern, Arme und alles übrige appliziert – so wohl tat nie ein Bad, parfümiert mit Wildrosenöl, in der eigenen Badewanne oder unter der Dusche, wie diese wenigen Waschlappen voll warmen Wassers. Sie wuschen wohlig hinweg, was an erkaltetem Schweiß am ganzen Körper klebte. Es rinnt die Erinnerung daran noch immer lustvoll durchs Nervengeflecht. Hedonismus vom Schlichtesten und Empfindungsintensivsten. Das Hangeln nach den Handtüchern wurde zum Balanceakt; das Abtrocknen der aus der Schüssel gehobenen Füße zur Akrobatik, knapp vorbei am Umkippen vom Brett auf den Zement; das schweißkalte Unterhemd mochte ich nicht anziehen, mußte indes wohl oder übel das ebenso verschwitzte Oberhemd und alles übrige auf der erfrischten Haut dulden, machte mich schnell auf und davon in mein Häuschen und suchte frische Wäsche aus dem Gepäck. (Am nächsten Morgen hab ich das verschwitzte Zeug gewaschen in einem Eimer mit kaltem Wasser.)

## ‚Mein' Häuschen

Als Drittes ereignete sich am Abend der Ankunft das eigentliche Ziel der Reise. Zwischen Schlaf und Bad kam, wonach nichts drängelte, weil es vorhanden war und nicht mehr entgehen konnte, es kam BgT: ‚Nyango, can we go to the hill top house?' Wir gingen, schweigend im Laternenschein; ich glaube, die tüchtige Mag. kam mit, beim Tragen der Gepäckstücke zu helfen.

Da stand es also. Wie begegnet man einem überholten Wunschtraum? Ich hatte beim Heraufsteigen im letzten Tageslicht mit flüchtigem Seitenblick die Kahlheit des Hügels gestreift. Das Entblößte. Die Tür tat sich auf. Das Innere überraschte mit roten und weißen Blümchen auf dem Fußboden – der graue Zement war mit einer Plastikfolie belegt, die Fliesen vorspiegelte. Hübsch. Fast rührend. Vor den Lamellenfenstern weiße Gardinen. Ein Tisch, zwei Stühle. Eine Zwischentür, dahinter zwei Betten und ein Regal – der erste Eindruck war anheimelnd freundlich. Es wollte nicht recht in Worte. Es war alles zu spät. Aber es war da.

Eine Latrine gab es auch: zehn Meter hinter dem Haus, auf Wald und Abgrund zu lagen Balken über einer Grube, auf drei Seiten mit Wellblech-Sichtschutz versehen. Bequemer als die Hundehüttchen aus dürren Palmwedeln, in die man gebückt kriechen muß. Ich hatte dennoch nicht die Absicht, mich bei Vollmondschein da hinüber zu begeben. Es fand sich eine andere Lösung.

Um 10 Uhr nachts, bei Buschlampenlicht und Bamenda-Ananas, habe ich an diesem Abend der Ankunft noch eben ein paar Zeilen Tagebuch geschrieben. Ein Ritual, fast wie ein Abendgebet.

Mbe, 8. November 2006, 22Uhr. Hilltop House. Kann ich die erste Nacht hier schlafen ohne eine Notiz? /.../ Dank dem Vater im Himmel, und möge H vollends wieder gesund werden. Mein Vater im Hürtgenwald, was hättest du gesagt zu deiner Tochter, die sich in den Bergwäldern Afrikas herumtreibt? Meine Mutter hat mir ihre Angst vererbt. Mein Vater, der Förstersohn und Jägersmann aus Leidenschaft, vermutlich das bißchen Geschmack für Abenteuer und *was Aparts für mich*.

Also an Vater und Mutter denkend und auch an H, Gott dankend dafür, daß ich's noch einmal geschafft hatte, schlief ich ausnehmend gut in dem breitem Bett unter selbstgebasteltem Moskitonetz (der Buea-Regenschirm und drüber eine alte, engmaschige Perlongardine aus Muttererbe).

Backstein – der ‚Staubrosenwahn‘

Vier Tage und fünf Nächte habe ich in dem Häuschen gewohnt und es damit eingeweiht. Hier fängt der Roman an, der zu lang ist, um nacherzählt zu werden – für wen auch? Es ist ja alles schon beschrieben und zum Teil sogar veröffentlicht. Hier will ich mir schriftlich darüber klar werden, was alles *nicht* ist, wie es hätte sein sollen. Wozu auch?

Es betrifft vor allem den Hügel. Er wurde, der erste flüchtige Seitenblick sah es, fast kahl geschlagen, auch nach der Seite hin, wo man sich vom Dorf her nähert. Mithin fällt als erstes auf, was nur von den Ostfenstern des Palazzo her sichtbar sein dürfte. Es steht da rundum nackt und bloß und marzipanfarben, gänzlich gegen meine Vorstellung von einer Eremitage im Abseits. Da müßten Büsche und Hecken hin und wieder Bäume wachsen. Es müßte hoch das Elefantengras ragen, um zu verbergen, was sich nun jedem profanen Blick aufdrängt. Wie ein Vorposten und Wächterhäuschen für den Palazzo steht da, was im Verborgenen, versteckt in einem lauschigen Winkel, ein Ort des Rückzugs hätte sein sollen. BgT hat zum einen den Sinn des Häuschens *für mich* offensichtlich nicht begriffen (sonst hätte er wenigstens für die Einweihung die richtigen Bedingungen geschaffen); zum anderen hat er ebenso sichtlich vorgegriffen und das Häuschen für sich und seine Kinder so gebaut, wie es ihm genehm ist. ‚A colonial resthouse‘ nannte es der Häuptling in seiner schriftlichen Ansprache. Er hat etwas begriffen; aber etwas Überholtes.

Die Innenausstattung entspricht weithin meinen Vorgaben. Aber nicht ganz. Die Tür zwischen Wohnküche und Arbeits-/Schlafkammer hätte weiter rechts sein müssen. Es fehlen hohe, bis zur Decke reichende Vorratsregale und ein weiterer kleiner Tisch für die ‚Küche‘. Ein Fenster nach Norden, zur Latrine hin, war nicht vorgesehen. Die Betten sind zwar sehr bequem, aber zu breit. Es hätte vor dem Westfenster neben meinem Bett noch ein Schreibtisch Platz finden sollen. Das solide Regal vor dem Nordfenster hätte zu Füßen meines Bettes eine Art Wand bilden sollen, um Einblick von der Zwischentür her zu verhindern. Auch hätten beide Türen nach links aufgehen sollen. Das zweite Bett hätte nicht nur schmaler, sondern auch hochkippbar und als Regal benutzbar sein sollen. Wozu das alles? Es beschäftigt vorübergehend noch immer meine Eremiten-Phantasie.

Ohne mich als Eremitin hätte das Häuschen ein Kenotaph sein sollen. Völlig leer? Nein, angefüllt mit ausgewählten Einzelheiten meiner Hinterlassenschaft, Büchern, Bildern und Afrikagewändern, die bei mir hier ungetragen herumhängen und von denen ich nicht wüßte, wer sie erben sollte. In dem Häuschen wären sie gut aufgehoben gewesen als Wandbehang. Hatte ich einstmals gedacht. Also wäre es doch eher ein Museum geworden und wer weiß, wie eine solche Hinterlassenschaft behandelt worden wäre. Ein Teil der Nachkommenschaft dessen, der durch Jahrzehnte hindurch Baugelder erhalten hat, wird darin hausen. Eine Generation, die von Nixen und einem Mönchlein nichts weiß. Was werde ich in Mbe hinterlassen haben? Ein *colonial rest-house*. Denn ein *Kenotaph* – was ist das? Wer außer mir weiß es? Niemand dort kann eine solche Seltsamkeit begreifen.

Mir bleiben die Worte, die sich machen lassen.

*Als es vollendet war und dastand, lehmgelb inmitten der grünvioletten Berge; als der Traum sich erfüllt hatte wie ein voller Mond, der durch die Dämmerung ins schwarze Laub der Eukalyptusbäume steigt; als das Erträumte, kubisch, viermalvier, strohgedeckt mit Pyramidendach, umwuchert von wilden Malven, von dichtem Elefantengrase mannshoch umstanden, umgeben von Drachenbäumen und Kokospalmen...*

Es gibt ringsum weder Eukalyptus noch Koskospalmen.

## Unterbrechung IV

Großer Zwischenraum von fast zwei Wochen. Heut ist Donnerstag, Sonnenstillstand, und morgen ist Wintersonnenwende und Winteranfang ohne Schnee. Forsythien blühen. Viele Briefe habe ich geschrieben, fast zwanzig; aber wer schreibt mir? Fast niemand. Am Nikolausmittwoch war noch einmal Griechisch in der Heilbronner Stadtbücherei, eine Erkältung kündigte sich an, die ich dann weggeschlafen habe, zwei Nächte in der Wärme der Tageskleidung. Und nun, statt das Schwinden des Gedächtnisses zu notieren, das Blättern in unleserlichen Tagebuchnotizen, weil ich nicht mehr weiß, wann wir bei den Bekannten oben auf dem Berg waren und ein paar Kamerunfotos zeigten. Am Tag vor dem 1. Advent habe ich einen Kranz aus Eibisch, Efeu und ein wenig Tannengrün geflochten, mitgebracht vom Spaziergang, und einmal bin ich auch alleine da oben am Linsenberg herumgelaufen. Nachmittags immer raus und laufen, zum Friedhof, auf die Burg, zu den Supermärkten, um Behälter für das viele beschriebene Papier zu holen und Blumen, fürs Grab, für mich und für H, der Amaryllis anbrachte und weiße ,Knallerbsen'. Beim Bücherkaufen hab ich eine CD, die allererste, mitgenommen, die ,Winterreise', Prey, und hab sie mir angehört in der frühen Dunkelheit bei

Kerzenlicht, allein mit der Stimme romantisch-ekstatischer Ausweglosigkeit, ‚Eine Straße muß ich ziehen, die noch keiner zog zurück', ein Schwall lyrischer Einsamkeit. Fitzgerald, *Tender is the Night* hab ich zu Ende gelesen und dazwischen den übersetzten *Froschmäusekrieg*. Ich komme aber nicht mehr richtig mit. Ich bin innerlich erschöpft, mehr von den Monaten *vor* der Reise als von der Reise selbst. Es bleibt alles seltsam unwirklich.

Das liebe Geld. Kleinkram. Müdigkeit

Es macht mir Mühe, den Tagen in Mbe Beschreibbares abzugewinnen. Das Tagebuch gibt auch nichts her. Da stehen eine Menge Zahlen – das liebe Geld, das umzurechnen und zu verteilen war, die Euro und die CFA. Das Dorf und seine Umgebung hat mich so weit interessiert, daß im Tagebuch eine Skizze zu finden ist mit dem Haus des Agrarhäuptlings im ‚Krater' und dem Palmental auf der Bausi-Seite. Die Beschäftigung mit Wasser ist auch notiert (aus der kaputten Thermosflasche Lauwarmes zum Auslaugen von Teebeuteln und Anrühren von Haferflocken; der Rest zum Händewaschen und für weitere hygienische Zwecke); mit Salz, Zucker, Knäckebrot, Brühwürfeln, Ovomaltine, Büchsenmilch und Käseecken habe ich mich auch beschäftigt, desgleichen mit den zu verschenkenden Kofferinhalten und dem, was aus den 1985 zurückgelassenen Taschen zutage kam (der alte Ölfarbenkasten aus Duala etwa, den H mir 1975 geschenkt hatte), die BgT aus dem Palazzo heraufschleppte. Gesellschaftswichtiger Kleinkram mußte bedacht und abgewickelt werden. Die Bäume, die Berge ringsumher und der Himmel darüber warteten. Worauf? Ich selber wartete nicht mehr. Ich war da.

Das Marzipanhäuschen stand und wartete auf Unbestimmtes. Es sah aus, als hätte es gar nicht sein sollen. Die weißen Gardinchen vor den Glaslamellen – wie Brautschleier, Wiesenschaumkraut oder nebelhafte Erinnerungen an Stimmungen, die verweht sind.

182

Ich hängte schließlich ein Rosenrankengardinchen darüber, vor das Fenster neben ‚meinem' Bett, etwas, das einst, luxuriös die Fensterhöhlen einer Schlafbaracke verhüllend, von jenseits der Bougainvillea herüberwehte. Nun wehte Altersmüdigkeit, abwinkend. Ein Vierteljahrhundert kann lang sein.

Ich habe viel Zeit vor dem Häuschen versessen. (Und gegen Abend meist auch an die Moskitos gedacht und daran, sie abzuwehren). Man hat mich in Ruhe gelassen. Die Zeit verging, es war dunstig, warm und still und die Seele, das merkwürdige, mit Sinneswahrnehmung ausgestattete Etwas, ging ringsum spazieren – krabbelte, schweifte, streifte auf dem westlichen Rand der weiten Mulde entlang, in der das Bächlein fließt und der Palazzo steht; kroch an den Hängen des Ahnenbergs hoch, der von ferne sanft aussieht, von nahem von Speergras starrt. Es ist elf Jahre her, daß H und ich da hindurchraschelten und ein graues Haupt, das Gras kaum überragend, zum Dorf hinübersah. Nun ist es weiß, und der Berg ist unzugänglich.

**Unterbrechung V**

Heut ist Sonntag, der 24. Dezember. Ein Traum, der Verjährtes hochspülte, ist ins Tagebuch notiert, das Weihnachtsbäumchen zur Abwechslung mit blauen Kerzen besteckt, behängt mit Kugeln dunkellila, blau und grün. H liest eine Magisterarbeit, und ich, nachdem ich gestern abend noch zwei Bildchen gemalt und den heutigen halben Vormittag nach ‚Afrika' vergoogelt habe (es gibt eine Clique von ‚Afrikafans', die sich an dem Abenteuer-Schema ‚weiße Frau heiratet schwarzen Mann und erleidet Kulturschock' delektieren; da wäre eine Muse mit dem Temperament von Melasse auch ohne folkloristisches Lendentuch am Ende doch *was Aparts*) – ich also will eben noch anfangen, mich anhand von Fotos zu erinnern, ehe die Rituale beginnen.

## Das Dorf als inneres Bild

Die beiden Fotoalben zu je vierzig Bildern, angefertigt auf Weihnachten zu, sie regen merkwürdigerweise und bis auf ein einziges nicht, wie die Großausdrucke, zu Beschreibungen an – sie nehmen mir die Worte weg. Ich müßte mühsam und lustlos danach suchen und versuche daher, innere Bilder nachzuzeichnen. Das Häuschen ist abfotografiert von außen und innen und samt der Umgebung. Da ist nichts hinzuzufügen.

Das Dorf hingegen, der Sichelbogen auf dem ‚Kraterrand' von oben nach unten und wie einzelne Gehöfte an den Hängen kleben und sich in lauschige Seitentäler kuscheln – das, was ich gern noch erforscht hätte aus schierer Landschaftsneugier, die nur sehen will, das habe ich mir versagt mit einem Schulterzucken – wozu, was soll's noch. Das Nordende nach Ubum hin mit dem Häuptlingsgehöft, umbiegend nach Südosten und Südwesten, ist mir gegenwärtig; von den beiden Südenden des Dorfes ist mir jedoch nur der Steilabfall des Oberdorfes vor Augen. Im östlichen Unterdorf ging ich am Freitagvormittag mit BgT bis dahin, wo der Pfad hinab in den ‚Krater' zum Gehöft des verstorbenen Agrarhäuptlings R.Ng. führt. Der ‚Krater' ist gefüllt mit dichtem Gewipfel. Da hätte ich, wenn schon nicht in den Krater hinunter, oben weitergehen sollen, geradeaus abwärts nach Süden bis dahin, wo die Straße nach Bausi verlaufen müßte und an der Ostflanke der ‚Kraterwand' hin das schattige Seitental mit dem Bach, an den ich mich erinnere. Der Bach von 1985, aus dem ich zwei Handvoll schöpfte und trank. Auch 1995 müssen wir zu dritt da entlang gegangen sein, H, BgT und ich, im Palmenschatten mit Sonnenlichtspielen, am Bach entlang. Das ungenau Erinnerte und das Unerforschte, es beschäftigt meine Phantasie noch ein wenig. Es ist nicht BgT und es ist im Grunde auch nicht das Häuschen, das mich noch einmal nach Mbe bringen könnte. Es ist der merkwürdige Sog einer unerforschten Topographie.

Auf seinem Solo-Rundgang hat R.Th. zwei Aufnahmen gemacht von Gehöften in unbekannter Gegend. Sie liegen an Hängen und in Mulden, die ich nicht wiedererkenne und daher wohl nie gesehen habe. Der bloße Anblick ruft das Gefühl ,lauschiger Winkel', einfaches Leben und seliges Verschollensein hervor. Ich wundere mich, daß das Gefühl noch so stark ist, wo ich doch weiß, wie hart das Leben der Leute ist und daß *ich* es nicht lange aushalten würde. Es ist der bloße Anblick, die bloße *Theoria*, die ein Überschwappen des Gefühls ins Sehnsüchtige bewirkt. Das ist die Verführungskraft des Augen-Blicks. Ein *moment mystique* angesichts des Fotos, das ich hier vor mir habe.

Auf dem Weg zum Kirchenhügel am Sonntag erging es mir ähnlich. Ich hatte mich allein auf den Weg gemacht, um das Oberdorf noch einmal zu erkunden und mir vor allem die Umgebung, die Täler und Hügel unterhalb und jenseits des ,Kraterrandes' einzuprägen. Da sah ich auch manch ,lauschigen Winkel', Palmengründe mit Häuschen und Fußwegen und wäre gern hinab- und hinübergestiegen. Der Landschaftszauber wirkte noch. Ich warf auch einen gestatteten Blick in BgT's altes Häuschen, das im Verfallen noch bewohnt wird; fand keine Spur des einstigen Geheimnisses. Alles ist abgeblättert, nur noch Schimmel und verrammelte Fensterläden. Statt des Blechbadeschuppens nach hinten hinaus steht ein neues solides Würfelhäuschen mit Strohdach. Weiter bergabwärts auf einer Terrasse ein kleines Gehöft; ich stand da und der Blick stürzte steil ab, ehe er sich fing und hinüberschwebte zum westlichen Ausläufer des Ahnenbergs. Ich verzichtete aufs Fotografieren, klammerte mich im Loslassen noch einmal fest, habe aber nur Ungenaues in Erinnerung.

Durch die vier Tage in Mbe bin ich wie schlafwandelnd gegangen. Wie durch eine Unwirklichkeit. Wie durch etwas, das nicht mehr sein darf – für mich. Ich sammelte Teilchen meiner Seele ein, um sie einzupacken und mitzunehmen. Ich klaubte sie aus

dem Sand und aus den Drazänen, ich fischte sie aus dem Bächlein im Raffiagrund und fing sie im Entlangschweifen an den
Hängen des Ahnenbergs ein. An den Leuten, auch an BgT, war
nichts mehr abzuklauben und einzusammeln. Was einst Charis-
ma war; menschliche Reife, Vertrauenswürdigkeit, Besonnenheit
und Geduld, ist längst, spätestens seit 1987, zerkrümelt und ver-
dunstet ins Allzumenschliche und rein Monetäre. *Not money has
been misused, but confidence.* Die ‚Beziehung' hat sich so lange hin-
gezogen, weil so viel Geld geflossen ist in so viele Projekte und
auch in dieses Häuschen.

Hier füge ich Tagebuchauszüge ein, aus welchen hervorgeht, wie
wenig mir nach Schreiben zumute war und wie es dennoch vor
sich hin kritzelte – Kleinkram, der bei guter Gesundheit erhielt.


## Tagebuch

Donnerstag, 9.11.06, 7.10. Ich lebe. Ich schreibe nicht. Ich lebe langsam,
auch gedanklich. Die Fußkrämpfe, rechts, nachts, waren das einzig
Unangenehme der ersten Nacht in diesem Häuschen.
7.35. Der Eimer mit dem Rei-Waschwasser ist entleert, die innere Ent-
leerung, dank der Ananas gestern abend, eine nicht geringe Beruhi-
gung. Kam eben der Mr. P. to see how I have slept. Aufs ganze gesehen
habe ich gut geplant hinsichtlich der notwendigen Dinge. Heut morgen
Zähne geputzt mit Odol im Plastiktäßchen, Wasser aus der kaputten
Thermosflasche. Vor allem die Schraubdosen erweisen sich als unentbehrlich. Heut werde ich fotografieren. Der Hügel ließe sich zu einem
Paradies mit Hecke bebauen. Es wäre vieles zu verbessern (es ist z. B.
ein Spalt unter der Haustür, durch den die Eidechsen kriechen und
große schwarze Grillen). Ich esse die zweite Schraubdose Ananas.
8.05. Ich brachte den Eimer runter und holte Salz fürs Müsli. R.Th. und
Mr. P. sitzen und warten auf Frühstück. Nebel hebt sich, Sonne ist flek-
kenweise da. Ich sagte BgT, daß wir heute einiges besprechen sollten.
Ich weiß, ich muß. Ich bin zwar über alles hinaus Richtung Tod, aber es

ist doch schön hier – so schön, als hätte das Gartenparadies der Schloßdorfer Kindheit sich hierher geflüchtet. So schön, daß ich einen Teil des
restlichen Lebens, wenigstens drei Wochen, drei Monate, ein Jahr hier
noch verbringen wollte, sofern für alles Lebensnotwendige, Wasser,
Reis und ein paar Extras gesorgt wäre. Es soll nicht sein.

Freitag, 10.11.06, 7 Uhr. Ich rühre mein Müsli an. Die Thermosflasche ist
tatsächlich kaputt, das Wasser nur noch lau, aber hoffentlich abgekocht.
My Swiss knife – BgT hat offenbar auch das zweite, das ich ihm 1985
gab, verloren. – Ich versumpfe so sehr im bloßen Dasein, daß ich nichts
schreiben mag. Ich gehe ums Haus. Ich sehe die Bäume an. Ich sehe die
rot-und-weiß geblümte Plastikfolie an, die den Zementboden bedeckt.
Gestern abend nach Tisch, die Verharmlosung eines Geheimnisses
durch öffentliche Kundgabe. Mr. P. hörte es auch. Man lachte.
9.15. Hose gewaschen, die beste, nougatfarbne. Zum Bach stieg ich hinab mit meinem Schirmstock. Zwei Mädchen holten zwei große Eimer
voll. Sie schöpften das Wasser flach über dem braunen, grobkörnigen
Sand. 10.30. Ich suche zwei Wäscheklammern, um den Schleier des
Geheimnisses rings um die Veranda aufhängen, die Gardine, das Moskitonetz. Die zementierte Veranda könnte zur lieblichen Laube verhängt
werden. Ich sehe auf das Blechdach des Palazzo hinab. Das Ineinan-
derwogen der Hügel und Täler ist verwirrend. Viel Wald ist abgeholzt.
Der Bach macht eine Wendung und fließt nach Westen.
14.10. The heat is oppressive. I lie me down again. – Man wartet, daß die
Hitze nachläßt. Heut also nur zum Chief's palace, alles andere morgen,
hoffentlich am Vormittag. Hab um 13 Uhr eben noch das beinahe ver-
gessene Malarone genommen mit Ovaltine-Banane, nachdem ich schon
auf dem umgestellten Bett lag und durch die Rosengardinen zum
Ndong-Berg hinüberträumte. Bei geöffneten Lamellen turnte im Ringel-
gitter eine Eidechse. Das Regal zu Häupten müßte um 20 cm schmaler
sein, dann wäre es eine Trennwand zur Zwischentür hin. Ich würde es
mir einrichten. Die graufleckigen Wände weiß tünchen, ein strahlendes
Weiß. Das Fleckige gibt die Wirklichkeit symbolisch wieder. Ich fühle
mich hier oben und innen wohl. – 14.40. Zwei Pocket Coffee zur Ermunterung. Das Mbe-Gedicht hinten auf mein Portrait geschrieben. Ich sitze
hier wie im Verwunschenen. Das Licht wandert ums Haus. Vorgestern
war noch ein Rest abnehmender Mond zu sehen.

## Prozession zum Häuptlingsgehöft

Heut ist Dienstag, der zweite Weihnachtsfeiertag, und es war am zweiten Tag in Mbe, am Freitag, dem 10. November, als am Nachmittag das Ritual noch einmal ablief – Ehrengewänder, Reden und Tänze. Was zieh ich an? Die grau-weiß gestreifte Gouvernantenbluse, das schwarz-rot-weiße Wickeltuch von 1995 zusammengefaltet über die linke Schulter drapiert, hier, seht: ich weiß das Ehrengeschenk zu ehren. Den Regenschirm als Wanderstab hinab und hinauf; der Gast wird abgeholt in großer Prozession hinüber zum ‚Palast'. – Der Hohlweg mit den Felsblökken, den eines der vielen Fotos aus R.Th.'s Digitalkamera zeigt, verwirrt mich im nachhinein. Es muß ein anderer Hohlweg sein als der zwischen dem alten Häuschen im Oberdorf und dem Fonsgehöft. So verworren ist vieles in der Erinnerung. So geistesabwesend bin ich durch das Dorf und die Leute und die Tage gegangen. War es anders während der anderen Besuche? Bin ich nicht während eines Vierteljahrhunderts ein um das andere Mal ähnlich einwärtsgekehrt in diesen Bergen umhergestiegen, konzentriert auf romantische Innerlichkeit und deren Widerspiel auf sandigen Wegen, im Verwinkelten zwischen den Hütten, am Dunst und an den Bergen ringsum? Das Dorf war Kulisse, hinter die nie ein forschender Blick drang. Wie in Zellophan verpackt bin ich auch diesmal durch alles hindurchgelaufen. Daß BgT mit seiner blauen Idiotenkappe aus alten Zeiten neben mir ging, entnehme ich den Fotos, nicht der Erinnerung. Was ich erinnere, ist eine Art Zeremonialbesen, den man vor mir herschwenkte. Eine tanzende, tutende und rasselnde Prozession von Frauen, an der Spitze ein Mann, der eine Kalebasse mit einer grünen Pflanze trug – auch ein Foto ohne ethnologische Auskunft. Der Unterschied zwischen H's Afrika und meinem ließe sich an solchen Kleinigkeiten festmachen. Meins besteht aus Impressionen, die sich literarisch aufbereiten lassen zu Erinnerungsbildern, H's aus erforschten Realien, daraus sich Wissenschaft machen läßt.

## Unterbrechung VI

Nun beginnt schon wieder ein neuer Tag aufs Jahresende zu. Daß die iroschottische Kirche eine keltische war und die Kelten Indogermanen sind, kam mir gestern Abend mit einem Büchlein über Bonifatius dazwischen. Den Nachmittag hatte ich neben H auf dem grünen Sofa mit dem Calwer Bibellexikon verbracht, mich stoßend an dem vom Satzsubjekt ausgehenden Willen zur Macht einer ‚Christianisierung des Hellenismus'. Was soll's. Das Häuschen auf dem Urhügel, *,far from the madding crowd's ignoble strife'*, war auch als Ort für weisheitliche Betrachtung von Geschichte als Konflikt der Interpretationen gedacht – gewesen. Ich hätte da friedlich und schriftlich allen meinen vom breiten öffentlichen Hauptstrom abweichenden Meinungen frönen können, weit hinaus über ‚Erkenntnis und Interesse' Richtung ‚Erkenntnis als Wille zur (politischen) Macht' (vermittels ‚Deutehoheit'), Geschichtsschreibung als subjektivste und dramatischste, pathetischste und rachsüchtigste aller Dichtungsarten; Wahrheit ist, was *mich* erbaut, und am Ende: das Integral aller differierenden Meinungen.

## Im Häuptlingsgehöft

Am Freitag werden es sieben Wochen sein, daß ich noch einmal in das Fonsgehöft von Mbe einzog, in die Versammlung der alten Mannen und einer Jugend, die dem Spektakel vermutlich eher skeptisch amüsiert zusah. Wenn ich mir die Gesichter auf den Fotos ansehe, wird mir bewußt, was ich versäumt habe. Aber ich weiß auch, was ich von Anbeginn gewollt habe: nicht Wissenschaft, sondern literarische Inspiration. Ein Schatten davon stand alt und angegraut neben mir und übersetzte, was ich zu sagen hatte. Das Geld war wieder das Wichtigste. Wie auch nicht. Ich hätte leicht das Doppelte und Dreifache der halben Million geben können; aber ich war gepanzert mit dem Gedanken, daß ich nie

189

eine Abrechnung bekommen habe. Stand da also und setzte mich wieder, der Häuptling sagte etwas, die Leute tanzten, und R.Th. fotografierte. So entstand das schöne Bild der ,Lady of Mbe', weißhaarig im gelbgrünen Ehrengewand während der Rede. ,Twenty-five years is a long time...' und am Ende: ,Four strong young men would have to carry me.'

Mit der Ansprache hatte ich mir nicht viel Vorbereitungsmühe gemacht. Die besten Gedanken kamen während des Redens. ,I thank God that I was able... I am old. Number 7 time, last time.' Ich vergaß nicht, Grüße vom Ehemann zu bestellen, seine Abwesenheit, R.Th.'s Vorhandensein zu erklären. Für die Jungen skizzierte ich in Stichworten die sechs Besuche seit 1981 – Straße, Bausi-Berg, Reisworfeln, Hausbauen, erwähnte die 1.7 mio von 1995, Ehrentitel, Ehrengewand. Happy to see the hilltop house. Dank dem Fon für ein Huhn. May he live to see the road completed. ,In fünf Jahren vielleicht', versprach eine weitere Spende, und dann fielen mir die ,for strong young men' ein für den Fall, daß die Straße dann immer noch nicht befahrbar sein sollte. Ich hatte einen Zettel mit Stichworten und sah auch zweimal hinein.

Und dann – wie oft habe ich in diesem ärmlichen ,Palast' gesessen im Bewußtsein des Vergehens der Zeit... BgT war eigentlich nicht mehr vorhanden. Wie? Hat seine Schuldigkeit getan, ist bezahlt worden, hat fünf Kinder und kann gehen? Ich weiß, daß ich so nicht denken dürfte und schreiben schon gar nicht. Es ist aber nur die *eine* Sicht der Dinge, die emotional-amoralische. Die ästhetische. Die andere Seite ist, denke ich, höchst lobens- und ehrenwert. Ich habe aus der einstigen Not der *midlife crisis* und des Verzichts eine geldspendende Tugend gemacht. Soziales Engagement, ein Entwicklungsprojekt als Vorwand und Preis für etwas ,Aparts für mich'. Wie *apart*, weiß ich nicht. Aber ich bin eigene Wege gegangen, H hat mich an langem, elastischem Band festgehalten, und es hat mir gut getan.

190

## Unterbrechung VII

Damals, vor zwanzig, zweiundzwanzig Jahren, auf langsam sich neigendem Hochplateau, zwischen türkisgrünem Eidechsenrascheln an rissiger Rinde entlang und dem skeptisch-violetten Zwinkern der Schrumpelmedusen im Elefantengras. Es war so poetisch. Die Not ist längst eine andere, von schrumpfenden Aussichten bedrängt, gänzlich unpoetisch. Nirgendwo weist sich ein Weg; nirgendwo winkt eine Tugend, die sich daraus machen ließe. Wie soll, was aus den Verließen des Halbbewußten keinen Weg in die Sprache findet, verstehbar werden und im Verstehen, wo nicht bewältigt, so doch besänftigt werden?

(Ich habe mir, weil es kalt ist und ich die Heizung nicht aufdrehen will, die dicke graue Jacke angezogen, die meine Mutter für den Enkel gestrickt hat und die ich, da sie mir nach seinem Tode angeboten wurde, nahm. Ich nahm sie, um mir die Erinnerungslast an Vernachlässigtem aufzuladen. Das Schicksal des Neffen und meiner Mutter Unglück sind – es ist wie ein großer Putzlumpen, der sich mit Ausgeschüttetem vollgesogen hat; die triefende Masse müßte ausgewrungen und zum Trocknen in Sommer- und Gnadensonne gehängt werden. Ich bin noch einmal auf der Suche nach dem Sinn der ererbten Erlösungsreligion. Es geht nur über den Weg der Sprache. Das hätte ich noch vor mir, so weit Leben, Daseinssinn, Schaffenskraft und Verstand reichen.)

Diese Besinnung auf den voraussichtlich letzten Besuch in Kamerun ist eine Hausaufgabe, die ich mir gestellt habe und die ich pflichtgemäß, lustlos mache. Im Hinblick auf den folgenden Abschnitt denke ich zwischendurch halbherzig daran, Briefe zu schreiben, nicht an BgT, von dem die gewünschten Auskünfte nicht zu erwarten wären, weil er anderes zu tun hat und zudem nie gesprächig, noch auch ein Briefeschreiber war. Eher vielleicht an den halbstudierten M. Lh., der uns 1995 eine Abhandlung über

191

Mbe gab und Geld dafür bekam. Die Soziologie des Dorfes interessiert mich – intermittierend. Der Brief müßte über die Mag. in Wum gehen, so lange BgT in Bafussam ist. Was lohnt sich noch? Wozu ist es inzwischen zu spät?

Resignation, abwinkend

Zurück ins Häuptlingsgehöft. Nach den Tänzen (es tanzten fast nur die Alten, R.Th. fotografierte unbekümmert; niemand schien etwas dagegen zu haben) zog ich sang- und klanglos ab. Nahm mich zurück wie eine abgelaufene Spieluhr. Gab mir keinerlei Mühe, nachzuforschen, warum es mit Straße und Brücke nicht weitergeht und wofür die Gelder ausgegeben wurden. Ins Besucherheft des Entwicklungsvereins schrieb ich dann die Gründe, warum die Spenden weniger wurden: weil Rechenschaft ausblieb. Es war ein letztes Aufflackern inmitten aschgrauer Resignation. Ich wollte nichts mehr und hoffte nichts mehr. Ich war zufrieden mit dem, was zu haben war.

Es war ein innerliches Abwinken. Es baut sich etwas wie eine Mauer der Weigerung auf, auch nur das Wenige aufzuschreiben, das mir mehr oder weniger nebenbei über einzelne Leute zukam. Da waren die alten Bekannten von 1983: Pru., Al., Nat., Sim.; die Mutter Anna im verräucherten Würfelhaus der verhärmten Schwester Ju; die alten Geschichten, die P. von Bambili; die Toten, Theo. vor allem, K. und R. Ng. Neue Gesichter nahm ich widerstrebend zur Kenntnis, auch Quinta, die Lastträgerin, Sam, den Hüter des Palazzo, die Witwe J. L. – ich wies das Gefühl, bisweilen die offene Kundgabe, daß man Erwartungen an mich habe, ab. Den alten Pa mit dem freundlich verkniffenem Vollmondgesicht, der unter den Honoratioren des Fon gesessen hatte und auch zur Kirche gekommen war, fragte ich nach seinem Namen: Lucas A. Das war alles. Was während sechs Besuchen versäumt wurde, läßt sich beim siebenten und letzten nicht nachholen. Auch BgT's

Kinder gehen mich nichts an. Ich gehe keine neuen Verpflichtungen ein. Ich will der Sache ledig sein. Das Häuschen ist da, aber elf Jahre zu spät. Der großartige, geradezu wie ein Wunder anmutende Anfang mit der Straße, im Februar 1983, hat getäuscht. Und vor allem BgT hat enttäuscht. Seine Weigerung, Rechenschaft über die Verwendung der Spendengelder zu geben.

Auf dem kahlen, sandigen Platz unterhalb des alten, verfallenden Kirchengebäudes; da, wo ein neues und größeres Gotteshaus gebaut werden soll (womöglich mit meinen Spendengeldern), stand ich am Sonnabend mit BgT eine Weile allein und hielt ihm einiges von dem, was ich ihm immer nur andeutungsweise geschrieben hatte, vor. Warum Spenden ausblieben; daß ich mich wunderte, wie schnell Vetter Al. ein neues Haus hatte: wieviel er bekommen habe (,not much, maybe fifty thousands'); ich machte, wie üblich, viele Worte, sagte auch Überflüssiges, nämlich, daß das Häuschen zu spät fertig geworden sei und ich nicht mehr darin wohnen werde. Ich redete noch einmal an ihn hin, ohne mir Illusionen zu machen. Er schweigt einfach, als gehe es ihn nichts an. Vermutlich hat er erwartet, daß ich ihn über seine Kinder befrage. Daß ich die Rolle der wohlwollenden Großmutter spiele und entsprechend Geldgeschenke verteile…

Wir haben auch Geld verteilend über Listen von Leuten gesessen, die nach seiner Meinung kleinere Beträge erhalten sollten. Warum, wurde mir nicht ganz klar. Er bekam 70 Euro zum Verteilen und 750.- für sich selbst und seine Familie; das ist nahe an einer halben Million. Das Geld war die Hauptsache. Darüber haben wir geredet, am Tisch in ,meinem' Häuschen. Ich fragte nichts, ich sagte nichts Persönliches, Familiäres. Nur nach Theo. fragte ich: er sei in Ubum begraben, und nach Al.: er habe neben Pru. noch zwei Frauen und siebzehn Kinder; und ein neunjähriger Junge der Pru. sei, vor kurzem erst, im überfluteten Bach ertrunken, darauf hin habe Pru. ihren Mann verlassen. Wozu schreib

ich das nun doch noch auf. Der schwarzen ‚Weggenossen' Schicksale, das ist doch H's Sache. Ich hatte nie auch nur annähernd
etwas wie das, was H idealisierend ‚Weggenossen' nennt. BgT,
seine Großfamilie und sein Dorf kamen in den Genuß meines
Geldes. Ich hatte ‚Geldgenossen', mehr nicht.

Die Landschaft und das Häuschen haben mich beschäftigt; alles
andere habe ich mit Höflichkeit und nebenbei erledigt, auch den,
der mir das Häuschen von meinem Geld am Ende doch noch
gebaut hat. Man stellte keine persönlichen Fragen. Ein dorniger
Heckenzaun aus Fremdheit und Distanz – war es je anders? Der
Grund? Die Ursache? Vermutlich, weil ich kein Mann und auch
keine Feldforscherin bin. Ein klar umrissenes Forschungspro-
gramm hätte mir in den Augen und Gedanken der Leute eindeu-
tige und rationale Konturen gegeben statt eine verschwommene
Aura aus Verdächten um eine Fremde zu weben – was will sie
*eigentlich?* Das weiß ich nun auch nicht mehr. Es ist alles zu spät.
Es ist weise, sich abzufinden damit, daß es zu spät ist.

Tagebuch

Sa 11.11.06, 8.45. Keine Lust zum Schreiben. BgT will mit mir ins Dorf. –
13.35. Ach. Schade. Daran hatte ich nicht gedacht. Was mach ich? Ich
verstehe, daß für R.Th. und Mr. P. die Zeit lang wird. Es hätte vorher
besprochen werden müssen. Ich hatte nicht daran gedacht. Ich denke
aber auch nicht daran, auch nur eine Stunde früher als Montag früh von
hier wegzugehen. Ich werde ihn feierlich von seiner Zusage entbinden.
Mr. P. müßte ihn nach Wum bringen und zurückkommen.

16.15. Mir kann Langeweile hier nicht beikommen. BgT und seine Frau
geben sich als Gastgeber alle Mühe. Auf dem Kirchenhügel heut vormittag hab ich ihm *Such — a--long — letter* vorgetragen. Er hatte nicht viel
dazu zu sagen. Eine Kurzpredigt für morgen. Nur keine Anstrengung.
Es lohnt sich nichts mehr.

17.35. Schön und dankenswert, daß R.Th. nun doch bis Montag bleiben will. Es liegt eine gewisse Schuld bei H, der offenbar nicht von Anfang an alles in allen geplanten Einzelheiten mitgeteilt hat. Und ich war auch zu selbstversponnen, um daran zu denken – o be careful! Watch your words... –Bei Kerzenlicht und Buschlampe. Ich schreibe noch. Zwischendurch Haare gewaschen, unten im ‚Bad'; um Wasser zum Spülen nachgesucht. Rosmarindüfte, Nixenbluse. Ananas und Schokolade.

So, 12. 11.06, 6.40. Vor einer Stunde wurde es hell. Morgen um diese Zeit will ich den halben Weg bis zum Fluß hinab sein. – In der Kirche. Da sitze ich noch ein und ein letztes Mal, die Kultgarderobe übergeworfen, und es sind grad mal drei Frauen da. Da sitzt die Geistlichkeit und wartet geduldig und gutmütig auf ihre Schäfchen, daß sie angetrottelt kommen. Wo bin ich? Das tiefe Tal mit den blühenden Tulpenbäumen hinter BgT's altem Haus hält mich in der Schwebe; und überall führen die Pfade ins grüne Unbekannte. – Ich bin durch. BgT, in einem häßlichen Kittel, macht weiter in *native*. Es ist genug. Es muß genügen.

12.30. BgT brachte die Taschen mit dem Zeug herauf, das ich 1985 hiergelassen hatte. Auch den zerlumpten Vorhang aus der Barackenzeit. Ich riß ein Stück davon ab, um es mitzunehmen. Noch eine Reliquie.

17.10. Fertig. Alles gepackt. Heut morgen lief ich allein durchs Dorf und immer nahe an die Abgründe, um hinab und hinüber zu sehn in die Verstrickung der Täler und Hügel. Das Geld und seine Verteilung stören mich in der Besinnlichkeit. Ein Wind kommt auf. Schäfchenwolken ziehen. Die Krüppelakazien von 1981 sind in charakterlosem Laubgrün verschwunden. Wie lange würde ich es hier tatsächlich aushalten? Ich fühle mich hier nicht ‚zu Hause'. Zuhause im eigentlichen Sinne war und ist H. Was mich hier umsäuselt, ist ein Ferien- und Inselgefühl. [Nachgetragen das Bild, das noch fehlte: ein Luftwurzelgefühl.]

19.30. Es fiel mir doch tatsächlich erst, aber zum Glück doch noch, beim Abendessen ein, daß ich eine *farewell speech* machen müsse, *hospitality*, etc. Redete so langsam, daß die Gedanken von selber kamen. Von Segnungen redete ich nicht. Dazu hat H den Gastgeber schon vor elf Jahren beglückwünscht. Es ist genug.

## Reliquien, Haferflocken und Schlaf

Ich weiß nicht, was ich noch schreiben soll. Ich könnte eine Revue passieren lassen von vergangenen Gestalten, behangen mit Erinnerungen und Textilien, angetan mit Abenteuersandalen. Vier Reliquien, absichtsvoll mitgenommen, um ein Ritual ein letztes Mal zu zelebrieren in später Selbstgefälligkeit – eine Schmeichelei in Dunkelbraun auszubreiten, das Dualagewand von 1980, faltenreich, schöngestickt, ein Verwandlungsrequisit, ‚das aus einer in männischer Verkleidung Reisenden im Handumdrehen eine Lady machte' und notfalls den Schlafsack ersetzte. Erinnerung an Abende im Abseits, wenn die Muse um ihr Schweigen ein Lendentuch wickelte und angegraute Belehrungen sich in bodenlang Fließendes hüllten. Aus der Handtasche gezogen, entrollt und übergeworfen hat es im Foyer des Gärtner-Theaters zu München einen Hauch Exotik verbreitet, parallel zum Land des Lächelns, ‚Was weiß er von mir…'. Ein Vierteljahrhundert später, unterhalb des Lehmkirchenhügels von Mbe, warf Abschiedsstimmung sich die leichte Faltenfülle noch einmal über das Türkisgrün der Nixenbluse, kühl bis ans Herz hinan – Grün als Symbol des Sichanverwandelns, einst, an das irritierende Changieren eines hüftlangen Kittels zwischen dem überirdischen Edelsteingrün einer Doppelknospe, Öl auf Pappe in Hochformat, und dem erdschollenschweren Kobaltblau-Bleigrau der Einsicht ins Banale.

Durchs Dorf hinwandelte der abgeschabte braune Kasack aller voraufgegangenen Reisen seit dem Jahr in Mbebete. Die vielen Knöpfe, die tiefen Taschen, Page bis über die Hüften, darunter die weiten Beinkleider eines nougatbraunen Sommeranzugs, eingeweiht 1987 in Kinshasa, um Mitternacht, beim Willkommenstrunk aus den Händen einer Uralten. (Mit Thermosflasche beruhigend im Hintergrund.) Was zu enge geworden war, wurde eigenhändig erweitert. Die Urenkelin eines Schneidermeisters kann das. – Weil das roséelila Oxfordhemd, edler Baumwollbatist

196

und so alt wie Basel 1973, getragen beim zweiten Aufstieg 1983, so mürbe und so enge geworden ist, daß der geflickte Ärmel riß, als dem ehrwürdigen Stück noch einmal die Ehre zuteil werden sollte, durchs Dorf getragen zu werden, ward die Reliquie entschlossen zurückgeworfen in den Koffer. Die jüngere Nixenbluse ist weniger edles Gewebe – glitschig-glatter Polyester.

Alle die textilen Symbolhandlungen – im tiefsten Seelengrunde hatten sie ihre Magie verloren. Nur noch Formalien. Einzig die Sandalen (von wann? 1975?) sind noch immer so leicht und so gut, den unbeschuhten Fuß behutsam vor Sand und nassem Zement zu schützen, daß ihr Nichtzuhandensein am Abend der Ankunft der Waschakrobatik im ‚Bad' prekäre Balanceakte hinzufügte. Nicht zu den Reliquien zählt das selbstgenähte weiße Hütchen. Das alte, das mich fast dreißig Jahre lang auf allen Afrikareisen behütet hatte, Reliquie No. fünf, ging verloren auf einer der hastigen, angstvoll verkrampften Reisen zwischen Mutter und Tansania, irgendwann zwischen 2000 und 2002.

Dies die Reliquien. Dies die Anhänglichkeit an altes, oft und über lange Jahre zu besonderen Anlässen Getragenes – zu allen Reisen durch den bunten Staub der Savanne; zu Besuchen auf dem Berg von Bandiri, zum leichten, lockeren Narzissenhaar der wunderbaren Jahre unter dem Harmattan. Noch einmal – und dann?

Die Not- und Selbstversorgung wurde schon in Nyasoso im Tagebuch notiert. Das Wichtigste im Gepäck nach Mbe waren neben den drei Weisen, einer Malaria vorzubeugen (Tabletten, ein Mückenabwehrmittel zum Einreiben und ein selbstgebasteltes Moskitonetz aus Perlongardine und Regenschirm) eine Menge von handlichen Hygiene-Päckchen, Papiertaschentücher und dergleichen; ein Wässerchen fürs Gesicht, eins zum Zähneputzen, Alkohol zum Desinfizieren. Die übrigen siebzehn oder mehr Kleinigkeiten waren überflüssig und haben nur endloses Suchen und Kramen verursacht. Die Paraphernalien zum Waschen der Haare immerhin wurden zweimal benutzt, die vielen weißen Handtücher trockneten auf den vielen Metern vorbedachtem Bindfaden. Ich hatte an vieles gedacht und brauchte wenig. Eine Thermosflasche mit abgekochtem Wasser ermöglichte Selbstversorgung mit Tee, Würzwürfelbrühe und Malz-Kakao mit Pulvermilch; eine Portion gekochter Reis zu Mittag oder Abend hätte genügt; Biskuits, Pumpernickel, Käseecken grenzten schon an Luxus. Das Innenleben im Gleichgewicht aber hielt der morgendliche Haferflockenbrei in wohlabgewogenem Verein mit Ananas, Schokolade und Bananen. Das Wohlbefinden von Tag zu Tag – es hing an Trivia und Banalia. Und an Mineralwasser: an Tangui kamen wir auf der Rückfahrt nach Duala vorbei.

Das tägliche Trinkwasser aus Plastikflaschen, der Umsicht R.Th.'s zu verdanken, Haferflockenbrei und gekochter Reis – sie waren um so vieles wichtiger als alle mitgeschleppten, erinnerungssäuselnden Reliquien. Wichtiger auch als alle Landschaften, durch die vier Räder und drei Reisende rollten oder holperten oder in die der Gast von einer Veranda aus den Geist sinnend schweifen ließ. Jede gut durchschlafene Nacht in einem ordentlichen Bett, unter einem Dach zwischen sicheren vier Wänden war Wohltat und Segen. Der Segnungen größte aber, die kräftigste Mahlzeit für Leib und Seele war der Erschöpfungs- und Erholungsschlaf unmittelbar nach der Ankunft im Palazzo, am Mittwochabend. Schlag nach bei Shakespeare...

Es bleibt im nachhinein die Verwunderung darüber, welche Energien ein alternder Körper unter der Anspannung des Willens aufzubringen vermag. Es bleibt das quasi über die eigene Schulter rückwärtsgewandte Staunen darüber, wie schnell ein solcher sich von der Verausgabung aller verfügbaren Kräfte zu erholen vermag. Denn die Erschöpfung nach dem Aufstieg und der Matratzenschlaf waren *das* Körpererlebnis der ganzen Reise.

## Abschied am Abend

Er zögerte, wie vorweggenommene Abschiede zögern. Eine Schulter gegen den vergehenden Augenblick gelehnt, einen Fuß zur Tür hin gespannt, ins knisternde Konzeptpapier halbgedachter Gedanken gewickelt, zögert er zwischen den Vertikalen Backstein und Tünche, den Horizontalen Zement und Sperrholz unter Wellblech: Innenraum, schützend vor Außenwelt. Ein wohlummauertes Wohngefühl mit verschließbarem Ausgang und vergittertem Durchblick in ein flaches Palmental mit nahem Ahnenberg im Westen – der Augenblick gibt sich dem Anblick hin. Noch bin ich hier. Gleich werde ich woanders sein. Die Zeit stürzt ab wie die weißen Wasser des Menchum in der Felsenschlucht bei Belifang. Es ist immer die gleiche Zeit. Es sind nie die gleichen Wassermassen. Verweile doch. Aber nur *eine* Weile, nicht zwei. Ich bin gekommen und ich gehe wieder. Und lasse *das da* zurück, hier im Abseits der Berge von Mbe, im Grasland von Kamerun. Die Schatten zweier Schicksale aus dem langsam in Freiheit und Wohlstand auf- und untergehenden Europa des zwanzigsten Jahrhunderts…

Durch die halb geöffneten – zwischen dem schmiedeeisernen Schutzgitter außen und den polyesternen Röslein innen, rankend durch den wehenden Voile vor leeren Fensterhöhlen einst im Waldland – durch die Glaslamellen huscht es über die Vordergründigkeit des Palazzo, die Hintergründigkeit des Ahnenberges im Abenddunst. Huscht und haftet unterm Augenlid, staubrot, schuppig, züngelnd, keine Eidechse. Eine Schuppe, eine Schnuppe der vergehenden Zeit. Was wird bleiben? Eine verschwommene Kollektiv-Erinnerung an undurchsichtige Wohltätigkeit?

Schräg unterhalb des durchsichtig verhangenen Lamellenfensters, am Kopfende des breiten Bettes, denn der Abschied zögert in des Häuschens Innerstem, dem Schlafgemach, drei Schritte

199

breit, fünf Schritte lang, hat ein Rest romantisch-exotischer Nostalgie sich besitzergreifend eingenistet, gerahmt in schmale Holz-
rahmen: zwei Bildnisse, wenig unter lebensgroß. Zweimal Kohle-
stift. Zweimal Künstlerhand. Zwei Frauenporträts. Die Mutter
zur Linken. Die Tochter zur Rechten.

Eine Selbstbeschreibung. Niemand, der es für mich tun würde.
Daher Fremdheit und Narzißmus in enger Verflechtung. Versinken in sprachloser Wahrnehmung. Es gibt mehr Gefühlsgewölle
zwischen Sehen und Sagen als sich zu sinnvollen Sätzen entflech-
ten und verstricken läßt. Gegenwärtig ist der Augenblick vor der
geschlossenen Tür des Klassenzimmers in Nyasoso, im Jahre
1981, als zu einem neuen Reisepaß ein Foto notwendig war und
der Dorffotograf kam und diese Aufnahme machte. Was sich da
zeigte und zeigen wird, so lange und so oft das Sichzeigende eines Blickes gewürdigt wird, ist, in Worte gefaßt, das Abweisende
im Gestus des erhobenen Hauptes. Es erweckt keine zufliegenden
Sympathien. Die Wendung nach rechts, der Blick schräg zur Seite
und über den Kopf des Betrachters hinweg: quadratischer
Hochmut. Bebrillte Intellektualität. Würde kein Verlag als Auto-
renporträt annehmen. So selbstbewußt, auf der schmalen Grenze
zu Überheblichkeit. Ein Mund, der jedes Lächeln verweigert: der
Mund der Vatersmutter Anna Leider, einen Winkel hoch-, den
anderen herabgezogen. Eine Selbstbeherrschte, wenn  es darum
geht, das Gesicht zu wahren. Was da vielleicht träumt, träumt
einen spröden, stolzen, in sich gekehrten Traum. So spröde, daß
ein Anflug von  Melancholie sich in einem Winkel hinter den
Wimpern verstecken muß. Ich liebe dieses Bildnis – mit halbem
Herzen. Es ist das Bildnis einer Vaterstochter unter dem Joch des
Mitleidens mit dem Schicksal der Mutter.

Wie läßt es sich in Worte umsetzen, ohne daß aus jedem der Züge
ein Zug des Unglücks und enttäuschter Hoffnungen spricht? Sie
war wohl um Fünfzig, als sie so – zwangsemanzipiert und flücht-

lingsarm durch den Krieg – still und herb und in sich gekehrt vor der Fotografenkamera saß, das Haar dunkel, wohl schon gefärbt, in leichte Dauerwellen gelegt über ausgewogenem Oval, ein Drittel Stirn, die Vertikale von zierlicher Wohlgestalt, nach einstigem Geschmack ein Diminutiv und ‚keck'. Die Tochter wählte das Foto aus, um es von Künstlerhand abkonterfeien zu lassen – voll herber Anmut und verhaltener Sehnsucht nach dem Schönen im Leben. Der Blick: ein Vorwurf ans Schicksal, ein trauervoller aus dunklen Quellen. In künstlerischem Erfassen des Wesentlichen verkleinert ist der Mund, der in früheren Zeiten so viele Lieder von Lieb und Leide sang; verkleinert und fest geschlossenen. Das machte die Entschlossenheit, mit einem schweren Leben und einer Enttäuschung nach der anderen irgendwie fertig zu werden. Davon kamen auch und blieben die dünnen, strengen Spuren von Bitterkeit in den Mundwinkeln. – Von der Mutter wohlgestalteten Zügen, trauervoll verschleiert von unerfüllten Hoffnungen, ist im Vierkantgesicht der Tochter, Mitte Vierzig, nichts wiederzufinden.

Eine Tochter, die einst und lange nicht heiraten wollte und dann mit einem Ehemann nach Afrika ging, begleitet von resigniertem Nichtverstehen, von Sorgen und zunehmenden Ängsten einer Mutter, die schließlich, wartend, bis die Lebenskraft ausging – die Tochter steht, an vorweggenommen Abschied gelehnt, in den Anblick versunken, innerlich schon zum Gehen gewandt. Um das Häuschen einzuweihen und diese Bildnisse zurückzulassen; anzudeuten, wer die eigentlichen Eigentümer und heimlichen Besitzer dessen seien, was erst eine Eremitage und dann ein ‚Kenotaph' sein sollte, ward die Mühsal des Aufstiegs ins Abseits noch ein und ein letztes Mal unternommen.

Ich kam. Ich bin da. Ich gehe, endgültig.

Ein Abgesang

# Was noch zu tun bleibt

‚…soweit Leben, Daseinssinn, Schaffenskraft und Verstand reichen.' – Nach Mbe mitgenommen habe ich nicht das Bild dessen, dem ich nach Afrika gefolgt bin. H hat sein Bild bildlos in Bakossi hinterlassen. Jeder, der will, kann sich in seine Bakossi-Bücher vertiefen. Nach Mbe habe ich Bild und Andenken meiner Mutter mitgenommen, um ‚ihren Geist zu versöhnen'. Sie hat sich so geängstigt. Sie wollte die Tochter bei sich haben, und die ging immer wieder zurück nach Afrika. Es geht mir nach. Ich komme davon nicht mehr los. Es nimmt den eigenen Tod vorweg.

Ich täuschte mich vermutlich, wenn ich meinen wollte, daß eine solche Bindung nach rückwärts etwas mit afrikanischer Mentalität, Ahnenverehrung und dergleichen zu tun haben könnte. Familie und Sippschaft kann die Hölle auf Erden sein. Meine Mutter war Opfer solch schlimmer Erfahrungen und einer immer wieder enttäuschter Sehnsucht nach gelingenden Leben. Das bindet Zukunftslosigkeit nach rückwärts. Das ist noch zu schreiben. Den Schicksalsroman meiner Mutter will ich zu Ende schreiben, ehe ich meinen eigenen dem Ende zu schreibe.

Afrika könnte als abgeschlossen gelten. Der Abschiedsbesuch in Kamerun hat stattgefunden. Die siebente Reise nach Mbe ist überstanden. Ich hab's gewagt. Nicht zuletzt, weil H's Bekannter aus Tansaniajahren, weil einer aus der nächsten Generation, weil R.Th. mitkam. So alt sind wir schon. Und sind wohlbehalten zurückgekommen. Ich lebe langsam, dankbar und still. Stilles Leben mit Alpenveilchen im November. Inzwischen sind es blaßrosa Treibhaustulpen. Sie blicken mit gebogenem Hals und ratlos blindem Blumenangesicht über den Rand des Bildschirms, und es ist Februar. Demnächst Siebzig. Sang- und klanglos. Stilles Leben mit Daseinssinn eine Etage tiefer. Neunzig Seiten. Es genügt.

**Eremitage**
in den Bergen von Mbe

Grünviolett ist der Traum umrandet
Backstein geworden der Staubrosenwahn
Der wunderbaren, längst versandeten
Jahre unter dem – Harmáttan.

Eukalyptus und Palmen, ein Bach
Einfaches Dasein, Einsiedlernest
Kubisch mit Pyramidendach
Ein Tisch, ein Stuhl, ein Bett und ein Rest

Warten im blauen Dämmerlicht
Der Verwunderung: Was nun?

# Antike Trümmer

## Nostoi bei Nacht
## Nachlese

Zwei Reisen nach
Griechen-
land

Tagebuch 97/98
Tansania 1998 - 2002
Späte Vergegenwärtigung

Überblick

Anknüpfen – wo?
Das Dreieck der kleinen Welt

**Die erste Reise nach Griechenland März 1997**
Das Reisetagebuch
Das Jahr dazwischen I
Die Misdroy-Nachschrift
Das Jahr dazwischen II

**Die zweite Reise nach Griechenland Mai 1998**
Reisetagebuch und Skizzen
Das Zeitgerüst bis zur Ausreise

◘

**Nostoi bei Nacht 2000-2002**
Heimflüge vom Kilimandscharo
Am Kongo bei Kinshasa im August 2002

◘

# Griechenland 2009: Spät- und Nachlese
– Landschaften, Szenen, Reflexionen

Ein *Kenotaph* und *Ancient Greece*
Rückblick: eine Bildungsodyssee
Land der Griechen: späte Vergegenwärtigung
Graienmonologe

## Anknüpfen – wo?

Wie seltsam gleicht, nach angespannten Jahren zerstückten Daseins zwischen Afrika und Mutter-Zuhause, touristischer Ratlosigkeit angesichts archäologischer Trümmerfelder das Umherirren zwischen Notaten und halbgedachten Gedanken auf der Suche nach einen Anknüpfungspunkt. Wie klar durchdacht, wie übersichtlich gegliedert, wie kunstvoll aufgebaut sollten Ein- und Ausführungen sein – ein Schreib-, ein Wiedererlebnisgenuß, ein aus Abstand und in Ruhe aus den Bruchstücken touristischer Eindrücke und angereichertem Bildungswissen schön erbautes Gebilde schwebt vor. Allein das Trümmerhafte der Bilder und Gedanken will sich nicht, wie einst die Steine zum Flötenspiel Apolls, zusammenfügen zu einem stattlichen Bau.

Es war, es ist noch immer – ein Vielzuviel. Ein Vielgestaltiges und Vielbedeutendes, das sich aufdrängt dem, der die Trümmerstätten mit erwartungsvollem Vorwissen aufsucht. Über dem resthaft Wenigen an Materie flirrt ein dichtes Netz von Geist und Glanz, durchzuckt vom Wissen auch um Zwielichtigkeiten hellenischer Herkunft in der Erbmasse Europas und seines Kulturimperialismus. Licht und Irrlicht im Geschichtsgestrüpp, Salz in der Völkersuppe, and what not! Gewiß, die Reisen hatten endlich sein müssen. Hin und mit eigenen Augen sehen, ehe das Alter endgültig zuschlägt und den Geist verkrüppelt! Mit eigenen Füßen die klassischen Stätten zu erwandern wäre sicherlich schöner gewesen. Statt als alte Frau im Touristenbus zu sitzen in jungen Jahren mit gleichgesinnten Gefährten am frühen Morgen los zu Fuß mit Rucksack, Knotenstock, Käse und Oliven, unter Frühsommerhimmeln, unter drückender Sonnenglut durch Arkadien und Elis, über einen Kolpos schiffend, um hinaufzusteigen, dem Parnaß entgegen wie einst die alten Philhellenen, Archäologen, Altphilologen – ein schöner, ein zu später Traum.

Auf der Suche nach einem Anknüpfungspunkt tauchen als erstes, und wie auch nicht, Bilder auf. Ein Wellenspiel von Bildern, auftauchend, absinkend – der Parthenon in Streichholzschachtelformat, aus Gips, aus Marzipan, aus Kunstseide in Kreuzstich auf einen Schlips gestickt. Das Phaidros-Idyll am Ilissos als Tagtraum über einer stinkenden Müllkippe in der Senke südlich des Olympieion. Das ungläubige Gefühl in einem zögernden Finger, der entlangtastet an einer Säule des Apollontempels von Korinth – berühre ich zweieinhalbtausend Jahre? Der Gedankenabsturz im Megaron von Mykene, nahe der Chaosschlucht – stand hier Klytaimnestra finsteren Blickes zum argolischen Golf hin? Die kurvennahen Schluchten des Taygetos, das Rattern der Lastwagen auf der Straße am Kronoshügel von Olympia. In Delphi Ion aus dem Tempel tretend, den Morgen grüßend, ,und die Sterne, sie fliehn in die heilige Nacht…' Der Parnaß, die Kastalia, die Nymphen, die Grotten – all das und dann noch die Museen! Theseus' Lächeln über die niedergerungene Antiope geneigt; der archaisch erstaunte Blick eines brandgeschwärzten Apoll mit goldenem Haar vermischt mit dem melancholischen Schweigen des Pantokrators in der Kreuzkuppel eines byzantinischen Klosters; irgendwo dazwischen der thronende Zeus des Phidias aus der Olympischen Rede Dions von Prusa. Und in Sparta Alkman, singend: *Ou m'eti parthenikai meligarues…*

Das Flimmerspiel der Impressionen und Bildungszitate ließe sich künstlich arrangieren; das Untergegangene, die Gemälde etwa Polygnots in der Lesche der Knidier, verknüpfend mit Landschaft, Phädriaden und lila Disteln; das Silberflimmern der Olivenhaine eintauchend ins Chlorwasser der Hotels und in die gestauten Wasser des Alpheios. Endlos könnte es so weitergehen, ein Halmaspiel von einer Ebene zur anderen – von den Trümmern unter freiem Himmel und in den Museen zu den Schichten der Geschichte, vom Massentourismus zur Kulturphilosophie. Diese Möglichkeit sei – athetiert.

Dann vielleicht anknüpfen bei allgemeinen Betrachtungen darüber, was von einer Kultur übrigbleibt. Steinerne Nachlässe: ausgeraubte Pyramiden, zerbröckelnde Aquädukte, gestürzte Säulen. Wie leicht ist alles erreichbar, bis hin zur Chinesischen Mauer, wie bequem und hektisch zugleich läßt es sich abhaken von Touristenmassen, durch die Luft verfrachtet, versichert, verpflegt, rundum betreut. Tourismus als Kulturkonsum – für das, was eine Spätheimkehrerin in Griechenland suchte, wäre es nicht die richtige ,Herangehensweise'. Umsonst auch die Klage, daß es nicht möglich ist, alleine zu sein mit den antiken Steinen und dem Himmel darüber. Alleinsein hatte immerhin vorweg mit den Überresten antiker Texte stattgefunden.

Anknüpfen also bei spät und wahllos angeeigneten Bildungsschätzen aus der Hinterlassenschaft jener merkwürdigen ,alten Griechen', die seit der Renaissance in neugeborener Jugendlichkeit durch die Geschichte Europas geistern? Den Bildungsschutt sieben und sichten, um der geschichteten Zeit hinter und unter den antiken Trümmern ansichtig zu werden? Von Mykene bis – vielleicht Mistra? Wenn das Skelett des Parthenon gelassen auf mich herabblickt, muß ich dann wissen, wann und wie es zu seiner Zahnlücke kam? Soll ich von den Geißelungen der Epheben erzählen, wenn ich in die Binsen der sumpfigen Mulde des Artemisheiligtums von Sparta starre? Soll ich die Vorträge der Exegeten wiederholen? Es würde ein überflüssiges Buch.

Anzuknüpfen mit kulturübergreifenden Betrachtungen (die Geschichtskatastrophen, deren Abgründe sich mit dem zweiten Besuch im Dorf der Kindheit auftaten, zu vergleichen etwa mit dem Peloponnesischen Krieg oder dem Trojanischen) wäre zweifellos gewagt und käme allenfalls für eine Nachbetrachtung in Frage. Bescheidener und mühsamer zugleich ließe sich beginnen mit der kleinen Welt und der inneren Verfassung rund um beide Griechenlandreisen.

## Das Dreieck der kleinen Welt
zwischen 1983 und 1997/98

Das Anknüpfen bei der Verfaßtheit der kleinen Welt zwischen zwei langen Afrikaaufenthalten könnte erklären, warum die überwältigende Vielfalt der Eindrücke beider Griechenlandreisen wie im Zentrum eines Zyklons entstand und nach der jeweiligen Rückkehr in einem Schwarzen Loch hochverdichteter Sorgen und Besorgungen verschwand. Am nahen Ereignishorizont stand 1997/98 noch einmal Afrika, geplant auf fünf Jahre.

Die Vorwegnahme einer neuerlichen und längeren Ausreise nach Afrika flößte diesmal nicht Angst vor einem ungewissen Abenteuer ein, sondern eine nahezu paralysierende Ratlosigkeit: was mach' ich? Die Jahre in Berlin hatten sich für den Inhaber eines Orchideen-Lehrstuhls als unzuträglich erwiesen im Hinblick auf Blutdruck und Sinngehalt; die Nierenkoliken mehrten sich; der Wunsch, die letzten Berufsjahre afrikanischen Studenten zu widmen, war begreiflich und, für sich betrachtet, gut und vernünftig. Der Campus in Tansania war wohlbekannt; zu zweit hatte man 1990 daselbst ein Gastsemester zugebracht, und es war schön gewesen, mit dem Kilimandscharo über der Steppe und blühendem Palisander vor azurblauem Himmel.

Im Blick auf eine neuerliche Ausreise im August 1998 blühte der Palisander nunmehr vor gewittrig dunkler Wolkenwand. Die Mutter wurde alt und älter und wollte auf keinen Fall in ein Pflegeheim. Die Schwiegertochter wollte nicht pflegen, und ein Sohn ist eben keine Tochter. Die jüngere Schwester der Mutter war bereit, sich zu kümmern, hätte indes nichts machen können, sobald es um tägliche Plegebedürftigkeit gegangen wäre. Es kam hinzu, daß nicht nur die Mutter Verfügungen im Hinblick auf ihren Tod traf; auch für Spätausreisende um die Sechzig legte es sich nahe, ein notarielles Testament zu verfassen, und so kamen

in den Blick auch der eigene Tod und die Sorge um einen Nachlaß ohne geeignete Erben. Es bedrückte. Es machte ratlos. Vor
allem aber zermürbte die Spannung zwischen den Verpflichtungen Mutter und Ehemann gegenüber. Es war, als führte der Weg
zwischen Skylla und Charybdis hindurch. Inmitten solcher Sorgen fanden die beiden Griechenlandreisen statt.

Das knappe Jahrzehnt zwischen der Rückkehr aus Kamerun 1983
und der zweiten Reise ins Dorf der Kindheit, 1992, ist bereits
skizziert worden und soll hier nur kurz erinnert werden: eine
Existenz im Dreieck, der Ehemann in Berlin, behaust in einer
grauen Vorkriegsvilla mit großem Garten im Südwesten der geteilten, dann plötzlich wiedervereinigten Stadt; die Mutter im
süddeutschen Rebtal, unermüdlich Handarbeiten verfertigend,
sich sorgend um den ältesten Enkel, Schicksalsmonologe haltend,
wenn die Tochter am Wochenende zu Besuch kommt; im Jahre
ihres 80. Geburtstages der Tod des Sorgenkindes. Sommerbesu-
che in Berlin; 1991 eine Reise mit der Tochter an den ‚Müthel'see,
hinab an den Anfang der eigenen Existenz. In der dritten Ecke,
im Atelier von Babingen, war die Muse beschäftigt mit Afrikata-
gebüchern und literarischen Allotria. Erst im Oktober 1991 begann das Schreiben am umfänglichen, bis heute unabgeschlossenen Memoirenwerk eines *Kenotaph*. Die zweite Reise ins Dorf der
Kindheit, 1992, sank ein in den Treibsand der Geschichte.

In das halbe Jahrzehnt zwischen der zweiten Reise nach Niederschlesien und der ersten Reise nach Griechenland fällt der lang-
wierige Erwerb einer kleinen Eigentumswohnung in Rebtal, in
der Nähe der Mutter. Im September 1993 ergaben sich eine weitere Reise ins Riesengebirge über Prag-Breslau und täuschende
Aussichten auf eine Honorarprofessur (aufgrund einer religions-
geschichtlichen Studie zu *Inanna*, der Großen Göttin Sumers); die
Behandlung einer Hyperthyreose zog sich hin. Das Jahr 1994, mit
dem 20.-April-Einzug in die eigene Wohnung, warf erste Zu-

kunftsschatten. Im Juni wagte die Mutter noch einmal eine Reise nach Oberschreiberhau; Ende September fand die gleiche Reise mit dem Ehemann statt, der kurz darauf, nach der Bestattung einer Verwandten, mit einer Nervenlähmung mehrere Wochen im Krankenhaus lag, während welcher Zeit seine Mutter starb. Gegen Ende des Jahres verbrachte man gemeinsame Wochen in Wildbad, vier Monate später stand einem weiteren Afrikaaufenthalt nichts im Wege: noch einmal Kamerun, ein Gasttrimester, ein Zögern, der Mutter, 87, wegen. Zum ersten Male legte es sich auch nahe, formlos ,Verfügungen' zu Papier zu bringen.

Fünf Monate Kamerun; danach, bis in den Februar 1996 hinein, ein langer Rundbrief – für wen? Im Mai 1996 starb ein Onkel, der ein wenig Vaterersatz gewesen war; das Grab der Vaterschwester und Patentante, gestorben Ende 1991, zu besuchen, fand eine Reise in die Nähe von Bremen statt. Wieder kam im Sommer die Mutter nach Berlin, saß im Garten, Reisig mit bloßen Händen zerkleinernd, und ließ sich im Rollstuhl durch das Pergamonmuseum fahren. Es drängte viel Familie herbei, das Schreiben am *Kenotaph* geriet immer wieder an den Rand, und *Aus Griechenland wird wieder nichts, weil ich Kap. VII zu Ende schreiben will.* Im August mußte die Mutter nach Wildbad zur Kur gebracht werden, sie konnte nicht mehr allein reisen. Im September ein Besuch in Dänemark. Sporadische Herodot-Lektüre. ,Ödipus' im Deutschen Theater Berlin. Absacken in die Vergangenheit der Tagebücher und bisweilen kommt Panik auf: schaffe ich es bis zum Sommer 1998 mit dem unförmigen Kapitel VII ? Im Dezember 1996: *Muß ich wirklich nach Griechenland?*

Im Januar 1997 trifft die Mutter zum ersten Male Bestimmungen für ihre Beerdigung. Sie weiß, daß der Schwiegersohn wieder nach Afrika will. Die vielen Ausländer im Lande machen ihr Angst: ,Was haben die hier zu suchen?!' – Pendelfahrten zwischen Berlin und Rebtal mit Aischylos-Lektüre. Das Exzerpieren

212

alter Tagebücher zieht zurück in bedrückende Vergangenheit. Ende Januar kommt der Ehemann einer Zögernden zuvor, faßt einen Entschluß und bucht eine Studiosus-Reise, zu dem einzig für ihn möglichen Termin, der den 60. Geburtstag nach Mykene verlegt. *Das Klassische, die Rundumhetze. Es muß also sein.* Der Antrag auf Versetzung in den Ruhestand wird gestellt nach zwölf Jahren Beurlaubung. Im Februar wieder Schreibpanik angesichts unfertiger Manuskripte und Tansanias. *Ein Türke von German Parcel brachte das bestellte Griechenlandbuch. Gut, daß Mu ihm nicht begegnet ist.* – Die Missionsgesellschaft in N. lädt die Auszusenden-den vor. Könnte der Ehemann nicht alleine ausreisen?

Das Tagebuch vom März 1997 notiert Besorgungen für die Mutter, Bruchstücke ihrer Erinnerungen und Arztbesuche, die tägliche Versorgung des zu Besuch in Rebtal weilenden Ehemannes und ein Versinken in Exzerpten aus unguten ersten Ehejahren. Lange Wanderungen, Kreuzschmerzen. Griechenland? *Diese Reise zeitigt wenig Vorfreude. Es gibt so vieles andere zu tun, zu bedenken, zu besorgen und vor allem zu schreiben. Griechenland kommt irgendwie dazwischen.* – *Diese Hellas-Reise wird eine Strapaze werden.* – *Diese Reise ist ein Muß, das ich mir auferlegt habe.* – Die Sorge um die Mutter im Hinblick auf fünf Jahre Tansania nahm stetig zu. Mit der düsteren Aussicht auf den Herbst 1998 war es kaum möglich, sich innerlich auf Griechenland einzustellen. Aber es sollte sein. *Jetzt will ich doch versuchen, mich auf Hellas zu freuen trotz Schnee und Kälte und Zukunftssorgen. H macht sie mir zuliebe mit, meinen 60. Geburtstag zu feiern zwischen klassischen Trümmern.*

Beide Griechenlandreisen muten an wie verzweifelte Seitensprünge, weg vom drohenden Afrika, weg von Deutschland, weg von den Sorgen um die Mutter und ihrer Angst vor den vielen Ausländern im Lande. Weg auch von der schriftlichen Suche nach Sinnlinien in der eigenen Vergangenheit.

## Die Reisetagebücher

Ein winziges Westentaschenformat, Graupapier, liniert, hat Einzelheiten beider Reisen festgehalten, ohne jeglichen literarischen Anspruch, aber doch wert, als unmittelbarer Niederschlag von Eindrücken und Meinungen dazu im nachhinein bedacht und, im Falle der ersten Reise, verglichen zu werden mit dem, was fast ein Jahr später während eines kurzen Urlaubs an der Ostsee in leserlicher Tintenschrift auf fünf losen Seiten erinnert wurde.

Im Gegensatz zu der zweiten Schlesienreise und der siebenten Reise nach Mbe haben die beiden Griechenlandreisen bislang keinen Anreiz zu einer literarisch ambitionierten Darstellung geboten. Die Gründe erscheinen einsichtig: zum einen der Sog des Schwarzen Loches Afrika und die nahezu resignative Stimmung, in welcher der langgehegte Wunsch Griechenland ‚abgehakt' wurde. Zum anderen war und ist es *auch* die Fülle der Gesichte und des Vorwissens, das bislang abgeschreckt hat von dem Versuch, ‚etwas daraus zu machen'. Die Wiedergabe der Reisenotizen begnügt sich mit kleineren stilistischen Glättungen und Auslassungen, beläßt indes gewisse Abkürzungen und Umgangssprachlichkeiten, die ein gewissenhafter Korrektor und überzeugter Purist beanstanden würde.

Nach den Reisetagebüchern sollen die *Nostoi bei Nacht* daran erinnern, wie das ‚schwarze Loch Afrika' beschaffen war, das die Griechenlandreisen schluckte. Erst danach kann der Versuch gemacht werden, das Erlebnis Griechenland zum Zwecke einer Spät- und Nachlese noch einmal heraufzubeschwören, verknüpft mit dem Abriß einer Bildungsodyssee als Vorspann zu Szenen und Reflexionen später Vergegenwärtigung – von Mykene über Delphi bis zum Kloster Hosios Lukas und der unbeendeten Suche nach den griechisch-hellenistischen Wurzeln christlichen Welt-, Menschen- und Gottesverständnisses.

# Die erste
# Reise nach Griechenland
# März 1997

◇

## Das Reisetagebuch

### Anreise und Hinflug

Freitag 21. 3. 97, Berlin-Zoo im ICE. – Unerquicklicher Anfang der Reise, da ich mich an einem Tisch schreibend ausgebreitet habe und ein junger Mensch sich ebenda mit dem Computer installieren wollte. Gereizte Stimmung in einem Gemischtwarenladen. Im Briefkasten, als wir das Haus verließen, ein Brief von der ‚lieben Gundula'. Ich legte ihn beiseite. Hat Zeit, bis ich Mitte April wieder nach Berlin komme.

Verschneite Landschaft. Irgendwo zwischendurch umsteigen (nach München). Ich möchte gerne weiter in meinen Hellas-Büchern lesen. Es schreibt sich schlecht in das winzige Tagebüchlein. H bereitet die nächste Sozietät vor. Er kommt mit als Geburtstagsgeschenk. Peloponneskarte vergessen, muß H's nehmen.

15.20. Magdeburg. Es wird voll, und ich wimmle ab, um weiter schreiben zu können. Junges Volk, einer hat Schlagzeugmusik im Kopfhörer, hörbar, es stört. ‚Leo von Klenze' heißt der ICC. Lamartine schwärmt vom Parthenon. Christa Wolf war auch in Athen. Der Griechenlandtourismus begann im 18. Jh. Es wird eine Strapaze werden.

Sa 22.3.97, 8 Uhr im Swiss made Mövenpick Cadett von Hallberg-moos, von dessen Entfernung vom Flughafen der Studiosus-Katalog nichts verlauten läßt. [Um einen Nachtflug von Berlin nach München zu vermeiden, war für DM 260.- ein Hotelzimmer am Flughafen München reserviert worden. Es sorgte für Ärger. ] Da kamen wir gestern gegen 22 Uhr mit der S-Bahn an und standen eine halbe Stunde herum, bis nach dreimaligem Nachfragen bei der Info-Dame das feine Hotello einen Motorschaden meldete und wir sollten ein Taxi nehmen. Das fuhr für DM 25.- runde 10 km in dieses Grüne-Wiesen-Industriegebiet, wo ich an der Rezeption indigniert auftrat: das sei ein schlechter Anfang der Reise. H ließ mich machen, gelassen. [An der Wand hing ein Kunstdruck: ein Clown von Picasso.] Ich machte in forsch und wollte wissen, wie der Laden läuft. In stockendem Deutsch gab ein Gast Auskunft, ein Kellner kam hinzu. Am Buffet, schon abserviert, gab es gerade noch einen Rest Weißkraut. Ich bestellte Käse und Bier in den  leeren Magen. – Diese 260 DM, die ich da verbuttert habe. Es ist kalt und bedeckt. Wollene Kniestrümpfe, Unterjäckchen. Geschlafen immerhin gut in dem breiten Bett, und alles rosa wie das Holiday-Inn Frühjahr 95 in Zürich, auf dem Weg nach Kamerun.

Kurz vor 10 Uhr, in der Europa-Lounge ganz on top des Flughafens, wo Studiosus die Kunden ‚betreut', indem drei Angestellte sich zu einem kleinen Schwatz einfinden. Bei der Lufthansa fielen zwei Computer aus, vor den Schaltern lange Abfertigungs–Schlangen. Ich schob H in die richtige Warteschlange, rief Mu an, beim zweiten Mal hörte sie, wünschte eine gute Reise und falls es am 24. von Nauplia aus nicht klappe mit dem Telefonieren, auch noch alles Gute zum Geburtstag.

Über der Adria, entlang der italienischen Küste, die auf der anderen Seite ist. Start kurz vor 12 Uhr, dann das beschneite Gezackel der Alpen, jetzt das Mittagessen. Ist das Venedig? Die Po-Ebene?

### Athen

19.20 Ortszeit, Divani Acropolis Palace, nachdem wir auf dem Musenhügel herumgekrochen sind und uns auf der Suche nach der Pnyx in ein Hundegehege mit verrosteter Sternwarte verirrten. – Also, den Parthenon mit seiner Zahnlücke, den sieht man hier vom Balkon aus. Die Akropolis ist eine ganz unwahrscheinliche Erscheinung, und Athen

216

ist das barbarisch wüste Häusermeer, das ich aus Bildbänden kenne. – Den Flug eben nachholen, denn vor lauter Tiefenblick bin ich nicht zum Schreiben gekommen.

Erst mal also sind wir stracks über die Po-Ebene und das unsichtbare Venedig geflogen, dann an der Adriaküste entlang bis Brindisi und ich fotografierte. Dann Korfu, dann das Inselgewirr um Ithaka herum, dann, der Karte nach, Missolunghi mit großen grünlich-weißlichen Lachen – Sümpfe? Die Peloponnes rotbraun kariert, die Gebirgszüge, die breiten Täler: Arkadien von oben. Patras sah ich und den Golf von Korinth, dann kamen die Wolken. Das Flugzeug flog einen tiefen Südbogen über den Saronischen Golf; *Ägina*, denk ich, sah ich und die Westküste Attikas. Man flog ganz tief, landete, und ich war so angespannt, als ich den Höhenzug des *Hymettos* sah. Wie er da auf- und abwallte, wallte ich auch auf und wollte es nicht fassen, daß ich den Fuß auf hellenischen Boden, auf heiliges Land, gesetzt hatte. Der Berg jedenfalls ist der selbe wie vor 3000 Jahren, auch wenn die ganze Ebene nun eben zugebaut ist. Es wallte kurz und heftig auf nach der Anspannung des Fliegens und der Landung.

Über dem Graublau der Adria hatte es Mittagessen gegeben und geschmeckt. Warum bin ich so merkwürdig gereizt? Bustransfer vom Flughafen, nachdem die Dame mit dem Studiosus-Schild nicht da gestanden hatte, wo sie sollte und ich das benörgelte. H wechselte Geld, während ich aufs Gepäck wartete. Bin ich endlich da?

Vom Flughafen fuhr der Bus in die unmögliche Stadt, auf die Akropolis zu, die hinter einer Biegung plötzlich wie epiphan herabsah – da bist du, schönes, verschandeltes Weltwunder des Iktinos und des Phidias, soweit die Panathenäen nicht ins Museum verschifft wurden, du, des Perikles unsterblicher Gedanke, so ausgeraubt, so verstümmelt und skelettiert und dennoch und noch immer architektonische Krone und Symbol unsterblicher Größe. Man kann ja nicht anders als ins Epideiktische geraten. – Als erstes stiegen wir zum nahen Philopappos-Denkmal hoch. Das steht da beschmiert mit Grafitti und von Jugendlichen umlagert. Der Musenhügel entpuppt sich als Kalkberg von überraschenden Ausmaßen. Nach Südwesten ein Steilabfall wie im Riesengebirge, und ringsum starrt das steinerne Meer, Häuserwüste bis zu den Horizonten. Nur den Hymettos hat die Flut noch nicht erreicht.

Aber die Masten der Starkstromleitungen stehen da auch herum und verschandeln die Silhouette. Vom Philopappos-Denkmal der Blick zur Akropolis. Es war windig, ich fror. H machte eine Aufnahme. Dann wollte ich zur Pnyx und wir verliefen uns auf dem leicht bewaldeten Hügel. Es wurde dämmerig, ein fast voller Mond war schon aufgegangen, stand blaß und groß über der Burg, und ich fotografierte. Überall da oben guckt der nackte Felsen hervor, mehr Kalk als Marmor. Ein kalter frischer Abendwind ging. Wir haben die Pnyx tatsächlich gefunden, mehr durch Zufall.

Sonntag, 23. 3.97, **Athen**. Heut waren wir auf der Akropolis, und morgen werde ich Sechzig. Ziemlich müde, Mittagessen um 16 Uhr. Der große Bus, mit 13 Leutchen fast leer, fuhr gemächlich die Antiken und Modernes ab: am Hadriansbogen vorbei mit dem Olympieion dahinter, wo unter der breiten Autostraße begraben der Ilissos fließen müßte – diese Stadt ist und bleibt eine Barbarei. In Athen wohnen die Barbaren und erheben Eintrittsgelder für das, was ihnen von Herkunfts wegen gar nicht gehört, so wenig wie den Türken Ephesos oder Milet. Sie profitieren von den Pilgerscharen aus West und Ost. Nipponesen in hellen Haufen. Es gibt schöne Parkviertel im Osten der Stadt, wo Otto aus Bayern sein Schloß bauen ließ. Vor einem Regierungsgebäude sah man vier Evzonen langsame Marionettenbewegungen zelebrieren. Ich hätte die Villa Schliemann sehen wollen. Man fuhr zum Nationalmuseum; dort sah ich den riesigen geometrischen Pithos vom Kerameikos und anderes Bekannte aus den Bilderbüchern. Auch das Gold des Agamemnon, die Maske, die Bronzeschwerter, und vor allem ein Modell von Mykene – es faszinierte wie einst das Reliefmodell von Palästina. Die Chaos-Schlucht und jedes Steinchen der Mauer nachmodelliert. Man sieht, wie nahe der Palast am Steilabfall der Schlucht liegt und wie steinig-hügelig der Burgberg ist. Keine Fotografie kann das so schön zeigen. Die Exegetin redete präzises Deutsch; ich wußte trotzdem mehr, als sie erzählte. Die Faltenwürfe der Koren, die aus dem Meer bei Artemision gefischten Bronzen. Hellenistisches und schöne Fresken von Akrotiri/Santorin.

Um 12 Uhr war man da durch, fuhr zur Akropolis und pilgerte hinauf zusammen mit den Pilgerscharen, und die Sonne schien. Marmor, poliert von Millionen Sohlen. 2000 Drachmen Eintritt durch die Propyläen. Der Parthenon, endlich, von ganz nahe, aber rein darf man nicht mehr. Überall Absperrungen und viel junges Volk, das anderes im Kopfe hat als Antike. Die Touristenmassen sind ein Graus. Man sehnt sich nach Mondschein und Fledermäusen. Von den Marmorstufen hinab durch das Beulé-Tor am Areopag vorbei. Vor dem Aufgang zu dem knubbeligen Kalkfelsen eine Bronzetafel mit Apg. 17.

Hinab zur Agora und in die Stoa des Attalos, wo es Ostraka und eine Losmaschine für die Verteilung der Ämter zu sehen gab. Schnell zum Hephaistostempel, knapp darunter rauscht die S-Bahn zum Piräus vorbei. In dieses Theseion darf man auch nicht rein, überall trillern die *phylakes*. Von dort sah ich die Höhenlinie von der Akropolis zum Areopag verlaufen. Dann durch eine Stinkstraße zum Ouzo, wartend auf den Bus zum Hotello. Der Fahrer ein junger schmaler Mensch namens Dmitri. Man redete mit ein paar Leutchen aus dieser Intensiv-Gruppe. H bei Tisch mit dem Ehepaar Z. aus Hamburg, Nach dem Essen schlafen. H holte Orangen und Weißwein aus dem Lädchen ums Eck. Der Tischwein ist verboten teuer. Das Wasser stinkt nach Chlor. Die Hotels florieren mit livriertem Personal. Der Parthenon ist nachts beleuchtet. Das war heut fast schon zu viel. Ab morgen bin ich eine ‚Seniorin', und der Buckel tut mir weh.

### Korinth – Mykene – Epidauros

Montag, 24. März 97 Akro-*Nauplia*, Hotel Xenia, 22 Uhr. Eigentlich nur dankbar für ein Bett und ein schönes Hotelzimmer (braun getäfelt, bungalowartige Kästen mit Terrasse und Blick hinab auf Stadt und Meer). Soeben mit Mu telefoniert, 60 Sekunden für 6.-; froh, daß ich durchkam. Sie gratulierte lieb und freundlich und wohl (vor-)formuliert, unten an der Rezeption. Das also war heut mein 60. Geburtstag, griechisch-touristisch und ganz schön strapaziös.

Da war heut morgen Eleusis im Vorbeifahren von fern zwischen den Schloten einer Zementfabrik; dann *Korinth*, der Kanal, Akro-Korinth von ferne, die Peirene, der Apollontempel, alles inmitten eines Dorfes, das man enteignet hat, um zu graben. H macht eine Aufnahme: sechzig Jahre lehnen an einer Säule und blicken hinauf zu dem Burgberg. Weiter mit dem Bus und von ferne an einem Reiterdenkmal vorbei; Kolokotroni? Die Exegetin äußerte sich nicht dazu. Sonst weiß sie eine

Menge und ist bei der Sache. Zwischen den Hügeln hindurch dann von ferne die Mickrigkeit Mykenes zwischen zwei hohen Bergen, ein niederer Sporn. Von dort der Weitblick über die Argolis bis zum Meer. H pflückte mir drei Blümchen. Das Schatzhaus des Atreus, der freigelegte Dromos und darinnen fast mehr Menschen als Steine. Die vielen Busse, die Parkplätze, das Mittagessen im Dorf daneben, wo es keine empfohlenen Artischocken mehr gab, aber ein fast blühendes Mimosenbäumchen. Der griechische Salat, drei Krümelchen Schafskäse, fester Joghurt mit Honig – wie soll man diese Touristenmassen ernähren? Weiter nach *Epidauros*, wo ein Rudel Jugendlicher sich rüde aufführte und wir, wie jedermann, die Stufen hochliefen. Die Tholos, das Museum, und schließlich hier Akro-Nauplia, mit dem Hotel Xenia in der Venezianerburg. Alles mit Hotels vollgebaut, in der Tat ‚sehr störend'; aber auch sehr bequem und mit Blick auf den Golf und das steinerne Schiff, das Inselchen mit der Festung Bourdzi. Der Felsen des Palamedes mit seiner Befestigung, den sieben Zitadellen, ist fast noch imposanter als Akro-Korinth.

Ein ereignisreicher Geburtstag; aber er fing nachts gegen drei in Athen mit H's Wimmern im Schlafe an, so daß ich aufwachte, ihn weckte. Er wimmerte so jämmerlich, daß es unheimlich war. In einem engen dunklen Raum habe man ihn bestehlen wollen; er habe schreien wollen, aber es kam nur dieses Wimmern heraus. Die Bettdecke sei zu schwer. – Es geschieht zu viel an so einem Touristentag. Aber auf diese selbst–bewußt–lose Weise Sechzig zu werden, ist auch was Aparts. H's Blümchen, gelb, weiß, lila, und eine Geranienblüte. Noch hinab in die Stadt? Ich bin alt und müde.

### Sparta – Mistra

Dienstag, 25.3.97, 18 Uhr *Sparta*, Hotel Leda. Das ganze Eurotastal samt Taygetosgebirge vernebelt. Eben am Ärger vorbei, daß die Dame Reiseführerin im Heiligtum der Artemis so leise sprach, wo sie doch eine gute Stimme hat. Aber ich weiß ja so gut wie alles. Das ist ein trostloser Ort, diese Otto-von-Bayern-Stadt. Und der Eurotas ist ein Rinnsal, mit Gras durchwachsen. Volkstänze, heut ist ja Nationalfeiertag. Wo waren wir gestern abend? In Nauplia. Die Palamidi-Silhouette sah uns nach, als wir heut nach Westen weiterfuhren.

Heut also ein Regentag, und der Vormittag wurde in *Nauplia* vertan im Gedränge der Händlerstraße zum Kloster hinauf, das wir nicht erreichten. Die ganze breite Straße entlang war Parade, während ich ein Klo suchte und auch fand, ein verkacktes in den Anlagen, mit Loch im Boden, ohne Spülung, wie eine afrikanische Latrine, aber gemauert immerhin. Da ‚kafferte' ich, während H die unverschließbare Tür bewachte. Dann sah man sich eine Weile den nationalen Aufzug der Jugend an. Sind transalpine Hellenomanen denkbar, die unter den heutigen Griechen das menelaische Blond vermissen? Die man vor sich hinmurmeln hören könnte: ‚Totale Überfremdung. Alles nur Sprache und Kulturerbe. Das sind doch keine Griechen. Die sind längst untergegangen. Das ist slawisch-illyrische Einwanderung.' Die Exegetin erzählte von den Zigeunern in Griechenland, wie sie gestern von den Armeniern im Proletarierviertel von Athen erzählt hatte. Die haben halt auch ihre Sorgen.

Und dann fuhr man am argolischen Golf entlang in die Berge von Arkadien und in den Nebel hinauf, der bald nach Tripolis kam. Der Fahrer Dmitri zog den Bus elegant die vielen Kurven entlang, frisch in die Bergflanken gehauen, sehr roh und grob herausgehauen, um die Kurven sicherer zu machen. Große Berge, anders als im Grasland. Viel Gebüsch, später ein macchiahafter Wald. Auch große Ziegenherden. Was sonst noch auffällt: wie die Wirte große Rechnungen machen für wenig Zeug, ein paar Scheibchen Tomaten und Gurken für 2000 Drachmen. Touristenpreise. Geschäftstüchtigkeit. Schlitzohrigkeit. Die Lehrerin aus Hamburg wollte Theologisches wissen. Es ist ja Passionswoche, und ich bringe es nicht zusammen mit dieser Reise.

In so einem Hotel ist man ganz woanders – daß da draußen, drüben der Taygetos im Nebel steht und der Eurotas als Rinnsal fließt, mutet unwirklich an, ist sehr am Rande des Bewußtseins angesiedelt. Die Straße war gebirgig bis zuletzt. Ich hatte gedacht, sie würde länger durch ein breites Tal führen. Aber plötzlich war dieses Sparta da, man stieg aus und beguckte sich das Heiligtum der Artemis Orthia: eine flache Mulde mit Gras und Gebüsch. *Dieses* Sparta ist auch eine Beleidigung klassischer Vorstellungen. Alles Antike ist vom Erdboden verschwunden, kein Stein erinnert, kein Kunstwerk, nur Texte sind noch da, Tyrtaios' Schlachtgesänge, Alkmans Eisvogellied und das, was Herodot, Plutarch und Pausanias, der Tourist, überliefert haben, letzterer mit 600 Jahren dazwischen. Die Berge sind noch da und der Fluß – etwas enttäuschend Flaches, Ausgefasertes, das sich da durch Sand und Binsen schlängelt. Und immer ist man in der Touristenmasse. Eine Euphorie wie zur Mbe-Zeit 81/85 wird sich nie mehr einstellen. Da hatte ich wirklich was Aparts für mich. Hier ist es anders: so viel Vorwissen, und dazu will man die materiellen Überreste sehen. Das Vorgestellte muß sich der Wirklichkeit stellen. Und bisweilen ist die Vorstellung wirklicher.

Mittwoch, 26.3.97, Sparta am Morgen. Ich wollte hier Landschaft sehen, und da ist Nebel. Nur Vorberge heben sich heraus. Nur gelegentlich sieht man ein bißchen mehr vom Taygetos. Der Himmel ist bedeckt, die Wolkendecke hebt und senkt sich leicht. Im Reiseführer steht mehr als man zu sehen kriegt. Die Agora z.B. oder wohl eher die Akropolis, wo im Tempel der Athena Pausanias, der Sieger von Platää, um 470 nach seinem byzantinischen Abenteuer als eingemauerter Asylant verhungerte. Die waren am grausamsten mit ihren eigenen Leuten, die alten Spartaner. Hier sang Alkman sein *Ou m'eti parthenikai,* und ich hab wieder das Hörgerät im Ohr, weil die Exegetin erkältet ist und schon gestern abend anfing ihre Stimme zu schonen, im Heiligtum der Orthia. [Kein Wort über Mistra.]

## Olympia

Donnerstag, 27.3.97. Das Tagebuch kommt gar nicht mehr mit. Hier ist *Olympia,* Hotel Amalia. Die Gegend ist ein von Industrie und Kanalisation verschandeltes Tal. Ganze Dörfer leben vom Tourismus. Grad hab ich H eine Bronze-Ente für 5000 Drachmen, DM 30.-, gekauft; die wird in der Nähe hergestellt. Gestern war Mistra, und dann kamen die Schluchten des Taygetos und die Kurven, in denen ich etwas von der Gebirgswildnis zu fotografieren versuchte. Weiter über Kalamata. – Jetzt also nach der Altis am Kronoshügel, die wir, H und ich, gestern abend, durch das Souvenirdorf hindurch und an rasenden Autos außerhalb vorbei, vergeblich suchten. Die kleine Erkältung von Epidauros hält sich in Grenzen. In Nauplia, am regnerischen Morgen, als ich über den Hof des Hotels ging, hab ich gefroren. – Es muß das hier ein liebliches Tal gewesen sein, als es noch keinen Tourismus gab und der Alpheios noch unkanalisiert dahinfloß. Zypressen und ein Kronoshügel am anderen, und die Autostraße dicht an der heiligen

Stätte vorbei. Da wird schon gesammelt für Fahrer und Führerin. Ob ich aus dem Potpourri dieser Reise die edelsten Brocken im nachhinein noch zusammenkriegen werde? [Mehr ist über Olympia nicht vermerkt, und ich hatte doch dort im Museum den Apollon vom Westgiebel des Zeustempels gesehen und an den grasigen Hängen des Stadions die roten Adonisanemonen…]

## Delphi

Freitag, 28. 3. 97, Karfreitag in *Delphi.* 8.15 in einem klassizistischen Hotelzimmer mit herrlicher Aussicht auf den Golf von Itea bis hinüber zur schneebedeckten Kyllene. Es ging in den Abend und in vielen Kurven bergauf. Man sah den Schnee des Parnaß. Der Helikon liegt weiter östlich. Es ist kühl, die Sonne kommt aus dem Pleistostal. Ich fahre ohne Hörgerät. Ich will Landschaft sehen. [Man war von Patras mit der Fähre nach Naupaktos gekommen. Am nächsten Tag am frühen Nachmittag auf dem Flughafen notiert: Gestern – ]

*Delphi* – imposanter gelegen als Olympia. Aber das Trümmerfeld von fern nicht unterscheidbar von den Felsen. Delphi fing am Donnerstagabend an, als wir in der Dämmerung am Golf von Itea entlang hinauffuhren in das Touristendorf. Das lag mal als Kastri genau auf den Trümmern der heiligen Stätte und wurde um eine Kurve weiter nach Westen verlegt. Die schöne, sanfte Dämmerung, das Edelhotel Xenia. Der Komet im Westen, den man uns zeigte. Im Bad ‚Marmor' und ‚Gold', dicke Sessel, ein französisches Bett, so daß H den Schlafsack vorzog. Am nächsten Morgen hab ich viel fotografiert – die gebirgige Umgebung, die Olivenhaine von Krisa, die schneeige Kyllene (den Chelmos sah man nicht). Das Trümmerfeld liegt unauffällig am Hang. Man verbrachte zu viel Zeit im Museum, wo ich einen brandgeschwärzten Apollonkopf mit goldenem Haar sah, der streng und archaisch dreinsah. Der Vortrag draußen war zu lang. Ich guckte Landschaft. Wir sonderten uns schließlich von der Gruppe ab. Überall störten die Touristen. Im aufgegebenen Gepäck hab ich eine halbe Flasche Wasser aus der Kastalia, die da am Wege zur Marmaria aus einem Brunnenrohr rinnt. An Karfreitag war nicht zu denken. Das Kreuz als Sieg über die Sinnlosigkeit, wegen Ostern danach. Delphi als Kosmos-Vernunft und Rechtsprechung im Rahmen des Geordneten. Ich staunte die Phädriaden an. Fragte die Exegetin, was der Name bedeute. ‚Die Lächelnden' war wohl akustisch falsch verstanden. Ehe ‚die Leuchtenden' (von phainomai) im Abendsonnenlicht. Blütenlese – an fast jeder Stelle hat H *Bliamle g'zopft.* In der Marmaria, nahe der Tholos, brach ich einen Olivenzweig. – Weiter. Die engen Gassen von Arachova, durch die sich die Busse quetschen. Der Parnaß war verschneit, bot einen breiten, hier und da zerklüfteten Rücken.

## Hosios Lukas

In dem Kloster hab ich gefroren, es liegt in einem Abseitstal an der Straße nach Theben. Das Byzantinische interessiert mich nicht. Mich interessiert das Lächeln, mit dem Theseus die überwundene Antiope anblickt, auf dem Relief im Museum von Delphi. Über diese Reise werde ich keinen Rundbrief schreiben – über den weißen Klee von Olympia und die roten Adonisanemonen im Stadion. Die Berge, die Bäume und die Blumen zwischen den Trümmern der Vergangenheit...

## Athen

Samstag, 29.3.97, 13 Uhr, vor dem Rückflug. Im Divani Palace hatten wir diesmal ein Zimmer hinten hinaus zum Philopappos-Hügel. Heut vormittag haben wir noch den Areopag geschafft: ein holpriger Felsbrocken, poliert von Pilgersohlen. Da also, sagt die Sage, wurde Orest vom Muttermord freigesprochen. H pflückte ein violettes Blümchen, eine Malve, die mir im Knopfloch verwelkte. Ein Katzensprung ist es hinüber zur Pnyx. In der Nähe des Odeions war ein WC zu finden. Rundgang an der Nordseite des Burgbergs entlang, Anafiotika, Die Plaka, noch ein griechischer Salat. Souvenirläden en masse, für Mu ein Väslein erstanden. Dann strebten wir zum Olympieion; der Autoverkehr auf der breiten Straße – selbstmörderisch, eine Zumutung, ein Gestank, ein Lärm. Jenseits der Straße der Hadriansbogen. Ich kaufte zwei Karten à 500, die kolossalen korinthischen Säulen von näherem zu besehen. Von dort ein Blick auf das Geknubbel des Nordosthanges der Akropolis mit einer großen Höhlung. (Auf dem Weg Richtung Akropolis war H hingefallen, weil er in seine Karte guckte, statt auf seine Füße zu achten. Er kippte in eine Wasserrinne und verstauchte sich den großen Zeh, Bluterguß.)

Flughafen, 14.30. Mit Taxi herbefördert durch den Stau hindurch. Es war hochsommerlich warm. Wir waren in einer der beiden kleinen Anfangsgruppen der Saison. Im Sommer muß es unerträglich sein in Athen. Wie oft haben wir so auf afrikanischen Flughäfen gesessen... Was gibt es noch zusammenzukratzen, ehe das Flugzeug fliegt?

Gestern, Karfreitag,
auf der Rückfahrt von Delphi nach Athen Mittagessen spät in einem Nest hinter Arachova, an der Straße, wo der Senior der Gruppe, Studienrat aus Hamburg, die Dankrede hielt an Fahrer und Führerin und Geldumschläge übergab. Dem Dmitri dazu einen delphischen Wagenlenker. Dann das flache Theben, Thive, von fern in der böotischen Ebene, ohne sichtbare Akropolis. Albanisch besiedelt im 19. Jh. Das troff da einfach nach Süden. Der Kopais-See, längst urbar gemacht für Baumwolle. Dann die Autobahn und das unsägliche Ambiente, alles Industrieanlagen nördlich von Athen am Parnes entlang, ganz Attika eine Betonwüste. Am Pentelikon die beaux quartiers. Da floß links der nach Süden führenden Autostraße ein Wasser im Kanalbett – der Kephisos. Der Lykabettos ist eine nach hinten langgestreckte fette Raupe. Von Westen aus sieht man nur den Kegelkopf.

Rückflug.
Im Airbus ,Baden-Baden', genau über den Tragflächen; keine Aussicht. Muß ich wohl schreiben statt zu gucken. 15.45. Das Flugzeug steht noch und macht komische Geräusche. Der Kapitän sagt, er habe ,hydraulische Flüssigkeit' verloren, es müsse was getestet werden. Ähnliches erzählte gestern abend bei Tisch eine Neuangekommene. Die Lufthansa mit technischen Schwierigkeiten, statt einfach loszufliegen. Eine halbe Stunde über München kreisen wegen Sturmböen und Landeschwierigkeiten möchte ich auch nicht. Also, die Fliegerei gefällt mir nicht. – Weitere Verzögerungen, es muß etwas repariert werden. Ist ja schön, wenn sie's noch am Boden merken, meint H. Erst 10 Min. Verspätung, und man bekommt was zu trinken. Nach Frankfurt mit einem Airbus. Hoher Sicherheitsstandard der Lufthansa? Statt auf gut Glück loszufliegen und auf die Nase zu fallen. Die Psychotherapeutin aus Tirol geht umher. Der Flugkapitän geht auch umher. H liest Zeitung. Ich muß nur meiner Mutter beizeiten Bescheid geben können. Da sind alle klassischen Eindrücke auf einmal weniger von Bedeutung. Man möchte heil nach Hause kommen. – 17.15. Es geht also nach

Frankfurt statt nach München und mit einem anderen Airbus. Ankunft 22.15. Mehr wollen die Leute ja nicht, als heil ankommen. – 18.15. Umgeladen in ein größeres Ding namens ‚Speyer' mit 8 Sitzen pro Reihe. Bis wir oben sind, ergeben sich 3 Stunden Verspätung. In solchen Riesendingern sind wir auch nach Afrika geflogen. Bloß heil ankommen und daß Mu sich nicht aufregt, wenn die telefonische Nachricht von der Verspätung kommt und sie es akustisch nicht versteht. Sie wird wach bleiben und immer wieder in meiner Wohnung anrufen. Da packt die Sorge schon wieder zu und würgt alles andere ab. [Es war der Auftrag ans Lufthansapersonal gegeben worden, der Mutter von der Verspätung Bescheid zu geben.]

18.40. Schon in der Luft und nichts zu sehn von der Geröllküste Attikas. H tröstet: Es wird sowieso bald dunkel. 3 Stunden Flug. [Man trennte sich in Frankfurt. Der Ehemann fuhr mit dem Zug nach Berlin weiter, die Lufthansa bezahlte keinen Flug. Er kam gegen Morgen an, sein Gepäck war in München. Ich fuhr nach Rebtal, um am Sonntag, dem 30. März, der Mutter 89. Geburtstag zu feiern]

Frankfurt, 21.40. Schwerbehindertenabteil, in einem Zug nach Mannheim. Die Hetze im Flughafen. Das Theater mit der Lufthansa–Dame, die stur blieb, und ich mußte meinen Senf auch noch dazugeben, den miesen Kundendienst betreffend. Wie wir durch die Hallen hasteten, nach pünktlicher Landung 21.20. Es verging eine halbe Stunde, bis wir bei dem Menschen im Reisezentrum waren, der das Richtige raussuchte. Die Nachricht an Mu immerhin hatte funktioniert. Sie war froh, daß sie Bescheid wußte, als ich anrief. Die S-Bahn voll von dem, was meine Mutter so ängstigt. Jetzt sitz ich im Interregio nach Heidelberg. H kommt erst morgen um 7 in Berlin an.

[In Heidelberg muß noch ein Spätzug nach HN gefahren sein, von dort wohl mit Taxi nach Hause. Im Großtagebuch sind Nachträge zu der Reise nicht zu finden. Die Alltagsfalle schnappte zu.]

*

## Das Jahr dazwischen I

Zwischen der ersten und der zweiten Griechenlandreise. Es war ein schlimmes Jahr. Sorge. Ärger. Panik. Vergeblichkeit, Erschöpfung. Die Mutter und ihre zunehmende Pflegebedürftigkeit, der Mann und Afrika, die eigene Schreiberei und die Verlagssuche für erste Texte. Alles Unvollendete und das Testament.

Die erste Griechenlandreise sackte weg, war sofort zugeschüttet von unmittelbarer Gegenwart: dem 89. Geburtstag der Mutter am Tag nach der nächtlichen Rückkehr. An diesem Ostersonntag waren alle Sorgen wieder da und standen herum mit grauen Gesichtern. Die Mutter war so froh, die Tochter wiederzuhaben, daß es wehtat, zu wissen: in einem Jahr wird sie wieder Angst haben und bis dahin schweigend den Kummer ertragen und das ausweglose Gefühl: Ich kann nichts machen. Könnte ich doch vorher sterben! (Der Wunsch erfüllte sich fast, im August, in Berlin, aber eben nur fast.) Die Sohnesfamilie kam zum Geburtstagskaffee, ein Platz blieb leer, man umschwieg die Leere, redete von dem hinterlassenen Hund, wie klug er sei. Familie als Lebenstrauma der Mutter – es zerknittert die Seele, es ist noch nicht durch die Mangel der Besinnung gegangen. Am Ostermontag  wurde die Schwester und Tante zum Kaffee geladen, man erzählte von der alten Heimat, vom Tod der Großeltern Schmidt und der alten Gnädigen vom Schloß, von einer Lehrerin, die ertrank, und dem kürzlichen Tod eines Cousins – Ostern als  Totengedenken. *Ich saß und hörte zu und dachte an Hellas nicht mehr.* Der Mutter zunehmende Gebrechlichkeit und ihr Wahn, die Schwester bestehle sie. *Was soll werden, wenn ich wieder nach Afrika gehe…*

Die eigene Schriftstellerei drängt – bis an den Rand der Panik. Dem unvollendeten *Kenotaph*, einem umfänglichen Memoirenwerk, den Tagebüchern nachgeschrieben, soll wenigstens noch das große Hauptkapitel VII hinzugefügt werden. Es zieht zurück in vorafrikanische Vergangenheit. Sofort nach Ostern: *Anfangen, Tagebuch 70 zu exzerpieren. Keine Zeit, an die Reise zu denken. Das Gepäck kam heute, die Flasche mit dem Wasser aus der Kastaliaquelle steht in der Küche. Es war zu viel auf einmal. Trümmer, Säulen, H's Blümchen, Hotels, Touristen und das unmögliche Athen. In Olympia, im weißen Klee, bei den roten Anemonen, da war es schön. In Delphi die Phädriaden. Die Schluchten des Taygetos. Es reicht nicht einmal zu einer Skizze von einer einzigen Seite.* In Berlin wurden ältere Texte am ehelich geteilten Computer überarbeitet. Der Privatdruck eines kürzeren Afrikatextes, ‚Spur im Staub', kommt zustande; das Verschenken zeitigt Warten auf ein Echo, das selten und wenn, nur zögernd und bisweilen freundlich nichtssagend kommt. Es kommen auch die ersten Verlagsabsagen bezüglich des gleichen Textes und anderer Texte, die, im nachhinein betrachtet, noch nicht ausgereift waren. Es lag so vieles unvollendet herum. Der Mutterroman in Rohfassung, mehrere Afrikatexte; Sils-Maria 58 und Basel 73 sollten literarische Gestalt annehmen, die Tagebücher waren zum größeren Teil noch unausgeschrieben, es wären noch zehn bis zwanzig Jahre Lebenszeit bei Verstand und Schaffenskraft vonnöten gewesen – da kamen der Mutter Pflegebedürftigkeit und noch einmal Afrika dazwischen. Wie hätte sich ein Gedanke an Griechenland einstellen sollen?

Das Hin- und Herfahren zwischen Mutter und Mann, alle paar Wochen; in Berlin Schreibpanik und Haushalt, immer wieder Fahrradausflüge in die Umgegend; in Rebtal tagtäglich die Mutter, vormittags und abends die Hast des Schreibens. Anfang Juli ein Klassentreffen, zu welchem ein mit zwiespältigen Gefühlen Erwarteter nicht erschien. Mitte August kommt die Mutter wieder mit nach Berlin, wird krank, der Bereitschaftsarzt muß geholt werden; zum ersten Male ist die Mutter rund um die Uhr pflegebedürftig, während der Mann nach Rügen fährt. Sie erholt sich, sitzt wieder an der Nähmaschine und näht Schlafanzüge, steht in der Küche und kocht Marmelade; zu Besuch kommt die Kusine; noch einmal ‚Schlesisches Restaurant' – es ist alles das letzte Mal. Dreizehn Jahre ‚Graue Villa' mit Goldregen, Rosen und Phlox rings um die Gartenterrasse gehen zu Ende.

Aufkommt von neuem die Sorge um den Mann, der den Rest des Berufslebens in Afrika verbringen will. Berlin über- und unterfordert ihn ob der vergeblichen Mühe eines Gewissenhaften mit einem Orchideenfach; der Bluthochdruck steigt, das eheliche Gerangel wegen Haushalt und Sauberhaltung eines großen Hauses nimmt zu. Makabre Träume, ärgerlicher Kleinkram. In Afrika stünden wieder Koch, Dienstmädchen und Gärtner zur Verfügung. Was hilft das inmitten von Alpträumen.

Zum Alptraum wird vor allem der Gedanke an ein Testament, die Sorge um den Nachlaß und seine Verwaltung. ‚Sammelt euch keine Schätze auf Erden, die der Rost und die Motten fressen...' Es gibt keine nennenswerten Kapitalanlagen, weder Grund noch Boden, ein kleines Wohneigentum freilich, vor allem aber ererbtes Gut: der Mutter Nachkriegs-Lebenswerk, ihre unzähligen Handarbeiten vom handgeknüpften Teppich auf dem Teppichboden bis zum Taschentuch mit zarter Häkelspitze. Es gibt zwei, drei Stücke ehrwürdiger Nachkriegsmöbel: der Mutter erste Neuanschaffungen nach dem Verlust von Hab und Gut, eine Nähmaschine, ein Vitrinenschrank, ein Tisch, mehr nicht und dennoch zuviel. Dann die Unzahl der Bücher in den Regalen; dazu Tagebücher und Briefe, die das Fundament einer Ehe legten, Malereien von eigener Hand, Fotoalben und halbfertige Manuskripte – wer sollte sich um das alles kümmern, um es vor dem Müll und den Türken in den Diakonielädchen zu retten? Wo ist ein Archiv, ein Museum oder eine Kiste auf dem Dachboden eines Stifter'schen Bürgerhauses, in dem das Wenige auf wenigstens siebzig Jahre hin der Vernichtung oder dem Mißbrauch entgehen könnte?

Derweilen eilten die Tage und Wochen dahin zwischen Berlin und Rebtal. Im Oktober, zu Besuch bei Bekannten in Berlin, muß das Gespräch auf Griechenland gekommen sein. Vermutlich war da ein Murmeln zu hören: ‚Ich würde ja gerne noch einmal...' Aber wann? Und wenn, alleine? ‚Komödie' und ‚Veranda' gehen durch den Computer, das Schreiben geht voran, *dankbar für jeden Tag, an dem ich nicht Angst um Mann oder Mutter haben muß.* Bei einem Besuch in Hamburg zeigt die Schwägerin Skizzen, die sie von ihrer sterbenden Mutter gemacht hatte. Die eigene Mutter wünscht sich ein Buch ‚Flucht und Vertreibung'. Am letzten Tag des Jahres, in Rebtal: *Vor dem kommenden Jahr habe ich Angst.*

*

Im Januar 1998 wird die Mutter von Magenbeschwerden geplagt; der Arzt muß kommen. Tägliche Pflege und Besorgungen (Krankenkasse, Badelifter) werden unterbrochen von Versuchen, mit der eigenen Schreiberei weiterzukommen. Wieder gibt die Mutter Anweisungen für ihre Beerdigung, und in der Grauen Villa findet der zweite Einbruch statt. Die Suche nach einem Verlag für drei Afrikatexte bleibt erfolglos. Dazwischen huscht der Gedanke: *Ich wollte doch noch einmal nach Griechenland...* Ein fiktiver Kusinenbriefwechsel versucht, mit den Verlagsabsagen zurechtzukommen. Bis Ende April muß das Überseegepäck gepackt sein.

Im Februar ausgeliehen Gaitanides, ‚Griechenland ohne Säulen'. Bei einem Berliner Künstler werden Kohleporträts nach Fotos (Mutter/Tochter) in Auftrag gegeben. Eine Berliner Agentur verspricht Gutachten zu ‚Komödie' und ‚Veranda'. Dann eben schnell dazwischengeklemmt vom 17. – 23. 2. eine kurze Reise in das Ostseebad Misdroy auf Wolin, Wandern am Strand entlang, ein bißchen Schwimmen im Hallenbad und am letzten Tag – ein Rückblick auf Griechenland.

230

# Die Misdroy-Nachschrift

Ostseebad **Misdroy** auf Wolin, Sa 21. 2. 98, Hotel Amber Baltic mit Seeblick. – Um Zeit sinnvoll hinzubringen (das Hallenbad ist überfüllt, das Wetter schlecht, H hat sich in seine Lektüre verkrochen) – ein Rückblick auf die Griechenlandreise mit H zu meinen 60. Geburtstag. Ich will es versuchen in leserlicher Tintenschrift auf losen Blättern.

Wie fuhren von Berlin mit dem Zug nach München und mit der S-Bahn zum Flughafen. Dort warteten wir lange auf den Tansfer zum Hotel, dessen Namen ich vergessen habe. Es war eine weite Fahrt mit Taxi und am Buffet gab es außer Kraut, Brot und Käse nichts mehr. Am Sa, dem 22.3., flogen wir mit der Lufthansa von München nach Athen an der Adriaküste entlang; ich sah Korfu und dann die blaugelben Sümpfe von Missolunghi. Über den Gebirgen der Peloponnes wurde es wolkig, über dem Saronischen Golf zog das Flugzeug einen großen Bogen – sah ich Salamis, Ägina? In der Gegend von Kap Laurion setzte das Flugzeug zur Landung an. Ich sah den roten Sand, die Yachthäfen und die Bungalows ganz nahe: die Küste Attikas ist zugebaut. Landung. Als ich mit beiden Füßen auf festem Boden stand und den Hymettos sah, kahl, blaugrau, stieg etwas merkwürdig Gekräuseltes in mir auf, ich weiß nicht, wie ich das Gefühl benennen soll. Eine Mischung aus Andacht und abgewehrter Überwältigung. Der Berg war das erste Stück Antike, das ich sah: kahler vermutlich als vor 2500 Jahren, aber doch derselbe, den Sokrates einst gesehen hat.

Hotel Diwani Palace mit Blick auf die Akropolis: kaum waren wir da, zog ich los und zog H mit, hinauf zum Philopappos–Denkmal auf dem Musenhügel. Wir kletterten den Hang hoch, der Denkmalsrest war beschmiert. Der Blick zur Akropolis hinüber fror. Es war sehr kalt. Am Tag zuvor hatte ich mir noch einen Unterzieher genäht, unter der Windjacke zu tragen, bis zu den Waden. In den gehüllt, hätte ich der Kälte standhalten können, aber den hatte ich nicht an, und so stand da eine und schnatterte, die dünne Kapuze über den Kopf und eine

231

graue Wolljacke um die Schultern gezogen. Dieser Anblick inspirierte den begleitenden Gemahl zu einer Aufnahme. Man sah dann später, was da stand: eine Graie, die aussieht, als wollte sie heulen vor Glück. Ein Gesicht, so verkniffen, als müßten Tränen der Rührung darüber unterdrückt werden, endlich auf klassischem Boden zu stehen. Zumute war mir in der Tat ganz merkwürdig gewesen. Zu Füßen des Hügels ist ein Stück der Betonwüste zu sehen und darüber thronend das Edelgerippe der Akropolis. Das Diadem des antiken Jungfrauentempels über der Barbarei der modernen Stadt.

Wir zogen weiter und kamen durch Zufall bis zur Pnyx. In der Nähe einer alten Sternwarte fotografierte ich die Akropolis mit blassem Vollmond darüber. Ein alter Mann, der Hunde in einem Zwinger fütterte, war redselig in gebrochenem Englisch. Wir verliefen uns ein Stück weit, fanden zurück auf die Straße, die in der Schlucht zwischen Areopag und Pnyx hindurchführt. – Im Hotel gab es stark gechlortes Wasser zum Abendessen. Der Tafelwein war teuer, die Bedienung livriert.

Am Sonntag, dem 23. 3., den ganzen Tag Akropolis, Agora und Museum. Das übrige müßte ich im Reiseprospekt nachsehen. Jedenfalls wachte ich am 24. März morgens in Athen auf und war am Abend in Nauplia. Der 60. Geburtstag fand also an einem Montag zwischen Athen und Nauplia statt über Korinth, Mykene und Epidauros. H pflückte mir ein Geburtstagsblümchen. Es ging vorbei an Eleusis mit Fabrikschloten, der Kanal von Korinth von oben und Akrokorinth von unten waren zu besichtigen, die Peirene, der Apollontempel und was sonst noch an Überresten herumliegt. Die Exegetin hielt ihre Intensiv-Vorträge. Wir waren runde zwölf Bildungsreisende. Alle die berühmten Trümmer, die ich zwanzigmal in Bildbänden gesehen habe, alles lag und stand da in Wirklichkeit herum und wirkte unwirklich. Auf der Terrasse einer Taverne in Mykene aß ich den ersten griechischen Salat. Die Burgruine und das Kuppelgrab haben mich nicht sonderlich beeindruckt. (Die Bunker an der Ostsee, in denen wir herumgekrochen sind, haben mir mehr Anlaß zu Betrachtungen gegeben darüber, wie hier gegen Ende ein Verzweiflungskrieg geführt wurde, und wie das Überlebende nun friedlich an den Folgen von Wohlstand und allerlei weiteren Bereicherungen unterzugehen droht. Die Politik versucht das Abendland in ‚Europa' hineinzuretten. Es wird ein langsamer Untergang sein. Wie langsam sind die alten Griechen untergegangen?)

232

Weiter Griechenland 97, weil das Hallenbad voll ist. – Dienstag, 25.3., war Nationalfeiertag mit Aufmärschen und alle Museen zu. Das Hotel Xenia liegt in einem Hof der alten venezianischen Festung mit Blick auf den Golf und die Inselfestung Bourdzi. Es war ein verregneter Tag. Der Palamidi ragte unersteigbar auf. Nach Meinung mancher Leute besteht das moderne griechische Wunder darin, daß die erstaunliche Melange aus Slawen, Albanern (Illyrern), Türken und Restgriechen sich für die Nachkommen der alten Hellenen hält. Ähnlich halten manche Deutschen sich für die Nachkommen der germanischen Stämme der Völkerwanderungszeit. Es gibt dergleichen Herleitungen mehr. Je vermischter oder assimilierter, desto abstammungsbewußter? Es sind Ideen und Ideale, die sich durchhalten, nicht Blutsverwandtschaft. Dann: Wie das Byzantinertum, die griechisch-orthodoxe Kirche, das moderne Griechentum geprägt hat. Wie die alte Heroenverehrung in der Heiligenverehrung fortlebt. Das fällt mir ein, und daß es nichts Subjektiv-Unwissenschaftlicheres gibt als Geschichtsschreibung und jegliche Art von Geisteswissenschaft. Die Rowohlt-Biographie über Perikles ärgert mich immer noch.

Also in Nauplia fuhr man durch den Berg mit dem Fahrstuhl hoch. In der Stadt war irgendwo ein bayerischer Löwe zu besichtigen und ein Klo zu suchen (es fand sich eine völlig verdreckte öffentliche Toilette in einer Parkanlage), während der Festzug vorübermarschierte. Eine Kirche sahen wir von innen – es sah da aus wie in einem Trödelladen, Blech-, Silber-, Messing- und Goldzierarten, dunkel und den Gläubigen heilig. In der Mauer einer Kirche zeigte man uns das Loch, das die Kugel schlug, die den Kapodistrias (den aus Istrien) ermordete (um 1821 herum); der Täter war einer aus den Clans der wilden Mani, die da mitmischten. Athen war um 1800 herum ein Albanerdorf. Und doch könnte man Lust bekommen, wenn man nicht schon so alt wäre, unter einem so unmöglichen Volk zu leben – der Landschaften wegen, die es hier und da auch noch gibt. – Der Tag in Nauplia war unerquicklich. Auf dem Weg dahin war man an Tyrins vorbeigefahren: es lag unsichtbar hinter Schilf und Gestrüpp. Larissa ist eine Burgfeste bei Argos. Das war noch am 24.3. Epidauros hat mich nicht sonderlich beeindruckt, obwohl ich alle Stufen des Theaters hochstieg und rund um mich umsah. Plötzlich ist ein Zweiglein mit gelben oder violetten Beeren interessanter. Der Tourismus entweiht die heiligen Stätten, aber auf andere Weise bekommt man sie nicht zu Gesicht.

Am 25.3., noch am Dienstag also, ging es nachmittags nach Südwesten (ich vergesse immer, wie nahe Nauplia bei Athen liegt und daß die Argolis samt Korinthia der kurze dicke Daumen der vierfingrigen Peloponnes ist) hinauf ins Gebirge und nach Westen bis Tripolis, das ist Arkadien, dann scharf nach Süden, mitten zwischen die Gebirgszüge Parnon links und Taygetos rechts hinein. Das war eine lange Fahrt, und Sparta war eine Enttäuschung, eine gewöhnliche Provinzstadt und Neugründung des Bayern-Otto. Das Wetter war mies. Am Abend noch das Heiligtum der Artemis Orthia, ein ausgetrockneter Sumpf, eine grasige Mulde und ein paar Steine. Kein Menelaion, kein sehenswerter Eurotas. (Und was Arkadien angeht, so war da nichts von Idyllik zu sehen. Immerhin Ziegen. Wo sollte sonst auch der vielgerühmte und teure Käse herkommen?)

Am Mittwoch, 26.3., Besichtigung von Mistra, das Goethe nie gesehen hat. Da also trieb sich sein hellenasüchtiger Faust herum. Hoch mit dem Bus; es dauerte, bis ich begriff, daß diese Stadt aus fränkischer Zeit (also 13. Jh.) auf einem Vorberg des Taygetos liegt. Unwirklich, eine Geisterstadt, Ruinen, mit Renovierungen am Despotenpalast, einem noch bewohnten Kloster und vielen unbewohnten. An die Hänge gebaut, die Reste noch faszinos. Trotzdem: wenn ich etwas vergessen werde von der Reise, dann Mistra. Es regnete nieselnd; man mußte auf die engen, steilen, holprigen Pfade achtgeben, man konnte sich kaum die Ruinenlöcher richtig angucken. Hier hatte das große Byzanz eine Dependance und einen Philosophen des Neuplatonismus. In den Freiheitskriegen zwischen den Fronten zerstört, die Leute zogen ins neugegründete Sparta, die Stadt verfiel. Die große Vergangenheit, der sich das Abendland verdankt: ausgelaugt von der Gegenwart.

Es lenkt zu vieles ab. Die Frage etwa, warum das griechisch-römische Erbe aus dem Bewußtsein der Gebildeten nahezu verschwunden ist und sich statt dessen allerlei andere, teils exotische, teils vom Christentum vereinnahmte Traditionen einer ungewohnten Wertschätzung erfreuen. Über das zwiespältige Erbe, das Europa von den alten Griechen übernommen hat, müßte nachgedacht werden. – Mistra also war gespenstisch. Ruinen, durch die der Tourismus geistert. Erinnernd an die Ruinenstädte Deutschlands nach dem Krieg. Aber Mistra ist überwiegend friedlicher Verfall und daher eher romantisch im schaurigen Sinne – ‚gothic'.

Dann hinauf in den Taygetos, und zwischendurch schneite es. Ich fotografierte durchs Busfenster: die Schluchten, bewaldete Steinhänge, Kurven, die der schmächtige Fahrer vorsichtig nahm. Tief unten weiße Wildwasser im Gerölle. Die Vorstellung: da stiegen einst die Spartaner hoch, um Messenien zu überfallen. Eine lange Fahrt, denn es ging bis Olympia. Dazwischen eine Schafherde auf der Straße. Die gebirgige Landschaft beschäftigte pausenlos die Augen. Ich hatte keine gute Landkarte bei mir. Die kurvenreiche Landschaft, die kleinen Ortschaften dazwischen. Von Arkadien hatte ich nichts gesehen, nur die langweilige Ebene von Tripolis (und irgendwo vorher, unsichtbar, aber auf der Landkarte verzeichnet, beim Paß von Dervenakia das Standbild Kolokotronis – 4mal o – des Freiheitshelden.) Gegen Abend waren wir in Olympia. Es war Passionswoche. Daran dachte ich erst am Freitag in Delphi. In Olympia ein Hotel mit erlesenem Buffet. Die Hotels waren überall gut. Wir liefen zu zweit lange hinunter durch die Touristenstadt auf der Suche nach dem Heiligtum, fanden es aber nicht.

Donnerstagvormittag haben wir Olympia besichtigt, am gleichen Tag weiter nach Patras und mit der Fähre (es war sehr windig und kalt an Deck) über den Golf von Korinth nach – Navarino? [Das ist der italienische Name des alten Pylos, an der Westküste von Messenien, mit der Insel Sphakteria. Seeschlacht 1827, Vernichtung der türkischen Flotte.] Wie heißt der Ort, wo wir die Statue eines Freiheitshelden in türkischen Pluderhosen besichtigten? H weiß den Namen noch: Naupaktos/Lepanto. Auch eine Seeschlacht. Welche?

Olympia hätte ich beinahe vergessen, und doch sah ich dort den schönen Gott vom Westgiebel des Zeustempels, welch letzterer im 6. Jh. nach Chr. von einem Erdbeben zerstört wurde. Also den Apoll sah ich. Auf jedem 500-Drachmen-Schein ist er zu sehen. Im Museum steht er in olympischer Erhabenheit und kühler Marmorruhe. Der Kladeos ist ein flaches Bächlein; der Alpheios war nicht zu sehen. Ein paar Säulen des Zeustempels lagen, in Scheiben auseinandergesprungen, schräg im Gras. Von einem Heiligtum des Pelops war nichts zu sehen. Einen Hera-Tempel sah ich auch nicht. Im Stadion lag ich im Grase am Hang und fotografierte eine rote Anemone. Die Vorstellung, daß das alles mal unter einer 5 Meter hohen Schlammschicht lag, ehe es ausgegraben wurde, beschäftigte mich. Und daß in dem Zeustempel einst eines der sieben Weltwunder thronte.

Delphi. Karfreitag, 28.3.97. Am Abend spät war man angekommen; eine lange schöne Fahrt am Ufer entlang, jenseits des Golfes die schneebedeckten Gipfel der Berge Arkadiens, Chelmos und Kyllene in der Abendsonne, und dazwischen das Meer grün und blau und dann glänzend grau. Der buchtenreiche Golf von Itea; dann hinauf ins Gebirge, in die Vorberge des Parnaß, ins Dorf Delphi, das Kastri hieß und da gelegen hatte, von wo die Archäologen es dann wegschafften: über den Trümmern des alten Delphi. Wir bekamen ein edles Zimmer, zweietagig, Stilmöbel (Biedermeier gekreuzt mit Empire), Marmor und goldfarbene Badewanne. Am nächsten Morgen der berückend blaue Blick über die Heilige Ebene bis zum Golf von Krisa. Über das Meer hinüber guckte ich mir die Augen aus nach dem Schnee der Kyllene und des Chelmos und fotografierte durch das Balkongitter hindurch. Die Sonne ging auf, die kahlen Berge modellierten sich aus ihren eigenen Schatten hervor, stahlblau, grauviolett, noch winterlich und kahl. Auf halber Höhe zwischen Parnaß und Pleistostal stürzt der Blick in die Tiefe. Dann eine kurze Fahrt um die nächste Kurve und gar keine Überraschung. Erst waren da ein Museum und ein Bagger, darüber empor ragte freilich das Felsgeklotze der Phädriaden, wo der Parnaß sich herabwirft in Kaskaden. Delphi selbst – ein unscheinbares Halbhöhenheiligtum. Als erstes mußte man ins Museum, wo H von vielem Herumstehen Rückenschmerzen bekam.

In Delphi war ich an heiligem Ort. Das Böse wurde da besiegt in Gestalt des Python-Drachens, der doch vermutlich einst einer Erd- und Muttergottheit heilig gewesen war. Wieder der schöne Gott, hier als Herr des Heiligtums und freilich – nur? im Geiste. Und es war Karfreitag. Der leidende Gottesknecht, der als Verbrecher Gekreuzigte, nahm er als Auferstandener nicht die Züge des Lichtgottes an? [Nicht ganz. Die Spuren des Leidens bleiben. Der byzantinische Pantokrator hat düster-strenge oder melancholische Züge.] Die Idee ist griechisch, das Fleisch mag anderer Herkunft sein, Teil geschichtlicher Kontingenz, wie letztlich jede Kultur. ‚Schwarzer Messias': Aneignung, Assimilierung. Das Wort ward Fleisch. Es wurde nicht Mann und nicht Jude, sondern Mensch. [Den Gedanken ‚Mensch' vermochten offenbar nur die Griechen zu denken.] Delphi: Orakelweisheit der Priester, vom 8. bis zum 2. Jh. vor. [Der Niedergang begann schon Mitte des 5.Jhs. Höhepunkt der Priestermacht war das 8.Jh.] Ein Ort der Weisung, auch für Nichtgriechen, den Lyder Krösos etwa.

Delphi – zu wenig Zeit, um zur Besinnung zu kommen. Den Stein der Sibylle sah ich nicht. Ich besah mir eine der sechs wiederaufgerichteten Säulen des Tempels: sie stand ergraut und sehr zernagt vom Zahn der Zeit. Die polygonale Mauer ist eindrucksvoll. Der Blick hinauf zu den Phädriaden und hinab ins Tal, über die Landschaft hin, ist großartiger als der über die Trümmerreste. Die Tholos der Marmaria, der Athena Pronaia, die vielen wirren Steine, Trümmer – es stand und lag da so herum. H fotografierte mich sitzend mit Aufblick zum Parnaß, von dem immer wieder Felsen losbrechen und herunterstürzen. Erdbebengebiet. An der Kastalia (es ist da ein Brunnen mit Zulaufröhren, linker Hand an der Straße) ließ ich Wasser in eine Plastikflasche laufen. Vielleicht hilft's der Inspiration, sagte ich mir. Muß man nicht etwas mitbringen von so einer Reise? Von der Schlucht, dem Felsenspalt zwischen den Phädriaden und dem alten Brunnenhaus war nichts zu sehen. Es standen Bäume davor, und eine Sperrkette hing da: Zutritt verboten wegen Steinschlags. In Delphi hätte ich gerne mehr Zeit gehabt und weniger Touristen.

Dann die lange Fahrt über Arachova mit Zwischenpause, wo es süßes Zeug zu kaufen gab; im Rücken die Schneegipfel des Parnaß. Im Bus gingen Schauergeschichten um aus der Zeit der deutschen Besatzung, dem Partisanenkrieg. Ich bekam es nur fetzchenweise mit. Der Blick irrte über die kahlen Hügel, das seit der Antike Steinige, Abgeweidete. Ziegen fressen eben alles. Dann der legendäre Dreiweg, wo Ödipus den Laios erschlug. Dann das Kloster *Hosios Lukas*, das mir so überflüssig vorkam – es fehlte die Zeit zur Besinnung. Draußen bekam man Formulare ausgehändigt mit Fragen. Kundendienst. Drinnen bei den Fresken war es kalt und dunkel. Auch hier ein Pantokrator und eine Panhagia und lange Exegesen, wie schon in den halbverfallenen Klöstern von Mistra. Es wurde mir zuviel.

Man kam in die Ebene am See von Orchomenos, dem ehemaligen, und rechter Hand von fern war Theben, Thivä, zu sehen, vermutlich etwas ähnliches wie das königlich-bayerische Sparta, nur eben albanisch. Zwischendurch verstummte die Exegetin. Man fuhr um den Parnis herum durch eine triste Industriegegend nach Athen zurück und hinein. Marathon blieb links liegen. Links floß auch der einbetonierte Kephisos (der Ilissos ist ganz unter einer Straße verschwunden). Das war am Freitag. An einem Karfreitag, von dem man nichts merkte.

Am Sonnabend, 29.3., haben wir vormittags (zu freier Verfügung) noch den Areopag bestiegen, ein kalkfelsiges Gelände. Da oben sang eine Gruppe von Asiaten, vermutlich Koreaner, ‚On Christ the solid rock I stand…' Am Nordhang der Akropolis entlang sind wir zur Plaka hinunter gewandert, um das auch noch abzuhaken. Dort sah ich einen Parthenon aus Marzipan. Dann fanden wir über eine vielspurige Straße hinweg den Weg zum Olympieion (das Dionysostheater war abgesperrt). H sagte hinterher, ich sei beinahe in ein Auto gelaufen. Am Hadriansbogen vorbei zu den korinthischen Säulen, die da ragen. (Auf alten Stichen sieht man oben auf einer noch das Häuschen eines Styliten.) Südlich von dieser Säulenmegalomanie muß einst die amöne Gegend gewesen sein, wo Sokrates an einem schönen Sommertag mit Phaidros am Ilissos saß. Jetzt rast da die Pest der Autos entlang. Der Autoverkehr in Athen ist ein Alptraum, das weiß jeder. Und die Akropolis hat mich vom Musenhügel aus mehr beeindruckt als im ratlosen Aufblick nahe davor.

Der Rückflug ging statt nach München nach Frankfurt. Die Maschine nach München hatte einen Schaden. In Frankfurt gab es Theater wegen dem Gepäck. H weiter nach Berlin mit der Bahn, ich Richtung Heidelberg, mit Taxi nach Rebtal, wo ich spät meine Mutter noch anrief. Ostersonntag wurde sie 89. Ich holte Blumen, und es war alles wieder einmal gut überstanden. Aber es war keine Zeit, über die Reise nachzudenken oder gar zu schreiben.

Erst hier auf Wolin, an der Ostsee, fast ein Jahr später. Es ist 19 Uhr, der 21.2.98. Übermorgen zurück nach Berlin.

Ich habe hier eine ärgerliche Biographie über Perikles gelesen und Fragmente griechischer Liebesdichtung, auch ein Stück SapphoGedicht in den Sand gemalt. Ich würde noch einmal nach Griechenland wollen, aber die Zeit wird knapp. H kann nicht. Alleine will ich nicht wegen der Hörbehinderung. Ob Frau S. Interesse hätte?

*

## Das Jahr dazwischen II

Während des nächsten Besuches in Berlin wurden weitere unfertige Manuskripte fotokopiert; in Rebtal war die Mutter zu versorgen; das Schreiben an den Kusinenbriefen (‚Das Graienauge') ging mühsam voran. Der Text blieb unvollendet.

Im März Erschöpfung und dennoch: *Griechenland festgelegt für den 8. Mai: Frau S. kommt mit.* Verhandeln wegen einem Buch mit drei Afrikatexten auf eigene Kosten. Drei von geplanten fünf Kusinenbriefen in den PC. Der Gedanke an das Testament nimmt allen Lebensmut. Am 24. 3. die Konfrontation mit einem Porträt von beeindruckendem Selbsterkenntniswert. In Charlottenburg das Gemäldeerlebnis ‚Weißer Mohn am Schwielowsee'. In Rebtal ein reich gedeckter Geburtstagstisch für die Tochter, und am Montag, dem 30. März, wurde die Mutter 90. Die Jubilarin wurde gebührend gefeiert. Am 29. eine Vorfeier mit der Sohnesfamilie. Am Montag Besuch von Bürgermeister und Pfarrer. Mit der Tante zum Chinesen, Ente essen. Zum Kaffee ein entfernter älterer Verwandter, dem es nicht gut ging. Am Abend kam mit Blumen ein Klassenkamerad vorbei, ein tatkräftiger Ostpreuße, stets hilfsbereit und in einem Notfalle immer erreichbar.

Im April wird die Anschaffung eines Faxgerätes für die Mutter geplant. Ihr Wille ist ungebrochen: sie will den Umgang mit dem Gerät erlernen, will den Arzt wechseln, der unnötige Röntgenaufnahmen macht, und erläßt weitere Bestimmung für ihr Begräbnis: in welchem Kleid, in was für einem Sarg und mit welchem Spruch in der Todesanzeige. Karwoche und Ostern in Rebtal. Die Mutter überstickt die goldenen Aztekenfratzen auf einem schwarzen, erweiterten Afrikakleid aus dem Jahre 1975. Es soll mit nach Tansania. Die Tante aus Liegnitz starb. – Mitte des Monats nach Tübingen ins Tropeninstitut. Das Gutachten der Literaturagentur kam, hilfreich. Beide Texte müßten überarbeitet werden. Dann wurden Kisten und Tonnen für Tansania gepackt und ein Titelbild für das Afrikabuch entworfen. Frau S. hatte inzwischen alle Reiseformalitäten erledigt; aber – *Griechenland ist wie auf der Rückseite des Mondes.*

Mai 1998. Das Testament macht weiterhin ratlos. Der Kollege Ehemann predigt im Dom. Die Zahnärztin hat auch noch zu tun. Am 7. 5. gegen Abend: *Werde ich morgen um diese Zeit auf dem Musenhügel herumkrabbeln? Das Tagebuch bleibt hier. Das Kleinstformat von letztem Jahr genügt. Es ist noch mehr als halb leer.*

Die zweite Griechenlandreise wäre ohne A. S., etwas jünger, kontaktfreudig, vielseitig interessiert, vornehmlich an Ägypten, aber auch an griechischer Antike, nicht zustande gekommen. Es war ein Sprung hinaus aus Hast und Hetze, aus seelischer Bedrängnis und Ratlosigkeit – aus einer spiralnebelartigen Wirbelbewegung führte die zweite Griechenlandreise in jenes windstille Auge des Zyklons, das in Erinnerung geblieben ist.

Das Tagebuch beginnt am 8. Mai 1998, morgens mit einer Erinnerung an den Tag der Kapitulation:
*Ein letztes Davonkommen über die Grenze bei Eger, ehe die Tschechen zu plündern und zu morden anfingen. Das Testament macht mich ratlos. Ob ich mich auf Griechenland freue, will H wissen. Ich reise, weil Frau S. so freudig zugesagt hat. Ich reise, um mir Entschlußfähigkeit zu bescheinigen. Ganz gesund fühle ich mich nicht. Die Schilddrüse laviert an der Grenze. Kreislaufstörungen. Gelegentlich noch Hitzewallungen. Ich nehme den dicken Knaurs Kulturführer mit, es sind so schöne Bilder drin, und man bekommt erklärt, was ein Stylobat ist. Die Sonne blinzelt. Immer noch Angst vor dem Fliegen. Gottvertrauen im Hinblick auf Technik und menschliche Zurechnungsfähigkeit. Landschaft möchte ich sehen. 9.45. Ich mache mich auf den Weg nach Tegel. Olympian Airways fliegt gegen 13 Uhr.*

Die zweite
# Reise nach Griechenland
# 1998

## Reisetagebuch und Skizzen

Mykene. Steilabfall des Megaron zur Chaosschlucht

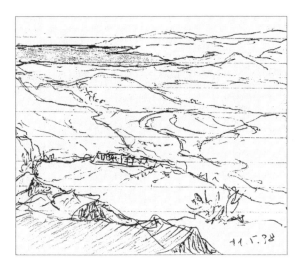

Mykene. Blick über die Argolis zum Golf von Nauplia

# Berlin - Athen

Freitag, 8. Mai 1998. Berlin-Tegel, 13 Uhr. Hier sitze ich mit A.S., eben durch die Abfertigung. Seit 11Uhr bin ich da, bis Zoo U-Bahn, dann Bus X9. H kam bis zur Bushaltestelle mit. Suche nach dem richtigen Schalter. Ein Stück Kuchen, Kaffee, Flughafenpreise. Die Sonne scheint, es ist warm geworden. Aus dem alten Diercke-Atlas eben noch vier Seiten rausgeschnitten, Italien und Balkanländer. Voller Betrieb hier. Kein Zwang zur Dauerunterhaltung. Schon 45 Min. Verspätung. In Athen als erstes Mineralwasser kaufen und dann auf den Musenhügel. Frau S. hat keine Taschen in der Kleidung, nur eine Handtasche. Dieses Accessoire hat mir Afrika abgewöhnt. Den schweren Knaurs Reiseführer hab ich doch noch mitgenommen. Wie unbekümmert die Leute in alle Welt fliegen. - 13.35. Frau S. sah die Olympic Airways mit den fünf Ringen stehen, ich nicht. Ich sehe so vieles nicht. Ich sitze und warte, ohne nennenswerte Spannung.

Gegen 16 Uhr, irgendwo auf Thessaloniki zu. Es ist bewölkt, die Landschaft unerkennbar, was nützt da ein guter Fensterplatz. Es gibt auch keine Ansage. Durch die Bewölkung ist nur ein bißchen Grün erkennbar. 14.20 ging die Maschine in Tegel hoch, flog Richtung Südosten, über Prag, Slowakei, Ungarn. In der Ferne, östlich, Schneegebirge, wohl Hohe Tatra. Auf der Karte sah ich Belgrad, Donau, auf Erden nichts. Das Neugriechische klingt – slawisch? An den Rücklehnen steht ‚Fasten your seat-belt' in mir unbekannter Sprache. Wo sind wir? Über Makedonien? Die herausgerissenen Atlasseiten helfen mir wenig. Kommt bald die Ägäis? Vom Athos wird nichts zu sehen sein – anders als 1990 auf dem Flug Nairobi-Daressalam. Da ist noch ein Schneegebirge – welches? (Die Rhodopen?) Der Blick geht nach Osten. Der Olymp wäre im Westen. Die Maschine wackelt ein bißchen. Sie dreht nach Westen. 16.15. Immer noch Land. Nach dem Gebirge wieder Felder in den Wolkenspalten. Ein Fluß schlängelt in Ost-West-Richtung. Noch höher Düsenjäger. Da ist Küste. Da ist Meer. Nein, ein See. Aber Küste im Osten. Ein Finger der Chalkidike? Da ist schon Athen. [Es war ein enttäuschender Flug. Ich hätte gerne mehr gesehen und erkannt. Inzwischen, 2008, geht das mit Google Earth.]

# Athen

Divani Palace ohne Blick auf die Akropolis, 22.45. – Da wo ich zu schreiben aufhörte, begann das Flugzeug zu schütteln, so daß man sich anschnallen mußte. Das da unten seien die nördlichen Sporaden, erklärte eine Blondine vor mir (man sah Inseln in der Ägäis). Alles übrige unerkennbar, bis auf Euböa und die Meerenge von Chalkis. Dann wieder die Betonwüste Attika-Athen. Ich sah das Stadion, aber nicht die Akropolis. Ein großer Bogen über den Saronischen Golf. Salamis, Ägina. Die vollgebaute Küste auf Glifada zu. Ich zog die Kamera zu spät hervor, dumpf bedrückt von dem vielen Beton und davon, daß ich keine Akropolis sah. Ein Taxi holte uns ab, drei Frauen. Es war 18 Uhr Ortszeit. Ich hatte DM 400.- gewechselt, während Frau S. unser Gepäck holte. Im Divani angekommen, holte ich im Lädchen nebenan Korpi, um dem Chlorwasser bei Tisch zu entgehen.

Dann zum Musenhügel. Unterwegs, auf der Straße aufwärts, ‚Are you lost?' fragte ein vornehmer Graukopf, der sich als Ökonomie-Professor vorstellte, und die Debatte über ‚sophrocrasy' ging 20 Minuten munter hin und her. Dann hoch und es war windig. Der Rundblick weithinschweifend, nach Westen über das Meer, die Berge rings um die in parallelen Schluchten ausufernde Zivilisationslava, die Burg schon beleuchtet, der Wind, die Dämmerung, die mangelnde Zeit, dazusitzen und sich zu besinnen. Keine Pnyx. – Abendessen um 21 Uhr, der übliche Fraß und das Chlorwasser. Frau S. hatte Wein für 2.800 gekauft. Dann, im Zimmer oben, ein ungeschickter und mißlingender Versuch von meiner Seite, das Du anzubieten. Beim Vornamen sind wir ja schon. A. rief ihren Mann an, der sollte H Bescheid sagen und H meiner Mutter. So bin ich also wieder da, und das Hörgerät ist eine Plage inmitten des Metall-auf-Porzellan-Geklappers eines Speisesaals.

Sonntag, 10.5. 98, 7.25. Divani Palace, wartend auf ein geregeltes Innenleben. – Freitagabend erzählte A. bis elfe (nachdem ich auf allzu komplizierte und vorbehaltvolle Weise das Du angeboten hatte; eine Fehleinschätzung, an der H mit schuld ist) über Splitterkirchen und verschiedene Sorten von Pfarrern. Gestern, Sonnabend, ein Tag voller Regen und heftigem Wind auf der Akropolis. Überall bin ich mitgeschlappt, obwohl es so kalt und so naß und so windig war. Spätes Mittagessen, danach mit A. zum Areopag und dann am Nordhang

244

der Akropolis herum und hinab zum Olympieion. Das hatte geschlossen. Da stiegen wir weiter hinab in die kärglichen Überreste des zugebauten Ilissostals. Es ist da noch Buschwerk in der Senke neben der großen Autostraße. Dort machten wir Aufnahmen von einander in der einbrechenden Dämmerung, und ich suchte im Geiste ringsum nach der Phaidros-Stelle, nach der Platane und dem Nymphenheiligtum. Am Stadion vorbei, jenseits einer breiten Straße, unter welcher kanalisiert der Ilissos fließt, zum Zappeion*. Dort, in den weitläufigen Parkanlagen, geschah ein peinliches Versehen mit dem Wechselgeld eines Nußverkäufers. Dann wieder das absurde Hörgerät bei Tisch, wo ich höre, was ich nicht hören will, aber nicht verstehe, worüber sich A. mit den Tischnachbarn unterhält. Die Gruppe ist lockerer. Die Exegetin von 1997 geisterte da auch herum. Der für uns zuständige Exeget ist unbefangen im Anfassen von Touristen.

* Am 13.4. 2000, als in Makumira diese Notizen mit der Schreibmaschine abgeschrieben wurden, mußte die Encyclopedia Britannica konsultiert werden: Zappeion – was ist das? Heute, am 29.12.2008, muß ich danach googeln: ein Mäzen Zappas, der die ersten ‚Olympien' organisiert hatte und 1865 starb, verordnete diesen klassizistischen Bau, den ein Deutscher namens Hansen ausführte.

### Korinth

Am gleichen Sonntag, 10. Mai 98. Ich habe dem Exegeten Bescheid gesagt, gehe meiner Wege und habe Zeit für Notizen. Das türkisfarbene Meer ‚hat so was'. Der kleine Kolpos nach Loutrakis hin: hab ich den letztes Jahr gesehen? Die Wolken hängen tief, aber es regnet noch nicht. Die verschandelte Landschaft. Die Entweihung der Überreste heiliger Antike durch moderne Industrie. Es ist wirklich ein Fels, auf dem der Apollon-Tempel steht. Ich sitze hier, und er fällt nach Osten steil ab. Warum hab ich den Blick auf das Meer vergessen? Man hat vom Apollon-Hügel aus einen guten Rund- und Überblick. Man braucht nicht zur Akro-Korinth hinauf. Diese fotogenen sieben Säulen, die der Katastrophe von 146 v. Chr. offenbar entgangen sind. Das aus dem Bilderbuch herausgeschnittene Blatt hab ich im Bus liegen lassen. Immer vergißt man etwas. Man könnte hier die meiste Zeit ste-

hen und aufs Meer hinüber sehen. Bin aber auch noch einmal bei
Peirene und Glauke gewesen. Um die Glauke bin ich herumgestiegen
in einem Umgang, der da ins Gestein gehauen ist. Der Felsen ist innen
hohl, vier Kammern. Wasser hab ich nicht gesehen. Da also hat sich
die mythische Glauke-Kreusa hinabgestürzt, als das Geschenk der
euripideischen Medea auf ihrem Leib zu brennen begann.

## Mykene

Immer noch Sonntag, 14.15. Eine Stunde Zeit, allein zu sein. Da breitet sich die Argolis aus, und hier ist das Maulwurfshügelchen Mykenai,
vorgeschoben zwischen zwei Bergriesen, und es windet sehr stark
durch den Sonnenschein hindurch. Mittagessen in der selben Taverne, Artischocken zart und fad. – Hier ist Landschaft, die ich behalten
möchte, ohne zu fotografieren. Ein sanftes Hügelland mit plötzlichen
Bergen. Weißer Stein, roter Mohn, gelbes Habichtskraut. Wie ist das
hingebreitet, quergewellt mit Olivenbäumen in kleinen Abteilungen. Auf
dem Weg von Korinth hierher sah ich wieder das Kolokotronis-
Denkmal, eine Marmorstele im Grün des Gebirges. Da muß wohl irgendein Gemetzel stattgefunden haben. Ich sitze am Nordhang unterhalb des Megaron. Die Farben sind rötlich, gelbgrau, ein gedämpftes
Grün, gekrautet und gebüscht. Zum Zeichnen brauchte ich ein Quer-
format. Die Steine, die Sage, die 3000 Jahre und mehr seit Agamemnon. Die alten Tragödien werden von jedem Reiseleiter jedesmal neu
erzählt. Der schmächtige Exeget war 7- bis 14-jährig in Deutschland.
Wolken, Wind, Sonne und Schatten über den Hügeln. Das Kleingekrauste, halb kahl, halb wie Ringelhaar. Zypressen. Der beherrschende
Blick nach Südwesten über die Argolis, die rossenährende, bis hin zum
Golf von Nauplia. Der Aufstieg zum Megaron ist steil und mühsam. Die
beiden großen Berge recken sich wie Brüste, zwischen denen der
längliche Burghügel hervortritt wie ein Sporn. Ein guter Ausguck und
gut zu verteidigen. Die jenseitigen Berge gewitterblau und dunstig.
Diese Landschaft will nicht in meine Seele. Zwei Kugelschreiberzeich-
nungen: der Steilabfall des Megaron, der Blick über die Argolis zum
Meer. – Nachgetragen in Nauplia: Ich kletterte nach Nordosten, wo
die beiden Dreieckhöhlengänge sind und ein Stufenschacht zur
Perseia-Quelle hinabführt. Kraxelte über die Steine bis dahin, wo es
nicht weiterging. Stieg in den Schacht hinab und zurück und lief dann

246

an der Außenmauer entlang bis dahin, wo sie zum Löwentor umbiegt. 16 Uhr war ich pünktlich zurück beim Bus; die anderen kamen später. Zum Schatzhaus des Atreus. Pausanias sah es schon geöffnet und ausgeraubt. Es beeindruckte diesmal. Auch ich ging in die dunkle Seitenkammer, wo man einst die Toten deponierte. Man funzelte mit Taschenlampen darin herum.

## Nauplia

Hotel Amalia, 23 Uhr. Das ist nicht in die Venezianerfestung gebaut, sondern eine Art Atrium außerhalb der Stadt, ländlich mit Park drum herum. Angerufen habe ich Mu und H, beide freuten sich. Das mag kosten, was es wolle; es ist schön, so problemlos Verbindung zu bekommen, auch wenn zwei weitere Verlagsabsagen nicht eben fröhlich stimmen. – Fahrt durch die Argolis, vorbei an Tyrins. In Nauplia eine Stadtbesichtigung. Der Exeget schwärmte von Kapodistrias. Zwei Studiosus-Reisende einer anderen Gruppe erzählten, man habe ihnen am Morgen im Divani die Handtaschen mit Geld und Papieren geklaut, die Rezeption habe kühl reagiert. Ich bin müde. Lebhafte Theologiegespräche mit A. Das hellgrüne kleine Zimmer hier mit Fensterläden und Kreppgardinen ist recht hübsch. Drum herum ist ein großes, wohlgepflegtes Gartenareal. In Nauplia machte man Besichtigungsrunde. Eine schöne Stadt. Es ist immer noch Sonntag, der 10. Mai.

Montag, 11.5.98, 8.30. – Gut geschlafen und endlich auch metabolisch wieder normal. Die feudale Atriumeleganz des Hotels Amalia, Rasen, Rosen, Palmen. Der Exeget seufzt, als sei er schon erschöpft.

## Epidauros

9.50. An Ort und Stelle. Den ganzen Vormittag Zeit, hier zu verweilen, von der Gruppe gelöst, ohne Fotoapparat. Die Regenwolke hat sich nicht verzogen. Auf der Fahrt hierher sagte der Exeget schöne, fast bekenntnishafte, nachdenkenswerte Dinge. Das sagte ich ihm dann. Er las auch etwas von Henry Miller vor – Der griechische Traum? Der Koloß von Maroussi? Dann eine Nacherzählung von Geschichten Hesiods. Ich verstand akustisch nur wenig.

Die Landschaft erinnert an die kahlen Höhen des Graslandes. Das Tal ist sanft, lieblich und abgeschieden. Der Mohn ist dunkelrot. Die Vögel zwitschern hier seit 4000 Jahren, nein, seit der Altsteinzeit. Asklepios ist der Sohn des Apoll; er tut die Werke seines Vaters. Die griechischen Wurzeln des Christentums. Der Exeget idealisiert sehr stark. Das macht der Enthusiasmus, der nur das Schöne sieht. Es ist alles so friedlich ringsum, weil ich mich wohlbefinde. – Ein neuer Touristenschwarm ist eben angekommen und fotografiert die Gegend weg. Das grüngebüschte Kalkgebirge, die Abgeschiedenheit des Tals. Ein Luftkurort. Heilschlaf, Diät, Abführmittel. Da singen manche Arien in der Mitte der sandigen Orchestra. Die jenseitigen Berge bilden die andere Hälfte des Amphitheaters. Mehr als 2000 Jahre alt ist das Amt des Exegeten. Hier und da ist tatsächlich ein Afro-Tourist zu sehen. Wie Affen an Felsen, so klettert das Jungvolk die Stufen hoch. Ich versuche, die gegenüberliegenden Berglinien zu zeichnen und kriege sie nicht in Proportion. Die Sonne guckt gelegentlich mal durch die Wolken. – Ich lief ein Stück um den oberen, dicht bewachsenen Rand des Theaters nach Osten: ein schmaler Fußweg und viel Gestrüpp. Ich verbrachte die Zeit damit, mir nichts von den Ruinen, Tholos, etc. mehr anzusehen. Ich wollte Landschaft meditieren.

[Nachtrag in Sparta am Abend:] Auf der Rückfahrt von Epidauros Mittagspause in einer Touristenabfütterungsanlage und das peinliche 3000.-Drachmen-Theater, das ich wegen Huhn statt Lamm auf dem Teller machte. Ich monierte lautstark, der Wirt war beleidigt, der Exeget vermittelte, ich gab ihm 3000.- und die Sache war erledigt. Es gab noch Ouzo und Greek Coffee, der vorher Turkish Coffee hieß, und dann ging es am Golf von Nauplia entlang.

Montag, 15.15. Der Golf von Nauplia vom westlichen Gebirge aus. Fotopause. Mein Film ist voll. 15.45. Weiter. Nur Delphi ist schöner als der Blick über den argolischen Golf, beim Aufstieg in die arkadischen Berge. Unten am Meer an Lerna vorbei. Ich kritzle während der Fahrt. Die Steilhangabbrüche gelbrotbraun und das Aufgerissene bröckeliges Gestein. Breite Täler. Beinahe kahlgewölbte Berge. Der Fahrer fährt schnell auf der kurvenreichen Straße. Pyramidenberge, kahlgraugrün, fast schon alpin. Jetzt wird es ‚arkadisch‘: parkähnlich, wiesengrün, flache Täler. Bäume, Weiden. Es wird wieder wolkig-grau. 16.20. Tripolis. Der Regen ist da. Die Stimmung sinkt.

Epidaurus: Ostflügel des Amphitheaters mit Blick zum Kynortion

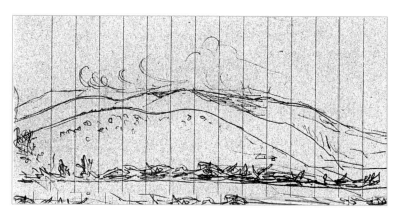

Epidaurus: Berge nördlich der Tallandschaft

Mistra: Burg Villehardouins mit Blick nach Sparta

Mistra: Burgruine mit Blick zum nördlichen Taygetos

## Sparta

Hotel Menelaos, 18.30. Zurück von der Akropolis, wo Reste eines römischen Theaters, einer byzantinischen Basilika und des Tempels der Athena Chalkioikos zu sehen sind. Der Taygetos stand während der Herabfahrt unverhüllt: ein klobiges Gebirge mit Schluchten dazwischen, Hingeklotzes, Aufgetürmtes, grau marmoriert, darüber geballt heranziehende Wolkenmassen. Es regnete, und man kam aus dem Regen wieder heraus. Der Exeget erzählte Ökologisches, theologisch verbrämt. Daß ich die Akropolis von Sparta besichtigen durfte, erfüllt mich mit Genugtuung. Man sah von dort die Ebene von Sparta als breites Tal, Olivenhaine, Hotels. In der Ferne Mistra, vernebelt.

Montagabend in Sparta. Die Plage mit dem Hörgerät. A. macht spielend Konversation; ich sitze da, taub-doof und arrogant; es macht mir im Grunde genommen nichts aus. Die ersten Erdbeeren. Sparta liegt auf der Höhe von Syrakus und Tunis/Karthago. Keine Fischsuppe, wenig Wein. Tinnitus. ‚Wer liest denn heute noch Bücher?' fragte die kleine Frau, die ihren 95-jährigen Vater pflegt. Ich denke an meine Mutter. Wer sich für eine Ausnahme hält, soll es für sich behalten. – Nach rückwärts: die arkadischen Kurven im gelbroten Fels. Die Hochebene von Tripolis. Das Gebirge, ehe es sich einnebelte. Ein Erdbebengebiet. Ich bin über die Stelle gelaufen, wo der Tempel der Athena Chalkioikos stand, in dem der Feldherr von Platää als Asylant eingemauert verhungerte. Der Hügel, die Akropolis des alten Sparta, ist länglich und grün bewaldet. Er liegt hinter dem Stadion, vor dem eine Leonidas-Statue steht. Alles Männer. Aber eine Spartanerin habe einen Viergespannsieg in Olympia errungen, sagte der Exeget. Was ist Kynouria? Es müßte vieles nachgearbeitet, nachgelesen werden. Ich müßte Burckhardts Griechische Kulturgeschichte gründlicher lesen. Der Marmor des römischen Theaters wurde in Mistra verbaut. A. schreibt, deshalb muß ich auch schreiben, obwohl mir die Augen zufallen. Im Bus nach Tripolis mußte ich mich mit Gekritzel wachhalten.

Dienstag, 12.5.98, 8.45. Fotopause vor dem klaren Taygetos, Klotz an Klotz, sechs bis sieben Vorberge nebeneinandergereiht, leicht bewaldet, dazwischen Schluchten mit gelblichen Schrunden. Mit Worten würde ich es lieber fassen als mit der Kamera. Es sind nicht Kegel, es

251

sind kantige Klumpen, wie mit Riesenfäusten aus mythischen Latomien herausgebrochen und hierhergeworfen, Stück für Stück. Auch
von ferne sieht man, wie aus dem Ruinengemäuer von Mistra die Büsche wachsen, das ewige Grün die Kultur überwuchert. Ich werde
wohl doch fotografieren müssen. Zum Zeichnen reicht die Zeit nicht.

## Mistra. Burg

9.30. Hier sitze ich auf dem höchsten Ruinenrest der Burg Villehardouins. Der Exeget ließ mich laufen. Eine Viertelstunde hoch – und ich
habe die ganze Ebene von Sparta im Überblick. Blühendes Hellrotlila
im weißgrauen Gemäuer, manches noch frischer Zement, man restauriert die Vergangenheit. Der Despotenpalast hat ein neues Dach,
das gelbrot leuchtet. A. gab mir ihren weißen Hut, denn die Sonne
scheint. Ich habe den Fotoapparat mit. Es wird warm. Mir ist zumute
wie manchmal im Grasland – zeitloses Wohlbefinden, umschleiert von
Unwirklichkeitsgefühlen: bin ich, wo ich bin oder bilde ich es mir nur
ein? Das Auge ist die beste Weitwinkelkamera. Selbst zeichnen läßt
sich ein so weiter Horizont nicht. Die Hänge des Taygetos schweifen
großartig gelassen zu Tal. Es ziehen ein paar Wolken auf. Der Morgen
ist zwar etwas dunstig in der Ferne, aber sonst weitsichtig. Die Blumen, die Stauden, das Gelb und Hellilarot. Das Grüngebüschte ringsum. Die Sklaven- oder Fronarbeit, die Kämpfe und die Intrigen – bis
das alles gebaut und gelebt worden war. Die Riesenwolfsmilch, der
Riesendill – oder eine Fenchelart? 3 Stunden hab ich für mich.

Zwei Skizzen der Ruine habe ich gezeichnet, Befestigungsreste nach
Südosten und nach Nordwesten. – 10.30. Auf dem weiter unten gele-
genen Südturm, wo es steil in die Schlucht hinabgeht, die den
Burgberg vom nächsten Klotz trennt. Ein Grollen über der weiten Ebene: Flugzeug- oder Fabriklärm? Eine Zisterne voller Geröll. Ich werde
abwärts steigen. Habe ich mehr erwartet als eine halbe Stunde Ewigkeit? Der Dunst verdichtet sich.

12.30. Inzwischen in der Unterstadt. Im Despotenpalast traf ich die
Gruppe gegen 11.45. Danach noch das Pantanassa-Kloster mit
Nönnlein, die Stickereien verkaufen wollten. Der letzte Kaiser von By-
zanz wurde in Mistra gekrönt. Die Rückzugs- und Brückenkopfrolle, die

Mistra im untergehenden Byzantinischen Reich zu Anfang des 15. Jhs. spielte. Von hier flohen die Gelehrten mit ihren Manuskripten vor den Türken nach Florenz. Woher und was wußte Goethe von Mistra, daß er den Faust II hier spielen ließ?

## Taygetos. Kalamata

14.30. Out of Sparta und ins Taygetosgebirge. Im Bus ertönt Theodorakis. Diese Höhen und Tiefen ermißt und erfaßt keine Kameralinse. Das war eben das wildeste Stück, und ich machte ein paar Aufnahmen. Nicht das Waldige, aber die Villen im Taygetos überraschen. Sprache als defizientes Abbild der Wirklichkeit. Die Wolken ziehen nach. Das ist schon die andere Seite der Gigantenkette. Die Spartaner hatten es also nicht allzu weit nach Messenien. Nebel. Schon in den Wolken. 15.10. Schlagartig ist die Sicht weg. Es geht abwärts. Hellgesprenkelter Fels. Auf Artemisia zu. Da liegt es, tief unten wie Tiefenkastell in Graubünden. Es liegt auf einem Rücken zwischen Bergen. Die Gebirgsschlucht auf Kalamata zu ist auch fotogen, (es fließt da die Nedda), wildgelbrotgrau zerklüftet, aber nicht zu eng. Kleine Pause auf einem Halteplatz mit Müllkippe.

15.55. Frische Luft. Da ist schon wieder das Meer. Hier in Kalamata war vor einigen Jahren ein Erdbeben, man sieht noch Spuren. Man fuhr vorbei an einer trutzig düsteren Befestigungsanlage dicht an der Straße; Efeu und Risse im Mauerwerk. Um 16 Uhr ist Siestazeit. Die Straßen sind verödet. Oregano, Ouzo und Oliven. Auf der Mole entlang spazierte ich mit A. im Regen, über des Exegeten Glaubensbekenntnisse Meinungen austauschend. Er missioniere – ist das unanständig? Er spreche als Grieche und orthodoxer Christ, sagte ich. A. ist skeptisch, hatte aber im Pantanassa-Kloster von Mistra zwei Kerzen angezündet, eine für sich, eine für mich, sagte sie, und ein stilles Gebet fand statt. Ich ließ etwas verlauten von den Trinkgeldern und der zu haltenden Dankrede für Exeget und Fahrer. – 17 Uhr weiter nach Nordwesten, nach Olympia im Regen.

Ein langer Tag. Eine lange Fahrt wird das werden, und ich will doch heut abend noch zur Brücke über dem Kladeos, wenn es schon auf den Kronoshügel nicht reicht.

# Olympia

18.45. Da wollen welche Schallplatten kaufen in dem Touristendorf. Ich erkundige mich bei der Exegeten-Aspirantin, die hier mitfährt, nach der Lage des Kronoshügels in dem breiten Tal, wo alle Hänge vollgebaut sind. ‚Da', sagt sie, ‚Danke', sag ich, ohne etwas zu sehen.

Rückblick. Am Alpheios entlang, das ist ein breiter Fluß, aufgestaut, träge, massig, zur Rechten. Dann ein Damm, eine Brücke und linker Hand ein fast trockenes Flußbett, breit, tief, mit flachen Sandbänken. Ein Blick zurück zeigte den gut 100 m langen Staudamm, zur Bewässerung (des griechischen Salats?) Der Exeget hat unterwegs über das Bildungs- und Familiensystem erzählt und daß es zu viele Beamte im Lande gebe. Vermutlich, weil er selber keiner ist und froh wäre, wenn sein Sohn in den Genuß solcher Privilegien käme. Nun sind alle bis auf zwei in dem Laden, in diesem Touristendorf. Abendsonne. Ich muß wohl wieder durchs ganze Dorf laufen. Ich möchte die Topographie begreifen, wo was liegt in dem vollgebauten Tal. A. hat sich eben 10.000 Drachmen für eine CD geborgt. Ich hab noch 7.600.- Die Leute wollen hier Andenken kaufen, während es mich zum Kronoshügel zieht. Da – ein *Neger* in Olympia!

21.40. Europa-Hotel. In einem marmornen Privé, schreibend. Das Hotel ist deluxe, auf einem hohen Hügel erbaut. Ich lief bis zur Kladeos-Brücke und verknipste den letzten Film.

Mittwoch, 13. 5. 98, 8.30 im Bus zum Kronos-Hügel. Die Situation am Frühstückstisch (meine Hörbehinderung betreffend) ist mit genügend Selbstbewußtsein eben noch zu ertragen. Lebhafte 68iger.

10.20. Hier stehe ich am Zusammenfluß von Kladeos und Alpheios – letzterer strömt mächtig dahin, ca 10 bis 20 Meter breit. Die Ufer sind völlig zugewachsen. Ich habe mich mit Mühe durchs Gebüsch gezwängt über einen Schuttplatz hinweg. Lehmig ist die Gegend. Der Kladeos gelber als der Alpheios. Hochwasser kann man sich ohne weiteres vorstellen und wie der Lehm Olympia unter sich begrub. Der Exeget ließ mich laufen, wohin ich wollte. Ich sagte ihm nicht, wohin es mich zog. Hierhin, wo ich stehe. Und jetzt am Kladeos entlang zurück bis zur Brücke? (Skizze von der Stelle, wo ich stand und schrieb.)

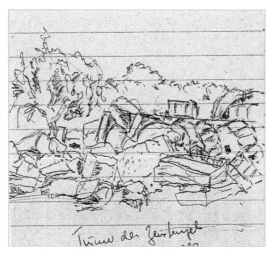

Olympia: Trümmer des Zeustempels

Olympia: Zusammenfluß von Alpheios und Kladeos

Delphi: Oberhalb der Lesche der Knidier: Blick zur östlichen Phädriade

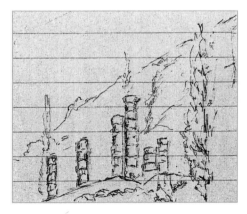

Delphi: Säulen des Apollontempels

11.45 in der Altis. Das übrige später. Soll ich Säulen zählen am Heraion? Meine neue Nougathose ist verdreckt und naß vom Ufergebüsch am Kladeos, wo ich durchzukommen versuchte und umkehren mußte. Im Schatten einer Kiefer. Was sehe ich? Rucksäcke und Busen. Um den Ort, wo der Aschenaltar des Zeus stand, sammeln sich die Touristen in Scharen. Ich kann keine Perspektive zeichnen. Die Säulen des Heraion krieg ich nicht hin. Am Eingang des Stadions sitze ich auf der Höhe der Schatzhäuser. Notieren, wie ich um drei Viertel des ganzen Areals herumgekrochen bin, bis zum Kladeos hinunter und wieder hoch und den selben Weg zurück. Olympia ist ,flockig' aufgelokkert. Das ,liebliche Elis' sagte man einst. Jetzt rumpeln die schweren Betonlaster knappe fünf Meter schräg über meinem Haupte an der Flanke des Kronoshügels entlang, der oberhalb der Schatzhäuser, zur Straße hin, auch eingezäunt ist. Manche der Touristen bekränzen sich mit Ölzweigen. Es gibt so viele Örter, wo man nicht hindarf. Schon bin ich müde von den zwei Stunden Wanderung, Eukalyptus und Orangenhaine am Weg, den ich wanderte, durch eine Cezanne-Landschaft mit Feldwegen, Blumen im Gras und Sommer in der Luft, friedlichländlich, auf der Suche nach dem Zusammenfluß. Der Alpheios war ein déjà-vu. Das schnell fließende Wasser, die schwere, beschleunigte Masse. Was macht so verträumt zwischen den Trümmern? Die Vergänglichkeit? Das Vogelzwitschern und die Blumen? Viermal den Apollon gekauft. Den unnahbar Schönen. Der Exeget packte mich am Arm: bis 13 Uhr solle ich zurück sein. Es sind die Bäume, die den Rest der Altis so parkähnlich machen. Zweimal bin ich durch den Kladeos gewatet, ohne Schuhe, in Nylons. Was mach ich jetzt?

13.30 im Bus. Ich bin da, die anderen noch nicht. Es ist warm geworden. Da sitzen zwei ältere Herren und zeichnen. Das Fotografieren wird zu blöd. Ich habe auch gezeichnet – erst den Zusammenfluß der beiden Flüsse, dann das Gewirr der Säulentrümmer des Zeustempels schräg im Gras. Olympia hinterläßt Spuren an meinen neuen teuren Schneiderhosen. Daumen aufgerissen an (unleserlich). Ein Klo brauchte ich auch. Am Alpheios habe ich mich einmal hingehockt. So vieles ist notwendig zum Wohlbefinden. Mittagessen wo? Was war's? Ich bin durch Oliven- und Orangenhaine gewandert, im Sommerduft des Grases, durch den Pointillismus der Wiesenblumen. Es war wie einst im Grasland. Wo einst Lehm- und Überschwemmungsland war, wie auf der alten Luftaufnahme, die ich mithabe, ist nun ein Schuttplatz, an dem ich erst vorüberging, ehe ich mich durcharbeitete bis zum Zusammenfluß. Am abenteuerlichsten der Versuch, am Kladeos entlang, am Zaun oberhalb des abschüssigen Grabens, die Brücke zu erreichen. Der anfängliche Fußpfad endete im Dorngestrüpp. Ich stieg hinunter zum Wasser, kam nicht weiter, stieg wieder hoch und mußte zurück. Das Areal ist ringsum eingezäunt, aber ich hab meine Extrawurst gehabt. Es ist nicht möglich, sich Olympia 2500 Jahre früher vorzustellen. Aber ein Weg muß über die Flanke des Kronoshügels geführt haben, da wo jetzt die Lastwagen entlangdonnern. Ich denke an Mistra, wie da im Mauerwerk der Ruinen der kleine hellila Enzian blühte, an grauem Gemäuer in Flechten und Nestern...

20 Min später. Der Tourismus ist eine Plage und eine Geldeinnahmequelle. Ich gehöre auch zu der Plage. Was ist ein Krepidoma? Am imposantesten ist das Leonidaion. Durchs Museum bin ich schnell hindurch, mir den Apollon noch mal anzusehen, der gar nicht groß ist, aber göttlich distanziert. Schließlich stand er einst im Westgiebel des Zeustempels. – 13 Uhr. Das war wieder die Taverne ‚Ambrosia' am Kladeos, sehr teuer. Weiter nach Patras.

## Delphi

Donnerstag, 14.5.98. Das ist wieder *Delphi*. Wieder das gleiche Hotel mit Blick auf die Bucht von Itea. Wieder ein Mond, abnehmend, aber kein Gold-Marmor-Appartement. Gestern gegen Abend Überfahrt Patras-Naupaktos bei schönem Wetter. Auf der Fahrt am Golf von Itea entlang hab ich viele Aufnahmen vom Parnaß gemacht. H anrufen.

Im Heiligtum des Apoll, 8.45. Um 12 Uhr soll ich beim Bus sein. 1.200 Drachmen wurden mir ausgehändigt, weil ich aufs Museum verzichte. 2.000 für den Fahrer, 5.000 für den Exegeten und ein Sprüchlein mit Dank fürs Aus-der-Reihe-Tanzen-Dürfen. Die Gruppe ist mir gleichgültig, für die Begleitung von A.S. bin ich dankbar. Die Hörbehinderung und das Hörgerät sind eine Plage. Ich will zeichnen.

Das Format des winzigen Büchleins macht Schwierigkeiten. Es lassen sich die großen Linien nicht verkleinern. Die sechs Säulen schräg von unten vor der ansteigenden Wand der Rodini. Der Blick ins Pleistostal ist zeichnerisch nicht zu erfassen. Er muß auf die Seele wirken. Solche Täler gibt es im Grasland von Kamerun auch und solche Morgenlichtstimmungen, kühl und sonnig. Die Vögel zwitschern. Aus den Höhlungen der Säulentrommeln wachsen Zypressen. Disteln blühen lilaleuchtend, und der gelbe Ginster wirft Farbflecke um sich, und die bleiben kleben im Grau des Gesteins. Das Grün des Grases und der Büsche täuscht eine andere Art von Ewigkeit vor. An Ruinen erbaut man sich ja seit der Romantik, weil sie Zeugen der Vergänglichkeit von Größe und Schönheit sind. Aber der Geist ist noch lebendig, sonst würden diese Pilgerscharen nicht hierher fluten. Ein Vogel schmettert wie an dem Morgen, als Ion aus dem Tempel trat und den jungen Tag begrüßte. Wie kann man das alles mitnehmen? Das Jahrtausende alte Bi-bi-bi der Vögel, die hier umherschwirren, und den Maientag mit Sonne, die schon fast zu warm wird. Inmitten des vielzuvielen und wirren Trümmergesteins möchte man nur eine einzige Distel pflücken, um sich daran zu klammern. Das Berühren eines Marmorsteins ist verboten. Den Felsen der Sibylle gibt es wirklich zwischen dem Schatzhaus der Athener und der Polygonalmauer. Bi-bi-bi und überall Absperrungen. Das Friedvolle der Trümmerwelt. Sie ruhen aus vom Ruhm der alten Zeiten und überdauern zerstört die Zerstörungen. Honig verkleckern. Fast die Telefonrechnung vergessen. Das Jenseitssprüchlein für den Exegeten. Die hier ihre Heimat nicht haben, möchten aber doch in den Kindern fortleben. – 10.10. Manche gehen schon zurück, nicht zum Stadion hoch. Ein paar Arbeiter hacken Gras und Blumen aus den Stufenritzen des Theaters. So vieles unbetretbar, abgesperrt. Wann könnte man hier allein sein? Wie viele aus diesen Massen mögen sich das wünschen! An meinen Schuhen klebt noch der Lehm des Alpheiosufers. Wie schnell wächst alles wieder zu. Kokoschka hat das Pleistostal und die Berge hingekleckst kaum erkennbar. Daß ich wieder hier bin, hat etwas Traumhaft-Wolkiges an sich. Keine Erschütterungen. Die bearbeiteten Steine, die Reste der Architektur. Das aus Bergen Herausgehauene und von Menschenhand Bearbeitete kann auch wieder zu Kalk gebrannt werden. In die Kastaliaschlucht dürfe man nicht in Gruppen, sagte der Exeget. Aber einzeln und alleine vielleicht? Schattenwerfend stehen die sechs wiederaufgerichteten Säulen. Warum hat man nicht sieben hingestellt? Ob die Augen wandern, die Gedanken über die Felsenrisse klettern oder die Füße, den Körper bewegend – welcher Unterschied? So abgesichert durch Bus und Gruppe. Immerhin ein paar Skizzen.

Die Lesche der Knidier scheint in Resten noch da zu sein. Der Fußpfad, der im Zickzack zum Stadion führt, hat eine Abzweigung nach Osten, die oberhalb des grauen Gemäuers vorbeiführt. Da saß ich im hohen Gras hinter Fichtengezweig und zeichnete die Hyampeia, die östliche Phädriade. Auf das Zelluloid geht der Felsen nicht.

Arachova, 12.30, enge Gasse, zwei Busse kommen kaum an einander vorbei. Das soll Skigebiet und gute Luft sein – bei der Menge der Abgase? – In der *Kastaliaschlucht* war ich, von der Straße zur Marmaria hinab bei dem Brunnen nach links abzweigend, die Danger-Kette unterbückend, schnell hoch zu dem alten Brunnenhaus und weiter bis dahin, wo ein Stück Himmel schmal herunterguckt. Fotografiert hab ich wie eine Irre, damit ich's später noch glauben kann, daß ich dort war – in der verbotenen mythischen Schlucht.

Delphi als geistiges Zentrum der Welt. Der Exeget erzählt etwas von einer reichen Erbin, die pythische Festspiele wiederbeleben wollte. Derweil sitzen wir fest in der Sackgasse Arachova. Aus der Marmaria war die Gruppe schnell wieder heraus; aber ich, aus der *Kastaliaschlucht* hervorstolpernd, habe den Anschluß noch gekriegt. Bergwelt und Banditen? Ich bekomme akustisch nur wenig mit. Es wird offenbar eine Erpressungsgeschichte erzählt.

**Hosios Lukas**

13.10. Fragte ich den Exegeten, ob er Verständnis dafür habe, daß ich nach Delphi nichts mehr sehen wolle. Nahm er wortlos meine Hand zum Handkuß. Eine schöne Geistesgegenwart und Unbefangenheit. Ich bin ja auch grau genug. Ein junger Mönch stand da. Kräftige Männer, die auf Weib und Kind verzichten. Wie verträgt sich das? An dieses weite Tal hier erinnere ich mich. Nicht so weit wie das des Eurotas bei Sparta. Sanft und hügelgewölbt. Delphi war ein Traum vom Mittelpunkt der Welt, der überlagert wurde von einer anderen – nein, doch nicht ‚Ideologie'! Einer Daseinsbetrachtung aus östlicheren Gegenden. Roter Mohn, wehendes Gras, namenlose Vegetation.

16.30. Nach der Mittagspause in der Taverne an der offenen Straße, die eine Griechin türkischer Abstammung führt. Da also wieder die Trinkgeld-Bedankung von Exeget und Fahrer.

18.35. Irgendwo am Meer, nicht weit von Athen, wo man die Touristen schröpft mit ‚freshly pressed orange juice' aus der Plastikflasche und ich deswegen wieder Theater machen mußte. Immerhin war da eine Toilette zur Verfügung, und am Meeresstrand hab ich einen Finger in Salzwasser getaucht. Damit das auch notiert ist.

## Athen

Divani, 19.30. Immer noch Donnerstag, 14.5.98. Seit knapp einer Stunde da. Erschöpfung mit Akropolisblick. Dank an den Exegeten ‚für das, was Sie über den Glauben gesagt haben' fern von Sprachlosigkeit und Verlegenheitsgestotter. Er ist froh, daß er's wieder mal hinter sich und sein Geld verdient hat. Daß sich keiner den Fuß verstaucht hat und der Außenseiterin auch nichts zugestoßen ist: dafür bin ich auch dankbar. Eine eklektische Sicht der Geschichte hat er vorgetragen; aber welche wäre nicht eklektisch? Die lange langweilige Fahrt durch die böotische Ebene, vorbei an der Kleinstadt Thive, die Zwiebeln für Attika anbaut und von Albanern besiedelt worden ist; das sind die alten Skipetaren und vormaligen Illyrer. Marathon blieb links liegen, ich suchte nach Dekeleia, das auf der Karte noch existiert. Eine Metro-Baustelle, wo der Kephisos floß; der wird unter die Erde, die Straße verlegt, in einen Kanal gezwängt. Das Ausländerproblem auch in Griechenland, und die Griechen selber Ausländer in anderen Ländern. Flüchtlinge und Asylanten, Albaner, Zigeuner, Philippinos, alles ist hier auch vertreten als billige Arbeitskraft und als Mafia. Der Musenhügel sei abends nicht mehr sicher. – Es war schön; aber man ist auch froh, wenn man's hinter sich hat und alleine sein kann mit den Eindrücken.

23 Uhr. Tischgespräch mit A.S. – nicht über Eindrücke der Reise, sondern wie man zum Heiraten kam. Ich fing davon nicht an, machte aber weiter. Namensprobleme einst und jetzt nicht mehr. Immer geh' ich einen Schritt zu weit, wenn ich erst einmal gehe. Wie weit darf man. Man bleibt beim Sie. Das Ehepaar aus Soden, der Architekt, verabschiedete sich. ‚Frau Doktor'. Ich hörte es nicht. A.S. wiederholte. Es war mir peinlich. Die Teilnehmerliste reißt aus Anonymität und zu nichts verpflichtendem Graue-Maus-Dasein. Ich wollte klassische Trümmer sehen, keine Bekanntschaften machen. Möge der Flug ruhig verlaufen. Und was danach kommt, daran will ich noch nicht denken...

261

Noch Athen, Freitag, 15.5.98, 9.15. Flughafen, wartend. Durch die Kontrolle, wo ich die Frau nicht verstand, die mich durchsuchte. An Parfüm sprühenden Damen vorbei, wo mir Joop, ‚All about Eve' gefiel; aber zu teuer für DM 42.- Weiteres über die Ansichten des Exegeten.

9.45. Schon im Flugzeug, am Fenster vor dem Flügel mit dem Düsentriebwerk. Andere suchen sich bessere Plätze. Es sind die alten Boeings 7 somewhat. ‚Amphigole' heißt dieser Vogel der Olympian Airways. Der unglaubliche Lärm, den die alten Boeings machen. Adieu, Hymettos. Rollt noch. 10.02. Ready for take-off.

Schon über dem Meer, Ägäis, über Euböa hinaus. Der Isthmus von Chalkis war deutlich zu sehen. Da verknipste ich das letzte Bild. Jetzt Wolken, die Steinwüste Athen blieb rechts liegen. Ich hätte auf die andere Seite wechseln müssen. Das zugebaute Attika. Da sind mir die Stiche aus der Türkenzeit lieber, als es um die Akropolis herum noch Landschaft gab, einen Ilissos und einen Kephisos und ein türkisches Dorf auf der Akropolis mit Moschee samt Minarett im Parthenon. Wie die gebildeten Griechen von heute sich an ‚ihre' Tradition klammern. Geistige Heimat statt Gene. Da guckt ein Schneegebirge zwischen den Wolken hervor. Der Olymp?

## Berlin

13.25. Wieder in der Grauen Villa. Herr S. holte uns ab. Zweieinhalb Stunden Flug durch Wolken, und ich mag kaum an das denken, was jetzt auf mich zukommt. Der Goldregen blüht, H ist nicht im Hause, hat einen Zweig auf den Tisch gestellt. Dankbar bin ich dafür, daß alles gut gelaufen ist. Die Landschaften wirken nach. Wie das Meer durch die Säulen des Apollon-Tempels von Korinth blaute. Mu meldet sich nicht. Die Briefe mag ich nicht aufmachen. Ich hoffe auf nichts mehr von den Verlagen. Auf dem schwarzen Sofa hier liegt das Buch ‚Wie mache ich mein Testament?' Das ist eins vom nächsten. Dann das viele Aussortieren und das Packen für den Auszug aus dieser Grauen Villa und den Umzug nach Ostafrika. Erst mal schlafen.

*

## Das Zeitgerüst bis zur Ausreise

Nicht ganz so schlagartig wie Ende März 1997 war das Erlebnis Griechenland schon am Tage nach der Rückkehr erledigt und vorbei, zugeschüttet von Familie, Sorge, Panik. Es lief langsamer aus, ließ noch einen Tag, zwei Tage zur Besinnung und Erholung frei, zeitigte freilich ein merkwürdiges Zurückschnappen nach Afrika. Es war der Erinnerung entfallen; das Tagebuch hat es als Kuriosum festgehalten.

Sa, 17. 5. 98. – Wie kann man nach der Rückkehr von so viel überwältigender Antike auf der ‚African Queen' davontuckern? Das nämlich war gestern abend die erste Lektüre. Vielleicht hatten vor hundert Jahren die Fauves den Klassizismus so über, daß sie zu den Masken Afrikas und den Farben Ozeaniens flüchteten.

Hier blüht der Goldregen üppig wie griechischer Ginster. Stundenlang lag ich in der Laube, erschöpft. Griechische Zypressen: Lebensbaum und Totenwächter. Delphi bleibt, der Blick hinauf zu den Phädriaden und hinab ins Pleistostal. Das Heiligtum liegt auf einer mittleren Stufe, maßvoll zwischen Felsenhöhe und Tiefe. Der Fall Fallmerayer, seine Verslawungsthese Griechenlands, beschäftigt mich. Hab ich etwas ähnliches nicht auch bei Burckhardt gelesen? Soll ich einen Rundbrief schreiben? Wann? – Auf keinem Zelluloid kann Goldregen so lichtvoll blühen wie vor dem Blau eines Maihimmels. Ein lichtdurchtränktes Gelb. Hier ‚tropfte einst der Gott durchs Laub / Und als Lichtkadenz fiel er von oben ein'. Das lockige Gepränge, lippenblütig. Nicht ablenken lassen durch Ärger, Müll, Geldpalaver und Verlagsabsagen. Nach einer so schönen Reise, wenn im Garten der Goldregen blüht, des Hauses Hüter freundlich ist und die Mutter am Telefon munter, sollte man sich auch nicht über verlauste Rosenstöcke ärgern. Sich verlieren im Blütentraubengeträufel, in den Goldkonfettikaskaden, die sich über das Abendsonnengrün des Rasens ergießen. Hier stand ich im Frühsommer 1987 mit Besuch aus Afrika, und was ist geblieben von all den Jahren, Euphorien und Illusionen? Ein Palazzo aus Backstein und ein paar endlos überarbeitete Texte. Im Juni muß das Buch fertig werden – muß es?

Mo, 19 5. – Wenn mir noch ein nennenswerter Gedanke zu der Reise kommt, soll er notiert werden. Einer der Reiseführer redet vom ‚griechischen Trauma' und meint den ‚Mythos vom türkischen Joch' – als sei alles nicht so schlimm gewesen. ‚Trauma' und ‚Mythos' wären ein Thema für Geschichtsphilosophie – ein weißer Schimmel; denn ist nicht alle Geschichtsschreibung mehr oder weniger Philosophie?

*

Die folgenden Monate sollen im Überblick erinnert werden: ein Weitertreiben in dem Strudel, der 1997 begonnen hatte, nach unten zu ziehen, auf den Tiefpunkt 2002 zu. Danach noch die Jahre langsamen Emportauchens...

Mai. – 21. Nach Rebtal, Kisuaheli lernend im Zug, *moja, mbili, tatu.* Mutterpflege. Neffengedenken anläßlich der Übernahme seiner Bücher. Der Gedanke ans eigene Testament macht lebensmüde. Ein Buchumschlag für die ‚Bougainvillea'. Um Pfingsten ein Anruf von BgT aus Kamerun auf Partnerschaftstournee.

Juni. – Pfingsten in Berlin. Gartenlaubenidyll. ICE-Unglück Eschede. Tagebuch Lutendele 87/88 abtippen. Buchvertrag, Zahnarzt, Gäste; Aussendung am So, 14. Juni – *Das Alleinsein in der Menge. Niemand fängt einen auf, im Falle eines Falles. Diese Ausreise ist nicht gut. Nicht für mich und nicht für meine Mutter. Alles nur wegen H.–* 17. Nach Rebtal. 55 Gedichte ins reine schreiben, die Nachlaßsorgen vor mir herschiebend. Telefonat mit E.-M. 24. Nach Berlin. Berliner Testament? 25. Mit dem Fahrrad nach Großbeeren ‚ewiger Augenblick' an der Bülow-Pyramide. Besuch der Kusine E. R., danach Kusine B. C., die sich an ‚Künau' 1943 erinnerte. H läßt seine Bücher waschkörbeweise wegtragen.

Juli. – 2. Nach Neuruppin. Mit einem C.- Enkel im Seegarten. Ein handgeknüpfter Sonnenuntergang der Mutter blieb dort. 7.-9. nach Nesse mit ‚Veranda' und ‚Komödie'. Die ‚Bougainvillea'

wird immer teurer. 10. H's Verabschiedung im Dom. 13. Das
Packen beginnt. Das Theater mit dem Buch geht weiter. 21. Um-
zug. Im ICE bis Nürnberg. Übernachtung im Hotel am Bahnhof.
Am 22. in Rebtal das Vielerlei der Besorgungen und Planungen
trotz Erschöpfung. Am 23. ein plötzliches Ausrasten und Durch-
drehen; Aufgestautes aus dreißig Jahren, den Seelsorger, seine
Putzfrau und das Geld betreffend, brach sich in Weinkrämpfen
Bahn, schlug um sich und zerschlug Porzellan. ‚Du bist krank.'
Die Mutter mit ihren neunzig Jahren hält sich tapfer; die Tochter
macht sauber, räumt auf, um und ein, wirft ein Wildkatzenfell,
Andenken an Mbe 83, endlich weg, absolviert Arztbesuche, sucht
Schrauben, kauft ein Faxgerät, verkracht sich mit einem Schrei-
nermeister, erledigt Geldgeschäfte, bespricht Notwendiges mit
Bruder und Schwägerin und weiß mit dem Testament nicht aus
noch ein. Am 28. und 31. lange Sitzungen beim Notar. Das Tagebuch gibt in verkrakelten Notaten Einzelheiten wieder, die völlig
entfallen waren: hinabgesaugt in eine Tiefe, strudelnd und zi-
schend, erlöschend in völligem Vergessen.

August – Am 3. nach einer weiteren Sitzung Ausfertigung eines
Erbvertrags: auf Seiten der Ehefrau fast nur Notlösungen – eine
psychische Belastung für weitere zehn Jahre. Die Malariaprophylaxe beginnt. Am 4. nach N'd mit Gepäck, eine Seetonne packen
und zurück. H blieb in N'd. Am 5. noch einmal zum Arzt (die
Psyche, nicht die Schilddrüse, trieb den Puls hoch). Am 6. wieder
Sterbe- und Bestattungsbestimmungen der Mutter. Es driftete
aufs Ende zu. Eine Mutter läßt die Tochter ziehen in stummer
Angst und Resignation; immerhin auch in der Hoffnung auf den
ersten Heimaturlaub nach elf Monaten. Daß bei aller Hast und
hohen Frequenz der Besorgungen noch Zeit für Tagebuchnotate
blieb, ist vermutlich als Zeichen dafür zu werten, daß jede Minute verschriftlichten Lebens Trittsteine im reißenden Strom der
Tage waren. Hier stehe ich und gleich haste ich weiter. Am Fr.,
dem 7., der gefürchtete Abschied, die Tränen einer lebenslang

265

tapferen alten Frau. Die Tochter reißt sich los, ruft an den folgenden Tagen regelmäßig vom Missionshaus in Nd. aus an, ‚Bleib gesund', gute Wünsche hin und her, und am frühen Dienstagmorgen, dem 11. August 1998, der Flug Nürnberg – Amsterdam nach Tansania, Kilimanjaro Airport.

\*

Zu keiner anderen Zeit waren die drei Seinsschichten der *Nostoi* – Leiblichkeit-Mutterbindung, Seelenbewegung-Inspiration und Geistesstreben – so eng miteinander verzahnt, so bitter ineinander verbissen und in Wertekonflikte verstrickt wie im Jahre der zweiten Griechenlandreise. Das eigene Interesse galt, wenngleich Afrika literarisch noch nicht in endgültiger Form verarbeitet war, den antiken Trümmern und geistigen Überlieferungen Griechenlands; den Ehemann indes zog es unvermindert nach Afrika als Ort wissenschaftlicher Inspiration und pädagogischer Berufung; die eigene innere Verfassung wurde davon bestimmt: ohne den anderen in Sicherheit zu wissen, war kein sinnvolles Dasein denkbar; die Mutter wiederum sorgte sich um Leben und Gesundheit der Tochter und wollte sie zudem bei sich haben im Blick auf das eigene Ende.

Von diesen Strebungen in verschiedene Richtungen war ein literarisches Verarbeiten der Griechenlandreisen am ehesten verzichtbar. Es ließ sich aufschieben. Es zog sich von selbst zurück. Es war ein Erlebnisschatz, der sich in der Zwischenzeit immer wieder in Erinnerung brachte und zum Weitersammeln von Lesefrüchten anregte. Die Zwischenzeit dauerte zehn Jahre. Die *Nostoi bei Nacht* führen *nach Hause*, zurück zum Ursprung der eigenen Leiblichkeit. Die *Heimflüge* sind Flüge zurück zur Mutter und in den vorweggenommenen Tod. Sie müssen hier eingefügt werden.

266

# NOSTOI BEI NACHT

Heimflüge vom Kilimandscharo
Am Kongo 2002

# Überblick

Bleierne Jahre
Wo ist zu Hause?
Resterinnerungen im Einsturz der Zeit

Erster Nachtflug im Mai 2000
Zweiter Nachtflug im Juli 2000
Dritter Nachtflug Ende November 2000

Der vierte Heimflug Ende Juni 2001
Der fünfte Nachtflug Anfang Dezember 2001

Der sechste Heimflug im Juni 2002
Der siebente Nachtflug im November 2002

*

Die Tage am Kongo im August 2002
  – Rückblick auf Lutendele
  (Memorandum für H)

## Bleierne Jahre

Wenn sie aus dem Gedächtnis wiederhergestellt werden sollten, die Jahre in Tansania, es ergäbe sich eine Stimmung wie vor einem Gewitter, atembeklemmend, eine lange bleigraue Dämmerung, dumpf vibrierend wie ein Flugzeugkoloß über der trügerischen Dichte einer Wolkendecke, am Horizont umzingelt von Nacht. Aufrichten ließe sich ein sehr brüchiges Zeitgerüst, ein Szenarium mit Schreck-Widerfahrnissen – ein Hecheln etwa wie von Hunden, ein Sirren wie von wilden Bienen im Haar und Rissen im Hirn. Und doch war die meiste Zeit normaler Alltag mit blühender Bougainvillea, Studenten am Vormittag, Swahilikursen, Weiterschreiben an alten Texten, am eigenen Computer, gemeinsamen Spaziergängen in die Landschaft, Einkäufen in Aruscha, Ärger mit den Hausangestellten und stillem Genügen an einem Garten, in dem Petersilie gedieh.

Zwischen, unter und über diesem allen schwelte und lastete das Wissen um der Mutter Sorgen, ihre Panikanfälle und die dumpfe Vorwegnahme eines immer näheren Todes. Wöchentlich hin und her gingen die Faxe und viele Briefe, und die gelben Postpäckchen häuften sich im Schrank. Eingeschnitten ins Fleisch der Erinnerung und noch kaum vernarbt sind vier Nachrichten, zwei von der Mutter, zwei von verwandter Hand.

Gleich zu Anfang, Ende August 1998, traf das Fax ein: ‚Kommt sofort zurück', ohne Begründung. Es hetzte durch den Campus zum Telefon im Bürogebäude, ein atemloses Dahinhasten mit strauchelnden Knien, trockener Zunge und hechelndem Atem, an einer Gartenhecke entlang, die stehen blieb bis heut. Die trockene Zunge blieb und das Hecheln hat sich festgehakt im Hirn. Zeitungsnachrichten über Kämpfe im Osten Zaires hatten die Mutter in Panik versetzt, und die Panik hatte übergegriffen. Mit Mühe ließ die Mutter sich beruhigen.

269

Ähnliche Panik griff noch einmal über – wann war es? Was war es? Nur das Tagebuch kann den Anlaß aus der Verschüttung holen. Am 11. Oktober 1999, nach dem ersten Heimaturlaub, kam ein Fax der Mutter: ‚Was ist bei Euch passiert? Ich habe heut Nacht, Samstag zu Sonntag, etwas Schreckliches erlebt, was ich mir nicht erklären kann.' Wieder greift der Mutter Katastrophenphantasie auf die Tochter über. Am 12. folgt ein Fax mit der Erklärung: *Blutflecken* im Bett, genau beschrieben. Die Tochter rationalisiert: der Mutter Lebensbedrohung 44 in fremdem Land und die Errettung durch ein okkultes Erlebnis – es schlägt durch als Angst um das Leben der Tochter, die per Fax und in einem langen Brief zu beruhigen versucht: es wird eine Krampfader geplatzt sein.

Das Jahr 1999 mit dem ersten gemeinsamen Heimaturlaub ist wie ausgelöscht. Wann war der Gang zum Bestattungsinstitut, die Bestimmungen der Mutter festzumachen und einen Sarg auszusuchen? War man nicht noch einmal im Riesengebirge? Und wieder ein innerlich verkrampfter Abschied. Zu Jahresende kam ein Brief des Bruders: die Mutter werde wegen starker Kopfschmerzen aufgrund einer Gefäßentzündung mit Kortison behandelt. Ihre acht Jahre jüngere Schwester kümmere sich um sie.

Das Jahr 2000 verschärfte den Gefühls- und Pflichtenkonflikt. Der Ehemann wäre ohne weiteres allein in Tansania geblieben. Warum also blieb eine Tochter nicht bei der Mutter? Zwischen ehelich-emotionaler Abhängigkeit auf der einen, töchterlichem Mitleid und Pflichtgefühl auf der anderen und der blühenden Bougainvillea vor dem Haus zuckte es hin und her – im nachhinein bedacht, könnte das, was die Entscheidung für Tansania bestimmte, ein Dreieck gewesen sein und keine Ellipse. Genügte es denn, daß eine Nierenkolik den Ehemann in ein Krankenhaus nötigte, wo nach afrikanischer Sitte ein Patient von Angehörigen verpflegt werden mußte? Es handelte sich nur um einen Tag und eine Nacht, aber es schien zu genügen: wer kümmert sich, wenn

270

ich nicht da bin? Wer hat sich gekümmert, fünf Jahre zuvor, als eine Nervenlähmung wochenlang in ein Berliner Krankenhaus nötigte? Braucht der Mann mich nicht ebenso sehr wie die Mutter? Welche Angst um wen überwog?

Zwei Wochen später, einen Tag nach dem Geburtstag, in freier Landschaft unterwegs, um wie gewohnt einen abendlich-ehelichen Spaziergänger ,einzusammeln' – ein Überfall wilder Bienen. Es können ihrer nur wenige gewesen sein, die sich im Haar verfingen; aber sie jagten zurück. Wieder ein Dahinhasten mit strauchelnden Knien und ein Beinahe–Sturz. *Ein Schwarm von wilden Bienen nimmt seine Seele mit –*? Nicht, wenn sie sich so hautnah verfangen. Es mutet im nachhinein an wie vorweggenommene Flucht vor Erinnyen aus der Mutterwelt.

Festgekrallt in der Erinnerung hat sich der 7. Mai 2000, ein Sonntag, als in der Boma von Aruscha während einer Aufführung von Händels ,Messias' das im voraus geschriebene Fax ausgehändigt wurde: ,*Mother is dying*'. Zwei Tage später Heimflug bei Nacht. Am 10. Mai mittags war die Tochter da – die Mutter lag nicht im Sterben. Der Vetter hatte das Fax geschickt, weil *seine* Mutter krank geworden war und sich nicht mehr kümmern konnte. Die Mutter war verwirrt und launisch geworden. Nach Auffassung des Bruders hatte eine Tochter sich zu kümmern, nicht ein Sohn. Die Tochter kam und kümmerte sich. Das Tagebuch III endet am 1. 3. 2001, als die Mutter sich widerstrebend in ein Heim bringen ließ, weil die Tochter mit der Pflege trotz Mithilfe der Sozialstation nicht mehr zurechtkam – und zurückwollte nach Afrika.

Das vierte Fax war von der Tante geschrieben. Es kam an einem Freitag, vier Tage vor dem geplanten Heimflug. In der Pause zwischen zwei Griechischstunden wurde es ausgehändigt. Die Mutter war am Abend zuvor, am 14. November, gestorben. Die Beerdigung wurde verschoben auf den 20. November.

## Wo ist Zuhause?

Das waren die bleiern lastenden Jahre in Tansania aus der Erinnerung: ein dumpfes Gefaßt-sein-auf-alles, Nachrichten wie Blitzeinschläge und ein zwiegespaltenes Gewissen: wohin gehöre ich?

Wo ist Zuhause, wenn der Begriff sich aufhebt in die Erfahrung von Ehe als Gehäuse, das, festgewachsen wie ein Schneckenhaus, sich überallhin mitnehmen läßt? Mußte indes im Grenzfall Zuhause nicht da sein, wo das eigene Leben herkam?

Seit die Großfamilie mit dem Tod der Schloßdorfer Großmutter sich aufgelöst hatte, war ‚zu Hause' da, wo die Mutter wohnte, die sich an ihre beiden Kinder klammerte. Als Flüchtling, als Fremde im eigenen Volk, als Kriegswitwe gesellschaftlich isoliert, opferte sie sich auf für einen schwierigen Sohn und für eine Tochter, die zwar gesellschaftlich aufstieg, aber weder ein Haus am Bodensee baute noch für Enkelkinder sorgte, sondern nach Afrika ging. Zehn Jahre lang war in jedem Heimaturlaub ‚zu Hause' die Wohnung die Mutter, in der auch die eigenen Möbel stehen durften. Der Ehemann mußte notfalls anderweitig unterkommen. Spannungen ergaben sich, als der älteste Enkelsohn Zuflucht bei der Großmutter suchte. Als er tot war und die Tochter, wenn sie nicht zu Besuch in Berlin war, jedes Wochenende aus der nahen Schreibklause ‚nach Hause' kam, begannen die Schicksalsmonologe der Mutter, und das natürliche Band drehte sich zu einem würgend festen Seil. Hatte die Mutter nicht ein Anrecht auf die Tochter? Keineswegs deswegen, weil jene alle ihre Handarbeiten auf eine Tochter häufte, die schöne Dinge zu schätzen wußte. Überdies gab es Spannungen zwischen Mutter und Tochter in politischer Hinsicht. Die Mutter, verängstigt und gereizt angesichts des Kulturumbruchs in Europa, der im Anschwellen der Einwanderung durchaus Elemente eines neuerlichen Bocksgesanges enthalten mochte; feindselig gestimmt gegenüber den vielen ‚Polen, Türken und Zigeunern', dem ‚ganzen Gesindel, das sich hier bei uns breit macht' – sie bestand auf ‚Deutschland für die Deutschen'. Die Mutter, blut- und bodenverhaftet wie jeder unverbildete Mensch, mit oder ohne religiöse Überhöhung, fühlte sich im Stich gelassen von einer Tochter, die mit dem Blick nach rückwärts unterwegs war auf der Suche nach dem Sinn des eigenen Lebens. Das Anrecht der Mutter auf die Tochter; das, was sich bisweilen anfühlte wie ein würgendes Seil; die innere Verbundenheit, das Wortlose, dumpf Naturhafte, es war – die Nabelschnur. Etwas, das weder eines göttlichen noch eines menschlichen Gebotes bedarf, wenn es erst einmal die Dimension der Einfühlung und des Mitleids erreicht hat.

So ergab es sich. Eine abgründige Doppeldeutigkeit. Was für einen Ehemann und Schwiegersohn ein Glück und Segen war, nämlich noch einmal fünf Jahre in Afrika verbringen zu dürfen, war für die Mutter letzte Angst- und Leidensstation eines glücklosen Lebens, und für die Tochter innerer Konflikt und seelische Dauerbelastung. Die *Nostoi bei Nacht* waren Flüge ‚nach Hause', zur Mutter, unter dem Zug und Zwang innerer Zugehörigkeit weit mehr als unter dem Druck eines äußerlich verpflichtenden Gebots. Ungesucht ergibt sich damit eine vierte Variante von *Nostoi*. Es ergibt sich eine Kreisbewegung zurück an den Anfang des eigenen Daseins, so weit es sich der Mutter verdankt. Die letzten *Nostoi* von Afrika nach Hause waren ein Stück vorweggenommener eigener ‚Heimgang'.

Weil diese vierte Art von Nostoi dazwischenkam und Lebenskraft verzehrte, war an eine durchgehende Besinnung auf die geistige Heimat Hellas im Anschluß an die Reisen nach Griechenland nicht zu denken. Es mußte viel Zeit vergehen.

Die Heimflüge zur Mutter. Es waren Nachtflüge. Es fügte sich so. Dem inneren Dunkel entsprach das äußere.

## Resterinnerungen im Einsturz der Zeit

Dem inneren Dunkel entspricht der Einsturz des Zeitgerüstes jener Jahre. Engestürzt wie ein Haus bei einem Erdbeben. In den Trümmern, zwischen Zerbrochenem und Verbogenem, in starrenden Sparren hängt fetzenhaft Zusammenhangloses – rissige Rinde, das Schwarz vieler Sessel, tiefer Schnee, blühende Schafgarbe am Wegrand.

Die rissige Rinde, ich sehe sie neben mir samt der Schräge des tief über einen Bach geneigten Baumes in freier Landschaft. Es saß da ein Abschied, auf dem Sprunge zurück zur Mutter; und der Mann, der zurückblieb jenseits der Rinde, versuchte Tröstliches zu sagen. Ich sehe das graubraune Geschupp deutlich, und an der Schräge entlang kroch Beklemmung. Nun ist es so weit. Nun muß ich und weiß nicht, wie ich es überstehen werde.

Die schwarzen Sessel standen in der Wartehalle Kilimanjaro International Airport, und vor den hohen gläsernen Wänden stand die Nacht. Wartend auf das Flugzeug nach Daressalam und weiter über Nairobi nach Amsterdam saß ich da viele Male, auf den Knien ein kleines graublau gebundenes Buch, Burckhardts Griechische Kulturgeschichte. Viele Male ratlos entschlossen saß ich in den schwarzen Sesseln, immer mit der gleichen Lektüre.

Viel Schnee liegt in freier Landschaft und mühsam ist das Hindurchstapfen, einen ungebahnten Talweg abseits der Autostraße entlang ins übernächste Dorf, um die Mutter im Pflegeheim zu besuchen. Ein andermal ist es hoher Sommer und ein Wiesenpfad   führt hindurch auf dem Weg zurück von der Mutter. Die Gräser und Kräuter blühen, ein lippenblütiges Gelb, ein radiolares Blau und viel Schafgarbe, aus deren Dolden das Gefühl strömt: es blüht und wird bald verblüht sein. – Trümmer der Erinnerung aus einem zusammengebrochenen Zeitgerüst.

## Erster Nachtflug im Mai 2000

Durch drei Jahre und fünf Tagebücher hindurch sollen hier die *Noistoi bei Nacht* wiederhergestellt, die Wochen und Monate zu Hause indes nur flüchtig erinnert werden.

Am Dienstag, dem 9. Mai, (der Mutter Hochzeitstag) abends, im KIA, als der Ehemann sich verabschiedet hatte, geriet in das Tagebuch eine Notiz über den ersten Alleinflug im Oktober 1977, von Stuttgart aus, wenige Tage nach den Selbstmorden von Stammheim. Mit 130 Seiten ausgedruckter ‚Komödie' im Handgepäck und dem Fax *Mother is dying* in der Brusttasche saß eine nach Hause Fliegende dann ‚merkwürdig ruhig' an einem Fenster der großen Maschine mit guter Aussicht – erst auf das lichterglitzernde Daressalam um Mitternacht, ‚märchenhaft, ein Gekröse aus Saphir und Rosenquarz, ein viel verschlungenes Geschmeide auf der schwarzen Haut der Nacht'. Dann, auf dem Flug nach Norden, der Sternenhimmel nach Westen, wo am Horizont eine langgezogene Zickzacklinie unterging. In halber Höhe dicht besäte Flächen, Sternlachen, ein Sehen ohne Erkennen…

Zu Hause die Mutter, nicht sterbend, aber am Rande der Verwirrtheit, empfindlicher als gewohnt, aber auch eigensinniger. Auf dem Tisch ein ‚Schwarzbuch der Vertreibung', offenbar neu gekauft, mit schauerlichen Fotos von halbverwesten und grausam verstümmelten Leichen – Deutscher. Nach drei Wochen und allem, was zu tun war (die Sozialstation eingeschaltet gegen anfänglichen Widerstand der Mutter; die an den Enkel verschenkten Ersparnisse zur Kenntnis genommen und die Ansicht von Bruder und Schwägerin, daß ein Ehemann hinter einer pflegebedürftigen Mutter zurückzustehen habe) Rückflug nach Afrika mit dem Versprechen, in vier Wochen wieder da zu sein. ‚Warum hat meine Mutter so geweint? Warum klammert sie sich auf einmal so an mich? Wird die Tante es schaffen?'

275

## Der zweite Nachtflug im Juli 2000

Es war ein um drei Wochen vorgezogener privater Heimaturlaub. ‚KIA. Hier sitze ich wieder, allein in einer Dienstagnacht, freundlich verabschiedet mit guten Ratschlägen von einem Ehemann, der mir empfahl, den Computer mitzunehmen.' – Kein Fensterplatz, keine Sterne, als lustlose Lektüre der ‚Laden', ein Zeitzubringen ohne inneren Sinn, umgehend vergessen. In Amsterdam fiel die Menge der Inder auf, die nach Nürnberg wollten und daselbst das ‚vertürkte Deutschland' der Mutter. Mit Bahn und Gepäck nach Hause. Die Mutter war erfreut und lachte.

Faxe gingen weiter hin und her, ein Drucker wurde gekauft, an der ‚Veranda' weitergeschrieben neben den täglichen Pflegepflichten und Besorgungen her. Als bei einem Telefongespräch der Mutter verschenktes Geld zur Sprache kam, wurde der Bruder hemmungslos ausfällig. Am 22. 7. fand ein Klassentreffen statt. Zwei Klassenkameraden holten ‚das einzige Mädchen' abends ab, man saß in einer Gartenwirtschaft bei Nacht. Ich erinnere mich. Vier Tage später kam der abwesende Klassenkamerad und Ehemann. Im August eine Reise nach Berlin, Neuruppin, Hamburg, Duisburg. Am 24. 8. zum Bestattungsinstitut, abends rissen die Nerven wegen der Mutter Verdächtigungen der Tante gegenüber. Bemühungen um Verständigung mit dem Bruder. Am 1. September (ein doppelter Todestag) Abschied mit dem Verspechen: Ende November bin ich wieder da. Übernachtung in einem Hotel in Nürnberg. Am 2. September flog man zusammen zurück, der Fensterplatz war besetzt, über Kalabrien war ein schräger Blick auf die Straße von Messina möglich.

Da sind Bruchstücke, an welchen verschüttete Erinnerung sich mühsam aufrichtet. Es war noch genügend Energie vorhanden, dem Vielerlei der Anforderungen gerecht zu werden. Aber es wurde Lebenskraft im voraus verbraucht.

## Dritter Nachtflug Ende November 2000

Während der drei Monate kamen die Faxe unregelmäßig, oft von der Tante geschrieben. Blieb ein Fax aus, hängte sich die Sorge ans Telefon, im Bürogebäude des Campus. Nach Moschi, nach Mombasa? Nein. Ich nicht. Fahre, fliege allein. Ich bin hier Tag für Tag auf dem Sprunge nach Hause. Eine Beerdigungspredigt ist schon geschrieben. – Dann fuhr der Fahrer zügig durch die Nacht, der Horizont wetterleuchtend, die 40 Kilometer nach KIA. Vier Monate zu Hause sind geplant; was immer kommen mag, möge keine Nierenkolik dazwischenkommen. Ein Pflegeheim solle ich suchen für die Mutter, sagt der Mann auf dem Neben-sitz, der im Krankhaus lag, als seine Mutter starb. Dann wieder allein in der Wartehalle. ‚Hier saß ich am 9. Mai und am 7. Juli und heut ist der 29. November in diesem Jahrtausendjahr. Soll ich jetzt Burckhardt lesen? Der blau-weiße Riesenvogel von KLM mit dem Heckaufbau, dem Skorpionstachel, ist eben gelandet. Wie eine solche Masse die Schwerkraft überlistet, das wundert mich von immer neuem. Ein schmaler Sichelmond schaukelt tief über dem westlichen Horizont. Ich lese von der Eidbrüchigkeit der alten Griechen. – Wieder ein Fensterplatz bei Nacht, ein guter, vor den Tragflächen. Mit meinen grauen Haaren und dem Com-puter über der Schulter durch die Abfertigung. – Schon in der Luft. Ich bete immer noch beim Abheben. – 23 Uhr, Dar, aussteigen wie üblich. Man flog durch eine Turbulenz, es schüttelte nicht wenig. Dann wieder das nächtlich erhellte Dar im Anflug – das Hingeperlte, die Riesenlache aus Bläuling-Blau und Rosen-quarz-Getröpfel, die Girlanden, die Pailletten, das nächtliche Großstadtglitzerkostüm, das die Tiefe und Schwärze des Nacht-himmels anflunkert. – Mitternacht. Das Völkergemisch, das sich im Bauche dieses Vogels zurechtrückt. Verschleiertes. Nicht nur Touristen aus Europa. – Gerade die lybische Wüste erreicht, man sieht's ja auf dem kleinen Bildschirm, den jeder vor der Nase hat. Über dem Sudan flogen westlich von der KLM-Route dreimal

Lichtblitze entlang, vermutlich Düsenjäger. Die Ingrid Bergmann ließ zusätzliche Strahler aufleuchten, um ihre Position kenntlich zu machen. So etwas sieht nur, wer die Nacht vor dem Fenster spannender findet als den Film, der da läuft. ' (*The Perfect Storm* war zwischendurch wohl doch des Hinsehens wert, denn das Tagebuch notiert: ,Tragischer Kampf gegen einen Tornado auf See. Wie das gefilmt wurde, ist mir ein Rätsel'.) – Gegen 5.40 in der Frühe: ,Wir müßten über dem Mittelmeer sein, wenn das linear Erleuchtete die Städte an der Küste Afrikas waren. Über der Wüste kamen noch einmal zwei Flugzeuge entgegen, die Turbinen der KLM-Maschine wurden hell angestrahlt. Über dem Sudan sah ich merkwürdige Lichtschlangen – Wadisiedlungen? Kufra-Oasen? El Fascher? – Amsterdam. Ich bin müde. Westsizilien kam nach Malta. Da lagen die Städte hingestreut wie Mosaike aus leuchtenden Glassplittern. Rom lag auf der anderen Seite, aber vielleicht habe ich die Lichter von Ostia gesehen. Über den Alpen war's noch dunkel. Es ist ja gleich Dezember. Über der Wüste aber, das westlich Vorbeifliegende – ich hielt's für Düsenjäger und fand es ungemütlich. Die KLM-Ingrid beleuchtete sich jedesmal zusätzlich und sandte Lichtblitze aus. Man sah auch ein paar Sterne. Was ich hier, auf diesem Flughafen, sehe, könnte beängstigend wirken: das Völkergemisch. Alles scheint nach Europa zu fliegen, um das unabgeschottete Wohlstandsschiff zum Sinken zu bringen. Ach, dieses Land, das Heimat sein sollte und es nicht mehr ist. Ich verstehe meine Mutter und ihre Xenophobie: ,Was wollen die alle hier?!' Ich verstehe die alten Griechen und ihre Selbstzerfleischung. Die christlichen Völker Europas haben es nicht anders gemacht. Ich suche mich abzulenken mit Burckhardt-Lektüre. Was auf mich zukommt, ist beklemmender. Ich gehe darauf zu mit geschlossenen Augen.'

Vier Wintermonate lang habe ich die Mutter gepflegt, mit der bisweilen schiefen Hilfe der Sozialstation. Ich schlief im Nebenzimmer ihrer Wohnung und schrieb am Computer im Wohnzimmer, während sie auf dem Sofa lag und schlief und manchmal schon gestorben schien. Ich schrieb an der Endfassung der ‚Veranda', um bei Verstand zu bleiben. Es ersetzte das Beten. Ich kaufte einen Weihnachtsbaum und fotografierte, den Baum, den Schnee, die Wohnung, die Mutter. Ich will sonst nichts erinnern, den Notarzt, die notarielle Patientenverfügung, der Mutter Singen (‚Am Holderstrauch, da muß geschieden sein…') und ihr Reste-Verstricken auf den Tod zu. Vor allem mein irrationaler Anfall von Wut und Hilflosigkeit, wegen einer gedankenlosen Handbewegung, die zerschmetterte Fußbank, das gemeinsame Weinen und der Versuch zu trösten – es ist das Sirren der wilden Bienen, das durch die Jahre hindurch verfolgt hat; es sirrt bisweilen und nach bald zehn Jahren immer noch und alle die Tränen, die meine Mutter nicht geweint hat, rinnen durch mich…

Das Tagebuch III endet am 1. März 2001, als sich die Mutter mit dem ernstgemeinten Versprechen der Tochter: In drei Monaten hole ich dich wieder nach Hause, ins Pflegeheim bringen ließ. Die Tante würde sie besuchen und faxen. Nach dem eigenen 64. und der Mutter 93. Geburtstag eine Übernachtung in N'd; am 4. April hatte die Eurowing in Nürnberg Verspätung, das Rennen in Amsterdam-Schiphol, beschwert mit einem Computer, half nichts; der große Vogel drehte eben ab auf das Rollfeld zu. Zwei Nächte in einem De Valk Hotel in der Nähe. Am Freitag, dem 6. April 2001 ein Fensterplatz in der Ersten Klasse, viel Landschaft und Fotografieren. Ischia und der Ätna am Horizont. Bengasi am Ostrand der Großen Syrte. Auf diesem Flug waren zum ersten Male die großen dunklen kreisrunden Teller im Sand der Wüste zu sehen. Dann wieder die Nilschleifen und vielleicht die Ruinen von Meroe. In der Dunkelheit durch den Afrikanischen Graben. Abgeholt am KIA und wieder ‚zu Hause' – da wo des Daseins angegrauter Sinn sich aufhielt. Aus dem Mutter-Zuhause zurück ins altersgraue Ehegehäuse. Ein Probe-Exemplar der ‚Veranda' war mitgeflogen.

## Der vierte Heimflug Ende Juni 2001

Es war ein gemeinsamer Flug in den Heimaturlaub. Am Mittwoch, dem 27. 6., saß man wartend in den schwarzen Sesseln von KIA; nur das Tagebuch erinnert noch. Erinnerungen an den 9. Mai, den 29. November, die Alleinflüge. Dann: ‚Mit donnernden Motoren landete eben die große KLM-Maschine. Immer, wenn so ein Gigant vom Himmel herabrauscht, muß man doch Gott danken, daß die Technik und die Piloten funktioniert haben und die Wettergewalten sich in den Grenzen des Berechenbaren gehalten haben.' Auf Mitternacht zu, nach dem Transit in Dar: ‚Ich lese Burckhardt, was er über Sparta schreibt, in weiser Skepsis: so ist es mit der Macht, sie kommt am Verbrechen nicht vorbei.' ‚Wieder über Dar, dem Lichterperlspiel, das da hingebreitet liegt über eine so große Fläche, ein Binnensee aus bläulich-rosa Lichtgeprickel, und wie der halbe Mond auf dem Rücken liegt, ein goldenes Fallbeil über dem Indischen Ozean.' ‚Morgenröte über dem Mittelmeer (wir sitzen nach Osten) und ein ganz dicker Stern erinnert an Inanna. Wir müßten über eine Landenge, über den Fuß des Stiefels fliegen, nach Nordwesten, Richtung Nizza. Die Sonne geht auf, ein roter Ballon, in die Breite gedrückt, glutrot in der Mitte, von dunklen Wolkenbänken quergestreift. Jetzt kommt glühendes Metall über die Dunstschicht am Horizont geflossen, so daß man nicht hinsehen kann. Wieder Küste, eine Insel, der Golf – von Neapel? Die eine Insel ist am südlichen Ende des Golfs, am nördlichen sind drei Inseln in einer Reihe, wie wandernde Amöben. – Amsterdam. Europa unter einer Wolkendecke, manchmal wie Meer mit leichter, regelmäßiger Dünung, manchmal aufgeplustert zu Türmen, aufgequollen zu Gebirgen, und manchmal wie Gefrorenes, Eisberggeröll und Klippen. Ich lese Burckhardt: die schwarze Suppe sei ein Ausfluß des Neides der weniger begüterten Spartiaten gewesen. Der Untergang Spartas beschrieben im Tone des liberalen Basler Patriziers: so geht es, wenn man zuviel preußische Disziplin verlangt.'

Möglichst wenig, am besten gar nichts erinnern von dem, was die zwei Monaten zu Hause an Lebenskraft kosteten – die Tränen der entnervten Tochter beim Wiedersehen mit der Mutter, später der Mutter Weinen wegen der Auflösung der Wohnung (‚Wo ist mein Zuhause? Hab ich kein Zuhause mehr?'), die Ausfälligkeiten des Bruders, das Theater mit dem Vermieter wegen der Renovierungskosten, wer sich was holte, die Schwägerin, der Neffe, die Nichte mit ihrem Freund, das Verschenken und Wegwerfen und der fotografierte Sperrmüll Anfang August. Die An- und Abwesenheiten des Ehemannes (Bayreuth, Berlin, Brandenburg); das Alleinsein mit dem Organisieren, Räumen, Putzen: die tüchtige Tochter, die alles bewältigt, um nicht überwältigt zu werden; eine Orgie der Pflichterfüllung bis zum Umfallen; Selbstbetäubung im Hin und Her zwischen den Besuchen im Pflegeheim und dem Bedürfnis nach einer Zuflucht – zu Dion von Prusa, in die Olympische Rede, zum Sommerfest eines Dichtervereins oder nach Tübingen ins Tropenheim, zwei Tage mit geladenem Besuch oder eingeladen vom einem alten Lehrer zu einen Auto-Ausflug, oder die ‚Veranda' über die letzten Runden der Veröffentlichung bringen, mit einem Bekannten eine Festschrift für den Ehemann zum 65. Geburtstag planen – ein besinnungsloses Zeitzubringen und dennoch fast jeden Tag Rechenschaft im Tagebuch: im nachhinein schreit es mich daraus an und würgt und will nicht vergangen sein, wo immer ich eine Zeile entziffere, drängt es sich in die Erinnerung – auch dies, wie tapfer die Mutter über den Abschied hinweggelacht hat.

Nach einem Tag voller Hetze hin und her am 30. August nach N'd, am 31. der Flug zurück die Ostroute über Athen, Santorin, den Ostzipfel von Kreta, die Küste Afrikas ohne Nildelta, Tobruk? Der Nasser-Stausee, Turbulenzen und Lesky-Lektüre, nicht über die Tragödie, sondern das dicke Literaturgeschichtsbuch. Das Tagebuch IV endet am 12. September 2001, einen Tag nach einem Geburtstag und dem Rauch über New York.

## Der fünfte Nachtflug Anfang Dezember 2001

‚Zu Weihnachten komme ich wieder' hatte die Tochter versprochen. Am 5. 12., abends in KIA: ‚Da sitze ich wieder, zum vierten Male allein. H mußte diesmal ganz draußen stehenbleiben. Er fährt zurück ins tägliche Leben; ich muß hier zwei Stunden warten und dann wieder durch die Nacht ins Ungewisse, nach Hause, zu meiner Mutter, in ihr langsames Sterben bei zu viel Bewußtsein und Sorge um mich. Soll ich wieder Burckhardt lesen? Heut nachmittag an einem Baum am Bach, hinter dem Campus, versuchte ich H die Abhängigkeit meiner Mutter von mir zu erklären. Und wie ihre Hoffnungen nun am Ende auch noch an mir scheitern. – Der große Vogel ist schon gelandet. So eine Masse der Schwerkraft zu entreißen und sie gegen den Sog der Tiefe wieder sicher auf die Erde zu dirigieren, allein durch Knopfdruck: es bleibt für mich trotz Wissen um Auftrieb, Beschleunigung und Bremsklappen ein Wunder und eine Unbegreiflichkeit. – In Dar. Man muß nicht mehr raus. Ich blättere in Journalen statt Burckhardt zu lesen. – Kurz nach Mitternacht wieder in der Luft, und weil die Maschine in Schräglage einen Bogen fliegen muß, sehe ich trotz Tragflügel wieder, zum wievielten Male, das rosigbläulich hingeperlte Lichtermeer der große Stadt Dar-es-salam. – Was ich für Morgenröte hielt, sind die erleuchteten Städte Ägyptens. Die Küste Afrikas scheint von Alexandria nach Westen hin auf wenigstens hundert Kilometer bis El-Alamein städtisch bebaut zu sein. Hätte ich einen besseren Platz, könnte ich mehr von diesen Lichterketten sehen. Das Flugzeug auf dem Minibildschirm vor meiner Nase hält auf Knossos zu. An den Filmen vorbei hab ich, die Beine an der Wand hochgestemmt, Burckhardt gelesen. Ein hellsichtiger und enttäuschter Griechenliebhaber. Er sieht alle Schwächen dieses ‚hochbegabten Volkes', den Hohn, das Gelächter, die ganze pagane Unverfrorenheit. Als christlich verbildeter Großbürger verabscheut er zudem die Demokratie als Pöbelherrschaft. – Mit einem besseren Platz hätte ich den glit-

282

zernden Lichterbinnensee Athen bei Nacht in ganzer Länge und Breite statt nur schief und schmal hinterm Flügel sehen können. Die Route geht über die Argolis und die Peloponnes. Es ist der Zauber des Wissens, der die Tiefe so lebendig macht. Was da unten alles geschah an Geschichte und vergangen ist. Der Tiefseefilm ist auch ganz hübsch. Selbst Breughel hätte sich solche Monstrositäten nicht ausdenken können. Über Europa ist es noch dunkel. Die Helle des Tages liegt im Süden. Vom freien Geist der alten Griechen lerne ich noch manches mehr über das Menschendasein als vom kanonisierten Alten Orient. Das Gezeter der Propheten, was hilft es heute? Stoiker und Kyniker haben die christliche Daseinsstimmung vorbereitet, die Platoniker haben sie später durchgeistigt und überhöht zur Theologie. – Einen halben Tag in Amsterdam verwarten. Die Müdigkeit nimmt überhand. Ich kann nicht mehr lesen. Nur noch kritzeln. Ich reise ohne PC.'

‚Was hab ich hinter mir? Telefonate, wenn ein Fax nicht kam oder nicht durchging. Das Telefon auf der Kaminkonsole. Mitte Oktober ein paar Tage Momella, eine Skizze vom ‚hinteren' Meru im Tagebuch. Einen Abriß ‚History and Religion of Ancient Greece' entworfen. Der Kollege Ml starb. Mit H so oft am Jenseitsberg. Die nächtlichen Alpträume, die Müdigkeit. Es ist schön in Makumira und wo H ist, da bin ich zu Hause. Aber ich muß heim zu meiner Mutter. Sie lebt in Adventsstimmung, weil sie weiß, ich komme. Was hab ich vor mir? Ich habe Angst vor den kommenden Wochen. Welche Sorgen hat die Tante?' – Das Flundern der kleinen Maschine nach Nürnberg im dicken Wolkennebel war ungemütlich. Am Freitag, dem 7. 12., saß die Mutter in ihrem Zimmer am Tisch, den Kopf auf die Arme gelegt. Als sie die Tochter sah, ein freudiger Ausruf, Umarmen und Weinen zu zweit, wortlose Dankgebete aus reinem Gefühl. Die Tante erzählte von ihren Sorgen: der Jüngste ihrer drei Söhne habe Krebs. Sie war froh, daß die Nichte bei ihr schlief. In den sechs Wochen bis zum 11. Januar sah ich den Vetter zum letzten Mal.

Eigentlich hätten nur die nächtlichen Heimflüge zur Mutter aus dem Vergessen geholt werden sollen. Jedoch – was sie ausgrenzt inmitten des großen Verschleißes an Lebenskraft, diese sonnenabgewandten Stunden zwölf Kilometer über der rissigen Rinde des Planeten, es tritt aus dem zuckenden Nebel jener Jahre erst im Kontrast zu allem, was *vor* jedem Abheben in KIA und *nach* jeder Landung in Nürnberg gelebt werden mußte. Und durfte. Denn das Leben im Campus von Makumira war zwar durchflakkert von der Sorge um die Mutter; der Kreislauf geriet aus den Geleisen, es donnerte nachts in den Ohren, hinter geschlossenen Augen schossen Lichtblitze auf und bisweilen zuckte es vor dem Einschlafen durchs Gehirn wie elektrische Entladungen. Aber es waren da auch die wohltuend gewohnten, auf Studenten konzentrierten Stunden des Unterrichtens, des Für-sich-Lesens und Schreibens und gelegentlicher Gespräche, gemeinsame Spaziergänge in die Steppe oder zum Jenseitsberg mit weiter, gelbvioletter Landschaft zu Füßen – alles das ist in gleichem Maße der Verdrängung anheimgefallen wie das Hasten von einer Besorgung zur anderen im Umkreis der Mutter.

Während der wenigen Winterwochen 01/02 erlitt sie Schwächeanfälle, und immer öfter zeigte sich Verwirrtheit. Busverbindungen fielen aus, durch hohen Schnee stapfte ich die sechs Kilometer zum Pflegeheim. Ein Backenzahn wurde gezogen. Ein Paket mit 30 mal ‚Veranda' kam. Ich lief den Weg zur Mutter mehrmals; das Laufen beruhigte. Die Mutter schlief viel; am 24. 12. war sie so schwach, daß der Sohn sie nicht, wie im Jahre zuvor, zur Familienfeier holen konnte. Freude leuchtete auf, ‚Ach, ist das schön!', als die Tochter eine kleine, filigran geritzte Silberschale schenkte. Der Flug wurde verschoben von 4. auf den 11. Januar. Die Mutter weinte, wenn ihr einfiel, daß die Tochter wieder nach Afrika fliegt. Tante und Nichte versuchten einander beizustehen. Der krebskranke Sohn, erst fünfundfünfzig. Das immer nähere Sterben der Mutter, bald 94. Fluchtreflexe. ‚Ich möchte bei H sein.'

Als am 11. Januar 2002 in Nürnberg die Eurowing am frühen Morgen in einen noch dunklen Himmel aufstieg, notierte das Tagebuch dreißig Jahre Flugangst und das hilflos gebrochene Vertrauen darauf, das alles gutgehen werde. In Amsterdam war die Wartezeit ausgefüllt mit Hesiod, der da behauptete, daß der Sänger von Trauer und Herzeleid ablenken kann, indem er singt von hohen Taten und tiefem Leiden anderer. Dann wieder das winzige Gekritzel der Wolken- und Landschaftsbeschreibungen – ,Tönungen wie bei George Braque; die schwarz-weiß-zerklüfteten Gipfelmassive der Alpen; Korsika-Sardinen am Horizont; keine Küstenlinie Afrikas, aber das da unten muß libysche Wüste sein; wieder diese merkwürdigen dunklen Formen im Sand, diesmal sechseckig; warum wackelt der große Vogel so sehr? Was hab ich gelernt bei Burckhardt? Daß der Basler Patrizier die athenische Demokratie so wenig mochte wie der Aristokrat Platon; die Spottsucht der alten Griechen, ihr Gelächter, ihr Tanzen, ihre Abscheu vor dem Altwerden gefallen ihm nicht. Daß der amoralische Individualismus eines Alkibiades ein Gegenstück in Lysander hat. – Lange, linienförmige Lichtschlangen unten in der Dämmerung – Buschfeuer? Siedlungen? Das Sitzen in einem Flugzeug bindet so an die Gegenwart. Die Mutter ist da, aber wie unter einer dicken Wolkendecke.' – Am nächsten Tag: ,Alles ist gut gegangen. Nun bin ich wieder in Ostafrika, da, wo H, mein eigentliches Zuhause ist. Meine Herkunft, mein Ursprung, meine Mutter ist woanders und wartet wieder und noch immer.'

Das Warten der Mutter in der Ferne belastete weiterhin; ihr unhörbares Rufen symbolisierte sich in der mit verhülltem Gesicht hingehaltenen leeren Hand der ,Russischen Bettlerin' von Barlach. Auf dieser Kunstpostkarte hatte die Mutter im März 2000 die üblichen Geburtstagswünsche für die Tochter formuliert und nach Ostafrika geschickt. Eine Kunstkarte, die im nachhinein wie eine Versteinerung und Verewigung des stummen Hilfeschreis erscheint, der für den Rest des Lebens nachhallt...

Vor dem sechsten Nachtflug, einem Flug zu zweit in den dritten Heimaturlaub, vergingen fünf Monate. Das Wissen um der Mutter Warten, die nahezu telepathische Einfühlung in ihren stummen Wunsch, die Tochter bei sich zu haben, zerrte an den Nerven, zehrte Lebenskraft auf, löste vorübergehend Schwindelanfälle und Weinkrämpfe aus. Neben dem Unterricht her boten Ablenkung weiterhin die alten Griechen, Jaegers *Paideia* und eine Computerfassung der *History and Religion of Ancient Greece*. Die Faxe gingen nun zwischen Tante und Nichte hin und her. Am 29. Januar kam die Nachricht vom Tod des Vetters. Über eine Woche lang blieb die Mutter ohne die gewohnten Besuche ihrer Schwester. An einem Nachmittag im tropischen Februar saß ich am Fuße eines Eukalyptusbaumes in einer Kaffeefarm, wartend auf H, und dachte über das dem Tode entgegengehende eigene Leben nach. Das Grün ringsum erschien so zeitlos heiter. Ich sitze da bisweilen noch immer.

Zu allen Sorgen um die Mutter kamen neu hinzu die Befürchtungen hinsichtlich einer Reise in den Kongo, die der Ehemann für Juli 2002 geplant hatte. Es fehlte nur noch die offizielle Einladung. Am 24. Februar ein Besuch in einer Massai-Gemeinde; ein Ereignis, das aus der Zeitreihe fiel: war es vor oder nach dem Tod der Mutter? Der Tod als Vernichter der Zeit. – Zum 65. Geburtstag am Palmsonntag war *Ancient Greece* auf eigenem Drucker ausgedruckt; eine Art Festschrift überreichte der Ehemann, ein schönes Fax kam von Mutter und Tante; eine Malaria in den Tagen davor und danach ist in Erinnerung geblieben. Sie zog sich hin bis in den April. Der Mutter 94. und letzter Geburtstag fiel auf den Karsamstag. Mitte April kamen ihre Kopfschmerzen wieder, die seit Ende 1999 mit Kortison behandelt worden waren. Auch der Ehemann mußte sich in ärztliche Behandlung begeben. Im Mai habe ich den Muttertag vergessen. Zwei Tage danach kam die offizielle Einladung nach Lutendele/Kongo. Es war, als wucherten der Mutter Sorgen verdoppelt in die Tochter hinüber.

## Der sechste Heimflug im Juni 2002

Es war wieder ein gemeinsamer Nachtflug in den Heimaturlaub. Am 11. Juni saß man in einem Flugzeug nach Amsterdam, ohne Fensterplatz. Es war ein ruhiger Flug mit Burckhardt-Lektüre.

Diese Heimkehr war die letzte vor dem Tod der Mutter. Beim ersten Besuch im Pflegeheim am 13. Juni (die Tante war mitgekommen, um Wiedersehensfreude mitzuerleben) erkannte die Mutter die Tochter nicht sofort – ‚Is das – wer is'n das? Die Helga?' Sie erkannte auch die Ringe nicht, Grandeln und Diamant, die sie der Tochter geschenkt hatte, wohl aber die letzte ihrer Handarbeiten, kleine Blüten, keine Blätter. Der Schwiegersohn brachte einen Wiesenblumenstrauß, die Mutter wurde plötzlich lebhaft, ihr Geist flackerte kurz auf. Der Tochter Dasein nahm sie apathisch hin. Diese Heimkehr war – dem Leben schon abgewandt. Des Daseins Sorge kondensierte nicht mehr um das langsame Sterben der Mutter, sie verklumpte atembeklemmend um die Kongo-Reise des Mannes. Das Tagebuch V endet am 19. 6. 2002. Nach zehn Tagen täglicher Besuche im Pflegeheim eine Woche Rundreise (Bayreuth, Berlin, Neuruppin). Am 4. Juli mußte die Mutter wegen Thrombosegefahr in ein Krankenhaus. Die Tochter fuhr mit und zu Besuch jeden Tag; auch an dem Tag, dem 9. 7., an dem der Ehemann sich abends auf den Weg nach Frankfurt machte, um über Paris nach Kinshasa zu fliegen.

Ich schreibe das alles auf wie unter Zwang, als wollte ich es endlich lossein. Die Sorge flackerte nun dem Manne nach, der sich das Recht nahm, keine Rücksicht zu nehmen auf emotionale Abhängigkeiten und irrationale Ängste und damit die eigenen, in sich selbst zerrissenen Egoismen der Mutter gegenüber widerspiegelte. Forscherneugier und Wissenschaft waren wichtiger als menschliches Nahesein und Mittragen der Last. Diese letzten sechs Wochen vor dem endgültigen Abschied am Sonntag, dem

18. August, sorgten sich um den Mann, nicht um die Mutter, die friedlich im Bette lag, vor sich hin lächelte und nichts mehr sagte. Als ich mich on ihr verabschiedete, saß sie auf dem Bettrand, betreut von einer Pflegerin, die ich zur Ablenkung herbeigerufen hatte, und rief mir nach mit weinerlicher Stimme: ‚Wo gehste denn hin?' Ich ging, ohne Antwort. Es geht mir nach von hinten, eine Erinnys, ein Würgen. Es war die vorletzte Fehlentscheidung. Ich schreibe es, um wenigstens im nachhinein nicht feige auszuweichen. Es mag der Entschuldigungen viele geben. Die Erinnys nimmt sie nicht an.

## Nachtflug in den Kongo

Am 19. 8. flog ich von Stuttgart aus über Amsterdam in einem Nachtflug nach Nairobi und kam am 20. gegen Mittag in Kinshasa an. Auf dem Hinflug sah ich ein Stück erleuchtetes Sizilien, auf dem Tagflug den Viktoriasee und vulkanisches Gebirge. Am 30./31. 8. flogen wir über Nairobi zurück nach Tansania.

## Der Rückflug nach Tansania

war die letzte Fehlentscheidung. Froh, zusammen mit dem Manne heil und ohne Schwierigkeiten noch einmal dem Kongo entkommen zu sein, warf sich die Hoffnung auf ein paar ruhige Wochen in Makumira. Der Rückflug war geplant für Mitte November. Die notarielle Patientenverfügung bestimmte, daß die Mutter im Falle eines schnellen Abgleitens auf den Tod zu so lange medizinisch am Leben erhalten bleiben wollte, bis die Tochter benachrichtigt sei, um sofort aus Afrika zurückzukommen. Daß niemand sich um diese Verfügung kümmern würde, weder Bruder noch Heimleitung noch Arzt, war nicht vorauszusehen. Der Arzt, zur Rede gestellt, war der Meinung, eine Lebensverlängerung wäre zwar möglich, aber nicht sinnvoll gewesen. Hätte die Mutter sie noch wünschen können?

## Der siebente Nachtflug im November 2002

Zurück in Makumira mit dem Mann, der nichts dagegen gehabt hätte, wenn die Ehefrau umgehend wieder nach Europa geflogen wäre, um der Mutter langsames Sterben zu begleiten. Nichts in den regelmäßigen Faxschreiben der Tante deutete indes darauf hin, daß der Mutter Leben so schnell zu Ende gehen würde, vier Tage zu früh und gegen den ausdrücklichen Wunsch einer Tochter, beim Tode der Mutter zugegen zu sein.

Die Wochen vergingen ohne akute Angst; die Faxe der Tante sagten, es sei alles wie immer; die Mutter kritzelte meist einen Gruß dazu. Nichts deutete auf ein nahes Lebensende hin. Bei der Tochter stellten sich kurz nach dem 11. 9. für mehrere Tage Fieber ein; in Aruscha eine Fehldiagnose; in Usa River: Malaria, Hakenwürmer; Antibiotika. Danach kam, ‚Für H', ein rückblickender Bericht über die Woche im Kongo zustande.

Im Oktober eine Woche in Moschi, bei einem Treffen der Missionsleute; der nahe Kilimandscharo als Skizze im Tagebuch. Dann blieben die Faxe der Tante aus, Verbindung kam zustande über Bekannte in Rebtal per Telefon. Am 10. November schrieb die Mutter die letzten sehr zittrigen, kaum leserlichen Zeilen unter ein Fax der Tante: sie freue sich, daß ich kommen wolle. Am 13. ein Fax: es gehe der Muter nicht gut. Der Flug ließ sich um eine Woche vorbuchen. An Donnerstagabend Brotbacken auf Vorrat für den Ehemann, der meinte, es sei wohl noch nicht so weit. Am nächsten Morgen kam das Fax. Ich ging in die Kaffeeplantagen. Drei Tage später ging das Flugzeug.

Der siebente Nachflug ist dem Gedächtnis völlig entfallen. Nur das Tagebuch weiß noch von Zerstreutheit bei der Paßkontrolle, ‚Mama yangu amekufa.' ‚Pole.' Als Lektüre Wilhelm Raabe (das Lachen des Rationalismus, das ein empfindsames Künstlerleben zerstört). ‚Meine Mutter aber liegt auf der Totenbahr, und das Grab ihrer Mutter wartet auf sie.' Fensterplatz, ‚wieder der Rosenquarz-Saphir-Perlenteppich von Dar.' ‚Sekundenlang der Vollmond, sich im Wasser des Nils widerspiegelnd in der graumilchigen Nacht, an den Ufern einer beleuchteten Siedlung.' ‚Wieder Düsenjäger, tiefer fliegend, nach Norden.' ‚Mondbeglänztes Mittelmeer, ich sitze nach Westen, ohne Aussicht auf Morgenröte.' Verwirrung ist notiert in dem beharrlichen Bemühen, die (wegen des laufenden Films) nicht angezeigte Flugroute zu erkennen. Schließlich: ‚Das Rätsel ist gelöst, man flog die östliche Route über die Ägäis, das Lichtermeer war nicht Rom, sondern Athen. Die Insel war Kreta. Nun also über dem Balkan.'

Der Flug ging diesmal von Amsterdam nach Stuttgart. Von dort mit der Bahn – ‚nach Hause'. Zur Mutter. Im Zug kurz vor Rebtal die Begegnung mit einer lang verjährten Schulfreundin. Sie kam, still und vornehm, zu Besuch aus Südfrankreich. ‚Ich komme aus Afrika. Meine Mutter – '

\*

Hier soll, um den Hiat zwischen den Griechenlandreisen und einer späten Nachlese auch in der Zahl der Seiten zum Ausdruck zu bringen, eingefügt werden der rückblickende Bericht ‚für H': eine Art Memorandum über den zweiten Aufenthalt in einem Land und an einem Ort, wo vierzehn Jahre zuvor die bis dahin schlimmsten Afrikaerfahrungen gesammelt worden waren. Daß es diesmal friedliche, nahezu idyllische Tage werden sollten – wer hätte es sich vorstellen können?

# Die Tage am Kongo im August 2002
## Rückblick auf Lutendele

Für H und zur Selbstbesinnung

Hier ist wieder Makumira und die Zeit ist weitergeflossen zum 21. September. Ehe das Gras des Alltags – trotz Küchenkram, Klausurenbenotungsmühsal und nachwirkender Fiebermüdigkeit ein friedlich-arbeitsamer Alltag – wieder wächst, will ich, nach den vielen Briefen, die Erzählbares auswählten, zusammenhängender die Gedanken sammeln und festhalten, was diesen Sommer hindurch das Dasein so bedrückt und am Durchatmen gehindert hat. Das Tagebuch ist mit allerlei Einzelheiten und mit Stimmungsgeröll gefüllt; zu ausformulierter Besinnung bin ich nicht gekommen. Sie wird im guten Nachhinein anders ausfallen als sie im unentschiedenen Vorher ausgefallen wäre.

An sich und für mich sind solche Zustände nichts Neues. Psychologische Ätiologien (Veranlagung oder erworben durch Kindheitseindrücke 1945, die dann in der Krise 1959-1963 virulent wurden und seitdem je und dann wiederkehren) ändern nichts am Wesen einer untergründigen Angst, die normale vernünftige Leute so nicht zu kennen scheinen. Natürlich hat jede Reise ihre Risiken, und man trifft Vorkehrungen so gut es geht und so weit es ratsam erscheint. Aber damit hat es sich dann auch erledigt; es kommt nicht zu diesem beklemmend flachatmigen Dahinvegetieren unter der Decke der Geschäftigkeit der Tage und Wochen. Damit also muß ich leben.

Noch einmal nach Lutendele zu gehen, um die neuesten Entwicklungen an Ort und Stelle nachzuprüfen, das hattest Du (und natürlich ohne mich zu fragen) seit längerem geplant. Als ‚letztes afrikanisches Abenteuer' paßt es in die Lebensplanung eines Missionswissenschaftlers. Vielleicht entspricht es einer ‚letzten Reise

291

nach Mbe', die einem unvollendeten papierenen *Kenotaph* Wirklichkeit aus Backstein entgegenstellen könnte. Der Unterschied ergab sich, für mich, aus den jeweils voraufgegangenen Erfahrungen an Ort und Stelle. Mbe ist weiterhin, trotz aller Enttäuschungen und Mißverständnisse, ein inspirativer Ort; mit Lutendele verbinden sich seit 87/88 die schlimmsten der bisherigen afrikanischen Erfahrungen. Eine lebensbedrohliche Malaria; Querelen im Campus; die Mühsal mit einem unbegabten Doktoranden; eine nervende alte Prinzipalin; eine Horde aggressiver Fischer; die Verstimmung des geistlichen Oberhaupts wegen der Einmischungen eines allzu neugierigen Weißen; schließlich der zermürbende Kampf um die Pässe – warum noch einmal an einen Ort solch mißlicher Erfahrungen? Selbst ohne die Belastung, seit Mai 2000, durch das mühsame Alter und langsame Sterben meiner Mutter, die Flugreisen hin und her, das Organisieren der Pflege und Miterleben des Verfalls, hätte mich die Aussicht auf noch einmal Lutendele bedrückt. Was es für Dich bedeutet, die eigenen Ziele gegen solchen Widerstand zu verfolgen, weiß ich nicht. Wenn Du gegen meine Ängste angebetet hast, hat es wenigstens vorübergehend immer wieder einmal geholfen – zu einer grauen Resignation. Man lebt dann so dahin von Tag zu Tag und tut die täglichen Dinge abwechselnd apathisch oder gereizt.

[Tagebuch] 15.5.02. Bis in den halben Mai habe ich nun gehofft, die Einladung nach Lutendele möge nicht kommen. Ich sah dann die Faxe im Briefkasten, die doppelte Einladung und hab sie ihm auf den Schreibtisch gelegt. Es kann ja alles gutgehen; aber die Angst, die auszustehen ist. Nun nimmt die Sache ihren Lauf, und ich hab umsonst gehofft, daß nichts daraus wird. Es macht mich schlapp, und H muß damit leben, daß ich dagegen bin. Immer hab ich Angst gehabt um diesen Mann, und fast alle seine Abenteuer hab ich mitgemacht.

Der Grund, warum ich schließlich *auch* nach Lutendele wollte, war ein gänzlich irrationaler: der Angst durch Flucht nach vorne zu begegnen und zu sein, wo Du bist.

Mit wem kann man darüber reden, in der Heimaturlaubsmen-schenlandschaft? Die Leute haben alle ihre eigenen Sorgen. Die Tante, die es gut meint und einen Sohn verloren hat, sie erzählt vom akademischen Erfolg des Enkels. Die Mutter, die nur noch ganz Einfaches, Gegenwärtiges wahrnimmt, ist schon fast nicht mehr da. Die zuspruchbedürftigen Bekannten am Telefon (M. S., der eine Operation vor sich hat und dem die Schwester unerwartet stirbt; S. M., jeden Dienstagabend eine volle Stunde; Frau R., die vom Hirntumor des Schwiegersohns und einem Sturz des Mannes erzählt und was nun alles an ihr hängt); die T.s in Berlin, die sich geduldig ausfragen lassen vor Dir; die Verwandten samt Kusine B. mit gebrochener Hand, die von ihren Leiden erzählen; die politisch bornierten Häuschen-mit-Garten-Verwandten in einem besseren Viertel von Berlin; der übersprudelnde Klassen-kamerad W., die zurückhaltende Schwägerin D.; später die ge-sprächsbereite Frau S., der gegenüber sich noch am ehesten eige-ne Sorgen andeuten lassen. Der immer hilfsbereite H.-G. und seine Frau, sie laden ein, erzählen von ihren Reisen und vom En-kelkind. Und jeden Nachmittag die Mutter, die kaum noch zum Reden zu bringen ist, in ihrem Bette liegt und zufrieden lächelt (eine Woche Krankenhaus zwischendurch und das Zweckdienli-che, das mit Arzt und Pflegepersonal zu reden ist). Eine Menge wird da geredet, aber nicht über das, was den nahen Horizont verdunkelt und das eigene Dasein bedrückt. Du hattest mit noch mehr Leuten noch mehr zu reden; mit dem Finanzamt und der kongolesischen Botschaft zu tun, zu predigen und zu planen, Dich um eine Wohnung zu kümmern, viel herumzutelefonieren, und hast Dich zwischendurch in der Landschaft erholt, alleine.

[Tagebuch] 17.6.02 – Dieser zeitlose, helle, wiesengrüne süddeutsche Sommer. Ich lief wieder zurück vom Pflegeheim, H kam mir mit dem Fahrrad entgegen im Sulmtal und zeigte mir einen Fußweg, der gleich beim Stadtseepark mündet. Da entlang blüht viel Buntes im hohen Gras, weißer und gelber Klee und blauer Storchenschnabel. So einen Wiesenstrauß hatte H meiner Mutter mitgebracht, und sie hat sich so gefreut und hat es am nächsten Tag noch gewußt.

Am 8.Juli nachts halb elf hat H.-G. Dich dann zum Bahnhof nach HN gebracht. Ich war nachmittags im entfernten Krankenhaus gewesen; tags zuvor hab ich mit Th.-Duisburg noch wegen der Festschrift für Dich verhandelt; zwischenhinein fing die Waschmaschine zu spinnen an; auf dem Spaziergang durch den Park war nicht mehr viel zu sagen: eine gar nicht merkwürdige, ganz normale Sprachlosigkeit, die sich auch im Tagebuch nicht artikulieren wollte – Du mit Deinen Gedanken beschäftigt und ich mit meinen. ‚Sei allem Abschied voraus' – was heißt das? Man möchte über alles hinwegschlafen und kann nicht, und Du hast derweilen auf dem Bahnhof in Karlsruhe die Nacht versessen. Am Dienstag, 9. Juli, Frankfurt – Paris – Kinshasa, und natürlich hab ich abends vergeblich auf einen Anruf gewartet. Warten also und Zeit zubringen. Die Rechnung für mein Flugticket war umgehend da, knapp 2000.-Euro, und sieben Wochen, die zu überstehen waren. Ich hab mich mit der Waschmaschine beschäftigt (fand als Ursache der Verklemmung ein Dutzend verrosteter Büroklammern aus Deinen Oberhemden in der Absaugkammer), hab die Wohnung saubergemacht, oben, unten, in allen Ecken, Beschäftigungstherapie, und nach dem Telefonklingelverstärker gesucht. Wieder ins Krankenhaus, willkommene Ablenkung, um durch das Warten hindurchzukommen.

Mittwochabend rief die Tante an, es sei ein Fax aus Hamburg da. Da lief ich los, holte es mir, und damit hab ich dann erstmals aufgeatmet und gut geschlafen. Am nächsten Tag kam das Unheil unerwartet von einer anderen Seite: es kam die Nachricht vom Tod K. B.'s Ein Gefühl, als hätte es dicht neben mir eingeschlagen – einer anderen Frau hat es den Mann genommen, nicht mir. Das mußte ich Dir dann im ersten Fax/E-mail mitteilen und wußte, daß es Dir nahegehen würde. Ein Immer-auf-alles-gefaßt-sein hält kein Mensch längere Zeit durch. Es ist wie beim Fliegen mit einer leichten Maschine durch wechselnde Wolkenfelder – das bedrohliche Dunkel weht immer wieder heran in dichter Front, man klammert sich an und weiß, wie sinnlos es ist. Was man da noch Beten nennen könnte, wird ganz sprachlos; es löst sich auf in ein Gefühl des Ausgeliefertseins und des Nichts-machen-Könnens. Und es ist nicht der eigene Tod, der beklemmt. Es ist der Gedanke ans Überleben-müssen.

Durch die sieben Wochen hab ich mich dann so durchgewurstelt, von einer Nachricht aus Lutendele zur anderen wartend und den Sinn des Heimaturlaubs in den Nachmittagsbesuchen bei meiner Mutter gesucht; (wo Du seist, fragte sie mehrmals; und ich, der Wahrheit gemäß: ‚in Lutendele'. Sie fragte nicht, wo das ist; ich sagte nie ‚im Kongo'; es hätte dunkel und drohend geklungen). Vormittags Besorgungen (eine neue Telefonverstärkerklingel, die alte meiner Mutter erwies sich als defekt); gewaschen, geputzt oder repariert (den großen Wandspiegel); genäht (einen Schlafanzug und einen Schlafsack zusätzlich); gezögert bei der Erledigung von Dingen, die mit rückzuforderndem Geld zu tun hatten (Krankenversicherung, Heizungskosten); Euro 1000.- für Mbe überwiesen; mich über den Zahnarzt nur mäßig geärgert und den Schilddrüsenknoten, bei der Sonographie festgestellt, und die Operationsempfehlung erst mal weggesteckt (die Analyse traf auf eine Unter- statt Überfunktion; das scheint sich so abzuwechseln; einen geschwollenen Lymphknoten links hab ich auch bald wieder vergessen). Mit der Tante jeden Tag telefoniert und mir jeden zweiten Tag ein bescheidenes Mittagessen bei ihr abgeholt. Im Zug, am Bett meiner Mutter und abends Französisches gelesen im Blick auf Lutendele (Balzac, *Femme de trente ans*; *Le Colonel Chabert*); der Sommer lag draußen herum und war eigentlich nicht da. Die Politik und sonstiges, was in der Welt vorging, auch nicht. Ohne Zeitung, Fernsehen, Radio angewiesen auf das, was mir die Tante gelegentlich erzählte, vor allem von den Überschwemmungen entlang der Elbe. Ich kam morgens kaum aus dem Bett – ich hatte nichts Wichtiges vor, als bei meiner Mutter zu sein und den Tag zu verbringen. Am 17. 7. kam das zweite Fax

und am 25. 7. das dritte mit der Nachricht von Deinem Stimm-
verlust. Es kam über Hamburg. Am Samstag 27. 7. kam Frau S.
und war bis Montagmittag da. In der 4. Woche, als ich über das
Dekanat Nachricht erwartete, wurde deutlich, daß der Regelmä-
ßigkeit von Fax und E-mails etwas im Wege stand. Gleichzeitig
fingen die Kopfschmerzen bei meiner Mutter wieder an und
wurden zunächst mit Paracetamol behandelt. Sie aß auch nicht
mehr. (Das wurde dann durch neuerliche Kortisontherapie beho-
ben.) Ich wartete, zunächst nur leise beunruhigt, und schrieb am
Freitag, 2. 8. zwei Faxe französisch über Basel und das Dekanat.
Am Sonntagmorgen, 4. August –

[Tagebuch] 7.30. – Jetzt kommen doch die Gespenster wieder, die Katastro-
phenphantasien, und ich suche nach einer Ablenkung. Die Nachricht kann irgendwo hängengeblieben sein; er kann aber auch daran gehindert worden sein,
eine zu schicken. Ein ev. Gemeindegottesdienst hat keinen Trost in solchen
Situationen. Es müßten Kapellen in den Kirchen sein, in die man sich zurückziehen könnte, um zu beten; wenn da schon kein souveräner Seelsorger ist. Der
Mensch kann doch dem Menschen nicht helfen. Womit lenke ich mich ab?

Bald danach rief die Tante an: es sei ein Fax da. Es rief eine der
seelischen Konvulsionen hervor, bei welchen der Dämon der
Angst grimassierend und Schleim absondernd ausfährt, ehe der
Mensch wieder normal und gerade werden kann – auf diese Wei-
se würgen sich vor dem Aufatmen  alle, auch die unbewußten,
Ängste hervor.  Das Tagebuch wird zum Bet-Ersatz.

[Tagebuch] Der Mensch möchte seine Dankbarkeit behalten und erhalten. Aber
es gibt keine Möglichkeit, sie religiös zum Ausdruck zu bringen. Es verklumpt
alles zu Moral und guten Vorsätzen. Etwas Nutzloses möchte man tun, wie man
früher eine Wallfahrt machte; das Leben sollte nicht einfach so weiter laufen.

Ich bin langsam den Weg zur Tante gelaufen und habe unterwegs Blümchen gepflückt. Das war mehr als ein Sonntagsgottes-
dienst. Das war der *message* vom 31. 7. über Hamburg: Allo Che-
nouppe. Tout va bien. – Am Montag war meine Mutter ungewöhnlich lebhaft – gesprächig und erinnerungsfähig. Abends rief

Deine Schwester D. an, Du habest angerufen von Kinshasa aus: seit zwei Wochen keine Nachricht von mir erhalten. Am Dienstag dann, dem 6. August, als ich grad zum Zug und zu meiner Mutter wollte, warst Du am Telefon mit Anweisungen, was mitzubringen und wie bei der Ankunft in Ndjili zu verfahren sei – damit saß ich dann ganz umnebelt auf dem Bahnhof und wußte gewisser, daß es Dich noch gibt. Meine Mutter war wieder sehr lebhaft. Es war ein guter Tag. Abends hatte ich noch die Kraft, den M. S. (kurz vor der Operation) und die S. M. zu beseelsorgen.

*

Es ist eine Woche später und der September schon fast vorbei. Vor dem Fenster blüht unermüdlich und seit vier Jahren die Bougainvillea; der Himmel blaut wie ein deutscher Septemberhimmel, und die Jacarandabäume blühen zum letzten Mal, hellila wie der halbwilde Flieder in Berlin. Nach ‚Abu Telfan‘ bis Mitternacht und einem Morgentraum, der das Bewußtwerden fortschreitender Gedächtnisschwäche thematisiert hat – ich wollte öffentlich das Sète-Gedicht von (Name vergessen) *Ce toit tranquil où marchent des colombes* auswendig aufsagen, das ich tatsächlich nie auswendig gelernt habe, kriegte es nicht hin und plagte mich ab – nun wieder zurück nach Lutendele, das schon am Wegschwimmen ist und doch festgehalten werden muß.

Ich muß noch einmal zurück in meine Dachwohnung, die ich mir so puppenstubenhaft hübsch und ordentlich eingerichtet habe; wo die Morgensonne hellgrün, groß und quadratisch durch die Vorhänge scheint und ein nahes spitzgiebeliges Stück von einem Gewitterhimmel zu sehen ist. Der Wandspiegel, die Bilder, Bücher, Sofakissen, handgeknüpften Brücken meiner Mutter, Bad und Küche – alles vorhanden und alles so schön aufgeräumt; und über dem Dachfenster des Schlafkämmerleins und den Dächern der dicht an dicht gebauten Häuser ringsum drei Viertel des großen Bogens von jedem Mondlauf. Aber die ‚Hundehütte‘ im

Giebel war leer, und das Telefon reichte auch nicht bis zu Dir. Sieben Wochen lang war die Wohnung angefüllt mit einem Gefühl der Unbehaustheit. Die Morgen- und Abendstunden hab ich so rumgehangen und mit vorhandener Zeit nichts besseres anzufangen gewußt, als ausgefallene Haare von den Teppichen zu klauben, Wäsche aufzuhängen und zu bügeln, abzuwaschen, an der Nähmaschine zu sitzen, ein bißchen rumzuschmökern und Tagebuch zu schreiben. In dem alten Schrank, den meine Mutter dem Enkel geschenkt hatte und der im Spätjahr 88 dann an mich kam und jetzt die Schlafkammer beengt, sind alle meine unfertigen Manuskripte gestapelt; die Tagebücher, Gemälde, Fotos, und alle unsere Briefe. Auf dem Bettregal lag sieben Wochen lang, in die letzte Handarbeit meiner Mutter gewickelt, unberührt das unfertige Manuskript der ‚Komödie' – unfertig, weil es nach Deiner Meinung noch eines Epilogs bedarf. Den konnte ich nicht schreiben. Ich habe mich nie mit meiner Literatur befassen können, wenn Du irgendwo auf Reisen warst und ich Deiner nicht habhaft war, wenigstens am Telefon. Also nichts von dem, womit ich die letzten Lebensjahre, so weit sie bei Verstande bleiben, auszufüllen gedenke und hoffe.

[Ein Stück in Kleindruck. Es wird schwierig.] Was mir immer wieder und wie Nebelschwaden durch den Kopf ging, wenn ich mich in der Wohnung umsah, war der Gedanke an ein letztes ‚Aufräumen'. Der Gedanke an das unfertige, vorläufige Testament, das 1998 zu machen für mich ein mühsamer Sieg der Vernunft über eine offenbar natürliche Abneigung gegen die Vorwegverwaltung des eigenen Todes war. Wenn Kinder da wären, die sich von Natur und Rechts wegen um dergleichen zu kümmern hätten, wäre es auch nicht einfacher; denn *ich* will entscheiden, was mit meinem Nachlaß geschehen soll.

Zum anderen ist es im nachhinein, wo wir wieder alltäglich, mit dem üblichen Gemisch aus Wohlwollen und Verstimmung, aber doch auch mit einer verwunderten Dankbarkeit, beisammen sind, kaum möglich, das Gefühl nachzuvollziehen, noch weniger, es zu beschreiben, das aufkommt bei dem Gedanken, daß es mir hätte gehen können wie der Frau B. und Du plötzlich nicht mehr da gewesen wärst. Es war nicht das erstemal; ich habe oft genug Angst um Dich gehabt; aber es kommt immer natürlicher und unausweichlicher auf uns zu, daß einer von uns vor dem anderen sterben muß und der andere den Rest des

Lebens alleine zurechtkommen muß. Was hilft der Glaube an die Liebe Gottes, wenn sie in keines Menschen Zuwendung mehr erfahrbar wird? Es wären Kinder kein Trost für mich und kein Ersatz. Das ist wohl der Preis, der für eine so ausschließliche Beziehung zu zahlen ist. Wie man sich, oder, überwiegend ich Dich, trotzdem immer wieder und ein Eheleben lang so ,anbiestern' kann, verstehe ich auch nur halb (von den äußeren Anlässen her, die mich ärgern). Daß mir zweimal (und jedesmal in Krisensituationen, nicht aus Langeweile) anderes über den Weg gelaufen ist, versuche ich, auch und in erster Linie für Dich, literarisch zu begreifen. Was soll bleiben? Daß das gelebte Leben wichtiger ist als das zu Literatur gemachte, glaube ich letztlich auch. Was läßt sich sonst noch glauben, so daß man damit auf den Tod zu leben kann?

Der Anruf am Dienstag, 6. August, von Kinshasa aus, hat die beiden letzten Wochen entspannt. Zum Schreiben bin ich trotzdem nicht gekommen. Ich habe die Zeit weiter mit Alltäglichem vertan. Den M. S. hab ich zusammen mit einer seiner Bekannten (Witwe, 75, Sozialfürsorgerin) nach der Operation im Diak Schwäbisch Hall besucht und war danach bei ihr, Häuschen mit Garten, zum Tee (mit Chantré und Pflaumenkuchen; der Papagei kreischte, der blinde Dackel kläffte, mein Oleander war läusefrei); ich konnte wieder Impressionen notieren, weil ich Dich in Sicherheit glauben durfte und der 19. August näher kam. Planen; Koffer und Handgepäck packen, Malariaprophylaxe; Postnachsendeantrag, Telefonieren nach Deinem Reisepaß, Ankunft nach Makumira schon längst gefaxt, als sei sie so sicher wie nur irgend etwas. Und jeden Nachmittag zu meiner Mutter, und ihr immer wieder etwas aus dem großen Vorrat ihrer Handarbeiten mitgebracht: ,Sieh mal, so schöne Sachen hast Du gemacht'. Und den weißen Maiglöckchenpullover angezogen, an dem sie sich jedesmal freute, ,Soll ich dir noch so einen stricken?' Meine Mutter sah bisweilen, wenn sie zufrieden lächelnd ruhte, wie aus Porzellan modelliert aus, zartrosé entrunzelt; das weiße Haar seidig glänzend, eine Ästhetik des hohen Alters, für Augenblicke wenigstens. Weil sie sich nicht mehr erinnert, macht sie mir keine Vorwürfe mehr. Ich saß schmerzlos auslaufende Lebenszeit ab, ruhig und dankbar, mit aller ausgestandenen Angst und Sorge um sie hinter mir. Um Bruder und Schwägerin mich zu kümmern, hatte ich nicht die Kraft. Deinen Bruder wegen meinem Gepäck zu belästigen, oder gar seine Frau mit einer Übernachtung, kam nicht in Frage. Deine entsprechenden Vorschläge erschienen mir wunderlich unrealistisch. Nachts kurz vor 4 Uhr kam mir der richtige Gedanke. Ich verteilte die 20 Kilo Gepäck auf Koffer und eine Tasche und brachte sie Freitag nachmittag mit der Bahn nach Echterdingen. Mit dem Schließfachcomputer kam ich mit fremder Hilfe zurecht; die hohen Gebühren für dreitägige Aufbewahrung fand ich viel erträglicher als den Gedanken, Verwandte zu verpflichten. Daß Deine Schwester und ihr Mann in Hamburg die Verbindung mit Kinshasa-Lutendele herstellten, war wichtiger. Donnerstag abend bei H.-G. auf dem Berg mit Enkelkind, neuem Kamin und ‚Aida' in Verona als Gesprächsstoff. R. R. rief noch an; ich war mit einem Kartengruß zuvorgekommen. Bei allem Unglück in seiner Familie sind immerhin Enkelkinder da.

Am Samstag sagte ich meiner Mutter, daß ich nun wieder ‚zu Heiner nach Afrika' fliegen würde. Sie verzog den Mund, als wollte sie weinen, und ich lenkte ab, ‚morgen komm ich wieder'. Also fuhr ich, gegen ursprüngliche Absicht, am Sonntagnachmittag noch einmal hin und begegnete auf diese Weise kurz dem Bruder und der Schwägerin. Mit letzterer hab ich ein paar freundliche Worte gewechselt, mit ersterem nur Finanzielles abgehakt (er will sich beim Sozialamt erkundigen, wer was zu zahlen hat, wenn der Rest der Ersparnisse zu Ende ist). Dann saß ich noch eine Weile am Bett und hatte nicht das Gefühl, als sähe ich meine Mutter zum letzten Male. Als ich mich verabschiedete, fragte sie: ‚Wo gehste hin?' und als ich zögerte: ‚Nach Berlin?', log ich ‚Ja' und holte zur Ablenkung eine Pflegerin. Die machte sich mit meiner Mutter zu schaffen, und während ich zur Tür hinaus ging, noch einmal, in jämmerlichem Ton: ‚Wo gehste denn hin?' Das ist mir dann nachgegangen. Viele Stunden Zeit absitzen am Bett sind nichts gegen den Augenblick des Weggehens. Warum bin ich nicht noch einmal zu ihr hingegangen, um sie zu umarmen und zu beruhigen? Ich ging die Stufen hinunter mit einem steinernen Gefühl der Notwendigkeit. Wie man wenn man etwas Lebendiges in sich abwürgen muß. Von meiner Wohnung aus rief ich die Pflegerin an. Die sagte, meine Mutter habe sehr geschwitzt (vor Schwäche vermutlich), als sie auf die Toilette geführt wurde, und sie habe gefragt: ,Wo ist meine Tochter?' Auf die Auskunft hin, ich sei wieder zu Dir gefahren, habe sie sich zufrieden gegeben. Ich glaubte es und stand eine Weile mit der Stirn an der Wohnungstür, innen.

Am Montag, 19. August, noch einmal Besorgungen in der Stadt samt dem Achselzucken der Behörden auf dem Rathaus wegen dem Reisepaß. Mittagessen bei der Tante, die an Brezeln gedacht hatte. Kurz nach 13 Uhr habe ich noch einmal Heizung, Fenster, Sicherungen, Geld und Papiere nachgeprüft, die Wohnung abgeschlossen und mich mit 12 kg Handgepäck langsam auf den Weg zum Bahnhof gemacht. Die sechs (richtig, nicht sieben) Wochen waren überstanden. Im Zug nach Stuttgart ein sommerlich feuchter Dampf wie in Duala. Im Flughafen Echterdingen noch einmal die Blödigkeit vor dem Schließfachcomputer, bis ich den Koffer raus hatte. Dann das Theater (die Röntgenbilder der Gepäckstücke bunt und wie von Paul Klee) wegen meinem Taschenmesserchen, das eine auf deutsche Gründlichkeit wohldressierte kleine Türkin aus meinem Handgepäck buddelte, und bis ich kapierte, wo ich was damit zu machen hatte, um es zu retten. Dann saß ich wartend und las Zeitung, Hochwasserkatastrophen, und stellte zwischendurch fest, daß von Amsterdam bis Nairobi nicht KLM, sondern Kenyan Airways mich befördern sollte. Und das zu *dem* Preis. Dann habe ich angefangen, Tagebuch zu schreiben, um über die Zeit und den Abschied von meiner Mutter hinwegzukommen. Schrieb wie üblich, auch und vor allem während des Fluges. Das schreibe ich Dir mit wenigen, Sprachtabus berücksichtigenden ,Verbesserungen' ab.

**Echterdingen.** – Bloß ankommen. Ein merkwürdig graukariertes Gefühl. Die Beine tun mir jetzt schon weh. Keine Aufregung oder Spannung. Nur das Draufzuwarten und kein Bedürfnis, etwas Zusammenhängendes zu denken oder zu lesen. – 18.35 Fensterplatz. Flug zwischen zwei Wolkenschichten. **Amsterdam** Schiphol. 20.15. Hier ist es wieder bunt gemischt, und an den Kontrollstellen sitzen – Sprachtabus. Da steht der rot-grün-gelb gestreifte kenyanische Vogel schon, eine große Boeing. Eine Gefühlslage – als sei meiner Mutter Apathie und Resignation, oder auch Zufriedenheit, auf mich abgefärbt. Ich gehe, stehe und sitze herum, fatalistisch, fast geistesabwesend, und es läuft alles mechanisch ab. – 20.30. Wieder am Fenster, genau überm Tragflügel; und die jungen Kerle, Weiße, wohl Touristen, stehen herum und lauern auf die leeren Mittelplätze, um sich lang ausstrecken zu können. *Funga mkanda unopoketi.* Afrikaner als Flugkapitäne, alles *paideia*, von der Steinzeit in die Postmoderne, von Weiß abgefärbt auf Schwarz; hübsche Afrikanerinnen als Stewardessen, dazwischen eine blonde Weiße. Durcheinander Englisch, Holländisch, Kiswahili und Französisch. – Ich fliege durch die Nacht, weil ich zu H will. Woran soll ich denken, da ich nicht schlafen kann? An meine Mutter? An H in Lutendele? – 23.20. Da ist nun doch was zu sehen, schräg nach hinten: die Westecke des nächtlich erleuchteten Sizilien; so dicht besiedelt, der Lichterspreu und den Anhäufungen nach zu schließen, wie ich es mir nicht vorgestellt hätte. Hier lagen sich einst die Griechen und die Karthager in den Haaren, ehe die Römer kamen und den Archimedes erschlugen. – Dienstag, 20. August, 3.20, irgendwo zwischen Nil und Abessinien. Im Osten steht der Orion und dazwischen das mickrig diffuse Kreuz des Südens. Von 12 bis 3 Uhr mich krumm gedöst, mit Augenklappe vom Erster-Klasse-Flug April 01, und von Zeit zu Zeit die Beine, in die Decke gewickelt, an der Bordwand hochgestreckt. – 4.10. Der Vogel scheint schneller zu fliegen als der Flugplan. Es geht schon auf Landung zu. **Nairobi,** 6.10 local time, das langsame Niederschweben, die Stadt in der Ferne, Wolkenkratzer im Dunst. Die Müdigkeit. Da hob grad eine riesige ,Swiss' ab mit weißem Kreuz am Heck; ich dachte, die gibt's nicht mehr? Ein bißchen verlottert, wie sich's gehört. Nicht einschlafen. – 8.20. Der mittelgroße Vogel **nach Kinshasa** ist höchstens zu einem Drittel belegt; man kann sich den Platz aussuchen. Bis auf 3 Männer und zwei Frauen, weiß, alles schwarz. 9.00 Uhr Schon wieder in der Luft, Bläue, Sonne. Eine solch riesige Wasserfläche kann nur der Victoriasee sein. Der schwarze steward scheint sich aber in Geographie nicht auszukennen. Oder ist's, weil ich den richtigen Namen nicht nannte - Lake Mwanza? Das zerfranste Ostufer, und wieder hab ich die Karte nicht greifbar. Längsgeripptes Gebirge. 1990 sah ich den Ruwenzori. So viele gewundene und verschnörkelte Seen dazwischen, namenlos. Jetzt Wolkenfelder. Werd ich heut abend mit H am Kongo sitzen? Ist er unterwegs zum Flughafen?

So hab ich die Flugstunden zugebracht mit Landschaft begucken, Parfümflaschen auf Glanzpapier vergleichen und Tagebuch kritzeln. Das Wissen, sich 12 km über der Erdoberfläche zu befinden, vom Funktionieren der Technik und menschlichem Reaktionsvermögen abzuhängen, versetzt das Dasein jedesmal von neuem in einen Zustand nervös angespannter Verwunderung, die zwischendurch in dumpfes Dahindösen umschlägt. Wenn man die Füße wieder auf festem Erdboden hat, macht man erst einmal gerne jeden Zirkus mit, und indem ich Deinen telefonischen Anweisungen, das Gepäck betreffend, folgte, ist auch alles, trotz Hörgerät und Französisch, richtig gelaufen. Dann warst Du da inmitten der übrigen Wartenden und ich war auch da, und alles übrige (die Fahrt nach Kinshasa, das Geldwechseln, die Tante anrufen, die Fahrt nach Lutendele) war ein langes langsames dankbares Entspannen.

**Lutendele**, zehn Tage. – Was in Erinnerung bleiben wird: ein friedlicherer Campus und noch einmal der große Fluß und die schwarzen Felsbrocken, der seidig feine Sand dazwischen und die Seelenruhe, gegen Abend einfach dazusitzen, mit Dir, und dem Strömen und Strudeln des Wassers zuzusehen aus sicherer Entfernung. Zeit hinzubringen, mit Dir, ohne größere Verpflichtungen; willkommen zu sein, ernährt zu werden, nicht krank geworden zu sein. Und am Ende ohne Schwierigkeiten das Land wieder verlassen zu können – alles war angenehmer und einfacher als vor fünfzehn Jahren. Als sei die zuvor ausgestandene Angst eine notwendige Folie dafür gewesen. Es lebte sich so friedlich und fast normal, daß es mir im nachhinein Mühe machte, in Briefen etwas Exotisches für Leute zu finden, die dergleichen erwarten. Als da immerhin waren: ein Campus und ein Gästehaus so nahe am berühmten Kongofluß, der aus dem wilden, dunklen Herzen Afrikas rauscht. Ein Gästehaus, ausgeräumt von einem afrikanischen Gast, von einem europäischen notdürftig wieder ausgestattet – wer will's wem verdenken. Ein Gästehaus mit Rissen im Gemäuer, herrührend von den Sprengungen im nahen Steinbruch, die wie Erdbeben wirken. Wasser zum Waschen und Kochen statt aus der Leitung aus einer Quelle in einem Palmenhain, und die kleinen Mädchen, die das herbeischleppten. Natürlich stank es im Bad nach Urin mangels Spülwasser, und in der Küche guckte ich mich lieber nicht um. Daß am Ende die Tür aus den Angeln des völlig vereisten Kühlschrankes fiel, war wenigstens was. Das Essen war eßbar; die erste Mahlzeit, Reis mit Tomaten-Zwiebelsoße, schmeckte sogar besser als alles, was unterwegs von Kenyan Airways serviert worden war. Daß Haferflocken aufzutreiben waren, Pulvermilch und Honig zur Verfügung standen, grenzte an Luxus. Daß die Küchenfeen sich und ihre Kinder mitversorgten von Deinen/unseren Vorräten, blieb, denke ich, im Rahmen des Erträglichen, zumal das Wichtigste im Wohnzimmer verwahrt wurde. Wir wurden satt, und ich hätte nichts gegen ein paar Kilo weniger gehabt. Die Moskitos hielten sich auch zurück; es war ja noch Trockenzeit. Sie hätten durch das Loch in der Decke des Schlafzimmers ungehindert eindringen können. Das mir zugedachte Bett stand mit dem Kopfende unter diesem Loch und der Tür gegenüber; das ließ sich sogleich ändern und der Schrank verschieben. Auf dem Bett ohne Moskitonetz hab ich viele Stunden auch tagsüber gelegen und Bhagavad Gita auf französisch gelesen. Das war exotisch. Mehr wäre nicht zu erzählen, Außergewöhnliches betreffend.

Die Leute, die Gastgeber, die Kimbanguisten als Menschen und Christen: das sind nicht meine, es sind Deine Jagdgründe, und Du bist mit reicher Beute weitergeflogen. Was zu mir kam, mich begrüßte, mit mir redete und von mir etwas erwartete, das war anstrengend – so mit einem schlechten Hörgerät schlecht zu hören und mit schlechtem Französisch schlecht sich auszudrücken. – Die Pambi, jetzt Krankenhauspfarrerin, 1987 ein rettender Haushaltsengel von matriarchaler Fürsorglichkeit und wohlverstandenem Eigeninteresse, sie hat für Dich eingekauft, was im Hause nicht mehr vorhanden war, holte sich am Ende, was zu holen war und bekam, was sie erwarten durfte. Sie brachte mich in moralische Bedrängnis bei ihrem Abschiedsbesuch, als ich ihr zwar den dünnen grünen Stoff gern überteuert abkaufte, ihr aber nicht den Rest meiner Pulvermilch gönnte, den sie sich löffelweise in den Tee häufte – ‚Laissez un peu pour moi.' – Der M., dessen kompetenter Krankenpflege ich möglicherweise 1987 mein Überleben zu verdanken hatte: Nun ist er selber krank und hat, wie Du meinst, angemessene finanzielle Hilfe bekommen. Ihm am ehesten fühle ich mich noch verpflichtet. – Der Dritte von damals, Pastor N., daß der auch noch da war, hat mich am peinlichsten berührt. Die Mühe, die ich mir mit dem Unbegabten  gegeben habe, damals. Nun ein unangenehmes Gefühl des Mitleids mit dem akademisch Gescheiterten, der wieder Hoffnung schöpfte und den Messingfisch anbrachte, als Dank- und Bittgeschenk, an dem Abend, als ich ihm die Illusion nahm. Mitgeschleppt hab ich das, weil es schnöde gewesen wäre, das bißchen, das ein armer Mensch zu geben hat, zu mißachten.

Das waren die wenigen Leute, mit denen ich zu tun hatte. Wo ich konnte, bin ich ausgewichen und habe mich hinter Dir versteckt. Den ‚chant du 6 avril' hätte ich gern noch einmal so schön und leidensselig gehört, wie er mir 1987/88 die Seele berührt hat – verinnerlicht langsam und  trauervoll wie eine alte Volksweise. So, wie sie ihn nun gesungen haben, zu schnell und zu lebhaft, erkannte ich ihn nicht wieder. Ich hatte mich auch halber auf eine Meditation zu Lukas 12:49 vorbereitet und hätte mich dazu aufgerafft, wenn es hätte sein müssen. Aber es mußte nicht sein. Ich war Dir nachgeflogen als *épouse*, das hat die Mme Nk. ganz richtig erspürt, auch wenn sie es dann rhetorisch zu hoch geschraubt hat. Die zehn Tage sind so friedlich verlaufen; die Seele war zu Hause bei Dir; und das Gepäck ist auch nicht verloren gegangen. Alles Notwendigen fürs Bett, für die Hygiene, für Wanderungen und Repräsentation: war alles in dem bißchen Koffer und Tasche: ein Schlafsack aus Baumwolle statt dem synthetischen Bettzeug, das Du Dir anschaffen mußtest, die zu eng gewordenen Hosen des Reiseanzugs von 1987, noch einmal hergerichtet für das Wandern durch  staubige Felder und Klettern über Felsenufer. Die uralten Abenteuersandalen, die auf allen Graslandreisen und in Mbe mit dabei waren, zusammen mit dem dunkelbraunen Fledermausgewand aus Duala 75, von allem Anziehsach, das Du mir je geschenkt hast, das Praktischste und Eleganteste; etwas, das ebensogut als Bademantel wie als Festgewand getragen werden kann. Das Foto vom frühen Mittwochmorgen, als die Frauen kamen, mir Willkommen zu singen und ich, aus dem Bett geholt, mir das Stück besticken Stoff über  den  Schlafanzug warf, zeigt es sehr schön, zusammen mit Dir und dem Fluß im Hintergrunde. Ein alter grauer Baumwollkittel von Basel 73 kam auch noch einmal zu Ehren. Wie man sich mit zwei Waschlappen und fünf statt fünfzig Litern Wasser von oben bis unten den Staub und Schweiß einer langen Wanderung abwaschen kann, hatte ich schon in Mbe gelernt. Es war schön, die Tage mit Alltäglichkeiten zu verbringen und nachts gut zu schlafen. Die Tage gingen so unaufgeregt vorüber, wie ich es nie erhofft hätte. Für Dich waren die Kollegen und Studenten wichtig. Ich war zufrieden mit dem sanften Wandeln eines jeden Tags und hatte diesmal nichts dagegen, nichts als eheliches Anhängsel zu sein.

Heut ist Donnerstag, der 3. Oktober. Die deutsche Einheit steht im Küchenkalender; die Jacarandabäume blühen für uns zum letzten Mal, die Termiten fressen mir immer mehr Pappkartondecke über dem Kopf weg. Den ‚Abu Telfan' hab ich gelesen und fast so spannend gefunden wie den Ramsesroman von Jacq; man ist müde und weiß, warum. Über Lutendele 2002 wären nur noch ein paar Tagebuchnotizen zusammenzutragen und der Rückflug mit Übernachtung in Nairobi anzuhängen, dann kann ich Dir dieses Memorandum überreichen.

Wenn der Tagebuchanhang abgehängt würde, wäre hier eine Schlußbetrachtung angebracht. Es ist alles gut gegangen mit diesem Deinem ‚letzten afrikanisch Abenteuer', und ich wundere mich. (Außer über die Malaria, die Mitte September nachkam.) War meine diffuse Angst töricht oder umsonst oder notwendig? Kann mir das nur der liebe Gott sagen? Wir haben weiterhin wenig mit einander zu reden, und das nicht nur wegen der Mühsal meiner Schwerhörigkeit. Viele Themen sind unerquicklich, weil die Meinungen auseinander gehen. Anderes würde zu viel von kaum vorhandener Kraft verbrauchen und läßt sich leichter vor dem vergehenden Leben herschieben. Das vergehende Leben ist auch wichtiger als die Literatur, mit der ich nicht vorankomme. Das langsame Sterben meiner Mutter, das Hin- und Herfliegen, verbraucht viel Kraft; auf der anderen Seite tut das Unterrichten hier noch immer und meistens gut, und ich werde es möglicherweise vermissen, wenn's vorbei sein wird. Die Hauptsache am Dasein – das braucht nicht in den Computer. Also, lies das bei gelegener Zeit, am Kaffeestein, auf dem Jenseitsberg oder in der Steppe bei der Eisenbahn, und wenn Du nichts Besseres und Wichtigeres vorhast. Es muß nicht darüber geredet werden.

## Aus dem Tagebuch Lutendele 2002

**Mittwoch**, 21.8.02, morgens. Gut geschlafen, aber morbid geträumt. H holte mich aus dem Bett, ‚Zieh dir ein Kleidchen über und komm, die Frauen singen für dich' – man denkt, man kann sich verstecken und hat nicht mal Zeit, sich zu kämmen und muß sich so präsentieren, mit immerhin dem Dualagewand überm Schlafanzug. Zuhören, dem Singen und einer Rede vor dem Haus, Dankesworte improvisieren, ‚Mes soeurs, je suis enchantée', und sich fotografieren lassen zusammen mit dem Ehgemahl, Palmen über sich und dem Kongofluß im Hintergrunde. <Einen Traum notiert, von der Tante in Verbindung mit einem Euthanasietod der Mutter.> Der erste Nz.-Besuch und wie der Mensch 50 Euro aus uns herausquatschte; von Wissenschaft war erst mal keine

Rede, nur von seinen zehn Kindern. – Abends. Von dem Tage bleiben die ‚bolders' am Fluß, die schwarzen Felsbrocken, die man jetzt bei Niedrigwasser an den Ufern zwischen weißem Sand und mitten im Flußbett wie riesige Krokodilsrücken liegen sieht. Wir waren vormittags hingegangen und saßen da ungestört. Die Fischer, die jungen Kerle, die uns damals wegen H's unvorsichtigem Fotografieren drohend auf den Hals rückten, die winkten freundlich von ferne, apprivoisés par un étudiant kimbanguiste. Wir saßen auf einem Felsen und sahen dem strudelnden Wasser und den grünen Pflanzenteppichen zu, die stromaufwärt und im Kreise zogen. Gegen Abend gingen wir durch die staubigen Maniokfelder, mit vereinzelten Palmen und Baumgruppen, nach Osten, wo in 15 km Entfernung Kinshasa liegt. Der Fluß biegt hier nach Süden um, und in der großen Kurve hingebreitet ist eine sehens- und bekletternswerte Ansammlung von schwarzbraunem Kyklopengeröll, ein Freilichtmuseum von Henry-Moore-Walküren, rundlich abgeschliffen vom Hochwassergestrudel, über- und durcheinandergehäuft: ganz Urgermanien könnte sich hier mit Material für Hünengräber versorgen. Zum letztenmal haben mich Felsbrocken in der Form eines Gebirges beeindruckt: das war der Taygetos über der Ebene von Sparta. Hier am Kongo beeindrucken diese Steine vor allem deshalb, weil man sie, von den Fischern abgesehen, ganz für sich alleine hat. Es stören keine Touristen. Mich hielt erst hinter H zurück der fast pulverfeine weiße Sand: so etwas ist noch nie durch meine Hände gerieselt. Ein Rieseln, das in kleinen Mengen lieblich sich anfühlt, in großer Menge tückisch und tödlich wäre: man versinkt darin bei jedem Schritt. Dann ein Hüpfen, Springen und Balancieren von einem Steinbrocken zum anderen, weit hinaus, H nach bis ans Wasser. Da saßen wir, und die Sonne ging sang- und klanglos unter in einem graurosa Trockenzeitdunst. Zurück wieder ein munteres Klettern und Springen, so daß ich mich wunderte über die plötzliche Leichtigkeit. Es hemmte keine Furcht mehr...

**Donnerstag**, 22.8.02 morgens. Aufgestanden um halb sechs, das Gewand über die pantalons, in welchen man Frauen hier nicht sehen will, und zur prière du matin, brav auf der Seite der Frauen, neben der Mme Dr. Nk. Es dauerte, bis ich den cantique du 6 avril erkannte, den sie am Ende sangen: viel zu schnell. Dann schlief ich weiter, und H ging zum Fluß und brachte eine hellila Wasserlilie mit. – Später, am Fluß in der Nähe, auf einer Felsenplatte, nicht so wildromantisch wie gestern das

Kyklopenmuseum, habe ich dann gezeichnet: den Fluß, das jenseitige Ufer und im Vordergrunde von hinten den, um dessentwillen ich gekommen bin und der da, über ein Buch gebeugt, vor mir saß. – Um die Mittagszeit wieder Besucher, und ich wurde fast ungeduldig, wollte in Ruhe gelassen sein. Da keine Küchenfee erschien, hockte ich mich hungrig vor die Elektroplatte auf den Küchenboden, warf eine rohe Kartoffel und eine Zwiebel in heißes Fett, aß das mit Weißbrot und war satt. Disput mit H gab es über ein Stück total vereistes Fleisch, von dem er meinte, es sei Fisch, während es mir wie Stachelschwein vorkam. Schlafen. – Abends. Kurz vor 4 war die eine Einkaufsfee mit teuren Quaker Oats da; das wird dem Innenleben gut tun. Dann gingen wir zum ‚Restaurant'-Heiligtum am Fluß, wo der Prophet erschienen sein soll und man die Schuhe ausziehen muß. Wir gingen außen herum um Bäume und ein Ruinenmal für einen gestorbenen Baum, unter dem der Prophet gebetet haben soll. H weiß fast alles. Wieder der Sand wie Samt und Seide, durch den es sich mühsam watet, und bis ans Wasser, das da leise steigt und sinkt am flachen Ufer. H sagt, er habe schon genug von hier, fühle sich in Makumira wohler. – Später war der Nz. da, brachte Honig und Süßkartoffeln und bekam seine hundert Mark. Man saß in den Sesseln, ich hätte lieber Odol gerochen, rutschte in mich hinein und überließ H die Sache. Vor dem Hause kreischten Kinder.

**Freitag**, 23.8.02 morgens. Geträumt, transponiert, von dem widerlichen Nz., der doch wohl nichts dafür kann. Ich dachte, den sei ich los, und da wirft er mir wieder sein Gefasel über 'et prophétique hin. Höflichkeit trotz Widerwillen, weil ich weiß, der bedauernswerte Mensch kann nichts dafür. Gut geschlafen und einen Teller Quaker Oats gegessen – das britische Imperium überlebt am längsten im Export von diesem edlen Haferprodukt. Der Fluß ist das einzige Faszinosum hier, auch ohne barocke Sonnenuntergänge. – Gegen Mittag. Zurück von Lutendele village. Da waren wir 1987/88 auch. Ein Z.-Ki.-Sohn, ein hübscher Bursche, führte uns (ob er ein Motorrad oder eine Hühnerfarm dafür bekommt, überlaß ich H. Die Leute hier haben Handy und Fernsehen und sind „arm"). Durch Maniokfelder, wo damals brousse war, und Ölpalmenhaine, in sanften Bodenwellen auf und ab. Der Fluß offenbarte sich auf der Anhöhe kurz vor ‚Lutendele Mission'; da fotografierte ich. Auf dem Rückweg kaufte ich billig Gürklein (krumm und voller Maden). – Abends. Überreste eines Hühnleins, zum dritten Male in heißes

Öl geworfen: hart, zäh, ungenießbar. H ging allein zum Fluß, ich verschlief den Nachmittag. Dann las ich Bhagavad Gita und guckte zwischendurch den Schrank und das Loch in der Decke an. Ich denke an fast nichts, weder nach rückwärts noch vorwärts. Allenfalls an die ungewisse Übernachtung in Nairobi.

**Samstag,** 24.8.02 nachmittags. Große Hitze. Vormittags geschlafen (H zum ‚Restaurant', fotografieren). Dann war die Pambi da. Die Herzlichkeit der Begrüßung ist nur halb genießbar: sie kam wegen Geld, ich hatte Mühe mit dem Parlieren, H kam rechtzeitig zurück. Nach dem Mittagessen wieder bleierner Schlaf und die Hitze. – Abends. Zurück von den Moore-Steinen durch die aschestäubenden Felder. Ich machte versteckt Aufnahmen von den schwarz versteinten Walen und Elefanten. H saß hoch auf einem der Monumente über dem Wasser; ich setzte mich dazu. So sitzt man sich durch die Zeit hindurch. Haare gewaschen; das Wasser wird mit einem Tauchsieder in einem Eimer erwärmt. Dieses primitive Leben und das nach Urin riechende Bad ist eine Woche lang auszuhalten. Ich denke auch an meine Mutter zwischendurch. Aber in der Hauptsache bin ich froh, daß ich bin, wo H ist.

**Sonntag,** 25.8.02 – Mittags nach dem Gottesdienst. Es ist ein schöner Platz unter den schattigen Bäumen, mit falbem, wohlgefegtem Sand. Es wurde keine Rede von mir erwartet, nur braves Dasitzen bis zu einem schicklichen Aufbruch. Der heilige Lärm dauerte an, Trommeln und schrille Querpfeifen. Es sei mir die ‚große Liebe' bescheinigt worden, die mich H ‚nachtrotteln' ließ, kolportierte H. Ich saß, memorierte die Mini-Rede, die nicht verlangt wurde, und sah den Wespen und Schmetterlingen zu, dankbar vorhanden neben H. – Abends. Zurück vom Fluß, ungefähr an der Stelle, wo wir vor fünfzehn Jahren am häufigsten gesessen haben. Ein Felsennest mit Bäumen drüber. Die Fischer sind nur zu erkennen, wenn sie sich bewegen oder weiße Shorts anhaben: so dunkel ist der Fels. H mit einem Buch, ich gedankenarm besinnlich, mit H's Dasein als Daseinsgrund. Es entsteht kein Gedicht mehr, das Idyll festzuhalten. Es rauschen keine großen Gefühle mehr; es fließt ein dünnes Gedankenrinnsal durch mich hindurch... – Abends. Daß ich dem Nz. sein 'et-Gemunkel noch mal lesen soll, gefällt mir gar nicht. Ich bin dazu bereit, weil der Mensch mir leid tut in seiner Beschränktheit. Ich möchte mit H zurück in Makumira sein.

**Montag,** 26.8.02 morgens. H fängt an, Koffer zu packen. Ich will die Bhagavad Gita zu Ende lesen, das Zwiegespräch zwischen den Heeren und den Herren. Liebe den Gott und tue deine Standespflicht, ohne Skrupel wegen Verwandtenmord. Was da Großartiges dran sein soll, kapier ich nicht. – Mittags. H fängt wieder mit Nierenbeschwerden an. Es ist noch nicht überstanden. – Abends. Der Nachmittagsschlaf verklebt mich. H nimmt Spasmolytikum, trinkt viel und ist allein spazieren gegangen. Derweilen kam der Papa M. und will morgen wiederkommen. (Meine pathetische Exklamation, als ich ihn nach einer Weile mühsamer Konversation erst erkannte, ‚Vous m'avez sauvé la vie!' hab ich nicht notiert. Es war mir alsbald peinlich.) Weiter abwechselnd Bhagavad Gita und Ausbesserung der abgeschabten Stickerei des Dualagewandes, um die Zeit auszufüllen.

**Dienstag,** 27.8.02 morgens 6 Uhr auf der strohüberdachten Veranda. Als ich fertig war, zur Andacht zu gehen (nur wegen einer vergessenen Tonfolge, die ich mir einprägen wollte), war H schon weg. Also muß ich im Hause bleiben, weil ich keinen Schlüssel habe. Es wurde laut, gestern abend im Eßzimmer nebenan, wo der Prof. Ow. saß, und ich dachte: in welches Fettnäpfchen ist H da nun wieder getappt. Wir sind noch nicht weg von hier. Es kann noch allerhand passieren und dem Namen ‚Kongo' die Schreckensfarbe wiedergeben, die er 87/88 angenommen hat. H laboriert weiter an einem Nierensteinchen. Zeit absitzen und Geld verteilen. Geduld. Vor einer Woche saß ich in Nairobi. Die Detonationen im nahen Steinbruch hätten die Sprünge im Gemäuer des Gästehauses verursacht, sagte H neulich, als es plötzlich so krachte. Mit Hörgerät hör ich den Fluß rauschen unter dem Steilabfall, an dem man einen guten Steinwurf vom Hause entfernt steht. Hinter dem Gebüsch am Ende des Gartens sieht man einen Streifen Wasser, die Sicht auf das jenseitige Fels- und Sandufer ist frei. Das kann ich hier ins Tagebuch zeichnen. Eine Woche bin ich jetzt schon hier, ganz abgeschnitten von Mutter und Tante, und es ist noch kein Gespräch mit H zustande gekommen. Es genügt, daß er da ist und ich da bin. Der Busch, von dem H eine feuerrote Puderquastenblüte mir zur Begrüßung gepflückt hatte, steht hier im Garten, wo auch reihenweise Palmen stehen und die Hälfte der strohgedeckten Runddächer über den Freisitzen platt am Boden liegen. Vielleicht hat man die Holzstützen als Feuerholz gebraucht. Das Bad stinkt, aber es ist ein Bad. Im Häuptlingspalast in Mueba, im hinteren

Bakossi, haben wir 1995 in größerem hygienischen Elend die Tage zugebracht. – Gegen Mittag. H plagt das Nierensteinchen, und wir sind spazierengegangen durch die lilagraustaubigen, baumlosen Cassava /Maniokfelder und den klebrigen Trockenzeitdunst. Überall verlassene Termitenbauten, mannshoch, Insektenarchitektur, Speichel, der Sand zu Beton macht. Ich schleppte mich H nach, am ‚Restaurant' vorbei in Richtung auf den kleinen Fluß, dessen Mündung man von ‚Lutendele mission' aus sieht. Der Anblick des halbleeren Kongobettes nützt sich auch ab. Im Palmenschatten saßen wir am Wegesrand auf Stroh und zwischen Ameisen. H las Kä Mana, ich Gita auf französisch und geistesabwesend. Die staubigen Felder und der Schweiß im Hemd waren näher. Hier sitze ich wieder im Haus, wo es Wasser gibt, und die Gedanken strudeln wie der Fluß da unten, kreiseln, schäumen auf und verlaufen sich wieder ins Amorphe, benetzen kaum das Papier. Der graue Kittel erinnert an den Vogesenausflug 73. Die Abschiede von meiner Mutter ziehen vorüber, die vielen seit 98. Die Seelensubstanz, die da verbraucht wurde. Hier bin ich bei H und denke, ich bin, wo ich hingehöre. Die Inder haben panentheistische Seinsmystik gemacht, wo die Griechen Wissenschaft machten. Sie hatten kein Abstraktionsvermögen. Sie ersoffen in der Vielfalt des Vorhandenen. – Abends 21 Uhr. Ich habe ‚notes' für den Nz. geschrieben, ihm die Illusionen zu nehmen. H ging alleine zu den Moore-Steinen; ich war zu müde. Nachmittags wird das Schlafzimmer zum Backofen, die Sonne scheint herein. Mz. kam, brachte plantains, H hatte keine Zeit für ihn. Gegen Abend brannte auf dem Nachbargrundstück ein qualmendes Grasfeuer am Zaun entlang. Ich fing an Koffer zu packen.

**Mittwoch,** 28.8.02 morgens, Terrasse. Eine kühle Brise weht. Ich sehe den Sperlingen im Grase zu und schreibe es ins Tagebuch. Auch dieses Warten geht vorüber. Ist das alles einen Rundbrief wert? 1987/88 schrieb ich einen von Hand. Nur die Tante Leni hat ihn gelesen. Von der Tante Lenchen hab ich ein Taschentuch hier, lila und grün umhäkelt. Die Toten huschen manchmal vorüber. Zu meinesVaters hundertstem Geburtstag am 15. Januar hatte ich kurz vor der Abreise noch Geld für einen Kranz überwiesen. Die überstandenen Ängste und das ärgerliche Frittierfett. Kimbangu und Arjuna. Ein Neger, der zur Inkarnation des Heiligen Geistes wird und die indische Yogaphilosophie. Aus der Einsicht, daß die ‚Seele' in jedem Lebewesen die gleiche Lebenskraft ist, haben sie Seelenwanderung gemacht. Sie haben die Erkenntnis ‚Gleichheit' statt sie zur Idee zu entzeitlichen, in Bewegung gesetzt durch die Zeit und alle Lebewesen hindurch. Da etwas mit dem Tode verging, fragten sie: wohin? Ist Seelenwanderung Verneinung des Individualprinzips oder dessen Bekräftigung? Pythagoras: Schlage den Hund nicht, in ihm winselt mein verstorbener Freund. – H hat besser geschlafen, das Steinchen scheint abgegangen zu sein. – Abends. Zurück vom Fluß, von der alten Stelle 87/88. H beantwortete Interviewfragen schriftlich. Von mir will niemand was wissen. Das ist erholsam. Ich werde alt und verliere Profil. Ich sah dem Fließen des Flusses zu. Daß ich den Kongo noch einmal gesehen habe, mit der angstvollen Frage meiner Mutter im Hintergrunde: ‚Wo gehste denn hin?' Ist die Tochter aufgehoben bei ihrem Mann oder in der gleichen Gefahr? – Später. Das war noch einmal der Nz. mit Bananen und einem polierten Messingfisch, handgroß und zu schwer fürs Gepäck. Es war mühsam nach innen und außen. Die Kinder machten du vacarme, die mama doyen machte sich neugierig am Schrank zu schaffen, da holte ich die Sache ins Eßzimmer und machte die Tür zu. Verfiel ins Seelsorgen und hatte den Einfall, über die Enttäuschung hinwegzuhelfen mit dem Vorschlag, er solle seine Fündlein in einem Artikel zusammenzufassen. H saß dabei, half aus. Dann kam noch ein älterer Mensch, der wußte, daß das Hotel ‚Intercontinental' im Zentrum von Nairobi und 15 km vom Flughafen entfernt liegt. Neue Ängste – vor der Stadtmafia, die Touristen ausraubt.

**Donnerstag,** 29.8.02 morgens. Sie wollten auch bei dieser einstündigen Verabschiedungsandacht kein Sprüchlein von mir haben. H hielt eine seiner tiefsinnig-witzigen Reden, brachte die Leute zum Lachen und überreichte einen Packen Geld. – Später. Der Nachbar zur Linken macht wieder Feuer, und es kriecht im dürren Gras auf unsere Seite herüber. Ich sehe interessiert zu, was wohl passieren wird, wenn das zusammengesackte Strohdach erreicht ist. H findet das gefährlich, geht und holt Leute. Die kommen und schlagen das Feuer aus. Der Aschenregen fällt auf meine weiße Bluse. Die Kinder lärmen ums Haus. – Später. Den halben Vormittag auf dem Bett verdöst. H fotografierte einen Krokodilsschädel, der hier friedlich vor dem Hause lehnt. Mit dem Geld, das H hier verteilt (‚meine' 500 Euro, die ich mitgebracht habe) kaufen wir uns wieder los. Die Zeit schrumpft zur bloßen Gegenwart. – Gegen Mittag. H ist alleine zum Fluß gegangen. Kinder tragen Wasser auf dem

Kopf ins Haus. Die Tür des Kühlschranks fällt aus den Angeln. Nach der Strapaze mit Nz. gestern abend lag ich in meinen weißen Schlafsack gewickelt und fühlte das Alter, das willkommene, über mich kommen. Da bleibt die Barmherzigkeit, das Herz bezwingt das träge, abweisende Fleisch. – Gegen Abend. Das war nun noch einmal die Pambi, die gegen 13 Uhr kam und nicht wieder ging. Moralisch an zwei gehäuften Löffeln Pulvermilch zu scheitern, das geht mir nach. Die Ungeniertheit der Afrikaner bei Tisch. Es vergeht einem die Gastfreundlichkeit. Der Kampf gegen den Egoismus fängt vor einem Hasenbraten an. Ich bot ein Glas Wasser an, und die Gute blieb. Sie kam, um ‚abzustauben', es war aber nur eine weiße Plastikschüssel zu haben; alles andere hat H dem Gästehaus schriftlich vermacht. Wären wir in Makumira und ‚zu Hause'. – Abends. Noch einmal bei den Moore-Steinen, auf einem Umweg Richtung Steinbruch, wo es staubt und kracht und rechter Hand der Palmenhain ist, wo das Wasser geholt wird. H setzte sich auf den letzten Stein am Wasser. In solcher Nähe ist der Fluß unheimlich. Die strudelnden Wassermassen. – 21 Uhr. Das auch überstanden: eine Stunde Abschiedsingen der Studentenfrauen und eine Rede der Frau Dr. Nk. Wir bekamen Kimbanguistengewänder geschenkt, mußten sie anziehen und wurden fotografiert. Das Album für 40 Dollar. Die Fürbittengebete kann man brauchen. – Wir waren schon zu Bett, da kam die Küchenfee noch mal zurück und H sitzt im Schlafanzug im parlour und parliert mit ihr. Was will sie? Sie hat doch mehr als 200 DM gekriegt. Wir sollten jetzt schlafen dürfen.

**Freitag**, 30.8.02, halb sieben. Das Wertvollste wieder in den Bafutbeutel (der einem aus der Hand gerissen werden könnte samt allen Reliquien: Gewand und Sandalen). Noch einmal Haferflockenbrei und was die mama Lil. mitten in der Nacht von H wollte: ein Stipendium für 3 Jahre. Ich bin die, die nicht geben will. Die einmal arm war und nie gebettelt hat. H's verdreckte Serviette und Nz.'s Messingfisch: beides widerstrebend eingepackt. Hugenottenkreuz und Rügen-Bernstein: beinahe vergessen. – 9.15 **Ndjili.** Wenn's in Nairobi auch so chaotisch zugeht... Wir sind durch die enge Pforte hindurchgedrängelt worden; das Gepäck wurde uns von Etikettierten abgenommen, H's Koffer geöffnet, und wir wurden allerlei Handgeld oder Gebühren los. Der doyen Ng. war plötzlich nicht mehr da, die Küchenfeen winkten oben vom Balkon. Für ein Schmiergeld konnten wir den doyen durch ein Gitter noch einmal sehn; ich sagte ihm Dank für die Einladung, und H gab ihm seine letzten francs congolais. Die Kontrollen völlig unzureichend; aber hier ist Afrika. In dem Gedränge und ohne ein Wort zu verstehen wäre ich alleine verloren gewesen. Wir sitzen und warten. – 10.30. Schon in der Luft und man darf sich schon abschnallen, obwohl's grad anfängt zu wackeln. Wolkendecke. – 13 zu 15 Uhr, eben vorgestellt. Seit 20 Minuten über dem Viktoriasee. Das Ostufer abfotografiert. Was wird in Nairobi auf uns warten? Das Flugzeug geht schon runter. – **Nairobi**, Hotel Intercontinental, kurz vor 17 Uhr. Wir sind erst mal in Hotelsicherheit. Aufatmen und staunen: im Zentrum der Stadt steht eine staunenswerte Anzahl von Wolkenkratzern, auch der Rundturm mit der Tellerkappe. Im Flughafen war das Gepäck richtig da (ein Kofferschloß aufgesprungen, aber der Gurt, mit Bindfaden befestigt, hielt); wir mußten Visa bezahlen für die eine Nacht; dann fand H den Schalter des Hotels, wo man ein Taxi besorgte, das uns nicht in einen Hinterhalt fuhr, sondern geradewegs zum Hotel. Hier steht, im siebenten Stock, ein französisches Bett, und die Frage ist wieder, wer wen rausschmeißen wird. Auch dafür ist ein Schlafsack gut. – 21 Uhr. H hat an die 70 DM für ein Abendessen à la italienne ausgegeben, im Hotelrestaurant, wo die Kellner gut dressiert sind und die Spaghetti mittelmäßig. Die Gemälde an der Wand, Nachahmungen berühmter Meister. Ich guckte mir den blauen swimming pool an und sah am Nachthimmel eine schöne Erscheinung: das erleuchtete Silberfiligran eines schlanken Sendemastes auf einem Wolkenkratzer. H hat wieder einmal richtig geplant.

**Samstag**, 31.8.02 Noch im Hotel. Seltsam grau ist der Seelenzustand. – 10.30 Im kleinen Binnenflughafen Wilson. Propellermaschine von Kenyan Airways. Eine Horde Touristen. H hat sich hier ein Busch- und Baumbuch gekauft zum Geburtstag. – 12.30 im Flugzeug und in der Erwartung, noch einmal über den Schirapaß zu fliegen, dem Kili an der Eisnase vorbei. – Fliegt doch ziemlich hoch. Brummt sehr stark. Dicker Wolkenschaum. Da ist linker Hand ein Wolkenberg, wir fliegen westlich an ihm vorbei, näher am Meru. – **Makumira**, 15 Uhr, an meinem Schreibtisch. Punkt 14 Uhr waren wir am Campustor. Lek. holte uns ab und fuhr 100, das war vorläufig das letzte Reiserisiko. Und weil es keinen ritualisierten Dank gibt, gibt man sich, noch wie im Schlafe wandelnd, mit Alltäglichkeiten ab, kehrt Termitendreck auf und verklebt die Freßrinnen an der Decke. Ich muß der Tante gute Ankunft melden.

315

Rebtal, 4. August 2006

Die Diskette mit dem *Rückblick auf Lutendele* fand sich in dem großen Schrank der unteren Wohnung. Es ist nun bald drei Jahre her, und Afrika ist noch immer nicht vorbei. Am 24. Oktober soll es noch einmal nach Kamerun gehen für drei Wochen. H meint, es muß sein, und ich lasse mich wieder mitziehen. Er ist im Oktober vergangenen Jahres, wiederum gegen meinen Willen, für zehn Wochen in den Kongo geflogen, diesmal nach Lubumbashi, um zu unterrichten. Das Handy, das man ihm zur Verfügung stellte, funktionierte meistens. Fast jeden Abend. Nicht aber am 17. 10., und die Angstphantasien kamen wieder. Die Angst meiner Mutter um mich, die mit ihrem Tod auf mich übergegangen ist als zusätzliche Angst um H, sie hat inzwischen etwas nachgelassen. Dafür bedrückt das Gefühl, noch lange nicht fertig zu sein mit allem, was noch zu schreiben und aufzuräumen ist. Für den 24. Oktober also ist ein Tagflug nach Duala gebucht; der Rückflug ist für den 14. November geplant. Ein Nachtflug. Am 14. November 2002 abends, während ich in Makumira für H Brot und Kuchen buk, starb meine Mutter im Pflegeheim am Ruhberg, den ich von meinem Schlafkammerfenster aus sehen kann. Daß der Glaube so sprachlos werden kann...

Am Kongo im August 2002

316

Griechenland 2009

# Spät- und Nachlese

Landschaften, Szenen, Reflexionen

Überblick

**Ein** *Kenotaph* **und** *Ancient Greece*
Das Vergehen der Jahre seit 2003
Griechisches in einem Campus Afrikas
Das Ziel einer Spät- und Nachlese

**Rückblick: eine Bildungsodyssee**
- Schönste Sagen, frühe Malereien und Sparta
- Neuphilologie. Alter Orient. Hellas-Nostalgie
- Suche nach Versäumtem: Häppchenlektüre
- Das Schichtengeschiebe der Geschichte

**Land der Griechen: späte Vergegenwärtigung**
Landschaften. Szenen. Reflexionen
- Mykene -     Am Rande der Chaosschlucht
- Sparta -     Auf der Burg über Mistra
- Athen -      Auf dem Musenhügel. Am Ilissos
- Olympia -    Alpheios, Kladeos und Zeustempel
- Delphi -     Am Stein der Sibylle
               Oberhalb der Lesche der Knidier
               In der Kastaliaschlucht
               Östlich von Delphi

**Graienmonologe**
- Mythos – Logos – Regenbogen
- Griechenland – Graienland
- Reliquien und *hicceitas*
- Geschichte und Geschichtsschreibung
- Demokratie und Söldner
- Salz an der Suppe
- Attische Tragödie und Erlösung
- Gott in der Geschichte?
- Artemis, Kreuz und Pantokrator

## Ein *Kenotaph* und *Ancient Greece*

Elf Monate mußten einst vergehen, ehe in Misdroy auf Wolin in drei kurzen Stunden der Besinnung handschriftlich ein Rückblick auf die erste Griechenlandreise zustande kam – wenige Seiten, wiederholend, was ein Reisetagebüchlein mit anderen Worten und in anderer Auswahl an Eindrücken festgehalten hatte.

Elf Jahre sind vergangen seit der zweiten Reise nach Griechenland. Sollte nicht die Zeit gekommen sein, Landschaften nachzuempfinden, Trümmer mit Bildungsgütern zu beleben, Wiederbelebtem sagbare Gestalt zu geben und überdies ein paar selbstgemachte Gedanken über den Bildschirm laufen zu lassen?

Die Späte der Besinnung – hier vor letzten Freilandrosen im Oktober neben dem täglichen Arbeitsplatz – sie muß freilich als erstes noch einmal  vorwegbegründet werden über den Hiat der Jahre hinweg, die eine solche Besinnung verhindert haben.

Da waren zum einen die *Nostoi bei Nacht*, zurück in ein Zuhause, das dabei war, sich aufzulösen und nicht mehr zu sein. Es schleifte nach, viele Jahre lang. Zum anderen drängten sich zwischen das Erlebnis Griechenland und eine verschriftlichte Betrachtung von Landschaften und antiken Trümmern in den Jahren *nach* Tansania noch einmal die Graslandmuse und ein *Kenotaph*. Die Inspiration des schöneren Afrika, Enttäuschungen überdauernd, sollte nicht abflauen ohne zuvor drei, vier Bücher in der Deutschen Bibliothek sicherzustellen. Afrika stellte literarische Ansprüche, die noch bis vor kurzem in Bits und Bytes den Bildschirm belebten. Das monumentale Memoirenwerk des *Kenotaph* verdrängte Griechenland. Zum dritten schließlich mußte das tägliche Leben gelebt werden, und die Jahre vergingen.

319

## Das Vergehen der Jahre seit 2003

Griechenland – gewiß, die Erinnerung saß bisweilen auf den Mauerruinen der Burg von Mistra über der Eurotasebene, sie stand im dichten Ufergebüsch am schnell dahinströmenden Alpheios, huschte in die Kastaliaschlucht und nahm mit, was zu haben war: das prickelnde Gefühl, sich im Rücken berechtigter Verbote ein Extra-Abenteuerchen stibitzt zu haben. Kleine, glückhafte Stippvisiten, Augenblicke, unverlierbar. Als erstes indes mußte an einem *Kenotaph* weitergebaut werden.

Wie sind darüber die Jahre vergangen!

Man kam zurück nach Rebtal im August 2003, zehn Monate nach dem Tod der Mutter und dem letzten der sieben Nostoi bei Nacht. Man hauste in der winzigen Dachwohnung, auf der Suche nach einer größeren für den, der sich Monate lang mit der ‚Hundehütte' unter dem Giebel zufrieden gab. Wenige Wochen nach der Rückkehr wurde mit einem Symposion und einer Festschrift ein 65. Geburtstag gefeiert im Kloster Lehnin. Im November erhielt das Grab der Mutter den alten Grabstein wieder, ihr eigener Name war dem Namen ihrer Mutter hinzugefügt. Die Verbindung mit dem Bruder und seiner Familie brach ab. Der Tante ging es gut; ihr Besserergehen kettete eine Tochter um so fester an das glücklose Leben der Mutter, deren Erinnerungen, aufgezeichnet bereits zehn Jahre vor ihrem Tod, einer Endfassung harrten.

Die Zeit lief, eilte, rollte bergab. Aus dem Jahre 2004 wäre ohne einen Blick in das Tagebuch außer einem Bandscheibenvorfall im Oktober nichts mehr erinnerlich. Es konnte im Februar der Ehemann eine Wohnung mit mäßig Raum für viele Quadratmeter Bücher und Sonne beziehen, im gleichen Haus, ein merkwürdiger Zufall, nahezu Glücksfall: auf zwei Etagen die Lösung eines ehelangen Problems. Im Juli wieder die Runde Berlin, Neuruppin, Nesse an der Nordsee. Ein erster Besuch bei A.S. in der Nähe von München. Dann, im Oktober, eine Japanreise des Ehemannes, zehn Tage; währenddessen starke Rückenschmerzen, die trotz Massagen wochenlang andauerten und einen tauben rechten Fuß, einen ,Klumpfuß', hinterließen, vermutlich für den Rest des Lebens. Das Alter hat zugeschlagen.

Das Jahr 2005 war belastet durch die erste Reise eines Unentwegten in den südlichen Kongo. Die Nerven vibrierten, faserten aus; die Katastrophenphantasie der Mutter wirkte nach, das eigene Testament war noch unvollständig. Im Mai brachte eine selbstauferlegte Diät die überhöhten Blutfettwerte herunter, die Zeit der Eiscremes und Gratins war vorbei. Anfang September ein paar Tage Neuruppin, ohne Berlin. Am 11. 10. flog der Ehemann nach Lubumbashi; die Angst packte, als am 17. keine Telefonverbindung zustande kam. Dann die Dezemberrose am Flughafen Echterdingen; ein friedliches Weihnachtsfest zu zweit.

Im Jahre 2006 fand die letzte Reise nach Kamerun statt, abgesichert durch die Begleitung des Kollegen aus Bayern. Im Mai Besuche in dem gleichen Krankenhaus, in dem 2002 die Mutter eine Woche lang gelegen hatte: eine kleinere Operation dessen, der wieder nach Afrika wollte. Eine Reise nach Aalen im Juni, im Juli eine in Richtung Rostock zu einem Großfamilientreffen und von dort nach Neuruppin; die Reise in den Thüringer Wald Ende August – es wäre alles nicht mehr einzuordnen ohne das Tagebuch. Drei Tage vor dem Flug Paris – Duala noch ein Besuch in Tübingen-Lustnau. In der Nacht vom 14. zum 15. November war man zurück, wohlbehalten, erschöpft und dankbar.

Der 70. Geburtstag im Jahre 2007 ging still vorüber. Im Mai wieder nach Berlin (das Rucksack-Hotel) und Nachlaßgespräche unter Apfelbäumen mit einem Bekannten; wieder nach Neuruppin, wo das renovierte Haus des Urgroßonkels und Bäckermeisters C.

von innen besichtigt werden durfte. Im Juni nach Thüringen, Verwandte besuchen; noch eine leichtere Operation des Ehemannes und am 14. Juli ein Klassentreffen zum Goldenen Abitur mit einem Wiedersehen – irrational wie die Quadratwurzel einer Primzahl. Im August die erste Einladung in den Bayerischen Wald, auf Stifters Spuren. Anfang September nach Erfurt, eine Kusine zu besuchen. Am 9. Oktober der zweite Flug nach Lubumbashi und allabendlich ein Lebenszeichen durchs Telefon. Mitte Dezember der kurze Besuch einer Bekannten, erinnernd an die gemeinsame Griechenlandreise 1998. Bald darauf wieder eine Rose am Flughafen und ein friedliches Weihnachtsfest.

Im Jahre 2008 wurde der 70. Geburtstag eines Feldforschers und Missionstheologen wiederum mit einem Symposion gefeiert, diesmal mit dem Thema ‚Afropessimismus'. Im März war der September-Jubilar für zehn Tage nach Korea geflogen und am 24. zurück. Das Jahr verging friedlich ohne eigene Reisen, mit Schreiben und dem Abschluß eines weiteren Buches, des siebenten aller derer mit ISBN, des zweiten ohne Pseudonym.

Anfang Oktober eine zweite Einladung in den Bayerischen Wald, verregnet und vernebelt, aber erhellt vom Licht der Klärung einer Zusage, die im Februar gegeben, aber nur halb begriffen worden war. Was seit zehn Jahren und zunehmend seit dem Tod der Mutter ratlos gemacht und dem vorweggenommenen Tod die innere Zustimmung versagt hatte: der Gedanke an das unvollständige Testament und die vergebliche Suche nach jemandem, der sich um die Ausführung der Bestimmungen kümmern würde – es klärte sich. Seitdem lebt und schreibt es sich leichter aufs Ende zu. Das Testament, handschriftlich ergänzt und verbessert, wurde unterzeichnet am sechsten Todestag der Mutter. An ihrem hundertsten Geburtstag, der auch der Großmutter gedachte, unterzeichnete der Ehemann den ergänzten Teil der gemeinsamen letztwilligen Verfügung. Eine *Kleine Nekyia* ist noch unvollendet.

So weit das gelebte Leben.

Am Bildschirm fügte sich indessen Seite um Seite, Text um Text der Memoiren-Mammutbau eines papierenen *Kenotaph* mit dem Hauptabenteuer Afrika. Begonnen im Oktober 1991 mit einer ‚Fliederlaube der Kindheit', abgebrochen mitten im Bildungskapitel ‚Bücher und Buden', um den umfänglichen Komplex ‚Ehegehäuse' zu bewältigen – und dann? Dann drängte die Frage nach Ursachen und Umständen des Ausstiegs nach Afrika wieder herbei, und als im Winter 2000/2001 die Mutter auf dem Sofa ihrer Wohnung lag und einem langen Lebensende entgegenschlief, saß die Tochter neben ihr am Computer und besann sich in einer Dritt-, einer Viertfassung auf das eigene mühsame Überleben vierzig Jahre zuvor, nach Sils-Maria, und auf den neugewonnenen Daseinssinn, der seitdem ein menschliches Antlitz trägt und mit schuld daran war, daß die Mutter so lange Zwischenzeiten auf die Tochter verzichten mußte. Im gleichen Winter ward neben der Mutterpflege her das Titelbild zur *Bethabara*-Trilogie zusammengeklebt. Kein Gedanke an Griechenland.

Nach der Rückkehr 2003 und der Veröffentlichung der Trilogie als erstes eine Überarbeitung voreilig, in Panik und wie ein Wenigstens preisgegebener Texte, ergänzt durch ein Bruchstück aus dem *Kenotaph*. (Es war im Jahr der Ausreise nach Ostafrika das erste Buch mit Afrikatexten veröffentlicht worden.) In den folgenden Jahren nacheinander weitere Afrikabücher, pseudonym wie die ersten drei, so weitere zwei. Dazwischen die Afrika-Rundbriefe (Kamerun, Kongo, Tansania 1990) unter eigenem Namen, desgleichen Erinnerungen aus dem Schwellenjahr 1980/81. Nun erst, im zehnten, im elften Jahr nach den beiden Griechenlandreisen, scheint die Zeit reif, diese Reisen einzureihen unter die übrigen *Nostoi* – die Reisen ins Dorf der Kindheit und den letzten Aufstieg nach Mbe. Jenseits des Gerölls der Tagebücher soll geordnet und umfassend Rückbesinnung stattfinden.

## Griechisches in einem Campus Afrikas

Wenn geordnet und umfassend, dann muß die Rückbesinnung zunächst eingehen auf das Sammelsurium an *Graecalia* während der Jahre in Tansania neben dem Lehrbetrieb her und neben dem Versuch, weiterzuschreiben an der Sinnkrise nach Sils-Maria 1958 und der Stolperschwelle zu Afrika 1973.

Als Mitte April 2000 während der Osterferien der eigene Rechner in Aruscha zur Reparatur war und ein paar Tage überbrückt werden mußten, fiel wie von ungefähr ein winziges blaugrün marmoriertes Reisetagebüchlein in die Hände. In zwei Tagen abgeschrieben mit Schreibmaschine, war fürs erste so etwas wie eine leserliche Bestätigung vorhanden: Ich war in Griechenland.

Das Unterrichten beschränkte sich, nach entschiedener Weigerung, sich weiterhin mit dem eigenen Fachgebiet zu befassen, auf ‚Introduction into Theology' und auf Griechisch, wie es im Neuen Testamente steht. Die freie Zeit teilte sich wie üblich zwischen Schreiben und Lesen. Die Lektüren jener Jahre waren so gut wie ausschließlich um griechische Antike bemüht, sowohl an Hand dessen, was an Büchervorräten mitgenommen worden war, wie auch entlang der reichhaltigen Regale, die sich in der großen Bibliothek von Makumira fanden – Jowetts Platon-Übersetzung etwa, Jaegers *Paideia* dreibändig auf englisch und alles das, was die Encyclopedia Britannica hergab. Auf dem Flughafen Kilimanjaro Airport lenkte in langen Stunden des Wartens mit Nacht vor den hohen Glaswänden J. Burckhardts Griechische Kulturgeschichte ab von dem, was zu Hause an seelischen Belastungen zu erwarten war. Aus solchen Lektüren ergab sich das Bemühen, die Anfängern vorzutragende Einleitung in die Theologie so aufzubauen und einzurichten, daß deutlich werden sollte: Ohne griechische Philosophie (in umfassendem Sinne) keine christliche Theologie, weder akademisch noch ethisch noch im Hinblick auf fast alles, was mit westlicher Kultur nach Afrika kam, im Guten wie im weniger Guten. Aus allem, was da an Wissen in ein Vakuum nachgeschoben werden mußte (die Studenten hatten in der Sekundarschule allenfalls etwas von Sokrates gehört und davon, daß der christliche Apostel in Athen mit ,Götzendienern' zu tun hatte) – ergab sich ein Abriß griechischer Geschichte und Religion, neunzig Seiten A4.

Diese *History and Religion of Ancient Greece* war die letzte aller Bemühungen um *Paideia* afrikanischer Studenten. Ausgehend von der Frage, warum die hellenisierte Welt bereit war für eine Botschaft, die von ihrem historisch betrachtet ursprünglichen Ziel abprallte, ward vorsichtig und ad usum delphini gefolgert, daß Gott zweigleisig durch die Geschichte gefahren sei. Daß die Gemeinschaft der hellenisierten Völker offenbar besser vorbereitet war für die Absichten der ewigen Weisheit als das Abgesonderte und sich besonders Dünkende. – Dem Abriß wurden angehängt (auf englisch) die ersten vierzig Verse der Ilias; dreißig Verse aus Hesiods Theogonie (die Berufung des Sängers, der Beginn der Kosmogonie) und eine Auflistung der Gründe für den Sieg des Christentums nach Harnack, *Mission und Ausbreitung*...

Das letzte Jahr in Tansania, nach dem Tod der Mutter im November 2002, brachte ein letztes tropisches Weihnachten mit blühender Bougainvillea, Rückenbeschwerden und anderen Unpäßlichkeiten, vermutlich psychogener Art; ein kleiner Raubüberfall während eines Spaziergangs ereignete sich im Januar, eine Touristensafari in die Serengeti verordnete der Ehemann im April. An einem Sonntagmorgen im Februar 2003 begann das Aufzeichnen der Reisen nach Mbe. Über die ersten handschriftlichen Sätze lief eine ostafrikanische Ameise hin. Zwei Wochen vor dem Abschied zog es den Feldforscher nach Mwanza am Viktoriasee; zwei Tage vor dem Abflug kam es zu einem Ausflug am Meru hinauf und auf einen Hügel mit Blick auf die Momella-Seen.

## Das Ziel einer Spät- und Nachlese

Nach der Rückbesinnung auf das, was zwischen die Griechenlandreisen und eine nunmehr späte Vergegenwärtigung kam,
greift das Bedürfnis nach Überblick und Erkenntnis von *archai*
zunächst noch einmal und noch weiter zurück, anknüpfend an
das, was zur Einstimmung über *Moira* und *Paideia* Anlaß zur
Besinnung gab. Eine Bildungsodyssee wurde angedeutet; schönste Sagen des Altertums und ihr Untergang in atomkriegbedroh-
ter Nachkriegszeit; Ausstieg nach Afrika, schöne Illusionen und
allmähliches Genesen davon; *Nostos* schließlich als Wunsch nach
Heimkehr in geistige Heimat.

Der Bildungsodyssee soll hier noch einmal und eingehender
nachgegangen werden im Blick auf das Ziel einer Spät- und
Nachlese: zu verstehen zum einen das Zu-sich-selbst-Kommen
des Christentums im Kraftfeld des Hellenismus; zum anderen
das alternde Europa zu begreifen, so weit das Begreifen reicht.
Unzulänglich wird das Unternehmen sein und bleiben müssen.
Unvollendet. Unvollendbar.

Im Mittelpunkt der Nachlese soll ein Block von etwa vierzig Seiten stehen: eine späte Vergegenwärtigung des Erlebnisses antiker Trümmer und griechischer Landschaft inmitten von Massentourismus und moderner Barbarei, verknüpft mit Bildungswissen, das sichtbare Überreste zu neuem Leben erweckt und
zum Nachdenken anregt über mancherlei, das einmündet in ein
Schlußkapitel *Graienmonologe*. Weder fröhliche Wissenschaft noch
wehmütiges Feuilleton wird die letzten Seiten füllen. Das Literarische wird zu kurz kommen. Allenfalls ein paar philosophische
Brocken könnten sich zum Kauen darbieten. Grobkörnig Verbak-
kenes. Versuchsweise Angedachtes, festgeschrieben ins Vorläufige. Heim in das Griechenland Alkmans und Platons kehrt spät
und ergraut eine Liebhaberin: eine Dilettantin.

## Rückblick: eine Bildungsodyssee

Weit zurück schweift der Blick; zurück in Nachkriegskindheit und frühe Jugend, als nach der Nibelungen Not, dem finsteren Hagen, dem strahlenden Siegfried; nach dem Kampf um Rom des blonden Goten Totila, des tapferen ‚schwarzen‘ Teja, zu gleicher Zeit Karl May und Gustav Schwab die jugendliche Phantasie mit Helden versorgten. Neben Winnetou, den edlen Apachen, trat Apoll mit Leier, Pfeil und Bogen; Artemis jagte durch die Wälder, Aktäon verblutete, und auf der Akropolis stand die Jungfrau Athene in voller Rüstung. Am Waldesrand küßte Selene den schlafenden Endymion, Hyakinth lag blutend im Gras, erschlagen vom Diskus Apolls, und über den stillen Weiher neigte sich Narziß, hinsterbend in den Anblick seiner selbst. Götter und Heroen, Amazonen und Kentauren, Mänaden und Najaden, ein bocksfüßiger Mittagsdämon flötend im Schilf und Nymphen ohne Zahl – die bunte, schöne und grausame Welt des griechischen Mythos beflügelte die frühe Phantasie mit ‚Identifikationsangeboten‘. Am verwandtesten erschienen einer spätreifen, in sich selbst vermauerten Fünfzehn- bis Achtzehnjährigen Gestalten wie Artemis, Atalanta und Penthesilea.

Auf einem humanistischen Gymnasium hätte sich manches vermutlich anders entwickelt – vielleicht bis hin zu dem Überdruß, welchem in späteren Jahren das Studienfach anheimfiel, dem sich ein akademischer Titel verdankt. Englisch und Französisch (statt Mathematik und Physik) prädestinierten zum Studium der Neuphilologie; Existenzkrise und Rückkehr zum Glauben einer frommen Großmutter ließen ein Zweitstudium Theologie sinnvoll erscheinen. Es führte weit hinab in den Alten Orient, bis nach Ur und Uruk. Eine Irrfahrt? Umwege? *Nostos* als Rückkehr zur Ersten Liebe lange vor jeglicher Griechenlandreise – hier ist der Ort, Anfang und Ende einer Bildungsodyssee zu bedenken.

## Schönste Sagen, frühe Malereien und Sparta

Die ‚alten Griechen': eine erste, halb unbewußte Liebe. Das frühe Bildungserlebnis entlang der *Schönsten Sagen des klassischen Altertums* hat zusammen mit einem Kunstunterricht, der Zwölfjährigen nicht nur den klassischen Faltenwurf der Erechtheion-Koren vor Augen hielt, sondern (begleitet von der gnomischen Belehrung ‚den Reinen ist alles rein; den Schweinen ist alles Schwein') dem kindlichen Blick auch die wohlmodellierte Nacktheit eines Hermes des Praxiteles zumutete – es hat seine Spuren in anatomisch unbeholfenen, kompositorisch annehmbaren Wasserfarbenmalereien hinterlassen. Sie stehen zwischen und neben frühen, verlorenen Bleistiftzeichnungen zur Nibelungensage, pluderhosigen Haremsdamen und blassen Mondfeen, zwischen Blumenelfen und Wurzelzwergen und von Karl May inspirierten Indianerporträts. Im Umkreis dieser Sagen-, Märchen- und Abenteuerwelten formte sich das Bild des alten Griechenland aus seinen Göttermythen und Heldensagen.

Da ist Daphne. Mit dem rechten Arm anatomisch ungeschickt einen weißen Säulenschaft umschlingend blickt sie, eine Hollywood-Diva, blond, in rosa und rotem Gewand – sie blickt auf einen ratlos nahenden Apoll, ebenfalls blond und lockig, züchtig und eher römisch in kurzem Faltenröcklein, über die Schulter ein Stück Toga geworfen, die Leier aufs anrückende Knie gestemmt – von oben blickt sie auf ihn herab und hebt abwehrend eine Hand. Dazwischen hockt trauernd auf einem Säulensockel ein kleiner marmorner Amor mit Pfeil und Bogen.

Da sind Pan und die Nymphen. In blauer Nacht, flankiert von schwarzen Zypressen, flötet der Hirtengott, tanzend auf einem Sockel, zottig herausgehauen, vermutlich aus Marmor – in Rückansicht dargestellt flötet und spielt er zwei aus Bodennebel aufsteigenden, splitternackten Nymphen zu anmutig verrenktem

Reigen auf vor springender Fontäne. Alles ist blau, tintenblau, wasserblau, milchblau – naturgeisterhaft in das Licht eines unsichtbaren Vollmonds getaucht.

In einem lauschigen Hain, dichtbelaubt, akribisch ausgemalt mit unzähligen Blättchen in vielerlei Grüntönen, beherrscht rechter Hand den Vordergrund eine  große stattliche Frau in langem hochroten, bis zur Taille eng anliegenden Gewand, Perlen im dunklen Haar – steht elegisch wohlmodelliert zum Bildrand gewandt und pflückt, offenbar geistesabwesend, eine Orange. Über die nackte Schulter hinweg wendet sie Profil und Blick einem dunkellockigen Knaben zu, der im Mittelgrunde am anderen Bildrande in sich versunken in sonnengebräunter Nacktheit und keuscher Seitenansicht an einen Baum gelehnt die Flöte bläst. Tiefstes Arkadien, ein bukolisches Paradies. Eine gar noch nicht alte Diotima lauscht einem der Lieblinge ihres weisen Freundes Sokrates. Einem  Charmides vielleicht…

Da ist schließlich das Urteil des Paris, in Holz geschnitzt, ein handliches Format, unvollendet. Linker Hand der, welchem es das Schicksal zugedacht hat, durch Unbesonnenheit an allem schuld zu werden. Das Haupt nachdenklich aufgestützt, sitzt er nackt vor einem Säulenstumpf, darauf der verhängnisvolle Apfel sich wölbt. Stehend vor ihm aufgereiht in faltenreichen Gewändern Athene frontal mit Helm, Schild und Speer, Hera im Profil und mit Diadem. Aphrodite mit offenen Locken sitzt symmetrisch am rechten Rande. Schicksalhafter Augenblick. Der Keim eines unheilvollen Krieges. Ein Geschichtsmythos, weil anders als mythisch Geschichte nur selten überliefert ist. Jahrzehnte sollten vergehen bis zu dem Versuch, die ersten drei Zeilen der Ilias, richtig betont von einem hochbetagten Lateinlehrer vorgesprochen, im Original auswendig zu lernen – *Mänin aeide, thea* und zu begreifen, welch tragisches Geschichtsbild dem ältesten Literaturwerk des Abendlandes  eigen ist.

Voraufgegangen waren den Malereien und dem lindenhölzernen Schnitzbild nicht nur die schönsten Sagen, sondern auch ein erstes Minimum an Geschichtsunterricht in früher Nachkriegszeit. (Davongekommensein; Hungerjahre im Thüringer Wald; verloren der Krieg; der Vater wo?) In der Schule der ungeliebte Russischunterricht. Ras, dwa, tri, tschetirje, pjatch. Geschichte wird, weil es keine Bücher gibt, diktiert; sie fängt an mit den Eiszeiten; dann Steinzeit – Ägypter – Babylonier: zwei weitere Seiten im Postkartenformat; das Heftchen ist selbstgebastelt aus erbettelten Papierfetzchen, zusammengenäht mit Zwirn, der Einband hellgrün, mit Tinte beschriftet: ‚Die Waldwiese von H.C.' – der erste literarische Versuch? Darüber geheftet ein halb-transparentes Stück Papier mit Spinnennetzmuster und einer schwarzen Spinne, handgemalt: ‚Geschichte', Klasse 5b. Das Relikt, museumsreif, soll wenigstens hier durch Erwähnung erhalten bleiben. Auf der Seite 4 fängt Griechische Geschichte an: auf Seite 5 eine dorische Saule mit Architrav, auf Seite 9 der Perserfeldzug Alexanders. Erinnerlich: eine Zehnjährige sollte die Frage beantworten, was besser sei, die freiheitliche Demokratie des kunstliebenden Athen oder das kriegerische Sparta mit seinem Kriegs- und Heldenethos. ‚Sparta!' Warum? stirnrunzelte die Lehrerin. ‚Damit ich mich verteidigen kann, wenn ich angegriffen werde.' Kindliche Helden- und Kampfgesinnung, tuberkulosegefährdet. Auf Seite 10 kommen die Römer; als die Karthager kamen, war eine Elfjährige nicht mehr da: bei finstrer Nacht an den Blendlaternen russischer Patrouillen vorbei mit der Mutter über ein grobscholliges Ackerfeld bei Sonneberg in den Westen gestolpert.

Mit einem Minimum an griechischer Geschichte, das zwei Generationen später durch das Netz selbst von Abiturwissen zu fallen scheint, begann einst der Geschichtsunterricht in der Volksschule. Er wiederholte sich auf einem westdeutschen Progymnasium, wirkte freilich weit weniger inspirativ als die Schönsten Sagen des klassischen Altertums – *sie* inspirierten.

## Neuphilologie. Alter Orient. Hellas-Nostalgie

Bis zum Abitur wurde auf einem naturwissenschaftlichen Gymnasium griechische Geschichte noch zweimal wiederholt und immer ausführlicher. Vielleicht war es schon zuviel. Vielleicht war es gerade auf der Grenze und hat vor endgültigem Überdruß bewahrt. Nicht jede erste Liebe hält sich durch.

Studieren auf einen Beruf zu – wenn für das Lehramt, dann vielleicht Geschichte, aber sicherlich nicht die des pharaonischen Ägypten oder die der alten Azteken, sondern europäische Geschichte mit Vorspann, und da standen am Anfang zum vierten, fünften Male die alten Griechen. Afrika lag noch hinter dem Mond, gesichts- und geschichtslos. Die Geschichte der Gegenwart balancierte am Rande eines nuklearen Krieges, und warum? Wegen den alten Griechen. Es ging, nach dem Vorbild von Marathon und Salamis, wieder einmal um Freiheit und Demokratie. Das Studium der Geschichte wurde begonnen und aufgegeben mitten in den römischen Bürgerkriegen. Die Proskriptionen erinnerten zu sehr an politische Säuberungsaktionen der Moderne. An das schaudernde Erfahrungswissen, wie wenig ein Menschenleben wert ist, wenn   politische Überzeugungen sich in Notwendigkeiten einer Macht- und Massendynamik umsetzen.

Mit Anglistik und Romanistik ergab sich am Rande die Beschäftigung mit Byrons Philhellenentum und mit W.B.Yeats' *Sailing to Byzantium*. Bei Racine gab es *Phèdre*. Es gab auch einen *Parnaß*. Es kam zu einer Seminararbeit über einen Villehardouin und den ominösen vierten Kreuzzug. Es gab Vorlesungen über ‚Philosophie und Religion' (die mußte, wo sonst, bei den alten Griechen anfangen), und über die ‚Entstehung des Hellenismus'. Das frühe Bildungserlebnis Griechenland blieb nicht ohne Folgen: es führte (nach dem Großen Latinum) nebenher zu einem Kleinen Graecum. Es sollte   dem Theologiestudium zugute kommen.

331

Es ließ nicht lange auf sich warten. ‚Daß ich begreife, was mich ergriffen hat' – nach langem Widerstreben der Vernunft, die sich keinen angstgeborenen Illusionen hingeben will.

Theologie also. Wie viele wandten sich damals, in der Ära Alt-Noth-von Rad, dem älteren und umfänglicheren Teil Heiliger Schrift zu! Vielschichtige Mythen, spannende Geschichten, kantige Charaktere, eine tiefgrübelnde, sehr persönliche, freilich auch recht rachsüchtige Frömmigkeit; ein Bilder- und Geschichtenbuch, erzählend von einem Gott, der errettet, erwählt und verwirft, segnet und straft in bisweilen unerhörtem Ausmaß. Die Höchstwerte einer Segensreligion (ein gelobtes Land, ein zahlreiches Volk, diesseitiges Wohlergehen) stehen dem Chaos der Geschichtserfahrung gegenüber; vieles und Gegensätzliches spiegelt sich wider in des Alten Bundes Schriften. Zwölfhundert Jahre datierbare Geschichte, ein orientalisch bunter Bazar von Gestalten und Gedanken, ein Ringen um Gut und Böse, Schuld und Sühne – kein Wunder, daß es verlockend war, sich damit zu befassen. Ägypten, Sumer und Babylon liegen nahe; der ganze Alte Orient. Und man verbringt, ohne sich dessen bewußt zu werden, seine Jahre in einem Vorhof.

Ein Lehrauftrag in Afrika. Zehn Jahre, elf, zwölf. Besinnung auf das Wesentliche christlichen Glaubens ergab sich erst aus dem Lehrfach Dogmatik; es zwang zu gründlicherem Nachdenken darüber, was den dreieinigen Gott sowohl von einem philosophisch-abstrakten wie von einem langsam gewachsenen mythischen Monotheismus unterscheidet und wie er mit dem Chaos der politischen Geschichte zusammenzudenken sei. In den Strom der eigenen Gedanken mündeten die Schicksalsmonologe der Mutter, ein düsterer Zufluß von Geschichtserfahrung, vermischt mit eigensinnigen Fragen nach Schuld und Gerechtigkeit, der nach und nach das eigene Nachdenken beeinflußte und ablenkte vom breiten Strom öffentlicher Meinungen, Mythen und Dogmen. Die unorthodoxen Monologe der Mutter störten die eigenen Kreise; sie warfen Fragen auf – große schwarze Frageblasen. Die übernommene Lehrmeinung hatte vertraut gemacht mit einer altorientalischen Variante von göttlich legitimierter Ethnozentrik, ewigen Privilegien, zähem Kleben am Besonderen, am ‚Samen', am Territorium, an – ‚Blut und Boden'? Auch in Afrika war dergleichen begegnet, so natürlich, so archaisch. Und wie war es bei den ältesten Griechen gewesen? Auf welch merkwürdige Weise verschoben sich die Schatten der politischen Vergangenheit...

Suche nach Versäumtem: Häppchenlektüre

Hier soll ein Blick am Regal von zufällig Erworbenem entlangstreifen, an Antiquarischem, gesammelt in dem Bewußtsein: das müßte ich lesen, um mir anzueignen, was auf einem naturwissenschaftlichen Gymnasium nicht zu haben gewesen war.

In der 10-Uhr-Pause zwischen Physik und Mathematik, im Jahre 1955/56 könnte es gewesen sein, daß der kurze Pausenweg zur nächsten Buchhandlung führte, vor der eine Kiste mit billigen Büchern stand. Hier fanden sich nicht nur *The Poetical Works of Lord Byron*, einbändig, 1926, und ein skatspielkleines Büchlein mit Miltons *Paradise Lost* von 1882, sondern auch eine Voß'sche *Ilias* und *Odyssee* mit vorangestellter ‚Weihe': ‚Stolberg, über der Stadt am besegelten Busen der Ostsee...' Die *Ilias*-Lektüre lockte nicht. Es war in groben Zügen doch bekannt, wovon sie handelte. Krieg, Schlachtentod und eine eroberte Stadt – es erinnerte zu sehr an das, was allgemein von Stalingrad und dem Hürtgenwald bekannt war. Es war noch zu nahe. Eher noch die *Odyssee*, wenngleich es da auch nicht zimperlich zuging. In diesen späten Jahren steht eine zweisprachige Ausgabe bereit, irgendwo aufgeschlagen zu werden, um zu prüfen, was von zehn Zeilen ohne Blick auf die Übersetzung verständlich ist – wenig.

Noch vor Afrika fiel antiquarisch in die Hände ein Heft Tübinger Nottexte, PANTHEION, Religiöse Texte des Griechentums, schlechtes Papier, 3. Auflage 1965. Darin blätternd nach der Rückkehr aus Tansania blieb der Blick an Nr. 13 von 55 Texten hängen: ein bis dahin unbekannter Mimnermos hatte 16 Zeilen über Vergänglichkeit und menschliches Leid gedichtet, wert, auswendig gelernt zu werden. *Hämeis d'hoia te phylla phyei...* ‚Wir aber, wie Blätter hervorbringt...'

Zwei antiquarisch anmutende Bücher aus der Hinterlassenschaft des kriegsverschollenen Schwiegervaters stehen seit der ersten Rückkehr aus Afrika im Antikenregal. Das eine, im Format A5, ist eine schwere, massiv gebundene Ausgabe, 1907, von vier griechischen Tragödien, übersetzt von Wilamowitz-Möllendorff. Der *Hippolytos* des Euripides, samt Einleitung mehrmals und gründlich gelesen und verglichen mit Racines *Phèdre*, ergab um 1987 ein Bruchstück unter anderen eines Essays in einem Beitrag zu einer Anthologie. Ein schmales Bändchen, *Fragmente frühgriechischer Lyrik*, deutsch von Eckart Peterich, 1943 in Florenz erschienen, vermittelte wenig später erste Bekanntschaft mit Gedichten Sapphos, der ‚veilchenlockigen' und mit Alkmans Eisvogelgedicht. Von diesem Bändchen war es nicht weit zum Neuerwerb einer zweisprachigen Ausgabe *Liebesdichtung der Griechen und Römer* in der Sammlung Dieterich, 1963, und dem Versuch, weitere Kleinigkeiten auswendig zu lernen, *Hespere, tas eratas...*, und auch ein wenig Horaz, *Tu ne quaesieris, scire nefas...*

Grundlegende Werke, große, kostspielige, lagen nach und nach und auf Wunsch unter dem Weihnachtsbaum oder auf dem Geburtstagstisch – Nilssons zweibändige *Geschichte der griechischen Religion*, 1955 noch eben mit einer Fußnote zur Entzifferung von Linear B versehen: eine unerschöpfliche Schatzkammer. Sodann Wilamowitz' *Glaube der Hellenen*, auf befremdliche Weise einen Grundbegriff Luthers für eine antike Religion in Anspruch nehmend und imstande, mit einem einzigen Satz zwei antike Religionen in ihrem Wesenskern zu erfassen: nicht minder unerschöpflich. Rohdes *Psyche* hat durch die ‚abenteuerlich pedantische Breitspurigkeit der munkelnden Anmerkungen' in der Tat irritiert und die Lektüre gehemmt. Jaegers *Paideia* hingegen, dreibändig, auf englisch, erbaute so sehr, daß eine deutsche Ausgabe zum Zwecke des Wiederlesens erwünscht war. Leskys schmales Werk über die Tragödie; die umfänglichere *Geschichte der griechischen Literatur;* Aufsätze zu Thukydides und, aus den Büchervorräten des Ehemannes, Schadewaldts archaisch-kantige Übersetzung des ‚Geheges der Zähne' und vieler anderer schöner Ungewöhnlichkeiten wegen. Schließlich, als Letztes, das Erste, Eigentliche, zweisprachig: Hesiod, Herodot, die Tragiker, Thukydides selbst als harter Brocken und eine Platon-Ausgabe; später noch Pindar, Theognis, Kallimachos, Einzelheiten von Plutarch, Dion von Prusa und einiges mehr, auch ein graues Heftchen Metaphysik XII von Aristoteles, 1948 herausgegeben von Gadamer, peri täs usias hä theoria.

Im Gefolge eines Großen Latinums sammelte sich auch Lateinisches an – Didos und Camillas wegen eine Aeneis, die Hirtengedichte zusammengebunden mit einem schönen Aufsatz über ‚Vergil, Vater des Abendlandes'; Ciceros ‚Gemeinwesen' wegen des *Somnium*, Lukrez, um – Aeneadum genetrix, hominum divumque voluptas, alma Venus – drei Anfangszeilen auswendig zu lernen; Cäsar-, Livius-, Sallustauswahl, das übliche. Eher unüblich wurden aus einer im Campus von Makumira hinterlassenen Privatbücherei Ovids Metamorphosen mitgenommen, eine englische Auswahl von 1997, die bei jedem flüchtigen Blick hinein mit Witz und Verve von einer Zeile zur anderen weiterzerrt.

Alles dies ist vorhanden, zum größeren Teile ungelesen, aber doch vorhanden, in Reichweite und beruhigend, die Laren und Penaten der geistigen Speisekammer. Gäbe es nicht so viel zu

335

schreiben im Wettlauf mit abwärtsgleitenden Jahren, *subter labentia signa*, es stünde nicht so vieles noch wartend in den Regalen. Vielleicht fehlt es an Mitinteressenten und Gesprächen; der Ehemann ist mit Afrika und Missionstheologie beschäftigt; im Umkreis der Bekannten gibt es niemanden, mit dem zusammen sich ein Gesang Ilias, eine griechische Tragödie, ein Buch Herodot oder Thukydides lesen ließe. Auf der Suche nach Versäumtem bleibt die Lektüre antiker griechischer Autoren desultorisch.

Desultorisch bleibt die Lektüre, dilettantisch die Befaßtheit insgesamt mit ‚den alten Griechen'. Es mag die Liebhaberin bisweilen anhänglicher sein als die Ehefrau – wer zu nichts verpflichtet ist, folgt dem Sog und Reiz des noch Nicht-Zueigen-Gemachten. Auf Ernstgenommenwerden erhebt sich freilich kein Anspruch. Wozu auch. Ist es nicht ein schönes Vorrecht der Ergrauten, des Lebens Rest mit Liebhabereien zu verbringen? Es lernt sich noch manches hinzu an Vergeblichem; es wird nutzlos im nutzlosen Staub. Es sei denn, eine Graie entschlösse sich, ein wenig Graienweisheit aufzuschreiben und zu veröffentlichen.

## Das Schichtengeschiebe der Geschichte

Aus den Büchern ergibt sich ein Geschichtsbild. Beim Besuch antiker Stätten schieben sich für den Touristen mit Geschichtswissen über und ineinander viele Schichten, deren resthafte Zeugen vor ihm liegen. Viertausend Jahre? Mit Tinte und spitzer Stahlfeder schrieb eine Elfjährige nach Lehrerdiktat einst in das hellgrüne Notheftchen mit der schwarzen Spinne: *Die Ureinwohner Griechenlands werden Pelasger genannt. Sie wurden von den Griechen / Hellenen verdrängt.* Es folgen die Stämme und Götter. Dann eine neue Überschrift: *Die Mykenische Kultur (2300-1300) Die Griechen (Achäer) lebten anfangs als Hirtenvolk in dem heutigen*

*Jugoslawien. Sie wanderten südwärts und stießen auf Menschen, die bereits in der Bronzezeit standen, während die Griechen noch in der Steinzeit waren. Sie nahmen Besitz von dem Lande und der Kultur (mykenische Kultur) und verdrängten die alten Einwohner auf die Inseln.* Das Wesen von tradierbarer Geschichte: Vereinfachung bis zur Verfälschung. Ginge es anders? Wäre das Wenige wenigstens Bildungsgrundwissen auf mittlerer Ebene? So wenig wie ein Grundwissen auf dem Gebiet der Quantenphysik.

Die mykenische Epoche also, blühend nicht nur in Mykene, sondern auch an der buchtenreichen Küste Kleinasiens, sie lieferte Götter und Helden für Epos und Tragödie. Dann ‚dunkle Jahrhunderte', dann die Archaik, Homer, Hesiod, Milet und die Erfindung der Naturphilosophie. Sparta sodann und Athen, beispielhaft von einander verschiedene Lebenswelten, auch was die Freiheit der Frauen betrifft. Olympia und Delphi als religiöse Mittelpunkte; Kolonisation rund um das Mittelmeer bis nach Marseille; von den Säulen des Herakles und zur Krim; Tyrannis, Reformen ganz ohne Propheten, aus reiner politischer Vernunft, und dann die attische Klassik, die unausschöpfliche, samt der sophistischen Aufklärung, das reiche Erbe des Abendlandes. Der Peloponnesische Krieg und Thukydides. Alexander und die Folgen; Hellenismus und römisches Weltreich und die Zersiedelung der Griechen in alle Welt; Beginn des Griechenlandtourismus und des Christentums. Das alles ein Block, ein Marmorblock, eine Säulentrommel.

Sodann tausend Jahre Byzanz/Konstantinopel. Cäsaropapismus, Goldmosaiken, Hagia Sophia, eine Zirkusprinzessin als Kaiserin. In Griechenland nach den Verwüstungen Sullas und ein paar friedlicheren Jahrhunderten das Chaos, die Einwanderung von Slawen im 6. Jh., von Albanern in späteren Jahrhunderten; Venedig kam und das Gerangel um den Levantehandel; überall die

Klöster und Festungen – es interessiert, von Mistra und Hosios Lukas abgesehen, nur wenige und auch mich nicht besonders. Diese tausend Jahre eines christlichen Großreiches und der Vierte Kreuzzug gehören nicht zur Allgemeinbildung. Immerhin hörte man im Jahre 1953 in der Schule etwas vom Fall Konstantinopels. Nun hatten sie den Türken.

In Europa hatte man die Renaissance und seit dem späten 18. Jahrhundert eine zunehmende Gräkomanie. Auf der Akropolis von Athen hatte man eine Moschee im Parthenon. Als reicher westlicher Reisender konnte man das trotz 1687 sehenswürdig gebliebene Wunder bestaunen; abzeichnen, ausrauben. Von ,idealer Schönheit' schwärmte Lamartine, Mark Twain stahl sich aus der Quarantäne im Piräus bei Mondenschein hinauf. Mit dem Abtransport der ,marbles' machte ein schottischer Lord sich berüchtigt, ein deutscher Dichter verdichtete sich zum Eremiten in Griechenland und beklagte den Verlust hoher Ideale im Gemetzel der Freiheitskämpfe. Ansonsten gab es im Lande der Hellenen bis zu den Befreiungskriegen außer Landschaft, Ziegen, Pluderhosen und Kunsträubern nicht viel zu sehen. Wen interessierten die Klöster, in welchen seit der Spätantike ein orthodoxes Christentum sich lebendig gehalten hatte?

Schließlich ein Tod in Missolunghi; Massaker auf Chios, Hinterhalt am Dervenakia-Paß. Dann ein Bayernkönig und die Archäologen. Haben nicht *sie* erst alles wieder ans Licht geholt? Der moderne griechische Staat, das alte Ionien vergeblich zurückbegehrend (von dessen Antiken profitiert die Türkei), hat nicht nur die Betonwüste Athen zu verantworten, er verkauft auch den Anblick der alten Trümmer an alle Welt und lebt recht gut vom Tourismus: von uralten mykenischen, klassischen und hellenistischen Resten, dazu vom ewig jungen Meer und seinen Sonnenstränden. Und von den Kreuzkuppeln der Klöster schaut bald finster, bald melancholisch der Pantokrator herab…

338

# Land der Griechen: späte Vergegenwärtigung
## Landschaften, Szenen, Reflexionen

Reisetagebücher: impressionistisch Hingeworfenes, Zusammenhangloses, mehr Unbedachtes als Bedachtes. Griechenlandbücher: auf vielen Wegen zurückführend in ein Land nachwirkender Vergangenheit, das sich dem Geiste lebendig vergegenwärtigen mag und dennoch den Wunsch offen läßt nach Wallfahrt und Reliquien. Auch das äußere Auge möchte sehen und erkennen, der Finger Jahrtausende ertasten, der Fuß heilige Stätten betreten. Die beiden Reisen, in Hast, unter bleiernem Himmel, umzingelt von einem flackernden Horizont, legen sich erst heut, elf Jahre danach, dem Versuch einer Wiederholung nahe; der Besinnung auf Landschaften, antike Trümmer, Bildungsgüter, Klassisches, Tragisches, typisch Europäisches und Ewig-Menschliches.

Der Umwege über den Alten Orient und der Jahre in Afrika wurde Erwähnung getan. Beide Erfahrungen, angelesen die eine, die andere selbsterlebt, profilieren das Bild Griechenlands. Der Alte Orient, ein später Kanon, uralte Tontafeln und Mythen mancherlei bieten Einsicht in das prekäre Verhältnis zwischen Mensch und Gott – es liegt wie unter einem Himmel, der tief hängt und aus dem die Blitze fallen. Im Blick auf des Lebens Höchstwerte, Segen, Volk, Herrscher, Gott und Tod, mag manches an ursprüngliches Afrika erinnern. Wer als Europäer aus jenen südöstlichen Gegenden nach Nordwesten wandert, dem hebt der Himmel sich; es dünkt ihn, als würde die Gegend heller und bekannter. Sie wird nicht friedlicher; sie wird nicht humaner oder idealer, aber sie wirkt wie von lichtblauen Himmelslagunen durchzogen, in welchen vieles klarer durchdacht, manches vernunftbegabter und ein Rest illusionsloser erscheint. Delphischer. Wenn der Blick ein Stück weit nach Osten wandert, wird er freilich dem Pantokrator einer anderen Zeit begegnet.

Von den Trümmern Delphis zu einem byzantinischen Kloster führt kein gerader Denkweg. Nicht ein Fortschritt im Bewußtsein der Freiheit führt da entlang; es sind das Chaos der Geschichte und die Erfahrung von Sinnlosigkeit, die sich dorthin winden.

*

Das Zuviel an Eindrücken gehört zu Bildungsreisen vom Typus ‚Intensiv' – ein erlebnisreiches Dort- und Dagewesensein, das eines Nachhinein bedarf, um sich gedanklich zu ordnen. Was sich beim ersten Anprall ins Souvenirhafte zerstreut, in oft unbedeutende Einzelheiten, soll sich im nachhinein sammeln und vergegenwärtigen in der Form von Landschaftsbetrachtung (Blick über die Argolis), imaginierten Szenen (wer tritt da aus dem Löwentor in hochrotem Gewand?) und Nachdenklichkeiten mancherlei.

Vergegenwärtigen soll es sich  nicht am Leitseil des touristischen Nacheinanders der Tage und Orte,  sondern dem  Zeitgerüst der Geschichte folgend, aus sagenhaft fernen Zeiten auftauchend in nähere (Sparta) und nächste (Athen),  bis hinab in die trostlose Senke südlich der Säulen des Olympieion. Von dort unten erneut aufsteigend ins ideenhaft Gegenwärtige Olympias und Delphis. Was zu sehen und bisweilen auch zu fotografieren oder, auf der zweiten Reise und mit weit größerer Andacht, zu zeichnen war, ist eines. Was im nachhinein aus den Schatzkammern der Überlieferung aufsteigt, soll in Auswahl festgeschrieben werden. Ein Versuch ist es, nichts Endgültiges. Es könnten eines Tages tiefere oder differenzierte Einsichten sich zeigen. Es bleibt indes nach menschlichem Ermessen nicht mehr viel Zeit, abzuwarten, wann und ob sie sich zeigen werden. Begrenzung auch in Hinblick auf die Auswahl der Trümmerstätten: Korinth und Epidauros sollen von Mykene aus überflogen werden. Mitten hindurch soll der verschwundene Ilissos fließen. Höhepunkt aber soll Delphi sein, mit einem Blick hinüber ins Tal von Hosios Lukas.

340

# Mykene
## Am Rande der Chaosschlucht

Wer, der Mykenes zum ersten Male ansichtig wird, wäre nicht enttäuscht von dem Maulwurfshügelchen, das da zwischen der Übermacht von zwei pyramidalen Bergen liegt?! Dem gen Süden emporstrebenden ist die nahe Flanke aufgebrochen und geröllig abgestürzt zu einer Schlucht, in der Wildwasser rauschen könnte. Das Klaffende, Gähnende hat sich nahe an den Burgberg und die Stützmauer des Megaron herangefressen. Von dort oben fällt der Blick steil hinab. Von unten freilich... Tief in die Hocke müßte man gehen und ein guter Fotograf sein, um dem Trümmerhügel aus einiger Entfernung, von den offenen Grabovalen der Unterstadt her, Höhe und Profil abzugewinnen. Es gibt solche Aufnahmen. Sie halten den Blick fest. Sie machen Eindruck. Vor allem, wenn ein tiefblauer Himmel über dem Hügel steht. Hier also fing Schliemann in den siebziger Jahren zu graben an. Hier kam der ,Schatz des Agamemnon' ans Tagelicht. Hier residierte, herrschte, hauste einst Klytaimnestra.

Beim ersten Besuch auf dem bunt von Touristen gesprenkelten Burgberg pickte der Blick nur kurz über die Weite der Argolis hin. Beim zweiten dann ergab sich jene abgesonderte Stunde der Beschaulichkeit am Südhang unterhalb des Megaron, wo, hoch über der Chaosschlucht, der Kugelschreiber nicht nur schrieb, sondern auch zeichnete, und die Gedanken gemächlich dem Blick nachschweiften bis zum Golf von Nauplia hin. Die Skizzen erfassen zwar das markant zur Schlucht abspringende Gemäuer und ein Stück der schräg ansteigenden Flanke des südlichen Pyramidenberges, aber so gut wie nichts vom Fernblick über die weitgebreiteten Landschaftsformen – ein paar zögerlich gewellte Linien, verschwimmend im Ungenauen, Hügel und Küste andeutend der rossenährenden Argolis.

Anschaulicheres hat das Gekrabbel der Buchstaben dem linierten grauen Papier aufgeprägt in Wörtern und Sätzen, ein Versuch, fetzchenweise festzuhalten, was durch das Blickfeld dunstete – ‚das sanft-wogende Hügelland mit plötzlichen Bergen am Rande, rötlich, gelbgrau, ein gedämpftes Grün, gekrautet und gebüscht, längs- und quergewellt mit Olivenpflanzungen in kleinen Abteilungen. Viele kleingekrauste Formen, Fleckchen, bald zu Kahlheit neigend, bald dicht gedrängt wie Ringelhaar. Darüber Wolken, Wind, Sonne und Schattenspiele über dem Gehügel. Die Berge nach Westen, nach Arkadien hin, gewitterblau und dunstig, und auch das Meer, der Golf, läßt sich nur erraten.'

Wer eine Luftaufnahme betrachtet, gewinnt den Eindruck, das flache Hügelchen von Mykene sei ein Fladen des großen Berges, bei einem urzeitlichen Erdbeben abgebrochen und als Geröllhalde herabgerutscht. Dann kamen die Sturzfluten der Jahrtausende und gruben sich in die Chaosschlucht ein. Die Steinzeitmenschen kamen. Es kam die mediterrane Bronzezeit mit den Linear-B-Achäern, Streitwagen, Gold und Göttern, Helden und Sagen, unzählige Male und von jedem Exegeten aufs neue erzählt.

Am Rande der Chaosschlucht saß ich im Mai 1998, allein mit zwei Stunden Besichtigungszeit, vor Augen die dunstige Landschaft, dumpf im Hinterkopfe alles, was sich seit einem halben Jahrhundert an Geröllresten klassischer Bildung angesammelt hatte. Es rumorte lebhaft. Hier also. Mykene, Mutter der Mythen und Sagen. Großformatig. Ungewöhnlich langlebig – für wenige wenigstens und noch immer. Seltsam nur, daß die Kyklopenmauer vor dem Löwentor eher ganz normal und gar nicht monumental wirkt. Wie viele Helden konnte wohl das Megaron fassen, wenn in der Mitte das Spießbratenfeuer prasselte und der Fettdampf durch die Dachluke abzog? Ein Bad hatten sie auch, wahrhaftig. Die Sage hat es nicht erfunden. Oder fand man eins, weil die Sage ein solches erfordert?

# Zwei Frauen, Epos und Tragödie

Die Sage, sie trieft von Blut und Rache. Sie raucht von Stolz und Ehre, sippenweise: die Atriden; völkerweise: Troer, Ächäer samt Hilfsvölkern. Heroisch-Blutrünstiges lauert rings um Mykene. Es ist ein ungemütlicher Ort, sobald der harmlose Tourist homerisches Epos und attische Tragödien erzählt bekommt. Die Blüte der letzteren verdankt sich dem ersteren; die Wurzeln der ‚schönsten Sagen' reichen hinab in mykenische Zeit. Aus fernen Zeiten klirren herüber Adelsstolz und Blutrache, klagt erzwungene Entsagung auf Leben, Glück und Menschenwürde.

Was sehe ich? Das erste Stück einer Tragödien-Trilogie. Den übermüdeten Phylax auf dem flachen Dache sehe ich, höre ich, hier hinter mir, über mir, und es ist Nacht. ‚Die Götter fleh ich an, zu enden meine Mühsal…' Denn drinnen im Palaste waltet – die attischen Demokraten, knappe tausend Jahre später, wußten wohl, warum sie ihre Ehefrauen im Hause einsperrten. Zu einer Zeit, da *gynä* noch hochherrschaftlich ‚Herrin' bedeuten konnte, brauten sich Verbrechen zusammen, an welchen auch Frauen, edelgeborne, beteiligt waren, und nicht immer konnten sie danach in einem Drachenwagen entkommen. Was also sehe ich, nachdem der Nachtwächter auf dem Dach von fern das Feuerzeichen gesehen und verkündet hat?

In hochroter Robe, ein Diadem auf herrscherlich erhobenem Haupt, tritt eine ‚Ledaentsprossene' aus dem Löwentor – es sei denn, ein Streitwagen von damals wäre schmal genug gewesen, um das steinerne Tor zu passieren, die Rampe hinaufzufahren und vor den Stufen zu halten, die zum Palast emporführen. Dann stünde sie vermutlich dort, die hohe Frau. Eine andere Frau, in tiefes Schwarz gehüllt, kauert im Wagen hinter dem gutgeschienten siegreichen Troja-Heimkehrer. Vor demselben werden nun viele Worte und ein roter Teppich ausgebreitet. Über selbigen

343

roten Teppich rollt dann die ganze Trilogie – der Gattenmord wegen der hingeopferten Tochter, der Muttermord wegen Vatermord, Apoll mischt mit und die Erinnyen, und am Ende steht ein knapper Freispruch, vermittelt durch eine mutterlose Vatertochter, die tüchtige Athene. So hat ein Aischylos sich das vorgestellt und dargestellt, achthundert Jahre später.

Rot glüht der Stolz der Ledatochter, röter glüht ihr Haß, am rötesten fließt das Blut im Bad nach dem Axthieb. Ausgelebte Leidenschaften als Quintessenz des Lebens des Einzelnen wie ganzer Sippen, Gruppen, Völker? (Die Islandsagas, die Nibelungen bis hin zu Kriemhilds Rache, selbst die Sophismen der Bhagavad Gita: es ist, als wären Indo-Europäer besonders versessen auf Kampf als Zwang zu heldenhafter Selbstbestätigung.)

Was sehe ich weiterhin noch? Auch der nordöstliche Himmel glüht rot: dort brennt Troja, zerstört, ausgeraubt, ausgemordet die Männer, in die Sklaverei verschleppt die Frauen. Ihrer eine kauert im Streitwagen des Siegers und weiß, was auf sie zukommt. Alles hat sie, Eltern, Geschwister, Volk und Heimat verloren. Der Gott, der sie einst liebte und bestrafte, weil sie ihn abgewiesen hatte – so legt man sich im nachhinein zurecht, was unbegreiflich scheint: diese Seherin hatte doch gewarnt, warum hat ihr niemand Glauben geschenkt? – der schöne Edel-Adel-Gott ist auch fern. Von Göttern und Menschen verlassen, ein Beutestück unter anderen, seh ich Kassandra nun aufrecht im Streitwagen stehen, höre ihre Weheschreie im Wechsel mit den Ermahnungen der Chor-Alten: alle Greueltaten der Atriden sieht sie vor ihres Geistes Auge, nennt alles beim Namen, weiß auch, was im Hause, im  Bade gerade vor sich geht, steigt herab und geht hinein, dem eigenen Tod entgegen. Kein guter, kein ruhmvoller Schlachtentod: ein Schlächtertod von Weiberhand,  ein schlechter Tod. Mykene – ein  Ort schwarzen Verhängnisses. Eine lange Nacht des Bocksgesangs, die kein Ende nimmt.

344

## Von Mykene nach Troja

Warum versetzt es mich im nachhinein noch einmal auf die Reste der Südmauer von Mykene, mit den antiken Trümmern im Rükken und der dunstigen Argolis zu Füßen? Der Dunst dunkelt, die sternlose lange Nacht längst vergangenen menschlichen Verfallenseins an Schuld und Verhängnis zieht herauf. Die schönsten Sagen, ad usum delphini erzählt, beschönigen viel Schreckliches oder sie verschweigen es. Deutlich und gewissenhaft aber zeichnen sie die vielfach verschlungenen Linien eines dichten Netzes nach, das sowohl niedere Verbrechen wie Taten hoher Menschlichkeit über *beide* Seiten hinbreiten. Es gibt keine Schwarz-Weiß-Malerei und keine Stunde Null, mit der alles begann, es sei denn sie schlug mit den ersten Triebregungen der ersten Wesen, die Werte zu setzen wußten. Wer oder was war schuld am trojanischen Krieg und seinen unmittelbaren Folgen? Die Entführung der Helena? Das Urteil des Paris? Die Hochzeit der Thetis? Das Ei der Leda? Wo und wann schlug unschuldig ein Schmetterling die Flügel auf und zu und erregte Luftbewegungen, die nach und nach in einem Orkan endeten?

Warum und wozu, von Mykene aus, nach fast dreitausend Jahren die alten blutrünstigen Sagen und tragischen Verstrickungen von neuem aufrühren? Etwa, weil sie zum Bildungsgut der Gebildeten gehörten? Das wäre schon eine Weile her. Warum Aischylos lesen? Ein Vergnügen an tragischen Gegenständen ist kaum vorhanden. Es ist begrenzt, nahezu erstickt durch näherungsweise eigene Erfahrung und drohendes Versinken im Treibsand der Geschichte. Es ist, das ‚Vergnügen', zersplittert und verbittert durch das Wissen um zwei Weltkriege, die keinen Homer gefunden haben, aber viel an einseitigen Schuldzuweisungen und Selbstbezichtigungen, berechnet von der einen oder anderen Stunde Null an, 14, 19, 33, 39 oder 45, wo nicht gar begründet in der ‚Verspätung' einer ganzen Nation. Die Ilias, älter als Altes

345

Testament und Bhagavadgita, steht als düsteres Monument mit immerhin humanen Lichtblicken am Anfang der europäischen Literatur – zu alt und zu düster, trotz strahlender Helden, um noch gelesen zu werden in diesen Zeiten, die mit Ermordeten und Gefallenen im Bereich höherer Zahlenwerte Geschichte und Politik machen?

Wie Troja erging es manch anderer Stadt in alten Zeiten und in neueren auch. Die Liste wäre länger als die Litanei eines Rosenkranzes, der unermüdlich und vergeblich durch betende Hände gleitet. Keinen anderen Untergang von Stadt und Staatsvolk hat ein Dichter vom Range Homers besungen. Warum wohl gibt es kein Epos über den Untergang Hiroshimas, sondern allenfalls ein paar Zeilen, ungereimt? Etwa weil das Schicksal wehrloser Opfer immer das gleiche ist; der Tod des einen Einzelnen nicht verschieden von dem eines zweiten, dritten und so fort? Etwa, weil jeder nur *einen* Tod, nur den eigenen zu erdulden hat und es auf Zahlen nicht ankommt? (Kann nicht zudem der eigene Tod willkommener sein als der von Nächsten und Geliebten?) Es gingen in Troja keine Fünftausend zugrunde, auch keine Fünfunddreißigtausend, keine Dreihunderttausend und erst recht keine Millionen. Warum und wozu also so viele tausend Hexameter Aufhebens um den Zorn des Achill, die List des Odysseus und das Wüten der Sieger? Das wüßte wohl gern, wer im Jahre nach der Berliner Olympiade geboren wurde und im Februar 1945 südöstlich am Verderben vorbei und davonkam.

Wer auf den antiken Resten von Mykene (untergegangen ohne Katastrophen, von Pausanias, dem umherreisenden Altertümler, im 2. Jh. A.D. schon verödet angetroffen, nur das Löwentor ragte noch hervor) – wer da sitzt und die Gedanken rund um sich gehen läßt, der denkt vielleicht auch eine Busstunde weiter nördlich zurück, wo man als Tourist gewöhnlich herkommt, auf der klassischen Runde  von Athen her – er denkt an Korinth.

# Korinth

Dort am Isthmus mit dem Zugang zu zwei Meeren, am Fuße eines kantig ragenden Klotzes von Burgberg, sind die sieben Säulen zu besichtigen, die sich auf jeder Ansichtskarte so gut machen. Man steht vor dem ausgehöhlten Felsenrest eines Brunnenhauses und guckt wie in leere Augenhöhlen – das ist ,die Glauke', ein Rest Medea-Mythos. Wer sich auskennt, denkt an Tyrannenzeit als Glanzzeit. Der Fernhandel blüht, mit geschwellten Segeln treibt eine alte Flottenmacht auf den Konflikt mit einer jüngeren zu, ein halbes Jahrhundert nach Themistokles. Anlaß und Ursache sind zweierlei; wer einen Krieg beginnt, muß ihn auch gewinnen, sonst hat er nichts zu lachen, rappelt sich auf und geht ein zweites Mal zu Boden.

Es waren Dorer; es waren die sagenhaft zurückgekehrten Herakliden, die weiter südlich, an den Ufern des Eurotas, sich einigelten und ihr schwarzes Sondersüppchen brauten, bestaunt von allen Stammesverwandten ringsum, während ihre Vettern am Isthmus Kerkyra-Korfu und Syrakus gründeten. Später, als die Römer imperiale Klauen ausstreckten, lavierte die reiche Stadt zwischen den Fronten, und so kam das Jahr 146 v. Chr., das zwei mächtige Handelsstädte aus dem Wege räumte im Interesse einer zukünftigen Pax Romana. ,Die Bevölkerung wurde ausgemordet oder in die Sklaverei verkauft' – wie man das damals so machte. Nur den Apollontempel machte man offenbar nicht dem Erdboden gleich. Zweieinhalbtausend Jahre wurden von den Archäologen wieder aufrechtgestellt zur Freude der Fotografen. Damals freilich – die Toten blieben tot, die Sklaven versklavt, auch nachdem Cäsar sowohl die eine wie die andere Stadt wieder hatte aufbauen lassen. Der Zerstörer von Karthago, (ein Kriegsverbrecher?), ein philosophisch gebildeter Mann, soll das weise Wort gesprochen haben: ,So wie wir jetzt auf Senatsbefehl diese Stadt zerstören, so wird man dermaleinst auch Rom zerstören.' Wer wird dermaleinst Groß-London zerstören oder New York? Korinth also wurde wieder aufgebaut, besiedelt mit römischen Veteranen; aber auch Händler, so Griechen wie Juden, ließen sich nieder, die Stadt blühte von neuem auf, und oben auf der Akropolis thronte ein Aphroditeheiligtum mit entsprechender Belegschaft. Handwerksproletariat (Keramik, Erz, Webereien): fruchtbarer Boden für eine neue Religion, die ganz unten sucht, was sich nach Menschenwürde und Erlösung sehnt. Weder Delphi noch Olympia werden im Neuen Testament erwähnt (Athen läßt sich so gut wie übersehen); wohl aber diese abschaumbrodelnde Mischlingsstadt zwischen den Meeren. Sie kümmerte offenbar den Gott, der in Knechtsgestalt kam, um sich der Mühseligen und Beladenen anzunehmen. Schon im 2. Jh. war Korinth Bischofssitz. Kurz vor 400 kam Alarich mit seinen Scharen ('Horden' natürlich) vorbei und verwüstete; im 6. Jh. kamen ein Erdbeben und die ersten Slawen; dann Franken und Venezianer, dann die Türken, und schließlich – die Touristen.

Das sind Gedanken, die sich machen könnte, wer an einem dunstigen Vormittag im Mai auf der Südmauer des Trümmerhügels von Mykene sitzt – düstere Gedanken von Kampf, Stolz, Haß, Verbitterung, Angst und Tod; von Doppelgesichten und Vexierbildern: was dem einen als Heldentat erscheint, allenfalls als bittere Notwendigkeit, heißt dem anderen Kriegsverbrechen. Die Götter der Griechen nahmen Partei; nur der Höchste, Zeus, blieb unparteiisch und wog Entscheidungen mit der Schicksalswaage. Wie soll der Fromme sich ein Jüngstes Gericht vorstellen? Werden die göttlichen Schuldsprüche anders ausfallen als die menschlichen? Werden weiße Kleider tragen alle, die wehrlos, einzeln und massenweise, umkamen, und sich wundern die Helden und Sieger? Und manche der heute Verdammten?

Nach Südosten über das Arachneiongebirge hinweg könnten die schweifenden Gedanken friedlichere Gefilde erreichen:

348

# Epidauros

Von Kriegen und Tragödien gäbe es hier nichts zu berichten. (Und ratsam wäre es, an Sullas Plünderung *nicht* zu erinnern; vor dem Namen allein schon tut sich ein Abgrund der Widersprüche auf im Treibsand der Geschichte – Sulla das Scheusal, Sulla der große Feldherr, Staatsmann, Diktator und Erfinder der Proskriptionen – wo würde das hinführen?!)

In einer abgelegenen, weiten Tallandschaft zwischen sanft gewellten Höhen liegt das Heil- und Heiligtum. Nicht waffenklirrende Helden treiben hier ihr Wesen; weißgewandet wandeln zwischen Säulenhallen und Zypressen Priesterärzte umher, die allenfalls das Skalpell handhaben. Ihr Wissen verleiht den Anweisungen eines Heilgottes namens Asklepios Nachdruck, sie deuten die Träume, verordnen Diäten, Sport und Bäder, haben aber auch gegen Wunder nichts einzuwenden. Der Gott wendet sich dem Einzelnen zu, der ihn um Hilfe angeht. Der Wallfahrts- und Heilbetrieb blühte seit dem 5. Jahrhundert. Es entstanden Filialen. Auf der Insel Kos begründete ein Zeitgenosse des Sokrates, ein gewisser Hippokrates, im Kreise der Asklepiaden die wissenschaftliche Medizin des Abendlandes.

Im Umkreis einer Tholos, in der heutigentags die Touristen verwunderte Blicke im Kreise herumgehen lassen, erschien der Gott einst chthonisch, eidechsen- und schlangenhaft. Dergestalt ringelt er sich bis heute am Ärzte- und Apothekerstab empor. Das leibliche Heil kam, wenn es kam, von unten. Der heilende Gott kam zur Hälfte auch von unten, war nur ein Halbgott, seiner sterblichen Mutter auf dem Scheiterhaufen aus dem Leibe gerissen von seinem Vater, Apollon. Bis tief in christlich rivalisierende Zeiten hinein hofften die Leidenden auf ihn, den heilenden Halbgott, der sogar einen Toten auferweckt haben und deshalb von Zeus mit dem Blitze erschlagen worden sein soll. So fabelt der Mythos.

Solche Fabeleien und manch anderes könnte bedenken, wer unversehens auf den Stufen des Amphitheaters säße, das sich seitlich über den antiken Trümmern weitausladend in die Flanke eines Hügels schmiegt. Was wurde wohl hier einst aufgeführt? Kultische Tänze? Das einsame Leiden des Einzelnen, eines Hippolytos etwa, einer Phädra? Troizen ist nicht weit; dort gab es eines der vielen Tochterheiligtümern von Epidauros. Im Palaste des Theseus braut die Sage Unheil – Seelenkrankheit, illegitime Liebesqualen einer Königin, auferlegt von einer beleidigten Gottheit: ,C'est Vénus toute entière à sa proie attachée' – dagegen weiß Asklepios kein Kräutlein. Der keusche, Artemis allein verehrende Amazonensohn muß büßen. Eine tugendhafte Königin ist als Opfer nur Mittel zum Zweck. Die ethisch-aufklärerische Götterkritik der Tragödie beginnt mit Euripides.

Zurück nach **Mykene**. – Was flüstern die Trümmer? Sie erinnern daran, daß das große, das grausame, das nicht nur Männer mordende Kriegsgeschehen (zu Lande: Thermopylen, Cannae, Stalingrad; zu Wasser: Salamis, Skagerrak; und schließlich auch in der Luft: Erster Weltkrieg, als ein abgeschossener Jagdflieger vom Feind noch ein ehrenhaftes Begräbnis bekam; Zweiter Weltkrieg: Bombenkrieg von oben auf Wehrlose), das die Völker aufeinanderschlagen läßt und Städte zerstört, einst mit Feuer und Schwert, später bequemer durch bloßes Ausklinken – daß es sich verknüpfen kann mit häuslichem, höchst privatem Unglück. ,Hamlet oder die lange Nacht – '. Bisweilen nimmt sie nach langer seelischer Qual noch ein gutes Ende, bisweilen ein unvermutet schnelles mit Schrecken. Der Trojanische Krieg war gewonnen. Der häuslich-heimliche Krieg der Ehegatten im Palast von Mykene ging einem siegreichen Heimkehrer verloren. Gerechtigkeit der Götter? Odysseus wurde nur durch lange Irrfahrt bestraft. Achill, der Held und Massentöter, immerhin durch frühen Tod. Werden die Helden und Massentöter der neueren Geschichte jemals einem Richter begegnen?

## Sparta
### Auf der Burg über Mistra

Bis die Besinnung endlich auf einem frisch betonierten Ruinen-
mäuerchen sitzt und Überblick gewinnen kann! Im Rücken die
bleierne Wucht des Klotz-an-Klotz-Gebirges; zu Füßen, und zwar
recht tief, eine weite Ebene, zitrusgrün und kalkweiß gesprenkelt,
rauchblau überdunstet bis hin zu noch einem Gebirge, drüben
gen Osten, unansehnlicher, der Parnon. Wenn das dazwischen
ein Golf, ein Kolpos, ein bauschiger Meerbusen gewesen wäre –
hätte es Sparta gegeben? Das Meer aber ist außer Sichtweite. Der
mythische Lakedaimon mußte seinem Binnenland-Dämon folgen. Gern würde ich Lakonien lakonisch fassen, um es los zu
werden ohne ,Wanderer' und ,kommst du'; aber man kam mit
dem Bus und mit Antike im Gepäck.

Da war die Landschaft in ihrer Plötzlichkeit, das weite Tal umhüllt von März-Dämmerung. Noch rollst du durch Arkadien,
suchst hinter jedem Busch und jeder Biegung etwas, das nach
Idyll aussähe, panhaft, nymphisch; bist dankbar, wenn wenigstens eine Ziegenherde durch die Macchia weidet; aber wo ist
das Ur-Eingeborene, die Hirtenromantik, bekränzt mit Ginster
oder Huflattich, Syrinx an den Lippen, Schaffell um die Lenden,
zeitlos jenseits der Geschichte, schöpfend aus reinem Felsenquell,
sich nährend von Käse, Oliven, Sellerie – wo sind Daphnis und
Chloe, oder ,Unter der wölbigen Buche Laub, o Tityrus, ruhst du'
– wo? Noch also suchst du, schweifst mit den Ziegen durch
Gebirg und Gebüsch, und plötzlich: ,Aussteigen, wir besichtigen
noch eben das Heiligtum de Artemis Orthia.' Die Berge waren
kaum zurückgewichen, kein Fingerzeig der Exegetin auf Selassia,
das unrühmliche Ende 222, da steht man schon mit beiden Füßen
in grasig-sumpfiger Mulde am Eurotas, mit den kümmerlichen
Resten römischer Touristenlüsternheit.

Nichts soll hier wiederholt werden von den Enttäuschungen der ersten Reise: ein verregnetes bayerisch-neugriechisches ‚Sparti', wo die Hotels ‚Leda' und ‚Menelaos' heißen wie bei uns die Hunde ‚Hektor' und die Scheuermittel ‚Ajax'. Einzig Mistra ist der Mühe wert, Worte zu suchen für das Gemisch aus Gruselromantik und Erinnerungen an zerbombte Städte. Man verließ die Verwüstungen der Befreiungskriege und zog hinab in die Ebene, wo einst der Ruhm rauschend in alle späteren Völkerhimmel stieg, nicht nur in den römischen, auch in den preußischen, britischen (‚Down into the valley of death rode the sixhundred') und – ja, auch in den eines Deutschen Reiches. Da liegt die neue Stadt, angelegt als Schachbrett, inzwischen, von oben betrachtet, ein streunendes Siedlungsgebiet, ein schwungvoll ausgeleerter Karton voll weißer Kinderbauklötzchen.

Dieses Sparti – friedlich, harmlos, geschäftstüchtig. Man brauchte gar nicht zu wissen, daß es existiert. Welch ein Glück der Unberühmtheit, profitierend von der großen Vergangenheit von vier bis sieben Dörfern. Vor dem Fußballstadion steht ein Leonidas in kurzem Faltenröcklein (bei den Thermopylen steht er nackt). Vermutlich steht er da für die Touristen, die etwas sehen wollen, wie schon die römischen Touristen. Manche wissen Bescheid, sei es, weil sie noch in der Schule etwas gelernt haben, sei es, weil ein neueres Filmmonstrum und das Internet es ihnen zumuten. Von Sparta blieben stehen – die Thermopylen. Von Sparta überlebten – die Dreihundert. Was waren das für Zeiten, als ein Untergang noch rühmlich schien. An der Wolga war es anders.

Auf den Burgruinen der fränkischen Eroberer aus dem 13. Jahrhundert, hoch über der Eurotasebene und noch ein  Stück weit über den Ruinen von Mistra, sitzt es sich besinnlich, solange man nicht an Sparta denkt, an das antike, berühmte und berüchtigte, sondern an etwas anderes. An Goethe zum Beispiel, Faust Zwei. Hier irgendwo stürzte Euphorion ab, metaphorisch.

## Bewundert viel und viel gescholten

Schiller hat über Sparta nachgedacht und war dagegen. Goethe interessierte sich für Mistra und die schöne Helena. Inzwischen ist Weimar weit. Und Mistra – wie nach einem Bombenangriff. Aber es waren die Albaner während des Orlow-Aufstandes und dann die Vergeltungen der Freiheitskriege, die so gespenstige Ruinen hinterließen. Sparta aber – muß es sein? Es muß wohl. Wer könnte umhin, sich Gedanken zu machen, wenn er hier oben säße wie ich, allein und im nachhinein, nicht als Tourist, dankbar für eine Stunde Alleinsein im Abseits, sondern im Geiste und als *Graie*, zehn Jahre später, auf den Knien ein schwarzes Elektronen-Zauberkästchen, dessen Bildschirm das Verfertigen von Gedanken auf merkwürdige Weise beflügelt...

*Bewundert viel und viel gescholten* – nicht die mythische Helena, sondern das historische Sparta. Das ist nun nicht homerisches Epos, die Mühsale und Schicksalsschläge allgemeinmenschlichen Daseins besingend – es ist Geschichte, mannigfach überliefert wie die Geschichte Athens, Roms oder Berlins. Was mochte die dorischen – doch wohl ‚Horden' – bewogen haben, eine von ferne blutsverwandte Vorbevölkerung zu versklaven und mit dem ehernen Starrsinn einer elitären Kriegerkaste eine Politik der Abkapselung zu betreiben? Ein historisches Unikum. Kopfschüttelndes Staunen. Geschichtsphilosophisch betrachtet: ein sinnloses Experiment des Weltgeistes, ganz gegen den Fortschritt im Geiste der Freiheit des Individuums? Aber war nicht Platon, angesichts der Verpöbelung der attischen Demokratie, maßvoll dafür? Das Für und Wider wogte durch die Jahrhunderte. Sparta schwankte im Urteil der Zeiten und ihrer jeweiligen, bisweilen blutig aufeinanderschlagenden Ideale. Nach zwei Weltkriegen schwankt es nicht mehr. Es gab inzwischen zu viel an Vernichtung nah und fern. Zwar führt man weiterhin Kriege, aber man nennt es anders, und es bleibt, bislang, begrenzt.

Sparta also: Härte gegen sich selbst, Grausamkeit gegen Unterworfene, ein ungewöhnliches Maß an Freiheit für die Frauen der Elite, Absage an die schönen Künste, an Philosophie und Rhetorik. Tyrtaios freilich durfte verherrlichend singen vom Schlachtentod fürs Vaterland – waren die Dreihundert Idioten? Verblendete? Nichts als Zwangsverpflichtete? Ideologisch Mißbrauchte? Es erinnert irgendwie. Aber es will sich den Worten nicht fügen. Gefühl und Graienweisheit sagen Nein zu Sparta und Tyrtaios. Was ist es, das dennoch verstehen will und sich beinahe bis zu etwas wie Verständnis versteigt? Waren es wirklich nichts als schauderhaft hirnlose Sitten und Gebräuche? Müßten nicht Unterschiede zugestanden werden zwischen dem Einzelkämpfer oder einem Häuflein klein, kämpfend gegen eine Übermacht und ohne Hoffnung, und einem modernen Vernichtungskrieg mit technisch machbarem Massenmord an Wehrlosen, vom Schreibtisch aus oder vom Cockpit und nach dem Lamech-Prinzip? Sparta ging zugrunde, nachdem es das besiegte Athen *nicht* zerstört hatte. Ging es zugrunde, weil die Elite fiel und die übrigen das Heldentum satt hatten?

‚Bewundert viel und viel gescholten…‘ aus Sparta also stammten der Sage nach Helena und ‚xanthos Menelaos‘, blond wie der nordische Siegfried. Das war das Sparta der Achäer, die von den ‚rückkehrenden Herakliden‘ versklavt wurden. Es begannen die Spartaner aber erst um 550 ein Volk unter Waffen zu werden (als ‚Volk ohne Raum‘ waren sie über den Taygetos gestiegen und hatten die Messenier zu Heloten gemacht, die ihrerseits Aufstände machten) – in den Jahrhunderten davor darf man sie als normale Griechen betrachten, die den Göttern Tempel bauten, Kulttänze aufführten und an den Hyakinthien musische Agone veranstalteten. Sie pflegten das Kunsthandwerk und duldeten auch Dichter, im 7. Jahrhundert nicht nur den kämpferischen Tyrtaios, sondern auch einen Chorlyriker namens Alkman.

## Über der Welle blumigen Schaum...

Sitze ich nicht noch immer auf der weitläufigen Ruinenburg des fränkischen Ritters Villehardouin, zweitausendsiebenhundert Jahre über dem alten Sparta? Über die olivengrün und villenweiß getüpfelte Ebene mit dem Neustadtfladen Sparta ziehen Wolken- und Gedankenschatten. Es wäre gut, Tyrtaios zu vergessen und auch die blutüberströmten Epheben der schaulustigen Römertouristenzeit nicht zu erwähnen.

Es gab im alten Sparta Lieblicheres zu hören als Kriegsgesänge und Anmutigeres zu sehen als Heldentum und Todeskampf. Es gab im siebenten Jahrhundert Alkman und die Mädchenchöre. Die standen, wenn sie sangen, nicht nur da, schwarz und feierlich wie heutzutage ein Kirchenchor am Sonntag Kantate; sie bewegten sich singend nach ausgetüftelter Tanzvorschrift, sie wirbelten diszipliniert umher – ein choreographisches Schau- und Hörspiel. Fest war Kultfest, Tanzfest, Götterfestspiel; es bedurfte eines Dichters und Tanzmeisters, um alles kunstvoll über die Bühne zu bringen. Vielleicht waren sie weißgekleidet, die Jungfrauen, und hüpften kniefrei in Faltenröcklein umher. Vielleicht flatterten sie purpurrot umher mit buntgesticktem Kopfputz. Der Chor-, der Tanz- und Gesangmeister zwang nicht nur die Saiten in Citharam, er sprang den Mädchen die Sprünge auch vor – bis er zu alt war und die Knie knackten. Da dichtete er noch ein Lied, erhalten geblieben im Untergang antiker Literatur, ein seltenes Glück.

Das Eisvogellied – eine melodische Klage für alte und ältere Leute, die aufgehört haben, zu rennen und zu tanzen. Es ist bald zwanzig Jahre her, daß es sich fand in den ‚Fragmenten frühgriechischer Lyrik'. Jenes schmale Büchlein von den Ufern des Arno, aus dem Sommer 1943, als an der Wolga alles schon verloren war und man an Elbe, Spree und Main anderes in und über den Köpfen hatte als frühgriechische Chorlyrik.

Ein Lied zum Auswendiglernen, um es bei einem Besuch, als der letzte empfunden, in den Bergen von Mbe, hinschweifend über einen morgendlichen Hügelrücken, aufzusagen:

Ου μ'ετι παρθενικαι μελιγαρυες, ‘ιμεροφωνοι
γυια φερειν δυναται· βαλε δη, βαλε Κερυλος ειην
‘ος δ'επι κυματος ανθος ‘αμ' αλκυονεσσι ποτηται
νηδεες ητορ εχων, ‘αλιπορφυρος ‘ιερος ορνις.

Ou m'eti parthenikai, meligaryes, himerophoonoi,
Gyia pherein dynatai. Bale dä, bale Kerylos eiän
Hos d'epi kymatos anthos ham alkyonessi potätai
Nädees ätor echoon, haliporphyros hieros ornis.

Nicht mehr, ihr Mädchen, süßzwitschernde, sehnsuchttönende,
Wollen die Knie mich tragen. Wär ich, ach wäre ich Kerylos,
Über der Welle blumigen Schaum mit den Eisvögeln fliegend
Besänftigten Herzens, gottgeweiht, meerpurpurfarben...

Als mythischer Vogel davonfliegen über das Meer, schwebend und gleitend über unendliche Weiten, die Mühsal des Alters vergessend und den Tod, das purpurblaue Gefieder, die weitgebreiteten Flügel der Seele betaut von schönen Erinnerungen, frei von Enttäuschungen und Verbitterung – wäre es nicht ein Ziel, aufs innigste zu wünschen? Solch ein Alkman fand einst eine künstlerisch-kultische Lebensaufgabe und ein Grab im Staate der Spartaner. Es könnte mit allem übrigen versöhnen. Alles übrige aber ergibt sich aus dem unvermeidlichen Vergleich mit Athen.

Fliege also, Eisvogel, nach Nordosten über Parnongebirge, Argolischen Golf und Saronischen, links an Troizen und am Tempel der Aphaia auf Ägina vorbei, und du findest mich wieder auf dem Musenhügel.

## Athen
### Auf dem Musenhügel

Hier oben stand an einem windig kalten Abend Ende März 1997 eine Beinahe-Graie, ins Grau einer Windjacke gewickelt, die Kapuze über den Kopf gezogen, um die Schultern eine dunkle Strickjacke, und verkniff sich so sichtlich die Rührung im Gemüt, daß die Kamera des Begleiters die Horizontale verfehlte und das zweieinhalbtausendjährige Wunder im Hintergrunde, marmorbleich, vom Regen nackt gewaschen, schief unter den großen Zelluloidhimmel jenes Abends geriet. Die zierlich gestrichelte ferne Säulenfront steht fast in Stirnhöhe; den Kegelberg daneben verdeckt das hergewandte Graiengesicht; über dem schwarzgrün verstrüppten Knieholz im Vordergrund schäumt gelblich ein Wellenkamm Stadt und zwanzigstes Jahrhundert.

Was suche ich, streunend und stolpernd über kalksteiniges Gehöcker, im nachhinein auf dem Musenhügel? Die Musen. Vielleicht sitzen sie irgendwo im stachligen Ginster-, Lorbeer- oder Kieferngebüsch, die vom Helikon, der nicht gar zu weit ist, näher jedenfalls als Pierien oder der Parnaß. Sie müßten doch hier zu finden sein, wie käme der Hügel sonst zu seinem Namen. Lag er nicht einst zwischen den Langen Mauern zum Piräus? Im Keller des nahen Hotel Divani liegen ein paar mächtige Quader unter Glas. Sie gehören zur Themistokles-Stadtmauer, gleich nach Salamis. Zwischen den Langen Mauern, den späteren, hauste dann eingepfercht die Landbevölkerung, wenn die Spartaner kamen und Attika verwüsteten, damals, als Perikles etwas weiter drüben auf der Pnyx seine Reden hielt. Und dann kam die Pest. Es kamen die Sache mit Melos, der Hermenfrevel und schließlich die Latomien von Syrakus. Muß man das alles so genau wissen? Man muß nicht. Aber es liegt alles so nahe. Auch das Gefängnis des Sokrates soll sich hier oben befinden.

Suchte ich nicht die Musen? Hat nicht Kleio mich unversehens schon beim Wickel? Die ernste Klio, auch sie vom Itazismus befallen, die Rühmende, die Berüchtigende, gut oder übel Beleumundende. Sie ist schon da, dicht neben mir, hier, in der frischeren Luft einer grünen Oase über der Großstadt, die einem Liebhaber der Antike nur ein einziges Wort erpreßt: Barbarei. Jeder, dem es an neuzeitlicher Einsicht mangelt, murmelt es fassungslos vor sich hin. Auch ich gehöre zu den Fassungslosen.

Gewiß, auch Barbaren haben ihre Lebensrechte und Geschäftsinteressen. Wer wollte heute einer hunderttausendmotorig röhrenden Hydra, dazu noch einer demokratisch gepanzerten, auch nur ein einziges Auspuffrohr mit Verboten stopfen, nur um die Koren des Erechtheion zu retten? Außerdem sieht man von diesem Hügel aus zu viel, rings in der Runde. Bei weniger Dunst müßte man nach Westen das Meer sehen. Die Versuchung zum Imperialismus, freilich. Attischer Seebund. Erst muß die Freiheit erfolgreich verteidigt werden, dann kommen die anderen bewundernd von selbst und bringen Tribute. Zum Piräus hinüber also hebt der Blick die Schwingen und sackt unterwegs ab, ersaufend in den Straßenschluchten, die schnurgerade wie Suchgräben kilometerweit vor sich hinlaufen. Asphalt, wo einst Landschaft grünte. Nach Süden hin steht dem kahlen Hymettos die Betonflut schon bis zum Halse. Ob es da noch Thymian und Honig gibt? Der Ilissos müßte noch immer dort entspringen. Der Lykabettos im Osten, längst von der weiß-grau gewürfelten Hydra umwürgt, stört ungemein. Man möchte die Akropolis, die hochgebaute heilige Stadt mit dem Diadem des Parthenon als einzig schöner Vision einzig und allein am Horizont ragen sehen – der dunkle Kegelstumpf hinter dem Weltwunder, dazu noch mit Drachentöter-Kapelle, drängt sich auf wie  rohe Ungestalt aus gigantischer Urzeit. Da oben sitzen sie, trinken Kaffee und sehen hinweg über die oder ab von der Ungestalt einer Millionenstadt, für die kein Adjektiv zu häßlich ist.

Klio dicht neben mir flüstert mir zu, was in tausend und mehreren Athen- und Griechenlandbüchern zu lesen ist und daher keiner Wiederholung bedarf. Vom kahlen Kalkbrocken des Areopag und dem Trümmerfeld der Agora an seinem Nordabhang ist von hier oben aus zwar nichts zu sehen. Aber viel zu wissen. Daher ich nur weniges suche. Auf dem Areopag etwa suche ich nicht eine missionarische Anknüpfung mit Bußruf und Eschatologie, sondern das aischyleische Ende der Blutrache und des Rechtes der Erinnyen – ein Muttermord blieb ungerächt. Auf der ausgegrabenen Agora sehe ich in meines Geistes Aug' die Heilige Straße der Panathenäen – beim einstigen Dipylon kippt sie in den Geleiseschacht der S-Bahn zum Piräus. Weiter drüben würde ich nicht im Gräber-Töpfer-Feld verweilen, sondern jenseits davon den Hain des Heros Akademos suchen und den Kolonos-Hügel mit dem Hain der sophokleischen Eumeniden. Einen Ort der Entrückung nach großem Leiden, des Ödipus' Angedenken. Aber da ist nichts mehr. Alles ist überbaut von einer barbarischen Stadt, der ihre Barbarenrechte nicht bestritten werden sollen.

Auf der Agora würde ich im Vorübergehen ‚Chaire' sagen zu Sokrates, der da umhergeht und die Leute ärgert. Freue dich, Alter, Weiser! Deine Weisheit und dein Tod sind nicht totzukriegen. Sogar meine Tante, über Neunzig, nur acht Jahre Volksschule und entsprechend lebenstüchtig, sogar sie hat deinen Namen gehört. Mich interessieren die weniger bekannten Namen, die auf der Agora und um den Burgberg herum steinerne Spuren hinterlassen haben. Namen aus Jahrhunderten, die *nach* dem glorreichen fünften kamen. Im vierten, gute Klio, nicht wahr, mag einer sich noch einigermaßen auskennen – Platon, Aristoteles, Demosthenes. Philipp, Alexander. Diadochen. Leuktra, Chaironea, Gordischer Knoten etcetera. Dann aber kommt ein halbes Jahrtausend, dessen Jahrhunderte mir durcheinandergeraten. Was war vor, was war nach? Hier habe ich drei Namen – Attalos, Herodes Atticus, Philopappos. Jeder hat Athen ein Bauwerk geschenkt.

359

Zwei davon hat man wieder aufgebaut. Die große Stoa des Attalos, König von Pergamon, aus dem 2. Jahrhundert *vor*, schattig
schön und säulengewaltig. Eine Wandelhalle, in der Gedanken
im Hin- und Hergehen weißgewandet Gestalt annehmen. Das
große Odeion am Burgberg, das marmorweiße Stufenhalbrund
vor den Ruinen antiker Arkaden: diesen Ort zum Musizieren und
Deklamieren stiftete ein reicher Mann aus Marathon, ein Grieche
und Römerfreund, politisch und philosophisch gebildet, namens
Herodes Atticus aus dem 2. Jahrhundert *nach*. Zu seiner Zeit
stand bereits das Grabmal auf dem Musenhügel, von der Stadt
einem syrischen Prinzen Philopappos erbaut aus Dankbarkeit für
Wohltaten. Ein Rest des reliefverzierten Marmors steht noch aufrecht, weithin sichtbar. Wenn auf alten Stichen mit nichts als
Landschaft und einem dick mit Bastionen zugebauten Burgberg
(ein Parthenon kaum erkennbar) – wenn da auf einem kahlen
Hügel in der Nähe etwas wie ein Däumling ragt, weiß man, daß
die spärliche Siedlung dicht dabei Athen – war.

Noch immer irre ich auf dem Musenhügel umher. Klio, bist du
noch nahe? Im März 1997 war das zerbröckelnde Denkmal des
syrischen Prinzen mit Spray-Schmierereien verunziert. Inzwischen, zwölf Jahre später, ist es von einem silberzarten Zaun luf-
tig umhegt, aber nicht mehr einziges Wahrzeichen des Hügels:
eine ebenso silberzarte Sendeantenne ragt in der Nähe und hat
die Antike himmelwärts überholt. Der Fernblick durchs Internet
macht eine dritte Reise überflüssig.

Klio, fragwürdigste aller Musen: weiter will ich nichts von der
Geschichte dieser Stadt. Nur noch eine kurze Begegnung mit deinen Schwestern Melpomene und Thalia. Rufe sie mir herbei. Das
Theater des Dionysos am Hange des Burgbergs ist zwar von hier,
wo ich stehe, nicht zu sehen. Der vier Großen zu gedenken, die
da unten Nachdenkenswertes ans Licht der Welt brachten, ist
indes hier oben ein guter Ort.

Melpomene, Weinlaub ums Haupt gewunden, einherschreitend auf hohem Kothurn, eine Maske mit schmerzverzerrten Zügen seitwärts haltend, ein Klagelied im Namen – in Sparta warst du unbekannt, warum? Vermutlich, weil dort ausschließlich gelebt wurde, was hier, im Schutze einer Parthenos, nicht nur, aber *auch* und vor aller Augen in der Orchestra umging mit Tanz, Gesang und schicksalentscheidenden Dialogen (,War dir denn das Verbot bekannt?' ,Wie nicht? Es ward ja laut genug verkündet.') Taten und Schandtaten, Schuld und Sühne, Sein und Dagegensein, Ideale und Gegenideale, Zerreißungen, Verblendungen, hohe Ziele und niedere Mittel zum Zweck. Hybris, Verhängnis oder Zufall, Götter- oder Nachbarneid. Edel sei der Mensch, hilfreich und gut – *was* ist gut? Wer oder was hilft wem womit? Was ist edel? Adel? Wer immer strebend sich bemüht? Es kann ihm zur Unzeit einer dazwischenkommen mit zweischneidigem Schwert oder den größeren Kanonen.

Melpomene, tragische Muse, ich wüßte dir einen Gegenstand aus neuerer Zeit, ein Thema, eine Hausaufgabe. Die Sache ist zwar längst, neo-demokratisch, mit Nachhilfe gewisser dogmatischer Vorbehalte, gelöst, veröffentlicht und benotet. Du würdest die Aufgabe vermutlich differenzierter lösen. Vielstimmiger orchestrieren. Ein Klagelied singen auch nach der anderen Seite hin. Das ist es. Es gehört sich nicht. Es gehört eingeklammert.

Melpomene, die du zuständig bist für die drei kanonisch Großen der kultischen Gattung Tragödie: ich wollte von jedem nur *eine* Szene erinnern. Da mir in Mykene von Aischylos eine schon einfiel, bleiben mir hier noch zwei. Bei Sophokles bin ich unschlüssig. Den ,Oidipous Tyrannos' hab ich in Berlin gesehen – wortlos und sehr langsam ging Iokaste davon, um allem ein Ende zu machen. Nachdenken müßte ich über das Wesen von ,Befleckung' – damals war es religiöser Natur, heute wirkt ,befleckend' ein falsches Wort im Bereich politisch-ideologischer Dogmen.

Eine Szene aus dem ‚Hippolytos' des Euripides kam schon in Epidauros in den Sinn. Wurde sie dort unten im Theater des Dionysos gespielt? Phädra, leidend, niemand, außer ihr selbst, weiß, woran, auf weichem Pfühle, umgeben von Dienerinnen und sorgender Amme, wirft sich plötzlich wild herum – ‚Ach, könnt ich mir schöpfen aus rieselndem Quell...' ‚Fort, laßt mich hinaus, ins Gebirg, in den Wald...' ‚O Artemis!' Schritt um Schritt drängt ihr Geheimnis hervor und näher heran ans Unsagbare. Worte erleichtern Leiden, das weiß man. Aber man muß sie in bestimmten Fällen so wählen, daß sie verhüllen statt offenbaren, bis hin zur Lüge. Das wußten auch die alten Moralisten. Aber Phädra lügt nicht; sie sehnt sich nach einem Nahesein durch Nachahmung. Zeit zubringen mit eben den Taten, die der Geliebte tut; gleiche Mühsalen ertragen, leiden, was *er* leidet – ein Zeichen inniger Verbundenheit über räumliche und zeitliche Entfernung hinweg. Waren die Zuschauer damals für solch subtile Einsichten reif?

Dank dir, Melpomene, für das Wenige, das ich im nachhinein erinnern durfte. Die Zeit drängt; ich will noch hinab zum Ilissos – Thalia, Blühende mit dem Efeukranz im Haar und einer lachenden Maske in der Linken, bist du schon da, mir den Vierten im Quartett der Kanonischen in Erinnerung zu rufen? Die Wolken ziehen, die Frösche quaken, Lysistrata hält Streikreden für den Frieden, und bis heut ist man baß erstaunt angesichts der Demokratenfreiheit, mit welcher ein Kömödiendichter damals Staatsmänner und dazu noch einen wie jenen ‚Paphlagonier', den Gerber Kleon, verhohnepipeln durfte. Das Beschädigen von Hermen, das Einführen neuer Götter oder das Ausplaudern von Geheimnissen der eleusinischen Mysterien, es wurde gerichtlich verfolgt. Was ermöglichte Spottsucht, Frechheit, Unverschämtheit der Komödie – warum lachte man darüber statt sich zu empören wegen Vergehens gegen die Menschenwürde? War das alles schon Niedergang der Demokratie? Sie hatten ihre unbegreiflich unmöglichen Seiten, diese alten Griechen.

# Am Ilissos

Es gibt alte Stiche aus der Zeit vor den Befreiungskriegen, auf welchen die Landschaft südlich der Säulen des Olympieion noch weithin das ländliche Idyll widerspiegelt, das Platons ‚Phaidros' schildert – ein Feldweg ins Offene, von Bäumen gesäumt, ein Bach, bisweilen auch Fluß, über kalkfelsigen Grund zwischen Gras und Gebüsch hinrauschend; ein Kapellchen statt des Nymphenheiligtums, weidende Schafe, Landleute.

*Hier laß uns abbiegen, hinab zum Ilissos. Siehst du jene höchste Platane? Dort ist Schatten und laue Luft, auch Rasen, uns niederzusetzen ungestört. – Dies ist ein schöner Aufenthalt. Die Platane ist prächtig belaubt und hoch, und des Gesträuches Umschattung gar schön, es steht in voller Blüte und erfüllt den Ort mit Wohlgeruch. Und es fließt die lieblichste Quelle des kühlsten Wassers. Auch die Luft weht hier vollkommen und süß und säuselt sommerlich und lieblich in den Chor der Zikaden. Am herrlichsten aber ist das Gras am sanften Abhang...*

Wer mit diesem *locus amoenus* vor dem inneren Auge gegen Ende des letzten Jahrhunderts nach einem letzten Rest des Ilissos suchte, fand sich in einer flachen Senke wieder, die, teils struppig verbuscht, teil sandig kahl und archäologisch durchwühlt, umtost und umstunken von vierspuriger Autostraße, als Müllkippe oder illegaler Parkplatz bestens geeignet erschien. Es war schon dämmrig und die Stimmung trüb – und was fange ich im nachhinein an mit der Zerstörung innerer Bilder? Ich baue sie im Geiste wieder auf, um zu vergessen, was ich wider Willen sah.

Von den Musen ist am Ilissos keine zu finden. Was den alten Weisen aus der Stadt hinaus lockte, war nicht die Natur, (‚Felder und Bäume lehren mich nichts'), die er auf einmal so enthusiastisch preist, sondern ein Schöner, ein lernbegieriger Jüngling, der sich über den Eros belehren läßt.

Was suche ich im nachhinein am Ilissos? Sokrates und die Folgen? Auch hier einer ‚ohne Gestalt noch Schöne' – ein plattnasiger Satyr, ein Charismatiker, imstande, den Blick erotisch reizvoller Jünglinge von Äußerlichkeiten hinweg und nach innen zu wenden. Symptom eines Niedergangs (von der Höhe Pindars etwa)? Eines Aufstiegs ins jenseitig Ideale? Bis heute gibt es keine Einigkeit darüber, was das Gute-Wahre-Schöne ist. Findet etwa ein jeder, der da kommt und fotografiert, das Skelett des Parthenon schön? Er glaubt, was seine Bildung ihm vorschreibt.

Als Versinnlichung des Gegensatzes von Ideal und Wirklichkeit erscheint mir das platonisch-dialogische Idyll am Ilissos angesichts dessen, was heute diese Gegend südlich der restlichen Säulen des Zeustempels an trostloser Großstadtmoderne bietet. Im Schatten der Platane am Nymphenheiligtum tanzt auf grünem Rasen der Reigen des Schönen, Guten und Wahren, so wie der Philhellene es sich seit über zweihundert Jahren vorstellt. Über den Asphalt der Autostraße rast vierspurig das Millionenmonstrum Athen – das häßliche, abgasstinkende, geschäftstüchtige, kafenionsüchtige; das Völkergemisch aus anderthalb Jahrtausenden, recht gut lebend von einem Massentourismus, der zum größeren Teile nicht weiß, daß er nichts weiß.

Den *Phaidros* will ich nicht durchgehen. Aber das *Symposion* andenken und mir Anselm Feuerbachs großes Festgemälde vors innere Auge rücken: Alkibiades, einen Kranz von Veilchen und Efeu im Haar, einbrechend in die späte Gesprächsrunde, um berauscht ein Loblied auf Sokrates, den alten Satyr mit der schönen Pädagogenseele, zu singen. Alkibiades, der erste Ausbruch eines ungebändigten Individualismus, das strategische Genie, der mutmaßliche Hermenfrevler, der Vaterlandsverräter und Mitternachtsschwärmer – die Verkörperung attisch-adeligen Griechentums auf der Kippe? Es bleiben der Schierlingsbecher und der unsterblichen Seele Sehnsucht nach Ewig-Seiendem...

Die amöne Szenerie am Ilissos ist ungewöhnlich. Gewöhnlich wäre ein nächtliches Trinkgelage wie jenes im Hause des Tragödiensiegers Agathon. Der Gedanke, unter der Platane eine Einsiedelei zu bauen für Gott und die Seele, liegt noch fern. Die Stadt ist nahe. Die Agora. Die Akademie. Das Lyzeum. Die Stoa der Gemälde. Selbst der Kepos. Was im Gespräch hin und her geht unter der Platane, geht den städtisch gebildeten, freien Bürger an, den Mann, den Jüngling. Frauen und Sklaven wird erst der ‚Garten‘ Epikurs zulassen und später der christliche Kultverein.

Was also bedeutet mir die amöne Szene? Am Ilissos entspringt eine der Quellen des Geistesreichtums des alten Athen, dieser Mutter der Musen, der schönen Künste und der Philosophie, die einst so viele in ihren Bannkreis zog. Hier entspringen die Quellen lebendigen Wassers, die zu einem breiten Strom wurden, in dessen windungsreichen Lauf schließlich auch das Blut christlicher Märtyrer floß. Von der Fülle des griechischen, in Athen entsprungenen Geistes haben genommen alle, Frage um Frage, Antwort um Antwort, die über die alltägliche Mühsal des Überlebens hinaus und vor aller Offenbarung nach der Unverborgenheit des Seins und dem Sinn menschlichen Daseins suchen.

Am Ilissos entlang führt einer der Wege vom Mythos zum Logos. Philosophie ist die nachmythologische Theologie der Griechen. Götter offenbaren sich als wirkende Mächte in Natur und Geschichte der Völker und des Einzelnen. (Aphrodite löst durch Paris und Helena den Trojanischen Krieg aus; sie rächt sich an Hippolytos; Zeus entscheidet Schlachtenschicksal. Apollon lenkt die Kolonisierung; er befiehlt den Muttermord; Athene gebietet dem Weiterwuchern der Blutrache Einhalt.) Der Logos der Philosophie sucht in alledem nach allgemein und rational einsichtigen Gesetzen, nach den Ursachen von Besonderungen, nach dem Wesen dessen, was der Mensch verehrend ‚Gott‘ nennt (und vergißt darüber bisweilen Gebet und Verehrung).

Athen am Ende des zweiten Jahrtausends *nach*: es gibt Inseln mit steinernen Resten antiker Kultur, archäologisch präpariert, in der unabsehbaren Zivilisationswüste. *I mnimi katiki mesa sta litharia.* Das moderne Athen: ein Alptraum, unterbrochen von wenigen Wachträumen wie jenem, der eine Platane heraufbeschwört – fort! Hinweg! Überstehe den Smog, du schönes Wunder des Iktinos, verziert mit einer Zahnlücke, durch die ein Doge sich unsterblich gemacht hat; entblößt von den marmornen Panathenäen, die ein schottischer Lord in Sicherheitsgewahrsam nahm. Man hat weitergegraben in der Ilissos-Gegend; über dem Grabungsfeld ist ein neues Museum gebaut worden, nicht weit vom Olympieion. Noch immer wirkt der Zauber einer großen Vergangenheit. Vielleicht nur noch für wenige. Kommt es auf Zahlen an?

Athen und Sparta. – Der Vergleich bringt in Schwierigkeiten. Wer wird nach zwei Weltkriegen, Preußens und des Deutschen Reiches Untergang noch Sparta bewundern wollen? Man lebte und starb, als Mann, für das eigene kleine Staatsgebilde. Man siegte oder man ging zugrunde durch Härte gegen sich selbst und Grausamkeit gegen andere. In Sparta dauerte das Heldenzeitalter länger als anderswo. Sparta ist Achill – Tapferkeit, Blutvergießen und das Wissen um frühen Tod. Bewunderung weicht der Verwunderung und prallt unwillkürlich ab. Aus Feigheit? Aus Menschlichkeit? Was haben Stalingrad oder der Hürtgenwald gemein mit dem Tod der Dreihundert bei den Thermopylen? – Athen ist Odysseus. Auch tapfer, aber mit mehr Verstand und Verschlagenheit. Nicht durchweg sympathisch. Aber wo wäre je ein Volk gewesen, das uneingeschränkt Sympathie verdient hätte? Es ist der Erfindungsreichtum des alten Athen, die weite Landschaft der Gedanken, ohne die auch das Christentum nicht zu überlebensfähigem Verstand gekommen wäre. Rom tat dem Gedanken, der Schau, der Theorie das Seine hinzu – die organisatorische Tat, die Hierarchie des Herrschens. Es entstand Europa. Wie lange wird es noch bestehen?

# Olympia
## Am gebändigten Alpheios

Der Mann auf der Straße, heute, im Auto natürlich, im Stau, was denkt er, wenn er ‚Olympia' hört? Er denkt nicht, woran *ich* denke, weder an eine Prinzessin Olympias (Alexander, der Halb-Molosser!), noch an eine lebensgroße Puppe, einen singenden Automaten aus einer romantischen Oper, (‚Phöbus stolz im Sonnenwa-ha-ha, ha-ha-ha, ha-ha-ha' und so weiter) – er denkt an die großen Sportfestspiele von Athen bis Peking. Ich denke allenfalls an die von 1936, als meine Mutter, jungvermählt, mich, da ich noch nicht (oder doch schon?) war, nach Berlin trug, wo die roten Hakenkreuzfahnen wehten, wie sie später erzählte. Olympia, eine internationale Massenveranstaltung – einst waren alle vier Jahre allein der ‚*Griechen* Völker froh vereint'; vom Kronoshügel ließ sich eine verbindliche Chronologie mit nach Hause nehmen. Später erzwangen Siegermächte, Pella erst und dann Rom, sich die Ehre der Teilnahme. Nero, natürlich. Dann nahm das Christentum, sportlicher Betätigung abhold, überhand, und Alpheios im Verein mit Kladeos, beide Gottheiten, hatten siebzehn Jahrhunderte lang Zeit, das verfallende und von Erdbeben zerstörte Heiligtum unter Sand und Lehm zu begraben. Welch ein Glück für die Archäologen, die deutschen vor allem.

Es gibt Luftbilder aus einer Zeit, da der wasserreiche Fluß, aus Arkadien kommend, zum Meer hin noch mäanderte und mit flachen Seitenarmen nahe an alles Ausgegrabene herankam. Inzwischen ist der einst so dankenswert Ausufernde zwar nicht gänzlich begradigt, aber er rauscht in sicherer Entfernung dahin, die Ufer breit begrünt mit dichtem Gebüsch. In die rechte Flanke fließt ihm, an Palästra, Leonidaion und römischen Thermen vorbei, der Kladeos. Bis da hin kann es nur ein Spaziergang sein. Da hin – will ich. Ich und allein. Diesmal, im Mai 1998.

367

Diesmal, am 13. Mai. Das erste Mal, im März 1997, ward Touristenpflicht erfüllt, ausgerüstet mit allem, was zu wissen not ist, um mit einigem Verstand zwischen den säuberlich aufgeräumten Trümmern zu wandeln. Man kam aus dem Museum, hatte einiges und schon zuviel gesehen: der Apollon vom Westgiebel sieht auf den Kunstpostkarten edler, unnahbarer und aristokratischer aus; der Hermes des Praxiteles ist trotz optisch nahezu tastbar modellierter Virilität fast zu feminin und marmorglatt. Einzig die Athena der Atlas-Metope, im Profil dem Herakles das Himmelsgewölbe stützen helfend, ist so erhaben still-einfach und linien-rein, daß der Augenblick hätte verweilen wollen. Das war das und damals. Diesmal also hinaus aus dem umzäunten Touristengehege, um den Zusammenfluß der Flüsse zu erreichen.

Gibt es im nachhinein andere und bessere Worte als die damals ins Reisetagebuch notierten? *Schon bin ich müde von zwei Stunden Wanderung durch Eukalyptusschatten* (wirklich Eukalyptus? Wie kommt der nach Griechenland?), *Oliven- und Orangenhaine. Eine Cezanne-Landschaft mit Feldwegen, Blumen im Gras und Sommer in der Luft, friedlich-ländlich, auf der Suche nach dem Zusammenfluß. Der Sommerduft, der Pointillismus der Wiesenblumen. Wo einst Lehm- und Überschwemmungsland war, stehen nun kleinere Obstpflanzungen, abwechselnd mit Schuttplätzen.* Ja, und ein besonders großer und interessanter gerade da, wo sich schließlich ein Durchgang erzwingen ließ: Plastik- und Gipsabfälle lagern herum, Torsi von melischen Aphroditen, handspannenklein, und von anderen nachgemachten Nackedeis. Erinnerlich ist auch, mit welcher Beharrlichkeit der Durchgang an eben dieser Stelle gesucht wurde: der zweimal durchwatete Kladeos floß in diese Richtung. Und dann floß er tatsächlich, kurz zuvor noch seicht und harmlos, mit größerer Wasserfülle abwärtsströmend, in den breit und schnell dahinströmenden Alpheios. Eine Notiz ins Tagebuch, *Hier stehe ich,* und eine Skizze, um sicherzustellen, daß das Stehen am mythischen Fluß nicht nur lebhafter Vorstellung entsprang.

368

## Am Kladeos entlang

Alpheios, alter Gott, ströme gebändigt dahin, um griechischen Salat zu bewässern, ehe du durchs Mittelmeer hindurch Arethusa verfolgst bis nach Ortygia. Dort, bei Syrakus, magst du dich, wie Pindar singt und sagt, mit ihr vereinigen. Die anthropomorphe Phantasie der alten Griechen sucht ihresgleichen.

Mir meinerseits kam damals in den Sinn, den Kladeos stromaufwärts zu verfolgen. Nur ein Stückchen weit, nur bis zu der Brücke seitwärts am Kronoshügel. Ich wollte nicht den Weg durch die Felder zurück und begann, den schmalen Pfad im engen, mit Gras, Gebüsch und Bäumen wohl bewachsenen Kladeosgraben hinaufzusteigen. Es ging eine Weile ganz gut voran, rechter Hand oben an der Böschung an dem Zaun entlang, der die Touristen in Schach hält. Aber dann kam Dornengestrüpp. Unten am flachen Bachbett ging es noch ein Stückchen weiter Richtung Brücke. Das Gebüsch indes wucherte immer näher an den Bach heran und der Pfad verlor sich im Wasser. Waten? Was überhaupt krauche ich hier allein durch die Gegend? Zurück. Noch einmal durch die Sommerlandschaft, bei steigender Sonne und zunehmender Ermüdung. Habe ich nicht gehabt, was ich wollte?

Was aber Pindar angeht und Syrakus, so mag hier die Erste Olympische Ode – ‚Wasser ist das Beste', gewiß, erst danach kommt das Gold und dann kommen gleich die Kampfspiele und das Rennpferd, ‚wie es am Alpheios dahinstob und den Herrn zum Siege führte, Syrakusäs rossefreudigen Herrscher' – das waren Zeiten, hochherrschaftlich, aristokratisch, das Beste vom Besten, edel und gut durch Geburt, nicht durch Bildung und Verdienst – dieser Ode also mag, in Stichwortanknüpfung, kurz Erwähnung getan werden. *Mein* Olympiabild freilich bestimmen nicht sportliche Wettkämpfe der Spätarchaik, sondern die Olympische Rede des Dion von Prusa, sechshundert Jahre später.

## Vor den Resten des Zeustempels

Saß ich und zeichnete. Denn innerhalb des großen Touristenzaunes war nach dem Ausflug zu Kladeos und Alpheios noch Zeit vorhanden. Die wenigen aufrecht stehenden Säulen des Heraion sträubten sich gegen perspektivische Wiedergabe auf dem Papier. Ein paar Säulenreste des Zeustempels hingegen lagen, wo ein Erdbeben sie vor knapp fünfzehnhundert Jahren hingeworfen und in mühlsteingroße Scheiben zerstückt hatte – teils noch erkennbar in Säulenform, teils wüst durcheinander, Platten, Quader, Kapitelle, zerbrochen, zerstreut, verwittert, eine Anhäufung von grauem Muschelkalk, wirr und trostlos. Einen Teil dieser trostlosen Trümmerwirrnis dem linierten Papier aufzuprägen, war genügend Zeit vorhanden, und so saß ich denn im grünen Gras und zeichnete die Südwestecke dessen, was einmal Heiligtum und Behältnis eines der sieben Weltwunder gewesen war.

Dions von Prusa Olympische Rede, zweisprachig, eingeleitet und interpretiert, kam mir erst drei Jahre später in die Hände. Eine rhetorisch gekonnte Rede, philosophisch tiefsinnig und theologisch nachdenkenswert; eine Rede über die ‚erste‘ Gotteserkenntnis, ihren Ursprung. Natürliche Theologie anstelle ethnisch begrenzter kanonischer Offenbarungs-Vor-Schriften. Eine Theologie ohne Einsicht in die Erlösungsbedürftigkeit des Menschen, die doch in allerlei alten und neueren Mysterienkulten schon eine Weile unterwegs war. Eine Rede, gehalten während Olympischer Festspiele gegen Ende des ersten Jahrhunderts *nach*, als die Briefe eines Apostels Paulus schon vorhanden waren und die Evangelienliteratur der Christen zum Teil auch. Für die Gebildeten unter den Zuhörern des Wanderphilosophen Dion dürften die städtisch zersprenkelten Christen freilich noch kaum erkennbar gewesen sein im bunten Gewimmel der Kultvereine. Die Religion der Gebildeten war die Philosophie, von natürlicher Vernunft geleitetes Nachdenken über Gott und die conditio humana.

370

Dergleichen Gedanken lassen sich machen im nachhinein. Hier sitze ich, leibhaft vor einem Bildschirm, in Gedanken aber und in lebhafter Vorstellung vor der einstigen Majestät des Zeustempels von Olympia, und auf den breiten Stufen vor geöffneten Flügeltüren mit Blick auf das enthüllte Bild des thronenden Gottes, wie es sechshundert Jahre zuvor aus Pheidias' Werkstatt gegenüber gekommen war – da also steht mein Philosoph in Rednerpose und redet. Auswendig, denk ich. Nicht wie einer im Talar, der seine Predigt abliest.

Dion, der Wanderphilosoph, steht da, und es hat sich eine ansehnliche Zuhörerschaft um ihn versammelt. Man springt, ringt, rennt und rast nicht nur mit edlen Gespannen dahin; man trainiert auch den Geist, und die Neugier ist immer wach. Rhapsoden singen und deklamieren, vielleicht sind auch Gaukler zugelassen; die Philosophen aber reden und reden. Der da, Dion, später Chrysostomos genannt, Goldmund, langhaarig, bärtig, einen wettergegerbten Mantel um Schultern und Lenden, als Szepter einen Knotenstock, winkt Ruhe mit der Rechten und beginnt:

*Sollte mir, ihr Männer,* (natürlich hatten Frauen bei den Olympischen Wettkämpfen nichts zu suchen, obwohl es auch Wettläufe der Jungfrauen beim Fest der Heraien gegeben haben soll) – *tatsächlich auch bei euch, wie zuvor schon bei vielen anderen Gelegenheiten, das wunderliche und befremdliche Schicksal der Eule widerfahren sein?* Eine captatio, kauzig-ironisch. Seit Sokrates weiß man von der Weisheit des äußerlich Unscheinbaren, ohne die beseligende Ausstrahlung des Schönen zu verachten.

Der Philosoph, die Quellen der Gotteserkenntnis darlegend (die englischen Empiristen könnten bei ihm abgeschrieben haben), führt als vierte oder fünfte Quelle die Kunst an, erörtert jahrhundertealte Probleme des Anthropomorphismus, verweilt dabei, daß dem Vater der Götter und Menschen neben schrecklich stra-

371

fenden auch milde Züge eignen und preist Einsicht und Kunst des Pheidias, der im thronenden Zeus von Olympia nur die Milde dargestellt und eine Art Gnadenbild geschaffen habe.

*Von den Menschen mag jemand seelisch noch so niedergeschlagen sein, nachdem er im Verlaufe des Lebens sein Maß an Schicksalsschlägen und Unglücksfällen ausgeschöpft hat und nicht einmal mehr von erquickendem Schlaf umfangen wird – er braucht nur, denke ich, diesem Bild hier gegenüberzustehen und er wird alles vergessen, was es im Menschenleben an Schrecklichem und Schwerem zu ertragen gibt. Solche Strahlkraft (Phos, Licht), solche Anmut (Charis) liegt über dem Bild dank der Kunst des Künstlers.*

Dann: was leistet bei der Darstellung einer Gottheit die Sprache (Homer), was die bildende Kunst (Pheidias)? Was ist bei Lessing und Winkelmann zu finden, das nicht bei Dion schon vorgedacht wäre? In Vergessenheit ist geraten, daß die Kunst ihre Wurzeln in der Religion hatte. Griechisch-orthodoxe Ikonen, römisch-katholische Gnadenbilder leben fort; nur die strengste Variante des Protestantismus ist in die rein-geistige, jüdisch-islamische Wüste des Bilderverbots zurückgekehrt.

All das sind nachgetragene Gedanken. Vor den Trümmerresten der Südwestecke des Zeustempels von Olympia flackerte im Mai 1998 nichts dergleichen auf. Von einer Zeusstatue war nur in verschwommenen Umrissen etwas bewußt. Wo ist das Kunstwerk geblieben? Es verbrachte ein halbes Jahrhundert, im fünften, in Konstantinopel und fiel dann einem Brand zum Opfer. Wo ist das Wissen darum geblieben, daß der Christus Pantokrator, wie byzantinische Kunst ihn ab dem 5. Jahrhundert darstellte, von der Zeusstatue des Pheidias beeinflußt wurde? Statt jugendlich bartlos wie Apoll blickte er fortan bärtig und mit schulterlangem Mittelscheitelhaar aus den Goldmosaiken und Ikonen. Den Theologen sei Dion von Prusa empfohlen.

# Delphi
## Am Stein der Sibylle

Was nimmt wahr, wer Delphi zum ersten Male sieht? Vielgepriesenes, hymnisch Besungenes, unendlich Wiederholtes – Landschaft von mythischer Erhabenheit, schön und streng und im hintersten Winkel unzugänglich wie der Gott, der sich hier seinen Sommersitz ersah. Wer ,Delphi' denkt, sieht über sich lichten Himmel, vor sich die heroische Felsenkulisse der Phädriaden, unter sich das breite Tal des Pleistos zwischen den abfallenden Terrassen des Parnaß und dem aufstrebenden Berggebuckel gegenüber, kahl, elefantös. Und das alles von Märzlicht überflutet, von Geschichte zerfurcht, durchschäumt von Gefühlen der Ratlosigkeit und des Staunens. Staunen macht die Landschaft, ratlos machen die Überreste am Terrassenhang.

Unter diesem Himmel (sofern er denn gerade blau ist), unterhalb dieser Felswände: welch kümmerliche Trümmerreste über kaum mehr als Fundamentgestein – sechs rachitische Säulenstümpfe, dorisch, aufeinandergesetzte, zerfressene Trommelreste; ein kleines Theaterhalbrund, ausgebessert; das Schatzhaus der Athener, wiederaufgebaut, ohne Dach, ein paar Metopen. Am eindrücklichsten noch die Polygonalmauer mit den Inschriften. Irgendwo in der Gegend ein ionisches Kapitell über schön kanelliertem Säulenstumpf für die Kamera, die nach einem Vordergrundmotiv sucht. Was suchte ich? Den Stein der Sibylle.

Wer zum zweiten Male kommt, erhebt von Zeit zu Zeit den Blick von den Trümmern hinweg und hinauf zu den Phädriaden, um sich zu vergewissern, daß sie vorhanden sind; er hört das durchdringende Frühlings-Bi-bi-bi der Vögel, sieht überall Absperrungen, Berühren streng verboten, sucht den Stein der Sibylle und findet zwischen Schatzhaus der Athener und Polygonalmauer

373

einen knolligen Felsbrocken, kaum größer als ein Doppelzentner-
sack Kartoffeln, leicht zu übersehen, weil von unten Efeu hoch-
kriecht und oben das Felsgeknubbel übergeht in einen grasigen
Hang, bedeckt mit kleinerem Steingebröckel. Hier also. Saß hier
einst unter freiem Himmel der von Ost nach West wandernden
Prophetinnen eine, die phrygische etwa, um sich auszuruhen?
Oder um ungefragt wahrzusagen, ‚mit rasendem Munde Unge-
lachtes und Ungeschminktes', nicht sehr viel anders als was man
sonst aus dem Alten Orient und Heiligen Schriften kennt? Trojas
Kassandra fällt ein, denn aus Kleinasien kamen die Sibyllen.

Der Stein der Sibylle in Delphi macht nachdenklich im nachhinein. Wer Delphi hört, denkt gewöhnlich nicht Sibylle, sondern
Pythia, auf goldenem Dreifuß im Tempelinneren sitzend, eingenebelt in Erdspaltendämpfe, lorbeerkauend, in sich versunken
Unverständliches murmelnd, das erst von Priestern gedeutet und
in Verse gebracht werden muß. Daß eine Pythia seit 1870 als neo-
barocke Bronze im Foyer der Pariser Oper gestisch ‚divergiert',
sieht nach einer Verwechslung mit der heraklitischen Sibylle aus
oder mit dem Gehabe von Dionysos-Mänaden, schwärmend auf
dem Parnaß. Was es nicht alles gab in alten Zeiten... Es webt und
wölkt noch immer um den efeubekränzten Kartoffelsackfelsen
von Delphi. Tausendjährig reiche die gotterfüllte Stimme der
Sibylle durch die Zeit, munkelte einst dunkel Herakleitos. Sie
reichte bis nach Cumae und Rom, wurde in Büchern gesammelt,
die 83 *vor* auf dem Kapitol verbrannten. (Man fand Ersatz aus
Kleinasien, und die tausend Jahre waren voll, als diese heidni-
schen Weissagungen um 400 *nach* christlicher Bücherverbren-
nung zum Opfer fielen. Nichts Neues unter der Sonne.) Hier also
in Delphi  eine Erinnerung an Frauen, die gänzlich aus dem
Rahmen fielen, vermutlich erst in vorgerücktem Alter auf Wan-
derschaft gingen, ihre Unheilssprüche sprachen und sich namenlos verewigten in einem Felsen, in einer Höhle – die berühmtere
ist jedenfalls die von Cumae bei Neapel.

## Oberhalb der Lesche der Knidier

Damals, im Mai 1998, war der Stein der Sibylle umrankt von Efeu und Ratlosigkeit. Zwei Aufnahmen zur Vergewisserung, dann schlich ein leises Mißtrauen bergan Richtung Apollontempel. Ob der Felsen wohl echt ist? Ob man nachträglich ein paar Gesteinsbrocken zusammenbetoniert hat, um den Touristen zu zeigen, was sie sehen wollen? So etwas ist doch nicht aus dem Boden gewachsen; es wird irgendwann herabgestürzt sein von der bröckeligen Westwand der Phädriaden.

Und nun – wohin? Wo ließe es sich ungestört sitzen und zeichnen? Über der Polygonalmauer, unterhalb der Südostecke des hochgemauerten Tempelfundaments,  lockte ein lauschiger Winkel, gut zum Sichverkriechen. Ringsum Steine, die offenbar nirgendwohin passen wollten; auch wuchs da ein krummes Bäumchen, und in ein Stück maienblauen Himmel ragten Säulenstümpfe. Was will ich mehr. Eine ungewöhnliche Perspektive. Etwas zum Zeichnen. Und ich saß und zeichnete, bis ich damit fertig war. Wiederum auch noch eine Aufnahme – man kann nie wissen: hat es mir getraumet oder ist es wahr? Lassen sich nicht auch Träume zeichnen? Und  was nun? Ins Abseits.

Zum Stadion steigen alle. Die Lesche der Knidier interessiert offenbar niemanden. Sie ist schließlich nicht mehr vorhanden. Aber man weiß, wo sie stand. Da hin also, vom breiten Treppenweg zum Stadion abzweigend über dem Theater unter der Rhodini entlang auf die Hyampeia zu. Der schmale Pfad ist verziert mit lilablütigen Disteln und gelbdoldigen Stauden; Laubbäumchen und Kiefern bilden lichte Wildnis. Hier bin ich allein, und gegenüber ragt eine Felswand, die den Blick magnetisch an sich zieht. Als er sich losreißt von dem plattenartig schräg geschichteten Rosagrau, fällt er seitwärts vor die Füße und auf – Zement? Was sonst als moderner Zement könnte das bröckelige Gestein zusammenhalten, das da von unten durch das Gestrüpp guckt? Echt antikes Gemäuer? Weit wahrscheinlicher wurde hier nachahmend ein Teil Rückwand der berühmten Kunsthalle wieder aufgemauert. Jedenfalls findet der Wissende, was er weiß und sucht und ruht sich zufrieden aus. Nicht lange. Die Zeit ist kostbar, und zur Linken steht wie eine Herausforderung die Phädriadenwand der Hyampeia. Der Kugelschreiber nimmt sie an, bemüht, das Großformat ins Kleinformat eines Reisetagebüchleins zu zwängen. Als Bildabschluß unten das Gemäuer und die Notiz: ‚Oberhalb der Lesche der Knidier'. Wieder, zu späterer Vergewisserung, eine Kopie auf Zelluloid, und dann ist es Zeit, Anschluß an die Gruppe zu suchen.

Die ‚Kunsthalle' von einst – erst im nachhinein soll sie als solche bedacht werden. Tempel und Skulpturen, Marmor und Bronze haben mehr oder weniger  resthaft die Jahrhunderte überdauert; Vasenmalerei ist eines, ein anderes sind Wand- und Tafelbilder – diese Malkunst ist verloren (und gänzlich verklungen ist die Musik). Nur was ins geschriebene Wort gelangte und auf Papyrus oder Pergament erhalten blieb, kann eine ferne Ahnung vermitteln von dem, was da einst war. Spätere Mosaiken und die erhaltenen Nachahmungen der Römer mögen Ähnlichkeiten bewahrt haben. Aber wie hat Polygnotos ‚wirklich' gemalt? Plastisch wie Michelangelo oder flach wie  Giotto?

Die Lesche, die ‚Schwätze', die Partyhalle der Knidier hatte der berühmteste aller antiken Maler ausgemalt mit großen Bildern. Unglaubliche siebenhundert Jahre alt waren sie, als Pausanias sie sah und beschrieb. Auf der einen Seite die Abfahrt der Griechen nach der Eroberung Trojas. Keine brennende Stadt wird beschrieben, nur Menschen: Sieger und Besiegte, gefangene Frauen und verwundete Männer. Helena als ‚Gebieterin', der eine Sklavin die Sandalen anlegt. Andromache hat noch ihr Kind lebendig bei sich. Es hört sich nicht besonders dramatisch an, was der

376

Kunstreisende beschreibt und der Künstler gemalt hat. Waltet hier delphisches Maßhalten? Vergil jedenfalls hat seine karthagische Tempelhalle brutaler ausgemalt, blutbespritzt, von Pferden geschleift, und sensationslüsterner: schwarze Fürstenhaut, nackte Amazonenbrust. Was malte Polygnotos? Geschichte als Schicksal. Immer hat es sie gegeben, Sieger und Besiegte. Aber selten hat ein Gefühl für Gerechtigkeit sich Götter vorgestellt, die Sieger für ihre Verbrechen bestrafen. Jeder wußte, was auf die von Troja absegelnden Griechen wartete.

Das andere Gemälde gegenüber: Unterwelt aus der Odyssee. Ein Nachen auf dem Acheron, Wasser, Schilf und die Schatten von Fischen. Pausanias hat genau hingesehen. Eine Menge Abgeschiedener sei dargestellt gewesen (Ariadne, sitzend; Phädra, sich erhängend; Penthesilea, den Paris ,übersehend'), die einen wandelnd über Asphodeloswiesen, andere gepeinigt von zähnefletschenden Dämonen, schwarzblau ,wie die Fliegen, die sich an das Fleisch setzen'. Griechischer Realismus. Auch diese Szene hat Vergil nachgeahmt; ihn wiederum nachahmend hat Dante sein Inferno ausgemalt. Die Gefilde der Seligen und die Pein der Hölle sind keine Erfindung der Christen. Hat der ,Geist von Delphi' zu der Vorstellung von einem jenseitigen Ausgleich beigetragen?

,Geist von Delphi' – was ist das? Am Anfang waren Mord und Sühne; der Mutterdrachentöter eignete sich das Überwundene an und ließ eine Frau (als Erbin des alten Gaia-Kultes?) als Priesterin und Medium fungieren, erteilte durch sie Orakel an Griechen und Barbaren gleichermaßen. Dann ein Nebeneinander, wenn schon kein Ausgleich, zwischen Apollon und Dionysos, Vernunft und Rausch. Eine durch kluge Erkundungen und politisch weitreichendes Wissen mächtige Priesterschaft, die zweihundert Jahre lang die Kolonisierung steuerte. Ein ,Nabel der Welt', Schatzhäusern und Weihgeschenken und vor allem weise Sprüche: ,Erkenne dich selbst.' ,Maßhalten.' Wer hält sich noch daran?

In der Kastalischen Schlucht

Vermutlich hauste der ‚alte Drache', den der junge Gott erschlug, in dem engen Felsenspalt, der die beiden Phädriaden trennt. Der Drache, die ‚Pythonschlange' – die olympische Verteufelung einer Mutter- und Erdgottheit aus mykenischer Zeit. So geht es nicht selten. Was einmal gut und heilig war, wird wegen gewisser Eigenheiten, die einer nachfolgenden Generation oder Bevölkerungsschicht nicht einleuchten, moralisch erledigt und nach Möglichkeit mit dem Recht des Stärkeren ausgerottet.

In dem Felsenspalt haust heute ein vernünftiges Zutrittsverbot wegen Steinschlags. Vernünftig auch deswegen, weil ein Touristenpulk sich nur als Schlange durch die felsige Rinne schieben könnte und es zweifelsohne zu mehr verstauchten Knöcheln, zerschundenen Knien und Knochenbrüchen käme als zu Steinschlägen. Nein, in Gruppen dürfe man da nicht hinein, sagt der Exeget auf Anfrage. Er sagte nicht, daß man einzeln nicht dürfe. Die Sperrkette am Zugang zur Brunnennische ist von der Straße her gut sichtbar, und ein Schild sagt: ‚Danger!' Die Gruppe ist zu Fuß unterwegs zur Marmaria. Die Nachzüglerin wirft einen raschen Blick zurück: Es folgt gerade keine andere Gruppe. Wann, wenn nicht hier und jetzt – ?

Die Plötzlichkeit des Entschlusses überrumpelte Besonnenheit und Verzicht. Es lockte der Seitensprung ins Mythische und Verbotene – der Drache, die Nymphe, eine Quelle und Felswände. Mit ausgreifenden Schritten über steinigen Stolpergrund, zwischen Zypressen am Hange zur einen und übergrünten Felsbrokken zur anderen Seite ist die nach rechts abknickende Brunnenhausnische in der steil aufragenden Wand der Hyampeia erreicht. Schnell eine Aufnahme von etwas, das hinreichend bekannt ist aus Bildbänden. Hier steht es in natura. Im leeren steinernen Becken, kaum größer als vier Badewannen, wächst Gras.

378

Der Kalk hat eine von Graugelb nach Rosa schielende Färbung. In einer Rinne steht ein bißchen Wasser; aber wo ist die sprudelnde Quelle? An der Asphaltstraße unten fließt doch Wasser aus einer Röhre – hat man die mythische Kastalia unter Tage in moderne Röhren gelegt wie den Ilissos?

Bis zu der Brunnennische dürften Touristen eigentlich zugelassen sein, zu viert, zu fünft. Die Schlucht hat hier eine Art Vorplatz, und der ist ordentlich gepflastert. Warum aber sind Stufen gemauert noch ein Stück weiter hinauf und hinein ins zu Recht Verbotene? Sie locken weiter, und für den vorauskletternden Blick wird es eng und enger. Eine mit großen Felsbrocken verbaute, mit Gebüsch verstrüppte Klamm zieht sich steil aufwärts; es könnten zwei Eindringlinge kaum nebeneinander von einem zum anderen Felsbrocken gelangen. Das Klettern würde ersichtlich auch nicht weit führen. Vielleicht ist es nur ein Stück Zusammenkleben beider Felsen – nach zwanzig oder dreißig Metern wäre jedenfalls kein Durchkommen mehr. Hier also hauste in Urzeiten der Drache, die Drachin, das Ungeheuere.

Von antiken Geheimnissen angehaucht und vorangetrieben, begann eine Neugierige zu klettern, von einem sperrigen Felsbrocken zum zweiten balancierend, und zu fotografieren – es muß doch wenigstens auf dem Zelluloid wahr sein, daß ich hier bin, und im nächsten Augenblick nur noch gewesen sein werde. Drei, vier Aufnahmen, ein Stück der Schlucht an das andere fügend, aufwärts bis dahin, wo von oben ein schmaler, V-förmiger Streifen Himmel herabsieht. Diese Aufnahmen: das Delphi-Geheimnis einer Graie, ein Dokument halb illegalen Seitwärtstourismus'. Keine Quelle, keine Nymphe, kein Drache, kein Apollon; nur ein Felsenspalt voller Gesteinsbrocken und Gebüsch, aufwärtsführend zum Parnaß. Das Auge und die Kamera erreichten, was den Füßen und vernünftiger Vorsicht nicht zuzumuten war. Zwei Felsbrocken tief in die Enge der Schlucht. Es genügte.

Und nun, im nachhinein, zieht der touristische Seitensprung Merkwürdiges nach sich. Delphi mit allem, was dazugehört – eine so lange Geschichte von Heiligkeit, Priesterweisheit, Weihegaben und Kunstraub; eine längst überholte Maßhalte-, Vermittlungs- und Selbsterkenntnis-Religion; die Archäologie, der Tourismus, die Reste im Museum (neben der Metope, die das Lächeln des Theseus über der zusammengebrochenen Amazone bewahrt hat, war da der brandgeschwärzte Elfenbeinkopf eines Apollon mit goldenem Haar, so archaisch vor sich hinstarrend, daß er ein längeres Zurückstarren erzwang); vor allem aber eine sublime Geologie, Gaia in felshafter Erhabenheit, eine Erdgeistigkeit zwischen Schwerkraft und einem Himmel, der, wenn er nicht mit winterlichen Regenstürmen herabgefahren kommt, um die Frauen von einst auf den Parnaß zu treiben und zur Raserei zu bringen, reine Geistigkeit versinnlicht – das gesamte Delphi schrumpft mir in die Kastaliaschlucht hinein.

Wer darinnen eine Quelle sucht, findet keine. Aber es war da einmal eine. Eine Quelle für die Wasserversorgung der antiken Stadt Delphoi; Wasser zur Reinigung für die Pilger, wenn sie zum Orakel hinaufzogen, um zu opfern und andeutend Antwort zu erhalten auf große und kleine Fragen; eine Quelle der Inspiration schließlich, wie sie die Römer da fanden, als sie zu dichten anfingen. Schließlich gehören die Phädriaden zum Parnaß, und auf den zogen irgendwann die Musen um, von Pierien herunter, vom Helikon herüber, vielleicht, um Pan und den Nymphen der Korykischen Grotte Gesellschaft zu leisten. Vermutlich suche ich noch immer einen Nachhauch von epigonaler Inspiration goldener und silberner Latinität. In der Kastaliaschlucht hätte sie sprudeln und entspringen müssen, eine Quelle, nicht den Durst nach Leben oder nach einem tieferen Daseinssinn löschend, aber doch das Dasein durchdringend und überhöhend mit Kunst. Indes, auch in dieser, nur poetischen, Hinsicht ist ‚das murmelnde Wasser verstummt'.

## Östlich von Delphi

liegt in einem abgelegenen Tal das Kloster des Seligen Lukas, aus einer Einsiedelei des zehnten Jahrhunderts zu einem byzantinischen Architekturkunstwerk auferbaut und zum Weltkulturerbe erklärt. Da – geht es weiter.

Nach dem Höhepunkt unter den Phädriaden möchte gar mancher wohl nichts weiter als der Antike nachtrauern in spätabendländischer Melancholie, sitzend am Stein der Sibylle, das graue Haupt in beide Hände gestützt. Als Tourist muß er in das berühmte Kloster, um zu frieren in den düsteren Gewölben. Er lernt freilich noch mancherlei hinzu. Wandmalereien von Engeln, Evangelisten und Heiligen bringen ihm nahe, wie es weiterging, nachdem in Delphi nichts mehr ging. Anschaulich schlägt es ihm hier aufs Gemüt: die griechische, die ganze alte Mittelmeerwelt veränderte sich, seit Alexander weitausgreifend, bis das römische Imperium sich nach Osten ausstreckte und Gebote ausgingen vom Kaiser Augustus. Eines vierten Jahrhunderts nach gewissen Ereignissen war es dann so weit. Gegen die wachsende Zahl und die gute Organisation der Christen und ihrer Kirche zog ein Kaiser, der hinter Konstantin zurückwollte – er zog den kürzeren, sicherlich nicht nur, weil er zu kurz lebte. Die gute, die neue Botschaft aus dem Nahen Osten bot an, wessen der krisengeschüttelte späthellenistische Mensch, vor allem des chaotischen dritten Jahrhunderts, bedürftig war. Der philosophische Glaube der Gebildeten an eine alles durchwaltende Gottheit, verbunden mit stoischem Ethos, an dehnbarem Band verbunden mit der Sehnsucht der einfachen Leute nach einem Heroen, einem Halbgott, einem nahen Helfer in allen Nöten, konnte mit der Botschaft von einem Gott, der seinen Sohn auf Erden sandte, um ihn durch schmachvollen Tod zur Herrlichkeit zu erhöhen, etwas anfangen. Gott und Mensch fanden sich versöhnt im Menschensohn.

Östlich von Delphi blickt dieser Menschensohn, dargestellt in Mosaik und Fresko, herab als Pantokrator. Von einem Menschen Heil und Rettung zu erwarten, ihn bei lebendigem Leibe kultisch zu verehren – nichts Neues in Ägypten und im Alten Orient. Die Anhänger eines gewissen Kultvereins indes verweigerten den Göttern wie den Vergöttlichten ,dieser Welt' die drei Körnlein Weihrauch, bereit zum Martyrium, und die Blutsaat im Sand der Arenen ging auf. Ein Mensch, zu Tode gekommen an Allzumenschlichem, an religiösen Querelen, politischen Mißverständnissen, vielleicht auch scheiternd am eigenen Anspruch, wer weiß es so genau, er nahm die Gottheit auf in seinen Willen, sie stieg von ihrem Weltenthron, nahm den Gekreuzigten auf in ihr Wesen und vereinigte alle an ihn Glaubenden in die Gemeinschaft seines Geistes. Eine etwas kompliziertere Gottesvorstellung als die Vielheit der antiken Götterwelten, ein mythischmonolithischer oder philosophisch-abstrakter Monotheismus.

Delphi lehrte Maßhalten und Selbsterkenntnis. Die Philosophen hielten sich daran, platonisch oder kynisch-stoisch, verzichtend auf vieles, das der Welt schon immer unverzichtbar erschienen war; Mysterienreligionen und Wunderglaube genügten anderen Bedürfnissen. Der neue Glaube wuchs als Wunder- und Erlösungsglaube von unten, Frauen und Sklaven sprach er an und Männer, denen Kriegs- und Sportehren, Gold und Lorbeerkränze keine erstrebenswerten Güter mehr waren. Die auch keine Lust mehr hatten, sich zu vermehren oder Steuern zu zahlen. Sie gingen in die Wüste oder in ein Kloster, wo von Kreuzkuppeln und Absiden der All-Überwinder herabsieht auf das Treiben dieser Welt, das unverändert weitergeht. Der reißende Strom der Geschichte umkreist weiter den Planeten – zu welchem Zweck, zu welchem Ende? Den Gott von Delphi kümmerte das nicht. Der Pantokrator in der Höhe, wo Kreuz und Herrlichkeit sich vereinen – ist er eingeweiht in die Geheimnisse der ewigen Weisheit?

# Graienmonologe

## Mythos – Logos – Regenbogen

Hier sollen keine Besinnungsaufsätze geschrieben werden und erst recht keine akademischen Abhandlungen. Hier soll der Stein der Sibylle sein, (handlich, kastenförmig, Elektronentechnik), an dem eine spätabendländische Melancholia sitzt, das graue Haupt aufgestützt, allerlei Denk- und Fragwürdiges vor sich hinmurmelnd, tastende Graien-Weisheiten. Ganz und gar nicht ,rasenden Mundes', wie jene antiken Wander-Weiber heidnisch-heiligen Angedenkens; eher wie einst die Kastalia murmelte, murmelt es vor sich hin, so verständlich wie möglich moderner Elektronik und dem Papier anvertraut.

Am Stein der Sibylle sitzt eine Graie, monologisierend.

Eine Graie, γραῖα, ist eine Greisin, eine Alte, eine Graue, eine γραῦς, (war nicht das Alter den alten Griechen ein Graus?) Bei Hesiod findet man der Graien zwei, ,schönwangig, im Krokosgewand', grauhaarig freilich von Geburt an. Bei Goethe, in der ,klassischen Walpurgisnacht', ist das ,Dreigetüm' der Phorkyaden ein Inbild der Häßlichkeit. Burne-Jones wiederum, der Präraffaelit, malte sie als melancholisch schöne Jungfrauen.

Drei in der Überlieferung überwiegend alte Weiber also der griechischen Mythologie, die den Weg zu ihren ungeheuerlichen Schwestern, den Gorgonen, bewachen, sich zu dritt ein Auge und einen Zahn teilen und von Perseus überlistet werden, der daraufhin der einen sterblichen der drei Gorgonen, Medusa, das Haupt abschlägt, dessen Anblick bis in heutige europäische Bildungssprachen hinein metaphorisch versteinert.

Zusammen mit weit krauseren Kreaturen der mythologischen Phantasie (Chimären, Harpyien, Sirenen und dergleichen) gehören die Graien an den infraroten Mythenrand des ungewöhnlich breiten Spektrums altgriechischer Überlieferung. Am anderen, ultravioletten Rande ionische Naturphilosophie, eine flache Erde aus festen Verankerungen unter nahem Käseglockenhimmel reißend und in freies Schweben aufhebend, die Sonne entgötternd zum glühenden Stein, und eleatische Ontologie, Platons Ideen vordenkend. Dazwischen in vielfachen Übergängen, von ekstatisch-chthonischen Mysterien über Homers olympischen Götterhimmel, Kunst und Sport im Dienste der Religion, Gesetzgebung, Staatsformen, Geschichtsschreibung, Medizin, bis hin zu Mathematik, Metaphysik und Philosophie im weitesten Sinne – alles, was bis in die Gegenwart Anspruch auf Pflege, auf ‚Kultur' erhebt. Alles, bis (von esoterischem und literarischem Nischen-Weiterleben abgesehen) auf Mysterien und die Götter Homers.

Der farbenreiche Regenbogen von mythologischer Phantasie bis hin zu einer Rationalität, deren Realitäts-, das heißt Natur-Entsprechung via Mathematik, sobald das Experiment hinzukam, westliche Naturwissenschaft und Technik mitermöglichte, steht über Europa seit runden fünfhundert Jahren. Das humanistische Gymnasium zwar ist im Gefolge der industriellen Revolution und zweier Weltkriege so gut wie untergegangen. Christliche Theologie protestantischer Prägung besinnt sich kaum noch auf griechische Philosophie und die hellenistischen Wurzeln des Christentums. Die Graie am Stein der Sibylle, herbeigewandert von weit her, aus prophetisch-apokalyptischen Offenbarungswelten des Alten Orients, sie betrachtet den Regenbogen: was hat mit dieser ungeheueren Bandbreite menschlicher Möglichkeiten der Pantokrator von Hosios Lukas zu tun? Was bedeutet seine Allherrschaft angesichts der Fülle schöpferischen Menschenwerks? Führt letztlich vielleicht auch ein Weg von Delphi zu ihm, und wenn, welcher?

384

## Griechenland – Graienland

Warum sitzt die Graie am Stein der Sibylle in Delphi und nicht in Ägypten bei den Pyramiden, die doch um einiges imposanter in der Gegend stehen; warum nicht in den Ruinen von Persepolis oder Angkor Wat? Oder wenigstens in den afrikanischen von Zimbabwe oder Meroe? Sind die antiken Trümmer Griechenlands als Sehenswürdigkeiten nicht schon reichlich antiquiert, verglichen mit neueren und exotischeren archäologischen Entdeckungen? Und was soll die aus bestimmten gestrigen Ecken immer noch ertönende Panegyrik auf das griechische Erbe Europas, Demokratie, Philosophie, Gymnasien, Akademien, das ganze Theater samt dem Sport und abseitigeren Liebhabereien? Ist nicht das meiste schon längst überholt, nur noch Altmaterial, aus dem sich allenfalls noch ein paar unterhaltsame Abenteuerfilme, Troja, Odysseus und dergleichen, basteln lassen?

Warum also noch immer die alten Griechen? Vermutlich läßt eine erste Liebe besonders irrationale Spuren zurück. Spätere, anderweitige Enttäuschungen und Überdrüsse mögen sie dann in ungewöhnlich hohem Glanze erscheinen lassen. Es waren die Jahre in Afrika so erschöpfend verquickt mit Altem Orient als Gegenstand von Wissenschaft und Lehre, daß ein Durst nach frischen Quellen aufkam. Afrika inspirierte, indem es schöne Illusionen weckte; es führte zu keinen tieferen Einsichten jenseits von westlichem Individualismus und christlichem Ethos.

Mit dem antiken Griechenland ist es anders. Hier öffnen sich neue Quellen im Urgestein. Hier entzündet sich die Neugier des Alters und seiner Nachdenklichkeit. Es häufen sich keine berufseigentümlichen Wissensreichtümer an. Hier kann spät und bruchstückhaft und aus Liebhaberei Wissen erworben werden, das frühe Horizonte neu eröffnet im Abendrot.

Griechenland, bisweilen als ewig jung besungen, ist in diesem Falle *Graienland*. Die klassische Reise fand mit Sechzig statt. Mitgeschwemmt im Standardprogramm für Bildungsbeflissene, zunächst ratlos hineingespült zwischen Marmortrümmer und lila Disteln, stülpten Vorwissen und Nachdenken vorsichtig Fühler aus, um sich zurechtzufinden.

Es war (und es ist in mancher Hinsicht noch immer) ein Tasten im Ungewissen und Halbdunkel wie durch Tropfsteingrotten oder Zypressenhaine, begleitet von wechselnden Widerspiegelungen der jeweiligen Erwartung eines Einzelnen oder des Zeitgeistes, der in dem, was er anschaut, sich selbst wiederzufinden glaubt. War nicht halblaut eine bekannte Stimme zu hören gewesen: ‚Wir sind alle Griechen'? Wir – wer? Wir Spätabendländer nach zwei Weltkriegen, beschäftigt mit dem je eigenen Ich und ein bißchen Demokratie unter der Herrschaft globaler Wirtschaftsinteressen, die sich im ganzen recht bereichernd auswirken, wenigstens für die meisten, in okzidentalen Gefilden? Gemeint waren sicherlich ‚wir Alt-Europäer', sophistisch-aufklärerisch infiziert, kritisch, relativistisch, pluralistisch und im Zweifelsfalle zweifelnd, selbst noch unter Palmen, *dafür aber komme ich aus Europa, das zweifelsüchtiger ist als alle ältlichen Eheweibchen...*

Alt-Europa also, eine Graie. Eine, die einst in jungen Jahren auf dem Rücken eines weißen Stiers von Phönizien nach Kreta geschwommen kam, von da nach Mykene gelangte, dann nach Ionien, Sizilien, Unteritalien; in reiferen Jahren nach Athen und von dort nach Alexandrien, dann nach Byzanz und eines Tages, als es osmanisch-brenzlig wurde, floh sie – über Mistra nach Florenz. Als sie sich von dort auf den Weg über die Alpen machte, waren angeblich dunkle Jahrhunderte vergangen. Inzwischen findet sie sich trotz ihrer Bejahrtheit überall in der Welt zurecht, sogar im einst noch dunkleren Afrika. Ja, das sind so Geschichten. Aber worum geht es?

# Reliquien und *hicceitas*

Vordergründig geht es um antike Trümmer und ein gedankliches Gegenstück dazu, um Gedankenbruchstücke. Es geht um monologische Brocken einer Graie Alt-Europa, aus welchen sich weder eine Lesche für philosophische Gespräche noch ein Theaterrund für die Betrachtung von Tragödien aufrichten lassen; auch kein Gymnasium für sophistischen Gedankensport und erst recht keine Tempel für marmorne Götter. Es geht um ein Sammelsurium nicht zu Ende gedachter Gedanken. Als Angedachtes passen sie zur Spätzeit des eigenen Lebens und Europas, das sich – von großräumigen Wirtschaftsinteressen und CERN abgesehen – in Pluralismus und freiheitlich-demokratischer Beliebigkeit gefällt. Gefällt, fallend, treibend – welchem Ende zu?

Es soll um vieles und verschiedenes gehen. Um das Erlebnis von Reliquien und *hicceitas* etwa. Ist der Tourismus auf der Akropolis von Athen, in Olympia und Delphi etwa nicht Reliquienkult? Die Philhellenen unter den Römern haben damit angefangen; der Grieche und Tourist Pausanias hat, was er noch ragen sah, aufgeschrieben; die Renaissance hat die schriftliche Überlieferung wiederentdeckt, die europäische Klassik hat sich daran erbaut; Byron vernarrte sich ins Freiheitliche und erlag der Malaria. Dann kamen, nach vielfachem Kunstraub, dem die Museen Europas nicht wenige ihrer Schätze verdanken, die Archäologen, die wenigstens manches *in situ* ließen (ein paar im Sturz zerborstene Säulen des Zeustempels in Olympia etwa) oder wieder aufrichteten (die zernagten Säulenstümpfe des Apollontempels von Delphi), oder man macht sich an einen Neuaufbau, wie seit kurzem über den Resten der Tholos von Epidauros.

Um vom Alten Orient loszukommen und heimzukehren in Ursprünge, die näher liegen, hätten Bücher über das antike Griechenland genügt. Zudem gibt es Bildbände von hohem künstlerischem Wert und einer Veranschaulichungskraft, die dem Wunsch, mit eigenen Augen zu sehen, weit entgegenkommen und das Hinreisen ersparen könnten. Warum trotzdem? Warum der innere Drang, über zweieinhalbtausend Jahre hinweg Orte aufzusuchen, an welchen die Trümmer einer großen Vergangenheit herumliegen? Oder wenigstens eines Berges, einer Felsenwand ansichtig zu werden, von dem, von der man weiß, er sah, sie sah hinab auf bedeutsame Ereignisse?

Vermutlich ist es ein religiöses Gefühl, und Studienreisen sind Wallfahrten an Orte, deren Trümmer heilig anmuten. Als materielle Überreste eines ursprünglich Ganzen hauchen sie eine Art zeitüberwindenden Zauber aus. Es geht um eine bestimmte Dimension dessen, was der Mensch als *wirklich* erfährt. Statt um logisch individuierende *haecceitas* geht es um gefühlsintensive *hicceitas*. Es geht um das Gefühl: hier – hier – *hier* – rasten die Gespanne, deren Sieg Pindar besang; *hier* stand Dion von Prusa und hielt seine schöne Rede über die vierfache Wurzel der Gotteserkenntnis. *Hier* strömten die Orakelsuchenden herbei, um Weisung für Koloniegründungen, für Kriegsaussichten und sonstige, privatere Sorgen zu erhalten. *Hier* erschlug der Gott den Drachen, stammelte die Pythia ihre unverständlichen Sprüche, kollerten die Felsbrocken von der östlichen der Phädriaden und verscheuchten die Perser. Daß manches von dieser ‚Wirklichkeit‘ Mythos ist, muß dabei gar nicht zu Bewußtsein kommen.

Das Sammelsurium der archäologischen Überreste, Steine, Marmor und Kalk, Bruchstücke, die zwischen Dorngebüsch und Gras hervorstehen, macht, wenn ein Blick voller humanistischen Bildungsenthusiasmus’ darauf fällt, einen desolaten Eindruck. Ganz und heil geblieben aber sind die Berge und das Meer, die Flüsse nur zum Teil, die Schluchten noch eher. Hier erfüllt sich das Gefühl von *hicceitas*. Daher vermutlich das merkwürdige *Nostos*-Gefühl beim Anblick des kahlen Hymettos vom Flughafen aus, oder das einer Gralssuche nahekommende Bemühen, eine Spur des verschwundenen Ilissos zu finden. Das Wandern hin zu dem Zusammenfluß von Kladeos und Alpheios; das plötzliche Abbiegen in die Kastaliaschlucht. Der Versuch, statt zu fotografieren, zu skizzieren. Sich Zeit zu lassen, dazusitzen und mit ungeübter Hand die Linien von Bergen, Felsen, Mauerresten, Säulenstümpfen, Burgruinen und Vegetation nachzuziehen.

Würde nicht so mancher Tourist gern die Hand ausstrecken und ein Stückchen Marmor mitnehmen – als Andenken, als Reliquie, um es zu Hause in die Vitrine zu stellen? Wie viel auf diese Weise (von den *Elgin marbles* abgesehen) von der athenischen Akropolis schon ab- und hinweggetragen worden ist, läßt sich nur vermuten. Heutigen Tags wird alles streng bewacht. Der scharf bewachte Tourist bekommt die keramischen und bronzenen Miniaturrepliken des einheimischen Kleinkunsthandwerks angeboten und außerdem viele schöne Kunstkarten. (Wirklich – der Apoll im Museum von Olympia ist lange nicht so schön wie der auf den Fotografien.) Hätte ich indes nicht wenigstens ein wenig Felsgebröckel aus der Kastaliaschlucht mitnehmen können? Ich füllte eine Plastikflasche mit Wasser, das aus einer Röhre in einen Trog fließt, der an der Straße steht, auf dem die großen Busse fahren. Ich begnügte mich damit, in Korinth mit zögerndem Finger an einer Säule des Apollontempels entlangzutasten.

Wallfahrt. Reliquien. *Hicceitas.* Es genügte das Gefühl, angekommen und da zu sein. Aus langen Jahren der Beschäftigung mit Überlieferungen des Alten Orients, von Sinai und Zion her auf dem Umweg über Sumer und Afrika nach Delphi zu kommen – es war mir zumute wie einem, der aus einer *selv' oscura* hinaus auf eine Lichtung, zumindest ins Flimmern eines Lorbeerhains tritt. Vielleicht war es eine Täuschung? Dann wäre sie noch nicht durchdacht und durchschaut. Daher, aber nicht nur, das melancholisch aufgestützte graue Haupt am Stein der Sibylle.

*Hicceitas* rückte in Delphi am nächsten. Hier donnerten die Fels-
stürze nicht nur der Phädriaden herab, sondern auch die der Geschichte, freilich nicht so katastrophal wie auf Athen, Sparta oder
Korinth. Auch die Wunder- und Errettungsgeschichten wären
von Interesse: wie der Gott 480 die Perser, 280 die Kelten, um 80
einen thrakischen Stamm vertrieb. Die Phoker, Sulla und Nero
freilich raubten, ohne daß der Gott sein Heiligtum beschützt hätte. Zweimal brannte der Tempel ab, einmal wurde er von Fels-
stürzen zerstört. Muß man das wissen? Man muß nicht; aber es
gibt den Trümmern und der Landschaft Farbe, Gestalt und geschichtliche Tiefe.

Delphi, ein Hier-Beispiel für religionsgeschichtliche Epochen und
darüber hinaus: *Hier* hauste einst die Erdmutter als Drache. *Hier*
arrangierte sich die Vernunft Apolls mit dem Daseinsrausch des
Dionysos. *Hier* wurde die berühmte ‚Pythia‘ installiert als Expo-
nentin, vielleicht auch nur Attrappe, des schönen und grausamen
Gottes mit Bogen und Leier. *Hier* stellte ein Priester wie Plutarch
fromm-philosophische Betrachtungen an. *Hier* baute schließlich
auch das Christentum eine Basilika für den durch Leiden verherr-
lichten Gottessohn. Auch *hier* herrschte vier Jahrhunderte lang
der Islam. Die Kirche überdauerte. *Hier* schließlich drängt sich
der Übergang zur säkularen Archäologen- und Touristenzeit der
Moderne, die nicht mehr Religion sucht, sondern ein Bildungserlebnis, besonders deutlich ins Gefühl. Deutlicher als in Olympia
oder auf der Akropolis von Athen. Das Bedürfnis nach Andacht
und Einsamkeit inmitten einer Landschaft, die Erhabenheit mit
Heiterkeit und Geheimnis verbindet, wünscht die von langen
Schlangen großer Reisebusse herbeigekarrten Massen, wenngleich auch sie als Pilger kommen mögen, zum Teufel. War denn
der Ort in der Antike einsam? Strömten da nicht auch die Pilger,
redeten viel und lachten? Die Graie am Stein der Sibylle will wieder einmal etwas Aparts für sich – das heilige Schweigen von
Mysterienkulten unter dem Himmel über den Phädriaden!

# Geschichte und Geschichtsschreibung

Sollte darüber nicht nachdenken, wer dem Furor eines Weltkrieges entkam und zu einem Volk gehört, das nicht nur den Krieg verlor, sondern auch die Schuld daran aufgebürdet bekam? Bekenntnisse? Sinnfragen? Es geht um Homer und Thukydides.

Bei Homer greifen die Götter in die Kämpfe vor Troja ein, nicht anders als im Alten Orient Inanna oder Jahwe. Nur Zeus bleibt neutral und läßt das Schicksal entscheiden. Was ist das? Eine höhere Notwendigkeit? Ein dunkler Zufall? Homer sitzt und singt nahe bei den Wurzeln tragischer Geschichtsbetrachtung, die keine Schwarz-Weiß-Malerei und keine einseitigen Schuldzuweisungen kennt. Hat Thukydides von ihm gelernt? Er hat es fertiggebracht, statt wie Herodot spannende Geschichten zu erzählen, in differenzierter und bisweilen ermüdender Analyse den Konflikt politischer Interessen samt den Verbrechen der Kriegsführung auf *beiden* Seiten mit so weitgehender Unparteilichkeit darzustellen, daß man sich wundert. Fehlt da nicht das Ethos des Engagements? Ist das nicht Relativismus? Es ist freilich schon so lange her. Wäre es heute denkbar, die Geschichte der Weltkriege auf gleich neutral-objektive Weise zu schreiben? Ist es überhaupt möglich? Selbst Ranke, der nicht richten oder lehren, sondern nur zeigen wollte, ,wie es eigentlich gewesen', ist einem hegelschen Staatsideal in die Falle gegangen. Es ist wohl letztlich ein Problem des Chamäleons *Wahrheit* als Funktion von Methode, Interesse, Werten und ihrer Konflikte: ein letztlich ethisches Problem.

Worauf käme es an? Darauf, das episch-tragische Ausmaß der europäischen Weltkriege zu begreifen; etwas, das heutzutage keiner mehr zu bewältigen vermag mit homerischem Gespür für Schuld und Verbrechen auf *beiden* Seiten? Übersteigt die Massenhaftigkeit des in den Boden zurückgestampften und in die Lüfte verdampften Lebens die Fassungs- und Formungskraft einer innerlich ausgelaugten und in tausend verschiedene Interessen-Plateaus zersplitterten europäischen Moderne? Sollte man vergleichen mit ähnlichen Massenkatastrophen, dem Dreißigjährigen Krieg etwa, oder anderen, fast gänzlich aus dem kulturellen Gedächtnis verdrängten Verbrechen wie dem transatlantischen Sklavenhandel und damit, wie europäische Kolonisten mit den Ureinwohnern beider Amerika umgingen? Wo würde das hinführen? Auch weit weg und ins Abseits einer Geschichtsbetrachtung, die mit der Vorstellung ‚Gott in der Geschichte' in ein ausweglos Dunkel führt.

Geschichte als *bruta facta* und als Geschichtsschreibung sind zweierlei. Der Historismus, der Fakten (die Bartholomäusnacht 1572 etwa, mit 22 000 Ermordeten ein kleineres Ereignis) von ihren jeweiligen Bedingungen und konfligierenden Wertvorstellungen her verstehen will, ist ein Relativismus. Jede wertende Geschichtsschreibung aber muß, in einer meinungsfreien Gesellschaft, notwendig mit gegenteiligen Wertauffassungen in Konflikt geraten. Was bleibt anderes übrig, als Richtlinien (in Form von Gesetzesparagraphen oder durch Medienkontrolle) aufzustellen für das, was als richtig geglaubt werden soll?

Für die alten Griechen stand Geschichtsschreibung in der Nähe von Geschichten erzählen, auf deren Faktengehalt es nicht so sehr ankam. Auf die Erforschung von Fakten und ihre möglichst ‚objektive', das heißt wertfreie Darstellung, versteifte sich nur Thukydides, dem das Unternehmen auch nicht gänzlich gelang. Was ihm gelang, waren Einsichten in die Ursachen und das Wesen von Kriegen großen Ausmaßes, wie der Peloponnesische Krieg einer war. Einsichten in die Dämonie, die Eigendynamik von politischer Macht, in die Rolle der Tyche, des Zufalls und in die Pathologie des Krieges aufgrund der sich gleichbleibenden Natur des Menschen, soweit sie aus Trieben und Affekten besteht, überhöht von Ideen und Ideologien.

# Demokratie und Söldner

Schrieb ein Bekannter, Ägyptologe und von marxistischem Sozialismus nicht gänzlich Abtrünniger: bei dem Gerede von Griechenland als Ursprung der Demokratie und Europas werde ganz übersehen, daß ‚Hellas die effektivsten und brutalsten Söldnerkontingente stellte'. Marxistische Kritik an der antiken ‚Sklavenhaltergesellschaft', die (nicht nur) der attischen Demokratie zu Grunde lag, war bekannt. Die Sache mit dem Söldnerwesen war (trotz Xenophons *Anabasis* und dem, was bei Herodot zu lesen ist) ihrem Ausmaß und Charakter nach neu.

Was geht der Graie am Stein der Sibylle durch den Sinn? Es ist wahr: die alten Griechen scheinen ein besonders kriegssüchtiges (und -tüchtiges) Volk gewesen zu sein. Karer, Thraker und sogar Judäer (Elephantine!) verdingten sich zwar ebenfalls als Söldner; die griechische Hoplitenphalanx muß indes in der Tat sehr ‚effektiv' gewesen sein. Was aber ist Brutalität? Waren die Assyrer mit ihren Sichelwagen, die römischen Legionen und die germanischen Söldner, waren die Landsknechtshorden des Dreißigjährigen Krieges weniger brutal? Und dann: wer gegen wen? Eine Phalanx griechischer Söldner gegen einen persischen Heerhaufen, oder eine Soldateska gegen wehrlose Bevölkerung? (Die moderne Möglichkeit, aus relativ sicherer Entfernung Bomben auszuklinken, ist – was ist sie? ‚Abgehobener'?)

Wie kam es zum griechischen Söldnerwesen? Das Gründen von Kolonien rund um das Mittelmeer scheint das Problem des Bevölkerungsüberschusses und der Querelen zwischen und innerhalb der Poleis nicht gelöst zu haben. Wohin mit den städtischen Verbannten, den bäuerlichen Land- und Brotlosen und den Abenteurern? Junge Männer brauchen normalerweise eine geschlechtsspezifische Beschäftigung, die dem Kinderkriegen der jungen Frauen (zu Hause oder als Hetären in den Söldnerheeren)

393

oft diametral entgegengesetzt ist. Und was unterscheidet Tapferkeit von Brutalität? Eine dünne Linie. Eine Perspektive. Ein Vorurteil? – So viel zum Söldnerwesen als Beitrag der alten Griechen zum militärischen Profil Europas bis hin zu einem als heroisch betrachteten ,Bis-zum-letzten-Mann'-Ethos der Fremdenlegion.

Und die vielgepriesene attische Demokratie als Vermächtnis an das moderne Europa? Da ist wohl in der Tat viel Idealisierung im Spiele und noch mehr an historischer Unkenntnis. Aber wer liest heute noch Thukydides? Es ging eine Weile ganz gut, und die gute Weile trug den Namen Perikles. Eine Demokratie im Krieg aber ist nicht humaner als eine Adelsrepublik, eine Monarchie, eine Tyrannis oder ein Imperium. Eine Volksherrschaft kann zudem entarten zu etwas, das man Pöbelherrschaft nennt (recht eindrucksvoll zu Paris während der französischen Revolution: ,Da werden Weiber zu Hyänen'). Warum wohl entwarf Platon seinen Staat abseits demokratischer Ideale? (Vermutlich, um einem gewissen Popper Anlaß zu geben, gegen ihn als Feind der ,offenen Gesellschaft' zu polemisieren.) Demokratie kann überdies, wie gehabt, umschlagen in Diktatur.

Demokratie – ein weites Feld. Ein kleineres Übel? Es kann gut gehen, so lange der soziale Friede durch allgemeinen Wohlstand einigermaßen gesichert ist. Die Weimarer Republik war zum Scheitern verurteilt, nicht wegen der *trahison des clercs*, der Intellektuellen, die sich in die Interessenkämpfe der Parteien und Ideologien verstricken ließen, sondern – nun, das ist bekannt. Die attische Demokratie war nicht nur in Kriegsverbrechen verwickelt, sie entwickelte auch, wie die gegenwärtig noch mächtigste, ein Wirtschaftsimperium bedeutenden Ausmaßes. Aber nicht das Handelsimperium überlebte, sondern das andere, das des objektiven Geistes, zu dem auch die Vorstellung von einer möglichst viele urteilsfähige Menschen (sogar Frauen!) umfassenden Staatsform) gehört.

## Salz an der Suppe

Das aufgestützte Grauhaupt deutet Nachdenken an, das nicht eben fröhlich macht und zum Tanzen oder Singen animiert: Nachdenken über die Spätzeit des Abendlandes. Warum ist es wie es ist, und wie wird es weitergehen? Lassen sich Wiederholungen im Fortschreiten der Geschichte ausmachen?

Als die alten Griechen untergingen, als Söldner, Händler, Auswanderer aller Art sich vermischend mit anderen Völkern oder im eigenen Lande aufgehend unter Einwanderern, da blieben erhalten doch Sprache und fast alles, was sich in ihr überliefern läßt, vor allem Philosophie und was aus ihr an Wissenschaft hervorging. Die Römer, mit griechischen Sklaven als Pädagogen, waren schließlich besiegte Sieger. So später die islamisierten Völker vom Nahen Osten bis zu den Säulen des Herakles. Gelangte nicht Aristoteles zu Thomas von Aquin über Averroes aus dem maurischen Spanien? Die Griechen lösten sich auf wie Salz in der Suppe der antiken und mittelalterlichen Mittelmeerkulturen.

Als die alten Römer untergingen, vermachten sie ihren germanischen und keltischen Erben, vor allem aber der römischen Kirche Sprache, Recht und Verwaltung. Als Byzanz, dem die slawischen Völker verpflichtet waren und sind, unterging, kam die Renaissance samt Platon nach Florenz und langsam auch über die Alpen. Das kroch weiter bis in eine europäische Aufklärung, die, wenn nicht religions-, so doch kirchenkritisch war. Die katholische Kirche widerstand am längsten; die Reformationskirchen erlagen am bereitwilligsten. Der neueste philosophische Schrei aber, der eine pluralistische ‚Postmoderne‘ propagiert, was ist er anderes als eine neue relativistische Sophistik? Immer noch salzt das Salz der ersten griechischen Sophistik die Geistessuppe Europas und seiner größten überseeischen Kolonie. Wird dieser Geist übergreifen auf andere Kulturen dieses Planeten?

Es sieht noch kaum so aus, auch wenn die Voraussetzung einer solchen Geisteshaltung, die freiheitlich-säkulare Demokratie, mit allen Mitteln, auch gewalttätigen, missionierend verkündet wird. Was von den Völkern anderer Kulturkreise, in Asien eher als in Afrika, am bereitwilligsten übernommen wird, Naturwissenschaft und Technik, läßt sich nicht geradlinig auf die alten Griechen zurückführen, denn diese theoretisierten, experimentierten indes nicht im modern umfassenden Sinne. Es läßt sich aber doch ungeradlinig zurückführen auf eine Rationalität, die mit den ionischen Naturphilosophen begann. Die heutigen Physiker in ihren Nischen scheinen noch eine Ahnung davon zu haben, wo die Denkanstöße herkommen, die aller Wissenschaft zugrunde liegen. Die Philosophen wissen es auch. Die Spatzen auf den Dächern indes, die Rotkehlchen und Raben in den Medien, die dem Volk die Freizeit erträglich machen und ein bißchen Kultur kolportieren, sie krächzen, piepsen und pfeifen ihre Weisheiten fröhlich, ohne offenbar zu wissen, in welchem Traditionsstrome sie driften. Wozu sollte solches Wissen auch nützlich sein.

Salz an der Suppe. Ein Gedanke, ein Bild aus dem anspruchsvollen Selig-sind- und Ich-aber-sage-euch-Katalog der Bergpredigt. ‚Ihr seid das Salz der Erde.' Dieses Salz einer bisweilen kynisch anmutenden Lebensweise und fromm praktizierten Nächstenliebe, die über Almosen und den Volksgenossen hinausgeht, hat sich, vermischt mit stoischer Ethik, weithin aufgelöst in säkularhumanitäre Ideale. Kosmopolitismus und Menschenrechte gehören dazu, und eine Quantenphysikern zur Theoriebildung willkommene *sympatheia* als ‚Verschränkung' des Kosmisch-Ganzen.

Das führt in andere Gegenden. Die Graie am Stein der Sibylle sollte sich eine Denkpause gönnen und ein Stück spazierengehen. Hinüber und hinauf zum Amphitheater  etwa, um es im Geiste zu beleben mit Aufführungen von Tragödien, die einst zum Kult ausgerechnet des Dionysos gehörten…

396

# Attische Tragödie und Erlösung

Zurück am Stein der Sibylle, mit dem Rücken an rankenden Efeu gelehnt, der Blick über das Pleistostal hin gen Osten schweifend – so zu sitzen, allein, wie schön wäre es gewesen. Es läßt sich im nachhinein immerhin einbilden.

Was hier am Stein der Sibylle und während im Westen das Abendrot steht, aufs Ende zu besinnlich macht, ist die bunte Geistesverfassung der griechischen Religion, vielfarbig wie der Regenbogen, vom hohen Glauben an Zeus und seine Gerechtigkeit, bei Aischylos etwa, über das allzumenschliche Treiben der Götter und Halbgötter, das *Daimonion* des Sokrates, die platonische Dreifaltigkeit des Guten, Wahren und Schönen, bis hin an den Rand eines kaum verhüllten Atheismus bei den Sophisten. ‚Von den Göttern aber weiß ich nichts zu sagen...'

Religion als Tragödie und Komödie. Die alten Griechen, sie brachten so manches ins Theaterhalbrund und unter einen Hut, das einander zu widerstreiten scheint. Erschauern und Miterleiden mit den Monstrositäten und der Leidenstiefe einer Tragödie, Gelächter ob der Zoten und Zerrbilder einer Komödie, und beides war Religion. Iphigenie, ein Menschenopfer, vom eigenen Vater geschlachtet; Dionysos in der Unterwelt erst mit den Fröschen um die Wette quakend, alsdann Schiedsrichter in einem literarischen Wettstreit zwischen Aischylos und Euripides: zum Tränenlachen und die Sache unentschieden bis heute – soll Literatur einfühlsam Laster und Verbrechen schildern oder nur Vorbildliches zur Hebung der Sittlichkeit?

Die alten Griechen, ein widerspruchsfrohes Volk. Mysterienfromm und pietätlos; die Männer nackt in den Gymnasien; die Frauen, zumindest der Archaik, als Mänaden Dionysos zu Ehren ins ‚Rasen' geratend. Die Vorstellung vom Göttlichen merkwürdig wolkig. Da stand oder saß in der Mitte die plastische, von Mythen umrankte olympische Gestalt aus Marmor, bisweilen in göttlicher Nacktheit. Außer den Göttern war da die Menge der Halbgötter (Söhne des Zeus von sterblichen Frauen, Herakles etwa) und der Heroen, vergöttlichte Sterbliche, denen eine Art Totenkult galt. Dem historischen Sophokles etwa wurden nach seinem Tod solche Ehren zuteil. Im alten Orient und in Ägypten waren nur die Könige Göttersöhne. Dann aber holte die Vergöttlichung Alexander bei lebendigem Leibe ein, die Apotheose Cäsar und Augustus immerhin erst mit dem Tod. War *das* der Königsweg zur ,Erhöhung' am Kreuz?

Religionsdurchtränkt ist die attische Tragödie bis zur Unerträglichkeit und bei Euripides bis zur Infragestellung der Götter als sittlicher Mächte. Es wird gelitten maßlos, und die Schuld bleibt im Dämmer des Uneindeutigen. Aischylos' ,Prometheus', an einen Felsen des Kaukasus geschmiedet, muß seine Wohltaten für die Menschheit büßen. Kassandra ist mitschuld an ihrem Schicksal: sie hat die Liebe eines Gottes zurückgewiesen. Ödipus war unbeherrscht einem alten Mann gegenüber. Allenfalls Orest wird gegen inneres Widerstreben in Schuld getrieben – von einem Gott. Aber es gibt, und das vergißt leicht, wer ,Tragödie' denkt, auch Heil und Erlösung und sogar Entrückung in die Sphäre des Göttlichen. Den Erinnyen, Rache fordernd für den Muttermord, tritt eine Göttin entgegen: genug des Blutvergießens! Sophokles' später ,Ödipus auf Kolonos' wird am Ende seiner Leiden sogar entrückt zu den Göttern, um von dort aus Segen zu wirken für Athen. Bisweilen möchte es scheinen, als sei hier ein Berührungspunkt zwischen attischer Tragödie und johanneischer Kreuzestheologie. Es fehlt freilich das Stellvertretungsmotiv. Von den Kreuzkuppeln blickt nicht nur ein zu Gott Entrückter herab; einer, der, festhaltend an dem Gott, der ihn verließ, den Tod überwand: es blickt herab auch einer, der schuldlos und freiwillig die Schuld anderer trug.

### ,Gott in der Geschichte'

Daß andere die Schuld anderer tragen, kommt vor. Unfreiwillig. Der Einzelne, wenngleich im bürgerlich-friedlichen Sinne schuldlos, wird verstrickt in Kollektivschuld: das Schicksal von Millionen in Kriegs- und Bürgerkriegszeiten. Eine Naturkatastrophe macht schließlich auch keine Unterschiede. Aber es gibt Interpretationen. Aus ihnen ergibt sich Heils-, mehr noch Unheilsgeschichte. Immer gibt es Sieger und Besiegte, Überlebende und Tote. War der Sieg, die Niederlage gottgewollt? Ist es das Vorrecht Besiegter oder Verfolgter schuld zu sein? Wer hat jeweils die ,Deutehoheit'? Wem steht sie zu; wer maßt sie sich an? Was macht die eine von zwei unterschiedlichen Interpretationen richtiger oder glaubwürdiger als die andere?

Soll noch einmal Thukydides bedacht werden? Nicht wegen der nahezu wertfreien Objektivität seiner Geschichtsschreibung, sondern weil er ohne das Interpretament ,Gott' auskommt. Andere Mächte außermenschlicher (der Zufall etwa), vor allem aber menschlicher Natur (Machtstreben, Triebdynamik, aber auch die Fähigkeit, sich aufzuopfern) lassen sich zur Darstellung und Erklärung eines Krieges, seiner ,Verbrechen' und ,Heldentaten' viel einleuchtender, wenn auch unendlich mühsamer heranziehen. Wo Geschichte in einen Zusammenhang mit Gott zu bringen wäre, heute oder gestern, scheint es weit angemessener, statt von ,Offenbarung' von der *Verborgenheit* Gottes zu reden. Und wie, wenn Gott, aller homerischen, ägyptischen, jüdischen, iranischen und sonstiger Mythologumena entkleidet, begrifflich als ,Weltgeist' gedacht wird? Manifestiert er sich dann nicht auf die eine oder andere Weise in *allen* Religionen, und möglicherweise auch in der Geschichte? Ein verwirrend bunter Maskentanz – Rohmaterial für die Wissenschaft, für Enzyklopädien und philosophische Systeme. Und was bleibt für den Einzelnen und sein kleines Leben in aller Not und Traurigkeit?

Die Frage bleibt seitwärts stehen, unbeantwortet.

Die Graie am Stein der Sibylle hat ein bittergelbes Büchlein zur Hand und blättert. ‚Als ein Besitz für immer ist es aufgeschrieben...' Denn ‚wer klare Erkenntnis erstrebt auch des Zukünftigen, das wieder einmal nach der menschlichen Natur so oder ähnlich eintreten wird...' dem kann es eine Lehre sein. ‚Schwierig war die Auffindung der Wahrheit, weil die jeweiligen Augenzeugen nicht dasselbe über dasselbe berichteten, sondern je nach Gunst oder Gedächtnis.' Daran hat sich nichts geändert; nichts hat sich geändert an der Pathologie eines jeden Krieges, ‚wie es nun einmal ist und immer sein wird, so lange das Wesen der Menschen sich gleichbleibt'. Thukydides – ein bohrendes Insekt, das aus fernen Zeiten her statt nach Gottes Plan und Willen nach den vielfach verschlungenen menschlichen Ursachen hinter großen Katastrophen bohrt...

Das Bewußtsein des Davongekommenseins aus einer Katastrophe, der so viele nicht entkamen; die Traumata eines Volkes, das einen Weltkrieg zum zweiten Male verlor und sich seitdem mit Anlässen, Ursachen, Schuld und Verantwortung herumschlägt, es sucht, der Mutter verbitterte Monologe im Ohr, nach einem Vorbild der Geschichtsbetrachtung und glaubt es bei Thukydides gefunden zu haben. Die Lektüre ist anstrengend. Die Mikroskopie der Darstellung von Motiven, Zielen, Machtverhältnissen erfordert viel Geduld – man hätte statt unzähliger amöbenhafter Einzelheiten lieber klare Richtlinien für Gut und Böse, Recht und Unrecht, es würde die Beurteilung der Geschehnisse erleichtern. Solche Richtlinien werden indes nicht mitgeliefert. Statt dessen werden Reden gehalten; jede Seite stellt die Dinge aus ihrer Sicht dar: Geschichte als Konflikt der Interessen, der Werte, der Interpretationen – und des Rechtes des Stärkeren. Dem, nach heutigem Verständnis, dann auch die ‚Deutehoheit' zusteht. Gott bleibt verborgen im Chaos der Geschichte.

## Artemis, Kreuz und Pantokrator

Der Regenbogen griechischer Geistigkeit vom Mythos- bis zum Logosrand, vom plastisch-bunten Götterhimmel Homers bis zu Demokrits Atomen im leeren Raum, entfaltet zwischen den sichtbaren Rändern einen Reichtum an religiösen Vorstellungen, der Vergleichbares in den Schatten patriarchaler Verarmung stellt. Ein inzwischen erfolgreich abgeflauter Feminismus hat darauf aufmerksam gemacht. Der griechische Mythos bietet unter anderem Archetypisches, das dem Selbstgefühl eines frühen Stadiums des eigenen Lebens Gestalt zu geben vermag.

Die Sonne sinkt. Die Schatten der Säulen des Apollontempels zerfließen in der Dämmerung. Vor dem inneren Auge einer Graie schweift, leicht geschürzt und mit flatterndem Haar, vorüber Artemis, bewehrt mit Pfeil und Bogen, im Gefolge Nymphen, als Jagdgefährten Jünglinge, einer *Parthenos adesmos* verbunden in kühl-distanzierter Freundschaft. Des unnahbaren Apollon unnahbare Zwillingsschwester – welche andere Göttin käme ihr gleich an Besonderungsreiz? In idealischer Überhöhung verkörperte diese Ungebundene das Selbstbild der frühen Jahre; noch eine Zweiundzwanzigjährigen hing solch ungebundenem Daseinsideale an. Freiheit, Freundschaft und die Lust des Jagens im beutereichen Draußen eines Außenseiterdaseins, der ‚Bestimmung des Weibes' und ehelicher Bindung abhold: Vatergene, Rotwild verwandelnd in ästhetische Impressionen und in Bildungsschätze zu reinem Selbstzweck.

Wo nicht zu Artemis selbst, so doch zu einer Jagdgefährtin derselben stilisierte sich das Selbstgefühl, des Schicksals eines Hippolytos uneingedenk. Die Angriffe der mythischen Gegenspielerin mit dem goldenen Gürtel blieben nicht aus. Die Leidenspfeile indes entflammten zu nichts weiterem als zu Gedichten und lyrischer Prosa nach romantischem Vorbild.

Veranlagungs- und Lebensentwurf vom Typus ‚Artemis' sind eines: Ausdruck jugendlichen Hochgefühls, das blühen kann in bedürftigster Flüchtlings- und Nachkriegszeit, im Lumpen und bei trockenem Brot und ohne scheelen Blick auf andere, die es besser und materiell mehr haben. Was aber geschieht, wenn einem solchen Daseinsgefühl lustbetonten Jagens nach Bildungsschätzen bei hohem Selbstbewußtsein das ‚ganz Andere' begegnet in Gestalt der möglichen Wiederholung einer Kollektivkatastrophe, die allem ein Ende macht? Die Jagdgefährtin der Göttin sieht sich verlassen und bleibt allein mit der Frage nach Sinn und Tod. Alles Bisherige an Höchstwerten – ein Torso. ‚Du mußt dein Leben ändern.' In welche Richtung?

Die Griechen haben den Logos entdeckt. Als sie alt und älter und hellenistisch wurden, entdeckten sie, anknüpfend an Heilgottheiten und Mysterien, die ein Leben nach dem Tode versprachen, die Erlösungsbedürftigkeit des Menschen aus seinem Verstricktsein in sich selbst und Verhaftetsein in ‚diese Welt' unter der Knute der unerbittlichen Heimarmene. In den Leidenstiefen des Kreuzes entdeckten sie die Selbsthingabe eines für diese Welt verantwortlichen Gottes und seine dem Einzelnen zugewandte Barmherzigkeit. Der Logos war Fleisch geworden, um mit seinem Leben, Sterben und Aufgehen in der Gottheit davon Kunde zu geben. Die Jagdgefährtin der Artemis entsagt ihrer selbst, wendet sich dem Kreuze zu, überlebt und lebt ein sinnvolles Leben.

Die großen Mythoi der christlichen Religion sind deutebedürftig. Früh hat christliche Theologie sich griechischen Denkens bedient. Sie tat dies noch bis in die Goethezeit, als der Logos der Aufklärung Jahrhunderte alten kirchlichen Dogmen schon hart zugesetzt hatte. Da floh ein großer Theologe ins fromme Gefühl, und man kann sich darin sicher fühlen bis heute. Der andere, ein großer Philosoph, trat die Flucht in den Begriff an, um darzutun, daß die ‚vollkommene Religion' eine trinitarische Gottesvorstellung erfordere. Es ahnte ihm freilich auch schon etwas vom Untergang des abendländischen Christentums – als Salz in der Suppe einer säkularen Weltkultur nach westlichem Muster?

Eine Religion des Kreuzes kann nicht abgehoben für sich, sie kann nicht ohne Bodenhaftung bestehen. Daß ein absolutes Sein, ,Gott' genannt, Schöpfer der Welt in einem evolutionären oder sonstigen Sinne, ewig, allmächtig, etc., personhaft mit tief ausfasernden pantheistischen Rändern, nicht nur *mit* den Leidenden sei, sondern sich selbst verleiblicht habe im Leiden eines Einzelnen, stößt jede Religion der Schönheit, der Zweckmäßigkeit und vor allem des Segens, wie erhaben auch immer, vor den Kopf. Gleichwohl bedarf die Religion des Kreuzes einer solchen, Grund von unten legenden, Religion als Substrat. Einer Religion des Segens – warum nicht auch einer der Schönheit, wie die alten Griechen sie verstanden?

Das Kreuz als Mittelpunkt christlicher Religion hat zudem nicht nur eine westliche, es hat auch eine östliche, eine griechisch-orthodoxe, eine johanneische, vom Logos als Heiligem Geist durchhauchte Deutung erfahren. Sie spiegelt sich wider im Ideenbild des Pantokrators in byzantinischen Kirchen und Klöstern. Die Hoheit des Zeus von Olympia mag darin aufgehoben sein. Der Pantokrator von *Hosios Lukas* aber, weniger düster-erhaben als der von Daphni – wäre er letztlich eine Metamorphose des Gottes von Delphi, verwandelt im Medium des Leidens und des Todes am Kreuz? Ein Ausdruck historischer Kontingenz, gekreuzt mit Ideen-Realismus? Was auch immer – er ist ein Bild der durch Inkarnation, Tod und Vergeistigung hindurchgegangenen Zuwendung des unerforschlichen Gottes, der sich des Einzelnen in seiner Not und Traurigkeit erbarmt.

*

Von der selben Autorin:

Helgard Balz-Cochois
**Fufu und Vergißmeinnicht**
Die Afrika-Rundbriefe der Frau des Feldforschers
BoD Norderstedt 2006

Helgard Cochois
**Nzab'ngen**
Erinnerungen an ein Schwellenjahr
im Regenwald Westafrikas
BoD Norderstedt 2008